Viktor Timtschenko

Chodorkowskij

Viktor Timtschenko

Chodorkowskij

Legenden, Mythen und
andere Wahrheiten

HERBiG

In der Namenswiedergabe lehne ich mich an die – aus meiner Sicht genauere –
Schreibweise der deutschen Zeitungen *Frankfurter Allgemeine Zeitung,*
Süddeutsche Zeitung, Die Zeit, Frankfurter Rundschau, Handelsblatt an und
schreibe durchgehend – außer in den Quellenangaben – Chodorkowskij und
Jukos und nicht z. B. Chodorkowski und Yukos.

Besuchen Sie uns im Internet unter:
www.herbig-verlag.de

© 2012 by F. A. Herbig
Verlagsbuchhandlung GmbH, München
Alle Rechte vorbehalten
Umschlaggestaltung: Wolfgang Heinzel
Umschlagbild: Getty Images
Herstellung und Satz: VerlagsService Dr. Helmut Neuberger
& Karl Schaumann GmbH, Heimstetten
Gesetzt aus der 10,5/13,7 Punkt Minion
Drucken und Binden: GGP Media GmbH, Pößneck
Printed in Germany
ISBN 978-3-7766-2680-3

Inhalt

5

Vorwort

Endlich! Endlich hat es jemand gewagt und auch die Mühen nicht gescheut. Allein die Recherchen – ein Puzzle mit viel zu vielen viel zu kleinen und noch dazu versteckten Teilen. Ein wahrer Kraftakt, den nur jemand zustande bringen kann, der in beiden Gesellschaften zu Hause ist, der russischen und der deutschen. Das Wagnis besteht darin, an der Ikone Chodorkowskij zu kratzen. Im Grunde ein aberwitziger Gedanke, dass es Mut erfordern soll, in einem freiheitlich demokratischen Staat der westlichen Welt Rechercheergebnisse zu publizieren, die nicht dem Mainstream entsprechen – ich weiß, wovon ich rede.

Intelligent, konsequent, logisch, nüchtern und humorvoll – ein Humor allerdings, bei dem einem oftmals das Lachen im Halse stecken bleibt – so entzaubert Viktor Timtschenko den Mythos Michail Chodorkowskij. Und den vom demokratischen reformfreudigen Boris Jelzin entzaubert er gleich mit, ebenso wie die Mär von der Pressefreiheit zu jener Zeit. Schicht für Schicht nähert sich der Autor dem Kern. Er stellt einfache Fragen und hütet sich vor einfachen Antworten. Und überrascht mit seinem Fazit.

Das wahrhaft Erschreckende nach der Lektüre dieses Buches: Wir, die Medienkonsumenten, wissen nichts mehr als die Meinung der jeweiligen Meinungsmacher. Die Fakten sind offenbar zu kompliziert, außerdem zu vernachlässigen, denn wir wissen ja alle, was wir – letztlich – von Russland zu halten haben. Oder etwa nicht? Warum nur fällt es Medien und Politik so schwer, bei aller berechtigten Kritik, Russland so zu betrachten, wie wir das mit unseren westlichen Nachbarn in der Regel auch tun: kritisch, aber fair. Erst die Fakten auf den Tisch und dann der Kommentar. Erst die Sachlage kennen und dann urteilen. Wie gesagt, der Fall Chodorkowskij ist ein komplizierter.

7

Viktor Timtschenko ist weit davon entfernt, Russland für einen »Rechtsstaat im engen Sinne des Wortes« zu halten, »aber auch im unredlichen Russland ist ›Mord Mord und Diebstahl Diebstahl‹«, wie er schreibt. Er kennt die Abgründe Russlands besser als die Dauerempörten der westlichen Welt, aber er lässt sich vom stieren Blick in diese Abgründe seinen Horizont nicht verkleinern. Ich gebe zu, die Süffisanz mancher Formulierungen habe ich genossen. Etwa, wenn sich der Autor über die unmittelbar nach Urteilsverkündung hereinprasselnden negativen Bewertungen ausländischer Politik und Medien wundert, obschon es bis zu diesem Zeitpunkt noch keine englische, geschweige denn deutsche Übersetzung der umfänglichen Urteilsbegründung gab. Wer verlässt sich da auf wen?

Woher stammt das Bild, das sich weltweit verbreitet, die Weichzeichnung des ehemals reichsten Mannes Russlands, dessen Image zu Beginn seiner beispiellosen Karriere alles andere als gut war? Sowohl im Inland als auch im Ausland. Da besonders. Das scheint dem Kurzzeitgedächtnis schnelllebiger Gesellschaften zum Opfer gefallen zu sein. War da was? Welche Mechanismen erfolgreicher PR gilt es aufzudecken?

Es ist ja nicht so, als ob ich nicht auch darauf hereingefallen wäre. Sicher, ich habe in meinen Büchern und Vorträgen immer darauf hingewiesen, dass Chodorkowskij in jedem anderen Land der Welt auch im Gefängnis gelandet wäre für das, was er getan hat, und vermutlich mit weit höheren Freiheitsstrafen, aber ich habe auch geglaubt, was immer und immer wieder gebetsmühlenartig wiederholt wurde, dass es nämlich Chodorkowskij war, der als erster Oligarch in Russland Bilanzen offengelegt und westliche Standards in seinem Unternehmen eingeführt hat. Welche Tragik, so mein Kommentar bis zur Lektüre dieses Buches. Ausgerechnet so einer muss über die Klinge springen, weil er sich für unverwundbar gehalten hat, dachte ich. Dabei war es ganz anders. Erst als die Staatsanwaltschaft bereits ermittelte, hat Chodorkowskij seine sogenannte transparente Firmenstruktur geschaffen, die ihn »in der ganzen Welt so berühmt machte«, wie Timtschenko schreibt. Alles davor ist an Intransparenz und Trickserei auf Kosten der Allgemeinheit kaum zu überbieten. Das Image Chodorkowskijs im Westen ist freilich ein anderes. Wie ist das möglich?

Die Lektüre dieses Buches sei all denjenigen besonders empfohlen, die immer schon wussten, dass Chodorkowskij ein Opfer russischer Willkürjustiz ist, und die nicht müde werden, ihre Wertungen mit der in solchen Fällen üblichen Mischung aus Abscheu und Empörung in die bereitstehenden Kameras zu schleudern, ohne die geringste Hemmung oder den leisesten Zweifel, vielleicht doch nicht so genau zu wissen, geschweige denn zu begreifen, was da vor sich geht.

Demokratisches Vorbild gerade auch für nachwachsende Generationen zu sein besteht unter anderem darin, für das Zur-Kenntnis-Nehmen unbequemer Wahrheiten zu kämpfen, ohne Rücksicht darauf, welche Nachteile es für einen persönlich bedeuten kann.

Gabriele Krone-Schmalz
Januar 2012

Warum schreibt man über Wohlbekanntes?

Um ein Buch zu schreiben, braucht man einen Ansporn. Schließlich ist das harte Arbeit – bis zu Tränen in den Augen, bis zu Schmerzen im Rücken. Ich hatte sogar zwei.

Mich wunderte, dass alle Leute auf der Straße bestens über Chodorkowskij Bescheid wissen, und zwar Folgendes: Hier handelt es sich um eine juristische Farce, einen Schauprozess. Konkreter: Ein nicht ganz unbescholtener Geschäftsmann, der in den Jahren des wilden Kapitalismus zu Reichtum gekommen war, stellte sich dem mächtigen Mann Russlands Wladimir Putin in die Quere und muss dafür jetzt büßen. Wie er sich querstellte, weiß der Durchschnittsbürger ebenfalls: Er finanzierte die Opposition und hatte auch eigene politische Ambitionen auf das Präsidentenamt angemeldet. Deshalb wurde er Putin gefährlich. Also steckte ihn Putin ins Gefängnis. Daher sei es kein Straf-, sondern ein politischer Prozess gewesen.

Darüber schrieben fast alle westlichen Zeitungen und redeten fast alle angesehenen deutschen Politiker. Die Sache war sonnenklar und der Himmel blau. Hier nur einige wenige Beweise dafür:

»Ein Symbol für den Teil, der frei denkt.« – Der Russland-Beauftragte der Bundesregierung, Andreas Schockenhoff, betonte im *Südwestrundfunk*, dass in Russland grundsätzlich die Justiz nicht unabhängig sei, Chodorkowskij inzwischen zu einem Symbol für den Teil Russlands geworden sei, der frei denke und sich nicht brechen lassen wolle.[1]

Der Menschenrechtsbeauftragte der Bundesregierung, Markus Löning (FDP), kritisierte den Schuldspruch als »Beispiel für politische Willkürjustiz«. Er sei zutiefst empört darüber, sagte Löning.»Die EU sollte prüfen, ob sie Staatsanwälte und Richter, die das Recht dermaßen beugen, mit einem Einreiseverbot belegt.«[2]

»Der Schuldspruch gegen Michail Chodorkowskij empört den Westen. Chodorkowskij scheint einzulösen, was der Westen sich wünscht:

eine Stimme der Vernunft und Menschlichkeit aus einem Land, dem noch immer viele zutiefst misstrauen. (…) Er symbolisiert das Gute, Geläuterte im Kampf gegen das Böse«[3], war in *Die Zeit* zu lesen. Dietrich Alexander gab in *Die Welt* bekannt:»Chodorkowskijs Martyrium. Das Urteil (…) hat den gerechten Zorn der freien Welt provoziert über die obrigkeitshörige russische Justiz. Und es hat die Illusion zerstört, Russland (…) könne für die Europäische Union und vor allem für Deutschland ein Partner auf gleicher zivilgesellschaftlicher und politischer Augenhöhe sein (…).«[4]

»Bundeskanzlerin Angela Merkel (CDU) zeigte sich enttäuscht und sprach von einem ›harten Strafmaß‹. Es bleibt der Eindruck, dass politische Motive bei diesem Verfahren eine Rolle gespielt haben«, sagte Merkel.»Dies widerspricht Russlands immer wieder geäußerter Absicht, den Weg zur vollen Rechtsstaatlichkeit einzuschlagen.«[5] EU-Außenbeauftragte Catherine Ashton erklärte, die Europäische Union werde»den Fall genau verfolgen und mit Russland zur Sprache bringen«. Man»erwarte von Russland, dass es seine international eingegangenen Verpflichtungen im Bereich der Menschenrechte und der Rechtsstaatlichkeit einhält.«

»*Ein Schlag gegen die Rechtsstaatlichkeit in Russland*. Der Fall sei beispielhaft für politisch motivierte Strafverfolgung. Die US-Regierung sei besorgt über die Berichte über schwerwiegende Verstöße gegen rechtsstaatliche Normen während des Prozesses in Moskau‹, sagte Sprecher des US-Außenministeriums Mark Toner.«[6]

»In diesem Verfahren geht es nicht um Recht und Gerechtigkeit, sondern um einen politischen Prozess. Man könnte auch sagen, es geht um Rache«[7], sagte der stellvertretende Regierungssprecher Christoph Steegmans in Berlin.

Nach Ansicht der Grünen-Chefin Claudia Roth ist das Urteil gegen den früheren Chef des Ölkonzerns Jukos»inakzeptabel und ein Zeichen für eine politisch gelenkte russische Justiz. (…) Deutschland und die EU müssen sich konsequent für die Freilassung von Chodorkowskij (…) einsetzen.«[8]

Besonders empört viele, dass ausgerechnet der reichste Mann Russlands eingesperrt wird. Der Schweizer Journalist Andreas Rüesch schreibt beispielhaft:»Wenn selbst der reichste Russe von der Justiz keinen Schutz erwarten darf, so kann dies kein Unternehmer, geschweige denn ein einfacher Bürger«[9], was einen der Kommentatoren zu der sarkastischen Bemerkung provozierte:»Bei uns könnte das nicht passieren. Ein Reicher kann sich in der Schweiz auf die Justiz verlassen.«[10] Damit letzte Bedenken ausgeräumt würden, machte Erich Follath vom *Spiegel* Nägel mit Köpfen. Er behauptete – hoffentlich in voller Kenntnis der Sachlage und der russischen Gesetzgebung – Chodorkowskij befinde sich im Gefängnis »zu Unrecht«.»Geradezu *kafkaesk*«, führte er weiter aus,»mutet das Verfahren an, die Vorwürfe sind nach Ansicht aller sachkundigen ausländischen Prozessbeobachter an den Haaren herbeigezogen, und auch Politiker von Angela Merkel bis Barack Obama schließen sich dieser Meinung an.«[11]

»Er wirkt inzwischen geradezu *kafkaesk*«, schrieben über den Prozess zwei andere *Spiegel*-Redakteure noch im August 2010;»Ein Diebstahl ohne Geschädigten hat *kafkaesken* Charakter«[12], Marieluise Beck, Mitglied des Bundestages, schlägt sich auf die Seite des Verfolgten;»Der Vorwurf der Unterschlagung von 350 Mio. Tonnen Erdöl ist so absurd, dass er diesem Prozess *kafkaeske* Züge verleiht«[13], schreibt Daniel Brössler in *Die Süddeutsche Zeitung*;»Der Kampf um Gerechtigkeit im Moskauer Bezirksgericht Chamownitschesky ist eine *kafkaeske* Angelegenheit«[14], gibt auch die *Neue Zürcher Zeitung* bekannt.

Wie kommen sie alle plötzlich auf dieses »kafkaesk«? Welchem Politiker oder Journalisten fiel dieses prägnante Adjektiv ein, das die Medien so beherrscht? Wer orchestriert den Medien-Hype?

Der Dirigent ist leicht zu finden:

»Denn die Anklageschrift ist, so formuliert es Chodorkowskijs Anwalt Robert Amsterdam, *kafkaesk*.«[15] Schon 2005 hatte sich Chodorkowskijs Rechtsanwalt Amsterdam bei den Mächtigen unbeliebt gemacht, als er den »*kafkaesken* Prozess« als »abgekartetes Spiel« einstufte.[16] Und bereits 2004 hieß es:»Wir erleben in Moskau eine *kafkaeske* Situation«[17]. Der Autor: Anwalt Robert Amsterdam.

Aha, das kommt also nicht von einem unabhängigen Journalisten, sondern von einem gut bezahlten und dem Mandanten aufs Haar verpflichteten Rechtsanwalt. Da bin ich ja beruhigt ...

Da sich offensichtlich bereits jeder ein Bild zum »Fall Chodorkows-kij« gemacht hat, schien mir der Sinn zu entgleiten, hierzu ein Buch zu schreiben. Würden Sie als Leser denn in einem Atemzug ein Buch verschlingen wollen darüber, dass die Erdkugel rund ist? Oder mehr-seitige Auslassungen, dass zwei mal zwei eben nicht fünf, sondern wie schon immer nur vier ausmacht? Könnte das denn nicht auch stimmen, das mit der miesen Verfolgung eines untadeligen Bürgers? Das Bild schien durchaus abgerundet zu sein, wenn auch irgendwie schwarz-weiß. Ohne Schattierungen, dun-kle Stellen bei der »guten« Gestalt und einige Lichtblicke bei der »schlechten«. Es könnte doch (im wirklichen Leben) auch so sein, dass der »Gute« im Winter mit Sommerreifen fährt und den Weg vorm Haus nicht streut, und der »Böse« emsig im Kirchenchor singt. Wie Michail Chodorkowskij einmal selbst sagte: »Die Einseitigkeit ist immer fehlerhaft, sie verzerrt das wahre Bild.«[18]

Nun noch zu den Worten des Spiegel-Korrespondenten Follath: »Die Vorwürfe sind nach Ansicht aller sachkundigen ausländischen Pro-zessbeobachter an den Haaren herbeigezogen«. Das ist sehr geschickt, zu geschickt formuliert: Auch wenn es im Ausland jemanden gäbe, der Follaths Meinung nicht teilte, wäre das damit zu erklären, dass er einfach nicht »sachkundig« ist. Und was soll eigentlich bedeuten: »Politiker von Angela Merkel bis Barack Obama schließen sich dieser Meinung an«? Welche Politiker, außer diesen beiden, sind gemeint: von »A« wie Angela, bis »B« wie Barack? Oder markieren diese zwei die volle Breite der politischen Klasse weltweit? Ich dachte stets, sie stünden auf einer Seite. Warum sollten mich in der Sache diese zwei angesehenen Persönlichkeiten am meisten überzeugen, die auch nur fremde Meinungen von diesem Prozess hören und lesen? Soll das ein Argument sein oder eher eine Suggestion? Man muss die Bundes-kanzlerin und den amerikanischen Präsidenten nicht besonders mögen, aber dass sie Vorwürfe, die mehrere russische Gerichte bestä-tigten, als »an Haaren herbeigezogen« bezeichneten, habe ich noch nicht gelesen. Und werde es vermutlich nicht lesen, weil sowohl Frau Merkel als auch Herr Obama nicht so einfältig gestrickt sind, wie der *Spiegel*-Redakteur befindet. Oder haben sie gegenüber Herrn Follath persönlich ihre Meinung ausgerechnet so formuliert?

Diese einseitige Absolutheit der veröffentlichten (Medien-)Urteile hat mich aus der Fassung gebracht, weil ich noch aus meinem Leben im Sozialismus den innerlich schwer erkämpften Leitgedanken nach Deutschland mitgebracht habe, dass alles, was einstimmig, was zu 100% schwarz oder zu 100% weiß ist, zumindest prüfwürdig ist. Wie 100%-iger Sprit, 100%-ige Sicherheit der AKWs oder 100% »Ja«-Stimmen für den vor Kurzem verblichenen großen nordkoreanischen Anführer Kim Jong Il bei den Parlamentswahlen 2009. Also »de omnibus dubitandum«, an allem zweifle, ein Lieblings-Motto von Karl Marx.

Wenn wir schon bei Marx sind, muss ich noch etwas anfügen: Meine sozialistische Erfahrung hat mich auch viel Schlimmeres, weil Undemokratisches, gelehrt, und zwar: Manchmal hat nicht die erdrückende Mehrheit (historisch gesehen) Recht, sondern eine winzig kleine Minderheit. So z. B. verhaftete die sowjetische Miliz 1968 sieben Personen auf dem Moskauer Roten Platz. Es folgten Prozesse, Verurteilungen. 200 Mio. Sowjetbürger waren auf der Seite der Justiz, gegen eben diese sieben. Ich versuche gerade den Prozentsatz von diesen sieben zu ermitteln ... Also 7 : 200 000 000 x 100% = Mein Taschenrechner will diese Lappalie gar nicht zeigen. Er zeigt »0«. Natürlich Null, was sonst sind sieben Männer und Frauen gegen die Selbstjustiz des ganzen Volkes.

Aber diese sieben waren diejenigen, die 1968 gegen den Einmarsch des Warschauer Paktes in die Tschechoslowakei protestierten. Für einen Sozialismus mit menschlichem Antlitz. Heute sind sie im Recht. Also Ansporn Nummer eins: Die Mehrheit (auch die deutsche) kann sich irren.

Der Ansporn Nummer zwei ist ähnlich gelagert. Alle wissen über Chodorkowskij und seinen Prozess Bescheid, ohne darüber etwas mehr als Zeitungskommentare gelesen zu haben. Aber auch die Kommentatoren, wie es scheint, lasen wohl nur kurze Ticker-Meldungen – und andere erschienene Kommentare. Ich sage nicht »14 Ordner mit Anklageschriften«, ich sage nicht »Argumente der Verteidigung«, ich sage nicht »Prozesstagebücher«, ich sage nicht Interviews, Briefwechsel und Bücher von Chodorkowskij selbst. Ich sage nicht verschiedenartige Artikel zum Thema, von denen es im »nicht-pluralistischen«

Russland nur so wimmelt. Artikel dafür, Artikel dagegen, Artikel »ihr seid beide Trottel« … All das kann ein Journalist nicht bewältigen, nur um einen Kommentar in einer Tageszeitung zu schreiben.

Aber innehalten und wenigstens das Urteil abwarten – vielleicht sagt der Richter Danilkin etwas, was ich nicht weiß?

Nein, die Kommentare in allen Zeitungen, geschweige denn Fernsehstationen waren vor, während und nach der Urteilsverkündung gleich »allwissend«: Das Urteil ist ein Prüfstein a) für die russische Demokratie, b) für Rechtsstaatlichkeit in Russland, c) für das Kräfteverhältnis zwischen Präsident und Ministerpräsident, d) für die Glaubwürdigkeit des Präsidenten Medwedews, e) für die Absichten, Korruption zu bekämpfen, f) für das Investitionsklima im Land – also gleich für so viele Dinge, dass man denken muss, spräche das Gericht Chodorkowskij jetzt frei, hätte Russland auf seinem Weg zu westlichen Werten nichts mehr zu tun.

Das Markante dabei ist, wie gesagt: Keiner der Kommentatoren hat das Urteil gelesen. Eine deutsche Übersetzung ist mir bis jetzt nicht bekannt, aber auch der russische Text stand im Dezember 2010 noch nicht zur Verfügung, als die Kommentare nur so herniederprasselten. Woher nehmen sie ihr unerschütterliches Wissen? Ist es nicht so, wie ein Blogger über die Besprechung des Chodorkowskij-Prozesses in deutschen Medien schreibt, dass wir heutzutage nichts mehr wissen als die Meinung der jeweiligen Meinungsmacher? Und dabei sagte der US-amerikanische Rechtsanwalt Robert Teets, der den Prozess im Auftrag der *World Jurist Association* beobachtete, schon am 23. Dezember 2009, laut Depesche der US-Botschaft in Moskau an das State Department in Washington, dass »seiner Meinung nach der Prozess gerecht verläuft und Richter Danilkin alles Notwendige tut, um sicherzustellen, dass die Verteidigung die Möglichkeit hat, ihre Argumente und Beweise vorzulegen bzw. um die Vorwürfe der Anklage zu bestreiten«[19].

Ich hätte nicht die ganze Wahrheit gesagt, wenn ich hier nicht erwähnte, dass es auch andere Stimmen (zumindest in Deutschland) gab. Nicht in publikumswirksamen Medien mit Millionen-Auflagen und Millionen-Einschaltquoten, sondern eher im (bislang recht freien) Internet. Am 30. Dezember 2010 sendete die ARD

z. B. den Bericht »Dieser Prozess ist lächerlich« von Stephan Laack, ARD-Hörfunkstudio, Moskau.[20] Der begann so: »Chodorkowskijs Mutter verflucht den Richter, Oppositionelle schäumen: Das gnadenlose Strafmaß gegen den Ex-Ölunternehmer hat in Russland heftige Reaktionen hervorgerufen. Doch manche Beobachter hoffen auch, dass es gerade wegen seiner Absurdität ein Wendepunkt ist.«

Der Bericht war anscheinend so aufregend, dass sich viele Internet-Kommentatoren meldeten. Hier eine kleine Auswahl an Meinungen und Fragen, die ich selbst hätte stellen wollen, aber nun aus gefundener Quelle, unter ihren Nicknames, zitiere:

»*Qualitätsjourna*…: Wie kommt das zwangsgebührenfinanzierte ARD eigentlich dazu, hier nur einseitig für diesen Verbrecher Partei zu ergreifen! Freie Berichterstattung sieht anders aus.«

»*Ehcuag*: Russland ist das einzige Land auf der Welt, in dem ein Milliarden-Dieb dahin kommt, wo er hingehört – hinter Gitter. Bei uns werden Milliardäre ins Kanzleramt eingeladen.«

»*Rotkäppchen*: Interessante Wendung. Strafbare Handlungen von Chodorkowskij räumen sie ein. Aber die Verurteilung dafür ist ›Unterdrückung‹ und ›Rechtsbeugung‹, weil sie in Russland stattfindet, wo Putin Regierungschef ist.«

»*ZdAiI*: Die Berichterstattung der Medien in dieser Sache lässt die Befürchtung aufkommen, dass es mit der Pressefreiheit in der BRD weniger gut bestellt ist als mit der Rechtsprechung in Russland. Wahrscheinlich müssen die Russen aber keine Abgabe für öffentlich-rechtliche Propaganda bezahlen …«

»*Ewspapst*: Das Schlimme an diesem Prozess ist weder die Anklage noch das Urteil. Das Schlimme daran sind unsere Medien. Wir haben in der BRD weder korrekte Informationen über die Anklage noch etwas darüber in korrekter Form gehört, wie der Angeklagte sein Milliardenvermögen erarbeitet hat. Wir haben auch nichts darüber gehört, ob alle Menschen in Russland das Urteil ablehnen, noch haben wir Pressestimmen gehört, die sich positiv zu dem Urteil geäußert haben. Im Augenblick habe ich den Eindruck, als wenn hier eine Regierungserklärung der Parteien zusammengezimmert wird, die vorgibt, was gesendet und geschrieben werden darf.«

»*Meistensfroh*: Ich kann Ihre Reaktion verstehen, es wird hier auch immer wieder von einem ›deutschen‹ Rechtssystem auf das russische System ›herab‹-geblickt und dabei leider übersehen, dass hier ein russisches Gericht nach russischem Recht über einen Russen gerichtet hat.«

Nach der kurzen Lektüre unzensierter Denkweisen zu nur einem Bericht stellen wir fest, es gibt jedenfalls eine vielleicht auch verschwindend kleine Minderheit, die mit dem veröffentlichten Standpunkt der dominierenden Medien nicht ganz konform geht und – nach dem gigantischen Artikel- und Sendungs-Tsunami – besonders nach einem lechzt, nach Information.

Zu meiner großen Verwunderung merkte ich während der Recherche, dass die Informationslage auch in Russland, im Land des Geschehens, nicht viel besser ist. Der bekannte und ausgezeichnet informierte russische Journalist Leonid Radsichowskij gestand dem meistgehörten (und übrigens sehr Putin-kritischen) Radiosender *Echo Moskwy*: »Ich würde gern von Anwälten bzw. Staatsanwälten nicht nur Schimpfkanonaden und/oder Anbetungen hören, sondern eine sinnvolle Erklärung des Kerns der Anklage und Einwände dagegen.«[21]

Diese Einseitigkeit und Oberflächlichkeit der Berichterstattung ist für diejenigen, die im Sozialismus aufgewachsen sind, nicht grundsätzlich neu (ich bin unbeirrt der Meinung, Erfahrungen aus zwei gesellschaftlichen Systemen sind besser als aus einer, wenn eine noch dazu eine Diktatur war, dann hat man schon fast alles im Leben gesehen). Von einigen Kollegen weiß ich, dass sie schon immer mehr für Schnelligkeit als für Tiefe waren. Und mit dem Strom schwimmt man schneller und erfolgreicher als dagegen. Deshalb heißt es Mainstream, also ein Strom, in dem die Mehrheit feuchtfröhlich das Leben genießt. Hierzu ein sozialistisches Beispiel. Als der russische Schriftsteller Boris Pasternak 1958 seinen Literaturnobelpreis für *Doktor Schiwago* bekam, der nicht in der Sowjetunion, sondern im Westen (!) erschienen war, haben seine Kollegen ihn als Erstes aus dem Schriftstellerverband rausgeworfen. Er sei kein sowjetischer Literat, sondern ein »Weißgardist«, also Konterrevolutionär. Wäre das unter Stalin geschehen, hätte er gleich »10 Jahre ohne Briefwechsel« bekommen. Es gab damals so einen Euphemismus für die Todesstrafe.

Aber es herrschten »gute« Chruschtschow-Zeiten, die man heute »Tauwetter« nennt. Deshalb nur »Weißgardist« und raus aus dem Verband. Damit waren natürlich für einen »Federsklaven« auch gleich alle materiellen Existenzgrundlagen nicht mehr vorhanden, aber wen scherte das?

Im Einklang mit dem Ausschluss veranstalteten meine älteren Kollegen eine Kampagne, die erstens massiv und zweitens 100%ig gegen Pasternak gerichtet war. Alle (eben 100%) Sowjetbürger – Arbeiter, Bauern, Ingenieure, Ärzte, Lehrer – verurteilten mit erhobenem Zeigefinger den armen Nobelpreisträger. Wofür? Na klar, für das Buch. Aber das Buch existierte praktisch nicht! Das Buch gab es im Westen, und dort hatten es einige vermutlich gelesen. Das aus dem Westen geschmuggelte Buch gab es auch in der Sowjetunion – in den Panzerschränken von KGB-Chef und obersten Parteibonzen, die es bestimmt nicht gelesen hatten. Das Volk kannte das Buch nicht und durfte es – um Gottes Willen! – auch nicht kennen. Wie sollte man den »Weißgardisten« denn dann brandmarken?

Die weise Partei (oder die schlauen Journalisten) fand eine geistvolle Redefigur, sie kam als Erstes in der hochintellektuellen *Literaturnaja gaseta*, Literaturzeitung, vor. Ein Baggerführer schrieb: »Das Buch habe ich nicht gelesen, aber ich verurteile es!« Diese Formel war so genial, dass sie schnell die Spalten aller Zeitungen eroberte und zum geflügelten Wort des Volkes wurde. Nicht gelesen, aber verurteilen.

Daher mein zweiter Ansporn: über die »klare« Sache recherchieren. Lesen, Fragen stellen, Nachdenken, Gespräche führen und erst dann werten.

Wohlgemerkt, wir reden nicht über Schuld oder Unschuld von Herrn Chodorkowskij. Wir reden vorerst nur von einem Bärendienst, den ihm die Medien in ihrer übertriebenen Willfährigkeit und Folgsamkeit, aber zum Teil aus armseliger Trägheit erwiesen haben. Von der Wiederholung – ganz gleich wie oft – der richtigen oder falschen Tiraden werden wir nicht schlauer. »Wenn man ständig ›Chalwa, Chalwa‹ (okzidentalische Variante: ›Honig, Honig‹) sagt, wird es im Mund nicht süßer«, sagen zu Recht die Mittelasiaten. Müssen wir vielleicht zusammen nach dem echten »Chalwa« suchen?

Teil 1 Jagd aufs Geld

»Fakten« und »keine Fakten«

Es gibt allein im zweiten Prozess gegen Michail Chodorkowskij und seinen Kompagnon Platon Lebedew 188 Ordner mit Unterlagen. Doch welcher enthält Tatsachen oder Gewissheiten, wo verbergen sich Irreführungen, Ausreden, Lügen? Alles ist vermischt. Wahrheiten, Halbwahrheiten, Unwahrheiten. Suppe. Soljanka. Alles von gestern in einen Topf werfen, kräftig umrühren, fertig. Pfeffer und Salz geben Journalisten dazu. Anders gesagt: Ich brauche keine Fakten zu bewerten, das ist nicht meine Aufgabe. Ich habe all die Jahre nicht im Gerichtssaal gesessen, ich kenne nicht alle Papierchen in den 188 Ordnern. Und warum soll ich die Fakten bewerten? Das ist Aufgabe des Gerichts. Offener Streit zwischen Parteien, und ein Unparteiischer verliest das Verdikt. Wie im Fußball, nur ohne Pfeife. Doch alles ist viel zu kompliziert. Selbst der einfachste Fall, der mit dem Mord: Es ist der Abend des 21. Januar 1998. Dmitrij Kornejew und Walentina Kornejewa kehren nach Hause zurück und fahren mit dem Fahrstuhl in den 6. Stock. Im Treppenhaus lehnt ein kräftig gebauter Mann in einem dunkelgrauen Mantel an der Wand. Es sieht aus, als warte er auf den Fahrstuhl und werde gleich einsteigen und losfahren … Dmitrij Kornejew erzählte später:»Ich wandte ihm den Rücken zu, um die Eingangstür zu öffnen. Während ich mit dem Schlüssel nach dem Loch suchte, ging die Fahrstuhltür zu. Aber der Mann war draußen geblieben. Als ich mich umdrehte, hörte ich, wie eine Tasche auf den Fußboden fiel und Walentina seufzte ›Och!‹. Ich sah, wie sie zu Boden sackte. Ich packte sie unter den Armen. Der Mörder richtete die Pistole auf mich, hob die andere Hand und warnte: ›Leise!‹. Er machte einen Schritt in den Fahrstuhl und fuhr fort. Ich rannte, um die SMH anzurufen. Aber es war sinnlos, der Mörder hatte Walja in die Schläfe getroffen.«

Als der mutmaßliche Mörder festgenommen wurde, erkannte Dmitrij Kornejew den Mann aus dem Treppenhaus:»Vor mir standen drei Menschen, die sehr ähnlich aussahen, und ich erkannte den Mörder. Das war Schapiro. Als der Untersuchungsrichter aus dem Zimmer ging, fragte ich Schapiro: ›Warum hast du mich nicht umgebracht?‹ Er antwortete: ›Ich weiß nicht‹. Später wurde mir gesagt, dass die Pistole versagte. Dann fragte ich ihn noch, wo sein Freund Gorin ist. Er sagte: ›Im Grab ...‹«

Wenn Kornejew an das Jahr 1997 zurückdenkt, meint er, dass man den Laden umsonst hätte weggeben müssen.[1]

Die Bank *MENATEP*, die Chodorkowskij gehörte, wollte sich erweitern, die Firma brauchte neue Flächen. Der Haken: Das war Moskau, eine der teuersten Städte der Welt, und darüber hinaus noch das Stadtzentrum. Alles belegt, alles teuer. Nebenan lag ein Laden, *Tschaj*, »Tee«, auf 360 Quadratmetern, den musste man unbedingt haben. Die Besitzer, die Kornejews, waren mit dem angebotenen Betrag nicht zufrieden. Die *MENATEP* schickte Sergej Gorin und Jewgenij Nasarenko. Sie kamen jeden Tag in den *Tschaj* und feilschten. Die Jungs waren lästig, aber von einer mächtigen Bank und die *Tschaj*-Inhaber höflich und etwas verunsichert.

»Gorin und Nasarenko kamen regelmäßig zu uns, wie auf Arbeit, monatelang, und ich, ein naiver Esel, servierte ihnen Kaffee«, erzählte die Mitarbeiterin von *Tschaj* Wera Tschikanowa. Mal waren die Vertreter der *MENATEP* geschmeidig, mal grob. Ein Zeitzeuge erinnerte sich an ihre Worte»Ihr seid eine Null, wir werden euch einfach plattmachen«. Seit November 1997 wurde Kornejewa von *MENATEP*-Beauftragten observiert, so steht es in den Untersuchungsunterlagen.»Walentina Kornejewa war sehr nervös, und einmal, nachdem sie weg waren, sagte sie: ›Mich werden sie sicher bald umbringen.‹«

Irgendwann blieben die Unterhändler fern.

Dafür kam der Killer Schapiro. Preis des Mordes: 5000 US-Dollar und ein»Hyundai Galloper«.

Die Staatsanwaltschaft ist der Überzeugung, einer Kette auf die Spur gekommen zu sein: Der Killer wurde von Gorin beauftragt. Gorin selbst ist ein Freund von Alexej Pitschugin. Der war Abteilungsleiter bei der Firmensicherheit von *MENATEP*, und es erscheint logisch, dass er mit der delikaten Sache seinen Freund Gorin beauftragt hat.

Nach Ansicht der Staatsanwaltschaft entschied Pitschugin nicht selbst, Kornejewa zu töten, sondern bekam den Auftrag von Leonid Newslin, der Nummer zwei in der Hierarchie des Chodorkowskij-Imperiums und für die Sicherheit zuständig. So weit, so gut.

Also: Killer–Gorin–Pitschugin–Newslin–Chodorkowskij. Oder eher umgekehrt: Chodorkowskij–Newslin–Pitschugin–Gorin–Killer? Stopp. Pitschugin wurde für dieses und andere Verbrechen zu lebenslänglich verurteilt, Newslin in Abwesenheit ebenfalls. Chodorkowskij persönlich wurde dieser Mord jedoch nie angehängt. Die Staatsanwaltschaft verlor weder im ersten Prozess noch im zweiten ein Wort über die Verbindung Newslin-Chodorkowskij. Nie wurde Firmenchef Chodorkowskij juristisch des Mordes beschuldigt.

Noch einmal. *MENATEP*, und nicht Newslin persönlich, wollte den Laden *Tschaj* bekommen, Chef von *MENATEP* war Chodorkowskij. Es wäre also logisch, wenn so eine Entscheidung über Frau Kornejewa auch dem Chef bekannt gewesen wäre …

Vielleicht gilt aber auch eine ganz andere Logik. Chodorkowskij sagte: Die Sache muss gelöst werden. Punkt. Und Newslin entschied selbst, *wie* er das löste, und teilte Chodorkowskij Postfaktum mit: Problem gelöst, ohne deutlicher zu werden, auf welche Art und Weise. Auch denkbar.

Allerdings undenkbar wäre: Nicht Newslin, sondern Pitschugin selbst entschied über den Mord. Pitschugin persönlich hatte kein Motiv. Pitschugin war kein Inhaber, er war ein Angestellter, Vertrauter, aber nur »abhängig beschäftigter« Sicherheitsmann. Es gehörte nicht zu seinen Befugnissen, zu entscheiden, wer umgebracht und wer nur geschlagen werden sollte.

An diesem Fall interessiert uns vorerst Alexej Pitschugin, ehemaliger Major des KGB, Vater von drei Kindern. Seine Verteidigung sagt, er habe Gorin den Auftrag nicht erteilt.

Was sagt Gorin? Gorin sagt nichts mehr. Eines Tages drangen in Gorins Haus Maskierte ein, die drei Kinder wurden ins Bad geworfen (dabei wurde einem der Kopf mit einer Pistole eingeschlagen) und dort eingesperrt. Sergej Gorin und seine Frau sind seitdem nicht auffindbar. Später hat die Miliz auf dem Hof doch zwei Dinge gefunden:

Blut- und Gehirnspuren von Gorin, was auf einen ziemlich schlimmen Gesundheitszustand hindeutet. Aber keine Leichen. Keine Leichen – kein Mord. Ein Kettenglied fehlt. Doch die Staatsanwaltschaft schaffte den Sprung – es gibt Protokolle, in denen der Killer Schapiro direkt auf Pitschugin verweist.

Dabei ist das ist nicht das einzige Verbrechen, das Pitschugin und Newslin zur Last gelegt wurde: drei Morde, drei versuchte Morde, auch mit Sprengsätzen, Handgranaten und Maschinenpistolen, Schlägerei, einen Sprengsatz an der Tür der ehemaligen *MENATEP*-Mitarbeiterin Kostina. Urteil für beide: lebenslänglich.

Pitschugins Anwälte bestritten übrigens den Anschlag auf die ehemalige Mitarbeiterin, der von der Staatsanwaltschaft als versuchter Mord gewertet wurde. Was war da eigentlich los bei Frau Kostina? An die Tür ihrer Wohnung banden Täter zwei TNT-Sprengkörper, à 200 Gramm. Die Wucht der Detonation durchbrach die Decke, vom zweiten Stock konnte man den dritten sehen, Fenster flogen in einigen Etagen raus, Türen verzogen sich. Dabei explodierte glücklicherweise nur einer der Sprengkörper.[2] Versuchter Mord? Nein! Der schweigsame »KGBler« Pitschugin explodierte bei dem Verhör: »Unsinn! Keiner wollte diese Kostina umbringen! Nur ein wenig einschüchtern und das war's …« Damit verstummte er, verstand, dass er sich verplappert hatte.

Also war da doch etwas …

Pitschugin sitzt jetzt im Gefängnis, Newslin wird mit einem Haftbefehl gesucht, wobei alle wissen, wo er sich aufhält. Er hat vor Kurzem zum dritten Mal geheiratet, lebt als freier Mann in Israel, besitzt die israelische Staatsbürgerschaft, die Israelis liefern ihre Bürger bekanntlich nicht aus, und gibt dem Filmemacher Cyril Tuschi (*Der Fall Chodorkowskij*) Interviews. Der hält es für angebracht, nur ihn und nicht auch Dmitrij Kornejew zu den Morden zu befragen.

Was hat all das mit Chodorkowskij zu tun? Nach Aussage aller Beteiligten war er doch in diese Morde nicht verwickelt. Oder doch? Es handelte sich um Sprengsätze und Maschinengewehrsalven gegen Menschen, die keine Fehde mit den Killern persönlich, sondern die mit *MENATEP*, mit *Jukos*, mit Chodorkowskijs Reich Ärger hatten.

Es gibt noch einige ähnlich gelagerte Fälle: Da gab es zum Beispiel Jewgenij Rybin, den Geschäftsführer einer österreichischen GmbH, die *Jukos* auf 100 Mio. US-Dollar verklagt hatte. Auch der Fall musste »gelöst« werden. Zweimal versuchten Killer, Rybin umzulegen, und beide Male rettete ihn der Zufall – sein Fahrer starb, zwei Personenschützer wurden schwer verletzt.

Oder nehmen wir den Oberbürgermeister von Neftejugansk, *Jukos*' großem Erdölfeld, Dr. Wladimir Petuchow. Um von *Jukos* Steuerzahlungen zu bekommen, trat er in den Hungerstreik und wirkte darauf hin, die Förderlizenz der *Jukos*, vergleichbar mit einer Lizenz zum Gelddrucken, zu widerrufen – und das wäre schmerzhaft gewesen. Auch er wurde von zwei Profikillern umgebracht, auch hier gibt es Hinweise auf Pitschugin … Aber nicht auf Chodorkowskij.

Petuchow wurde am 26. Juni 1998 auf dem Weg zur Arbeit mit einem Maschinengewehr erschossen. Das Datum lässt sich sehr gut merken. Es ist der Geburtstag Michail Chodorkowskijs. Einige Medien (die russische Business-Zeitung *Kommersant* zum Beispiel) schrieben, der Mord an dem großen *Jukos*-Rivalen sei ein Geschenk an den Boss gewesen. Bei der Untersuchung des Mordes sagte auch Farida Islamowa, die Witwe Petuchows:»Meine Meinung ist, dass nur Chodorkowskij den Mord meines Mannes brauchte, niemand sonst könnte es getan haben. Aber wir sollten verstehen, dass Chodorkowskij selbst das nicht machen würde. Er kam persönlich zu uns (nach Neftejugansk – V. T.), um uns einzuschüchtern: Seht, hier ist der König von *Jukos*.«[3]

Jukos als Schuldiger war das Naheliegende. Die Steuerspannungen zwischen *Jukos* und der Stadtverwaltung waren bekannt. Die Verteidigung Pitschugins brachte jedoch andere Erklärungen ins Spiel: Die tschetschenische Mafia sollte Petuchows Mord in Auftrag gegeben haben – oder auch Farida Islamowa selbst. Warum auch nicht?

In den Erinnerungen der Chodorkowskij-Familie ist verbrieft, dass Michail, der seinen Geburtstag feiern wollte und beim Grillen war, einen Anruf bekam und wegen so eines»Geschenks« ganz außer sich geriet, wie verrückt alles hinschmiss und wegfuhr.

Das ist doch nicht die Reaktion eines Menschen, der innerlich auf einen Mord vorbereitet ist. Sie könnte gespielt gewesen sein, aber nicht vor der eigenen Familie. Was genau ließ Chodorkowskij so »verrückt« werden? Warum ließ er alles stehen und liegen und fuhr ab? Was konnte er an dem Tag noch tun? Den Mord rückgängig machen?

In dem Prozess gegen Pitschugin und Newslin trat ein Zeuge vor Gericht auf, ein gewisser Gennadij Piskarjow, ehemaliger KGB-Offizier und 1998 Mitarbeiter des von *Jukos* gegründeten gemeinnützigen Fonds *Russlands Regionen*, sozusagen ein durch Chodorkowskij in einen Wohltäter umqualifizierter »KGBler«. Auf Anweisung der zwei *Jukos*-Mitinhaber Newslin und Schachnowskij fuhr er im Juni 1998 nach Neftejugansk, »um die Lage zu erkunden« und einen Kontakt mit Bürgermeister Petuchow herzustellen, der, so Piskarjow, »nicht ganz normale Beziehungen zu *Jukos* hatte«. Piskarjow fuhr nach Neftejugansk, checkte im Hotel ein, und hörte am nächsten Tag, dass der Bürgermeister umgebracht worden war.

Nun wird es interessant. Piskarjow meldete die Neuigkeit seinem Chef, dem Fondsleiter, der ihm eine Bitte der *Jukos*-Leitung mitteilte: Piskarjow sollte allen, die mit der Untersuchung des Mordes etwas zu tun hatten, erzählen, dass die Witwe Petuchows ihren Mann auf dem Gewissen habe. Diese Anweisung »wiederholte mir per Telefon Newslin oder Schachnowskij, wer genau, kann ich mich nicht erinnern«. Die Frage, die ich mir hier stelle: Woher wussten Newslin bzw. Schachnowskij in Moskau *am Tag des Verbrechens*, wer mit dem Mord im 3000 Kilometer entfernten Neftejugansk etwas zu tun gehabt haben soll? War das nicht ein Versuch, die Untersuchung auf eine falsche Spur zu lenken?

Zurück zu unserer Suche nach Gründen der Überreaktion Chodorkowskijs. Nach dem Tod des Bürgermeisters befand sich Neftejugansk in einem Ausnahmezustand. Die Einwohner blockierten die Straßen, sie forderten eine Untersuchung des Verbrechens, die Fenster und Türen im *Jukos*-Büro (und nicht in der Wohnung von Petuchows Frau zum Beispiel) wurden zerschlagen, es fanden mehrere Kundgebungen statt, auf denen *Jukos* des Mordes beschuldigt wurde, und »in der Menge wurden Auslassungen laut«, so Piskarjow, »dass der Mord ein Geschenk zu Chodorkowskijs Geburtstag ist«. Und tatsächlich gab es dort Plakate: »Chodorkowskij – Mörder«.

All das wurde nach Moskau berichtet. Ob Chodorkowskij von dem Auftragsmord vorher wusste oder nicht, eines ist zumindest nachvollziehbar, dass derjenige, der so einen Bericht über solche Transparente empfängt, durchdrehen könnte und keinen Appetit mehr auf Schaschlik hätte.

Piskarjow blieb drei Wochen auf Kosten seines Arbeitgebers – des gemeinnützigen Fonds *Russische Regionen* – in Neftejugansk und informierte seine Auftraggeber ausführlich über die Ereignisse. Sein Fazit: Der Grund der Auseinandersetzungen zwischen *Jukos* und dem Bürgermeister sei die »Unwilligkeit von *Jukos*, Steuern in den lokalen Haushalt in voller Höhe zu bezahlen« gewesen und die »Forderungen Petuchows, glaube ich, waren legitim«.

Und was sagt die Verteidigung Pitschugins, der auch für diesen Mord vor dem Gesetz grade stehen sollte? Dem Plädoyer der Rechtsanwältin Xenija Kostromina vom 17. Juli 2007 kann man entnehmen: »Es gibt kein Verbrechen ohne Motiv. Das Motiv, laut § 73 der Strafprozessordnung der Russischen Föderation, ist eine der Tatsachen, die in einem Verfahren bewiesen werden sollen (…). Die Verteidigung Pitschugins ist der Meinung, dass das von der Anklage aufgeführte Motiv durch Beweise in der Sache nicht bestätigt wurde. (…) Für ein Motiv für den Mord an Petuchow W. hält die Anklage seine Handlungen als Bürgermeister von Neftejugansk mit dem Ziel, hinterzogene Steuer und Gebühren der Erdölgesellschaft *Jukos* in den föderalen, regionalen und lokalen Haushalt einzutreiben. Dies widerlief den persönlichen und dienstlichen Interessen Pitschugins (…). Die Anklage hat den Umstand ignoriert, dass Pitschugin keine persönlichen Interessen, was die Eintreibung der Steuern, die *Jukos* mutmaßlich hinterzog, haben konnte, weil Pitschugin zu diesem Zeitpunkt nicht bei *Jukos* beschäftigt war. Das wird durch die Vorlage eines objektiven Beweises bestätigt, und zwar der Kopie des Arbeitsbuches Pitschugins A.«[4]

Wollte Xenija Kostromina alle für dumm verkaufen?

In allen Belegen, in allen Lebensläufen steht schwarz auf weiß: Nach dem KGB arbeitete Pitschugin nur für Chodorkowskij – es gab keinen einzigen anderen Arbeitgeber dazwischen.[5] Was will die Rechtsanwältin mit der Aussage bezwecken?

Um der Genauigkeit willen, Pitschugin war offiziell bei Chodorkowskijs Bank *MENATEP* angestellt und wechselte erst *nach* dem Mord an
Petuchow zu Chodorkowskijs Erdölfirma *Jukos.* Das ist natürlich ein
hieb- und stichfestes Argument!

Einmal von der Frage der Anstellungsverhältnisse abgesehen, allen
(außer Frau Kostromina) war wahrhaftig klar, dass auch Pitschugin,
wie Gorin und Schapiro, und alle anderen, die noch auftauchen werden, nur ein kleines Licht ist, dass er nur die Befehle von oben aus-
führte, dass dieser »Bauer« natürlich keine »persönlichen und dienstlichen Interessen« an dem Mord haben konnte. Es ist in der Branche
grundsätzlich so üblich: Ein Profikiller hegt dem Opfer gegenüber
weder menschliche noch dienstliche Antipathien. Das ist ein Geschäft –
nichts Persönliches.

Chodorkowskij, ein Sicherheitsparanoiker (»paranoid about security«
nach *British Petroleum*-Chef John Browne[6]), und der Sicherheitsmann
Pitschugin kannten sich sehr gut, sie waren z. B. zusammen, als die
Jukos-Spitze im Nordkaukasus einen echten Männertrip veranstalteten, mit Jeeps, Wildwasserrafting, aber auch mit einer Schießerei aus
Maschinengewehren. Es gibt einen Amateurfilm, in dem Chodorkowskij eine Handgranate in eine Schlucht wirft: Pitschugin steht
daneben und schaut zu. Aber das ist natürlich kein Beweis.

Mit russischen Zeitungsartikeln über die schändlichen Praktiken der
einheimischen Milliardäre kann man bestimmt ein Fußballfeld mehr-
lagig bedecken. Aber auch ein Journalist der *Financial Times* aus
Großbritannien, Thomas Catan, schrieb 2004: »Unter der Präsidentschaft von Boris Jelzin von 1991 bis 1999 bekamen die Männer, die
später als Oligarchen bekannt geworden sind, die Kontrolle über die
vom Staat verkauften riesigen mineralischen Reserven Russlands.
Heute gehören sie zu den reichsten Menschen der Welt. Aber in den
frühen Tagen haben sie oft dubiose Mittel eingesetzt, um ihre Ziele
zu erreichen, was den Russen die Überzeugung vermittelte, dass der
Kommunismus durch ›Gangster-Kapitalismus‹ ersetzt worden war.«[7]
Es gibt dazu auch die sehr allgemeine, beinahe philosophisch angehauchte Meinung des Europa-Abgeordneten, ausgewiesenen Mafia-
Experten, ehemaligen Stellvertretenden UNO-Generalsekretärs und
Direktors des Büros für Drogenkontrolle und Verbrechensbekämp-

fung der Vereinten Nationen, des Italieners Pino Arlacchi:»Die den Oligarchen, den Freunden Jelzins, am nächsten stehende kriminelle Elite sind die Bosse der *Cosa Nostra*. Russische Oligarchen zeigen die gleiche Brutalität, die gleiche politische Arroganz, aber sie werden durch großen Reichtum, Bildung und sozialen Status verschleiert, von denen die ehemaligen Ziegenhirten Don Corleones nicht einmal zu träumen wagten. Der Anführer der russischen *Cosa Nostra* war Boris Beresowskij, der jetzt bei Interviews mit italienischen Journalisten den politischen Flüchtling in Großbritannien gibt. Dieser Mann kann morgens einen Mord bestellen und dann zum Abendessen mit George Soros gehen.«[8]

Kann jemand die Hand dafür ins Feuer legen, dass Chodorkowskij grundsätzlich anders gestrickt war? Wobei wir ihm jetzt nicht einen Mord in die Schuhe zu schieben versuchen, sondern nur über Fakten logisch nachdenken. Juristisch gesehen ist Chodorkowskij, was die Morde anbelangt, absolut sauber.

Ich ertappe mich bisweilen bei schrägen Gedankengängen. Zum Beispiel bei Folgendem: Chodorkowskij galt als Chef, der in jedes Detail involviert war, der jede Ecke seines Unternehmens kannte, der jeden Vorgang überprüfte, der über alles Bescheid wusste. Es ist verbrieft, dass er nicht nur Milliarden verwaltete, sondern auch wusste, »woher man ein Seil für den in den Sümpfen bei Neftejugansk verlorenen Bohrturm holt«[9]. Kann es da sein, dass er über die Pitschugin-Verbrechen nicht Bescheid wusste?

Kann ein anrüchiges Gericht in einem unredlichen Land ein rechtmäßiges Urteil fällen?

Es sind etwa 50 Gewaltdelikte, die böse Zungen dem Chodorkowskij-Konglomerat zuschreiben. Nur ein Bruchteil davon kam im Prozess gegen Pitschugin und Newslin zur Sprache und wurde höchstrichterlich bestätigt. Das sind die Morde an Kornejewa, Petuchow, den Eheleuten Gorin, versuchte Morde an dem Geschäftsführer der Firma *East Petroleum* Jewgenij Rybin, dem Mitarbeiter der Aktiengesellschaft *Rosprom* Viktor Kolesow, der ehemaligen Mitarbeiterin von *MENATEP* Olga Kostina.

Eine Strategie der Verteidigung Pitschugins bestand darin, alles abzustreiten und zu versuchen, andere Mordmotive von anderen Personen und Personengruppen zu finden. Im Falle Petuchow – Tschetschenen und seine Ehefrau; im Falle Kostina – Moskauer Verwaltung; im Falle Kolesow – besoffene Räuber; im Falle Rybin – organisierte Banditen, Mafia. Verständlich, weil in Russland täglich Tausende Verbrechen geschehen, warum immer *Jukos* und *Jukos*?

Tausende Verbrechen, verübt von, es wäre einleuchtend, Tausenden Verbrechern. Und was ist mit unseren Fällen? Welche Namen – außer dem Pitschugins – tauchen hier auf?

Kornejewa – Schapiro, Gorin, Owsjannikow.

Kostina – Korownikow, Gorin.

Kolesow – Korownikow, Schapiro, Gorin.

Petuchow – Schapiro, Gorin, Goritowskij, Zigelnik, Reschetnikow.

Rybin – Schapiro, Gorin.

Man fragt sich: Gab es überhaupt in Russland mit damals Tausenden kriminellen Gruppierungen nicht auch andere Killer? Es kann doch nicht sein, dass Provinz-Delinquenten aus Tambow und Wolgograd für alle Auftragsmorde aller Auftraggeber zuständig waren?

Anders sieht es aus, wenn diese Aufträge aus einer »Zentrale« kamen: Pitschugin ging mit seinem Anliegen zu seinem engsten Freund (der auch auf Pitschugins Hochzeit mitfeierte) und Tambow-»Unternehmer« Gorin. Und Gorin beauftragte diejenigen, die er kannte.

Und noch ein Denkquiz: Die aus Maschinenpistolen abgefeuerten Kugeln in den Fällen Rybin und Petuchow sind fast identisch. Die Ballistiker, die nie mit 100%iger Sicherheit etwas behaupten, meinen: »Es ist nicht ausgeschlossen, dass sie aus einem Gewehr abgefeuert wurden.« Der Umstand, der die ballistische Analyse ungemein vereinfachte: Die Killer schossen beide Male nicht aus einer industriell, in großen Serien gefertigten Waffe, sondern aus einer selbst nachgebauten Maschinenpistole, die an den Projektilen besonders markante Spuren hinterließ.

Sagt das etwa nicht, dass da einer am Steuer sitzt? Zufall? Die *Dichte* solcher »Zufälle« bringt mich ins Grübeln. Das Gericht wertete diese »Zufälle« eindeutiger: schuldig. Es stellte auch fest: Der Auftraggeber Pitschugins für all diese Verbrechen war Leonid Newslin, die rechte Hand Chodorkowskijs.

Die Reaktion der Anwälte? Das Gericht habe die Aussage des Zeugen Kondaurow, eines weiteren KGBlers im Dienste Chodorkowskijs, ignoriert, monierten die Verteidiger. Er habe behauptet, dass Pitschugin dem Sicherheitschef Schestopalow direkt unterstellt war und die Anweisungen von Newslin nicht erhalten haben konnte.[10] Und das, obwohl Newslin, in der obersten Leitung der Chodorkowskij-Gruppe für Sicherheit zuständig, demzufolge Chef Schestopalows war und auf strikte Subordination offenkundig gepfiffen hätte.

Also, es geht um Pitschugin, den kleinen Mann von *Jukos*, der die Strafe dafür verbüßen muss, dass er ein Zwischenglied war. Die Kämpfe um ihn und Newslin sind noch nicht vorbei. Es gibt eine massive mediale Präsenz des Themas noch Jahre nach dem ersten, aber auch nach dem letzten und endgültigen Urteil des Obersten Gerichtes in der Sache Pitschugin.

Was heißt Pitschugin? Alle verstehen durchaus, dass nicht Pitschugin den Prozess verlor, sondern *MENATEP*, *Jukos*, die ganze Chodorkowskij-Gruppe – wir wissen doch von der Rechtsanwältin Xenia Kostromina, dass Pitschugin persönlich kein Motiv für die Morde hatte.

Und jetzt eine ernsthafte Aufgabe: Was würde ich als Syndikus, Anhänger nicht nur Pitschugins, nicht nur Newslins, sondern der ganzen, nehmen wir an gerechten Sache der angegriffenen Gruppe um Chodorkowskij tun? Was würde ich machen, wenn alle Prozesse verloren gingen, wenn ich die Urteile nicht mehr anfechten, nicht mehr rückgängig machen könnte?

Es gibt doch keine ausweglosen Situationen, keine Sackgassen. Man kämpft doch bis zur letzten Patrone bzw. bis zum letzten Dollar. Los, Köpfchen, streng dich an!

Ja, richtig. Als einzige Möglichkeit bleibt, die verlorengegangenen Prozesse nachträglich zu *delegitimieren*, ihnen Rechtstaatlichkeit und Gerechtigkeit abzusprechen: Die russischen Gerichte sind hörig. Der russische Staat ist korrupt. Die Untersuchungsrichter sind Schweine. Der Staatsanwalt ist ein Trottel. Der Ministerpräsident mischt sich ein. Wie kann man dort überhaupt ein gerechtes Urteil erwarten?

Die Vorwürfe stimmen, zumindest zum erheblichen Teil. Genau so gehen die Fürsprecher von *Jukos* vor. Versuche, die Prozesse zu torpedieren, zu diskreditieren, abzuqualifizieren gibt es aus verschiedenen Richtungen.

Einer davon ist zum Beispiel die Geschichte über die psychotropen Stoffe.

Wundersame Wirkung von Psychopharmaka

Obwohl für die Verurteilung von Alexej Pitschugin und Leonid Newslin eine erdrückende Ansammlung von Fakten zusammengetragen worden war, reklamierten die *Jukos*-Anhänger das Urteil, logisch. Eine der wichtigsten Stützen der Verteidigung war die Geschichte mit der Verabreichung von Psychopharmaka an den verhafteten Pitschugin. »Pitschugins Frau erklärte, dass bei den Verhören im Untersuchungsgefängnis *Lefortowo* ihrem Mann psychotrope Substanzen gespritzt wurden.«[11] »Mit Pitschugin passierten sonderbare Dinge«, erzählte seine Rechtsanwältin Tatjana Akimzewa. »In den letzten zwei Wochen habe ich gemerkt, dass er sich sogar an Namen seiner Nächsten nicht erinnern kann. Zweimal hatte er starkes Erbrechen.« Sein Mitinsasse in der Untersuchungshaft in *Lefortowo*, Igor Sutjagin, beschrieb die Geschichte sogar in einer Erzählung. Darin kommen auch die Worte Pitschugins vor: »Ich wurde zum Untersuchungsrichter gebracht. Er saß dort aus irgendeinem Grund allein, kein Anwalt, niemand. ›Heute möchten wir‹, sagte er, ›mit Ihnen nur reden, Alexej Wladimirowitsch‹, und hielt mir ein Päckchen Zigaretten *Sobranije* hin. Ich wunderte mich – dort lag nur eine einzige Zigarette, aber wie lange schon hatte ich guten Tabak vermisst! Ich nahm die Zigarette aus der Packung, der Untersuchungsrichter klickte mit dem Feuerzeug. Ich machte fünf Züge, und plötzlich verschwand alles irgendwohin. Ich erinnere mich nur an Bruchstücke, wie durch eine durchsichtige Folie: Ich sitze auf einem Stuhl in der Mitte des Raumes, der Untersuchungsrichter ist nicht mehr da, statt seiner sind da irgendwie zwei Kerle, ich habe sie nie zuvor gesehen, sie stellen mir irgendwelche Fragen, ich antworte etwas (…). Aber was gefragt wurde, was ich gesagt habe – fällt mir nicht ein.« Igor Sutjagin fügte hinzu: »An diesem Abend haben wir noch diskutiert, und ziemlich heiß, was wohl die von Alexej gerauchte Zigarette enthalten haben könnte.«[12] In der Zigarette waren, meint der Autor, psychotrope Substanzen, die man beim russischen Geheimdienst »Wahrheitsserum« nennt.

Es existiert auch die andere Variante: Zwei, »vermutlich FSB-Mitarbeiter«, »injizierten Pitschugin eine unbekannte Substanz, wahrscheinlich sogenanntes Wahrheitsserum«[13].

Von der Rechtsanwältin Pitschugins Tatjana Akimzewa stammt die dritte Variante des Geschehens: »Im Laufe des Verhörs boten die FSB-Mitarbeiter Pitschugin Kaffee an. Zuerst hat er ihn abgelehnt, aber etwa nach 30 Minuten trank er einige Schlucke Kaffee. Danach ertaubten seine Beine und es wurde ihm drehend. Er fiel in Ohnmacht. Nach vier bis fünf Stunden kam er zu sich.«[14]

Unglaublich, doch von dem Ereignis, das so gut wie keine Augenzeugen hatte, kursiert auch die Variante Nummer vier: »Am nächsten Morgen erzählten Zellengenossen, dass er schmale Augen und unadäquates Verhalten wie nach Alkohol- oder Drogenrausch aufwies. (…) Am Morgen des 15. Juli wachte der mit Spezialsubstanzen vollgepumpte Pitschugin in einem benebelten Zustand auf. Er hatte Magen- und Kopfschmerzen. Im Bereich der radialen Vene der linken Hand und zwischen Daumen und Zeigefinger bemerkte er Spuren von Injektionen. In der Tasche der Jacke fand er eine Packung *Parliament light*: Diese Zigaretten rauchte er nie. (…) Fünf seiner eigenen Zigaretten, die er immer mit sich trug, lagen auch in der Jacke. Er fing an, die Filter von den Zigaretten *Parliament light* abzubrechen. Drin waren alle Filter grün gefärbt.«[15]

Wenn man der letzten Erzählung glauben schenken will, haben diese Nichtskönner, vermutlich vom Sicherheitsdienst, nicht nur verbotenerweise Psychopharmaka an einem Häftling angewendet, sondern auch dem Opfer (höchstwahrscheinlich für seine Rechtsanwälte) die Beweise eigener Sinnesverwirrung in die Jackentasche gesteckt.

Es sind nicht nur Kaffee, Zigarette oder Spritze, auch ob ein oder zwei Menschen von Anfang an im Zimmer waren oder die Namen der Zigaretten *Sobranie* oder *Parliament light*, ob er »zu lange guten Tabak vermisste« oder »fünf seiner eigenen Zigaretten, die er immer mit sich trug« bei sich hatte – nach meinem Geschmack sind das zu viele Ungereimtheiten für eine relativ kurze Episode.

Grotesk oder nicht, die Geschichte liegt bereits, von den Rechtsanwälten Pitschugins aufgeschrieben, auf dem Tisch des Europäischen
Gerichtshofes für Menschenrechte in Den Haag. Weil, so die Verteidiger,»als Folgen Gedächtnislücken, Kopfschmerzen, Halluzinationen,
Bluthochdruck, psychische Labilität, schwerste Furunkulose, Fieber
und Gewichtsverlust von fast 30 Kilogramm aufgetreten sind«.
Die Angelegenheit wurde umgehend vom FSB und auch von mehreren Forensikern aufs Schärfste dementiert. Aber nicht nur Staatsdiener bestreiten den Vorfall. Von so einer Substanz wusste auch
Eduard Limonow, mehrjähriger politischer Gegner des russischen
Establishments, nichts:»Bei mir und in meiner Umgebung in *Lefortowo*, wo ich 15 Monate verbrachte, habe ich so etwas nicht gesehen.«[16]
Nehmen wir einmal an, es gäbe so ein Serum. Grundsätzlich traue
ich dem Unterdrückungsapparat überall auf der Welt jede erdenkliche
Niederträchtigkeit und Heimtücke zu. In der Stalin'schen Sowjetunion
quälten die Untersuchungsrichter den Verdächtigen zuerst (die
Methoden waren breit gefächert und ausgeklügelt), dann unterschrieb
dieser das Geständnis, er sei Mitglied des antisowjetischen Komplotts,
der Rest war die Sache des hörigen Gerichtes. Zehntausende wurden
danach erschossen.
Folter als Untersuchungsmethode war (ist) auch in Abu Ghreib und
in Guantanamo an der Tagesordnung, wie anders soll man das uns
bekannt gewordene *Waterboarding* nennen. Man legt einen Verdächtigen kopfüber, bindet ihm ein Tuch über Nase und Mund und gießt
darauf Wasser. Bei aller Harmlosigkeit der Beschreibung sagen Betei-
ligte, dass man so eine Folter nicht länger als eine Minute aushalten
kann. Wenn jemand an»Ausnahme« denkt, irrt er gewaltig. Der
Filmregisseur Errol Morris z. B. drehte einen Dokumentarfilm über
diese amerikanische Folter unter dem Titel *Standard Operating Pro-
cedure*, also»Regel-Vorgehensweise«. Das»Positive« bei *Waterboarding*: Es hinterlässt keine Spuren, keine Spritzen-Einstiche, keine
Zigaretten mit grünem Filter in der Jackentasche, nur länger dau-
ernde oder bleibende psychische Störungen.
Also, Menschen werden bis heute gefoltert, von der Existenz der Folter weltweit bin ich überzeugt – warum nicht auch in Russland?

Doch wo könnte der Sinn der Anwendung des »Wahrheitsserums« liegen?

Erstens, der Gefolterte kann ein »offenherziges Geständnis« liefern und damit, wie wir wissen, die Aufgabe der (russischen) Untersuchungsrichter und (russischen) Richter ungemein erleichtern. Oder zweitens, man dreht während des Verhörs unter Drogen einen Film und zeigt ihn im (russischen) Fernsehen, um die Öffentlichkeit zu beeinflussen.

Das konkrete Problem: Es gab keinen Film von dem Pitschugin-Verhör im Fernsehen. Nicht einmal als Audioband. Auch keinen Textabdruck im Internet. Nichts.

Die Sache mit dem »Geständnis« stimmt zwar, aber nur aus der Sicht der 1930er-Jahre unter Stalin. Heute kann jeder Beschuldigte während des Prozesses – auch in Russland – sein Geständnis widerrufen, und wenn das unter Folter entstanden ist, haben die Untersuchungsrichter ein Problem. Speziell bei Alexej Pitschugin existiert in den Prozessunterlagen kein Geständnis, er hat immer seine Unschuld beteuert.

Aber wenn das so ist, warum brauchen die Untersuchungsrichter die angebliche Anwendung des »Wahrheitsserums«? »Die Maschinerie des Herausschlagens der für die Untersuchung notwendigen Aussagen ist jetzt zur Perfektion gebracht worden«, schrieb über dieses Vorkommnis Wera Wasiljewa, die ein Buch zu Pitschugins Prozess verfasste (das Buch wurde von dem tschechischen Verlag *Human Rights Publishers* herausgegeben und kostenlos in Russland vertrieben). Die Maschinerie ist vielleicht wirklich perfekt, doch wozu sollte man den Motor der Maschine anlassen, wenn man diese »für die Untersuchung notwendigen Aussagen« grundsätzlich nicht verwerten kann und exemplarisch im Prozess von Pitschugin nicht verwendete? Wozu die Mühe? L'art pour l'art, die Kunst um der Kunst willen?

Für die Untersuchungsrichter ist das »Wahrheitsserum«, wie es scheint, ein absoluter Unfug, bringt nichts als Ärger, ist gerichtlich nicht verwertbar, führt in die Sackgasse. Für die Verteidigung könnte das »Serum« allerdings eine sehr nützliche Sache sein: Wenn die Untersuchung sich derart unrechtsstaatlicher Methoden bediente, was wäre dann der gesamte Prozess wert?

Wenn man dem Gericht, das für uns die Fakten ausgewertet hat, nicht nur die Rechtsstaatlichkeit, sondern auch die Gerechtigkeit abspräche, dann hätte man kein Koordinatensystem mehr. Dann dürfte keiner sagen, die und die sind Verbrecher, weil ihm entgegnet werden könnte: Das war ein ungerechter Prozess und deshalb ein illegitimes Urteil. Aber wo ist die Grenze? Welche Urteile sind gerecht, welche ungerecht? Wer bestimmt darüber? Wenn die Grundlagen angezweifelt bzw. weggerissen werden, dann stürzt das gesamte System zusammen. Ist das Leben ohne jegliche Gesetze besser als mit schlechten? Soll der Aufbau des Rechtsstaates in Russland mit der Delegitimierung des Rechtssystems anfangen?

Der Prozess um Pitschugin interessiert mich nicht nur, weil ich einen Einblick in die Geschäftspraktiken des Chodorkowskij-Imperiums haben will, sondern auch als ein Beispiel der Anwendung der Totschlag-Keule. Fazit: Egal, welche Argumente das Gericht hat, egal, welche Entscheidungen es fällt, sie werden *immer* unannehmbar, falsch sein. Mit einer Ausnahme: Freispruch. Dann ist das Urteil vermutlich gerecht und rechtsstaatlich einwandfrei. Ist das nicht ein zu heftiger Druck auf die russische Justiz?

Tatsächlich ist Russland kein Rechtsstaat im engen Sinne des Wortes. Es gibt Korruption, die Macht des Geldes, deshalb sitzen auch in Russland sehr wenige Reiche in Gefängnissen. Wenn ein Verbrechen geschieht, dann versucht man beizeiten schon während der Untersuchung zu lenken – durch gekaufte Untersuchungsrichter, Gerichtsmediziner und Staatsanwälte. Wenn die Sache, aus welchen Gründen auch immer, weiterläuft, wird versucht, auf die Gerichte und Richter Einfluss zu nehmen. Wer das leugnet, lügt.

Es gibt weiterhin ein sogenanntes Telefonrecht, wenn der Richter per Telefon Anweisungen im Beratungsraum bekommt, es gibt auch die Macht der Administration, der Exekutive. Es gibt keinen einzigen Menschen im Lande, der unabhängig ist – der kleine Richter ist vom großen Richter abhängig, dieser vom Chef der Verwaltung, der wiederum vom Ministerpräsidenten usw. Aber auch im unredlichen Russland ist »Mord Mord und Diebstahl Diebstahl«.

Die Kommentare in deutschen Medien zu dem vierstündigen Auftritt von Putin im russischen Staatsfernsehen haben mich deshalb äußerst amüsiert. Im Routine-Turnus beantwortete Putin live die Fragen der Zuschauer. Es war Mitte Dezember 2010. Eine Frage kam zum Fall Chodorkowskij. Eine Frau wollte wissen, wie lange er noch sitzen werde. Der zweite Prozess war schon beendet, das Urteil stand noch aus.

Putin wählte Worte, die Doppeldeutigkeit zuließen, er sagte: »Ein Dieb muss im Gefängnis sitzen« und »Entsprechend der Entscheidung des Gerichts wird ihm widerrechtliche Aneignung vorgeworfen.« Meinte er den ersten Prozess oder den zweiten? Nach der Sendung stellte Putin klar, er meinte den ersten, und da waren schon alle Urteile gesprochen worden. Chodorkowskijs Rechtsanwälte und die Medien zerrupften Putin förmlich, und das zu Recht. Bei der Wortwahl in so einer Situation wünscht man sich etwas mehr Umsicht. Die Staatslenker, man weiß es doch, sind auch bloß Menschen: Das Wort »Freude« der Christin Angela Merkel über die Ermordung des unbewaffneten Osama bin Ladens war z. B. ebenfalls nicht eben günstig gewählt. Oder ein Anruf des unglücklichen Darlehensnehmers Christian Wulff bei der *Bild*-Zeitung.

Die deutschen Medien urteilten barsch über Putin. Ihrer Meinung nach hat er dem Richter Viktor Danilkin öffentlich Anweisung gegeben, wie er zu urteilen habe. »Der russische Regierungschef Wladimir Putin hat eine neue Verurteilung seines inhaftierten Kritikers Michail Chodorkowskij gefordert. ›Der Dieb muss im Gefängnis sitzen‹, sagte Putin bei einer live im Staatsfernsehen übertragenen Bürger-Fragestunde«[17], schrieb etwa die *Süddeutsche Zeitung*.

Besonders empört war Boris Reitschuster vom *Focus*: »Der Schuldspruch gegen Michail Chodorkowskij erfolgte elf Tage vor der Urteilsverkündung. ›Ein Dieb muss im Gefängnis sitzen‹, antwortete Wladimir Putin in einer TV-Sendung mit gereizter Stimme und zuckenden Augen auf die Frage nach dem Ex-*Jukos*-Chef (…). Putin redete sich in Rage, sprach von Morden und machte, wie oft bei Themen, die ihn in Erregung bringen, einen aufschlussreichen Versprecher: ›Entsprechend der Entscheidung des Gerichts wird ihm widerrechtliche Aneignung vorgeworfen.‹ Eine falsche Aussage – aber vielleicht nur auf den ersten Blick. Offiziell gab es am 16. Dezember nämlich noch keine Entscheidung des Gerichts in Sachen Diebstahl.«[18]

Starker Tobak – aber »nur auf den ersten Blick«. Erstens geht der Spruch über einen Dieb, der unausweichlich im Gefängnis sitzen müsse, auf einen in Russland beliebten Kinofilm und den Kult-Schauspieler Wladimir Wysozkij zurück und ist ein geflügeltes Wort. Zweitens, »ein Dieb« ist im Russischen nicht unbedingt derjenige, der etwas im Sinne des Strafgesetzbuches stiehlt, sondern ein Synonym für Verbrecher, daher gibt es auch den festen Ausdruck »Dieb im Gesetz« – für besonders gerissene Täter. Also sprach Putin höchstwahrscheinlich überhaupt nicht von einem Diebstahl, sondern von allgemeinem, nicht mit dem Gesetz kompatiblem Gebaren. Drittens weiß jeder in Russland, aber auch viele außerhalb, dass Putin natürlich seine Einflussmöglichkeiten auf einen Bezirks-Richter hat. Wenn er dem Richter Danilkin hätte zusetzen wollen, verfügte er über Tausend und eine andere Möglichkeit, außer der, ihm in einer Live-Sendung unter den Augen von Millionen Zuschauern etwas zu raten – zur Freude der Rechtsanwälte und der sensationsgierigen Presse. Das muss Putin klar gewesen sein. Schließlich hat er sein Jura-Diplom der Leningrader Universität nicht mit Spenden gekauft.

Die Frage aller Fragen bleibt: Hat er Einfluss genommen oder hat er nicht? Ließ er seine Geltung spielen oder sind das alles nur Ammenmärchen? Und wenn die Beweise dafür fehlen (und Beweise bei Spielen auf so hohem Niveau fehlen sehr häufig bis immer, das verstehe ich schon), gilt dann auch für ihn und für das »Suggestiv-Opfer« Richter Danilkin die im Westen so beschworene rechtsstaatliche Unschuldsvermutung?

Wo stehen wir inzwischen? Der Richter und der Ministerpräsident werden wie Beschuldigte angesehen und der Oligarch, der von sich sagte, er sei – in der ganz, ganz tiefen und dunklen Vergangenheit – kein Unschuldslamm gewesen, gilt für viele Menschen als Moralapostel. Sind wir alle nicht ein wenig wirr?

Vielleicht muss man die Sache doch etwas systematischer angehen und erst mit einigen Irreführungen, Unaufrichtigkeiten, Finten, Falschheiten aufräumen, sprich, die Spreu vom Weizen trennen.

Wissenschaftlich-technische Geldmaschine

Über Michail Chodorkowskij sind viele verschiedene Biografien veröffentlicht, manche davon sind nicht ganz exakt, einige etwas einseitig. Deshalb nehmen wir als Grundlage die, die mehr oder weniger als offizielle Biographie gelten kann, abzurufen auf der Seite *khodorkovsky.ru*, die seine Anhänger sehr liebevoll pflegen und aktualisieren. Zum Anfang der Geschäftstätigkeit von Mischa steht dort Folgendes:

»Michail interessierte sich für neue Möglichkeiten, die die *Perestrojka* den unternehmungslustigen und energischen Menschen eröffnete. Es fiel ihm ein, dass eben jetzt innovative Forschungsprojekte, von denen viele seit Jahren wegen der Trägheit der Bürokratie in den Regalen verstaubten, genutzt werden konnten. Michail entschied sich für die Einführung von neuen wissenschaftlichen und technologischen Errungenschaften in die Produktion. 1987 gründete er ein Zentrum des wissenschaftlich-technischen Schaffens der Jugend, kurz *NTTM-Zentrum*. Das Zentrum wurde schnell zur effektiven und erfolgreichen Organisation – zu einer Brücke zwischen der Produktion, die dringend frische Ideen brauchte, und der Grundlagenforschung.«[19]

Zumindest zwei wichtige Botschaften können wir dem Text entnehmen: Zum einen kam ausgerechnet Chodorkowskij auf die Idee der Innovationen, zum anderen wurde sein Projekt zur Brücke zwischen Industrie und Wissenschaft. Das sind die Leitsätze bei der Lektüre, für die man etwas weiter ausholen muss.

Kurz nach der Universität war Michail Chodorkowskij Funktionär am Frunsener Bezirkskomsomolkomitee in Moskau. Frunse war ein bolschewistischer Armeeführer. Ein Bezirk ist die kleinste administrative Einheit in der Sowjetunion. Komsomol steht für Kommunistische sowjetische Jugendorganisation.

Aber Moskau! Gorbatschow! Glasnost! Perestrojka! Die kühnsten Träume vom erneuerten Sozialismus (oder vom Raubtierkapitalismus?) werden wach! Wahnsinn! Rausch der Freiheit! In dieser Zeit des Umkrempelns der gesellschaftlichen Gefüge traf Michail eine große Entscheidung: Er verzichtete auf die so nahe liegende Parteikarriere, gab sein Streben nach Macht und das satte Leben eines Parteifunktionärs auf und wählte den Profit, um vielleicht mithilfe des Geldes irgendwann einmal doch zu Macht zu gelangen. Es ist unklar, was ihn dazu bewegte: die Perspektivlosigkeit des Kampfes für Gorbatschow und seine unausgegorenen (oder vielleicht gar nicht existenten) Pläne oder der Ruf des glänzenden Mammons.

Zuerst verband Chodorkowskij gewinnbringend seinen kommunistischen Idealismus und kapitalistischen Materialismus tatsächlich in einem *NTTM-Zentrum*. Im Unterschied zu Henry Ford, der sagte, er könne über all seine Millionen Rechenschaft ablegen, außer der ersten, kann Chodorkowskij auch über die erste offen reden. Seine erste Million brachte dem Geschäftsmann Chodorkowskij das NTTM.

Viele Autoren verstehen NTTM als eine Art Chodorkowskij-Erfindung. Dem ist nicht so. Die Abkürzung NTTM steht für »Wissenschaftlich-technisches Schaffen der Jugend«, eine im Komsomol breit angelegte und seit Jahrzehnten bekannte Bewegung. Schon 1966 einigten sich Komsomol, sowjetische Allunionsausstellung WDNCh, Gesellschaft der Erfinder und Innovatoren und Gesellschaft für Wissenschaft und Technik auf die Durchführung der alljährlichen NTTM-Schauen in Moskau. Auf jedem Komsomol-Tag gab es aufgebauschte Rechenschaftsberichte der Bewegung.[20] Die Kampagne war ein Sammelbecken für junge Tüftler, die mal eine Mars-Rakete, mal eine perfekte Melkmaschine, mal ein *perpetuum mobile* mehr oder minder erfolgreich konstruierten. Der Nutzen war nicht riesig, aber man gab den Jugendlichen Räume, eine vernünftige Beschäftigung, und wer weiß, wie viele echte Konstrukteure aus dieser Art Schule hervorgingen. Um das Ganze landesweit zu organisieren, gab es NTTM-Zuständige in jedem Komsomolkomitee, dementsprechend auch einen in dem Moskauer Stadtbezirk Frunse. Sein Name – Michail Chodorkowskij.

Es waren bewegte Zeiten in der Sowjetunion. Seit 1986 wollte (oder tat nur so, wie wir heute wissen) der Kommunisten-Chef Gorbatschow die starre Karre der Planwirtschaft aus dem Dreck ziehen. Daher sollen sein Kampf für einen nüchternen Arbeiter und gegen Schnaps und Weinplantagen und ähnlich angehauchte Ideen rühren. Er wollte auch die Jugend für sich gewinnen, den Komsomol zu größerem gesellschaftlichen Engagement animieren. Es ging dabei darum, in den trägen Staatsbetrieben technische Neuerungen einzuführen. Die *NTTM-Zentren* sollten diesen Prozess steuern. Um Anreize zu schaffen, erlaubte er den Komsomolzen *als Ersten* quasi-marktwirtschaftliche Tätigkeit – steuerfrei. Die Gewinne sollen diese Zentren, laut ihres Statuts, in die Produktion investieren.

Aber allein mit Basteln war Ende der 1980er-Jahre nicht viel zu holen. Deshalb begann Chodorkowskij unter dem Mantel des NTTM auch ein wenig zu handeln – mit Jeans, mit Computern, mit einem braunen Gesöff mit dem Namen Kognak. Die Einfuhr von Spirituosen war eigentlich im Land streng limitiert, aber für die junge Garde der zukünftigen Nobelpreisträger machte man eine Ausnahme. Der Kognak hieß französisch »Napoleon«, kam aber nicht ganz direkt aus Frankreich und war von eher dürftiger Qualität. Lange wollten die Unternehmer diese nicht zu ihren späteren Milliarden passende Schnaps-Geschichte verschämt verschweigen, bis eines Tages Leonid Newslin zugab: Ja, wir importierten Kognak, aber daran ist doch keiner gestorben.

Auf dem Weg des Komsomolzen Chodorkowskij nach oben stand darüber die Herstellung von *Matrjoschkas* mit der gorbatschowschen Physiognomie, aber auch, so zumindest ein amerikanischer Zeitzeuge[21], ein kleines Geschäft mit jungen und hübschen russischen Frauen, die er in die USA exportierte.

Der pfiffige Komsomolze zauberte bald viele »Zentren« und dazu ganze Netze von »schöpferischen Kollektiven« hervor, über die er alles, was Gewinn versprach, kaufte, importierte und verkaufte. Millionen und Milliarden ließen sich damit nicht verdienen, wir erwähnen es hier nur der Vollständigkeit halber. Aber es gab sie, seine erste Dollar-Million. Woher? Wie schaffte Chodorkowskij das?

Mit seinem Unternehmen, sehr prosaisch *MENATEP* genannt, eine russische Abkürzung von »Branchenübergreifendes Zentrum für wissenschafts-technische Programme«. Und diesen Namen sollten wir uns sehr gut merken.

Unglaubliche Erfolge eines Naturtalents

Chodorkowskij gilt weltweit als Öl-Unternehmer, als Öl-Oligarch, als Öl-Baron. Sein Unternehmen, von dem alle sprechen, heißt *Jukos*. Ja, *Jukos* war sehr wichtig für Michail auf dem Weg vom Multimillionär zum Milliardär, aber sein wichtigstes Unternehmen, sein Herzensblut, das A und O seines Reiches hieß und heißt *MENATEP*. Das Wort *MENATEP* wird ihn als Talisman durch sein ganzes Leben begleiten. Seine erste Firma, seine erste Bank, und sein (vorerst) letztes, in einem Steuerparadies angesiedeltes Unternehmen, das das Imperium steuerte, in dem nur ein enger erlesener Kreis seiner Freunde und bewährteste Mitstreiter als Inhaber fungieren, heißt bis heute *Group MENATEP Limited, GML*.

MENATEP, 1986 gegründet, um sich mit Patentanmeldungen und Software zu beschäftigen, wuchs bald überaus branchenübergreifend – mit gepanschtem Kognak, Matrjoschkas und Mädchen.

Dann kam das Gesetz »Über Kooperation« heraus, in dem sich in der Fülle von Paragraphen auch ein unauffälliger verbarg, über die Gründung von privaten Banken. Der Gründer, so schlampig (oder absichtsvoll) wurde damals das Gesetz formuliert, benötige dafür weder Banksachkenntnisse noch Stammkapital. Chodorkowskij gründete im Mai 1989 eine Bank, die er ebenfalls *MENATEP* nannte, und bekam zwar nicht die Lizenz Nummer 1, aber immerhin Nummer 25, was für die ganze Sowjetunion, die kurz darauf mit über 2000 Banken prahlen würde, eine beachtliche Leistung ist.

Viel Geld, wie gesagt, hatte diese Bank nicht, wollte aber groß herauskommen. Und das war ein gravierendes Problem: Je weniger eigene Mittel man besitzt, desto riskanter sind die Kreditgeschäfte. Bei Ausfall der Kredite, was in der Sowjetunion Ende der 1980er-Jahre akut auf der Tagesordnung stand, musste das Kreditinstitut auch mit Eigenkapital für Verluste haften.

Was macht man mit wenig Geld auf dem großen russischen Finanzmarkt? Um das Risiko zu minimieren, gilt bei allen Banken eine bestimmte Eigenkapitalquote, ein Verhältnis zwischen den eigenen Mitteln und dem fremden Kapital, das die Banken nicht verletzen dürfen. Solche Kennziffern wurden von der Zentralbank festgelegt. Das heißt, abhängig allein von dieser Kennzahl konnte eine Bank mit weniger Kapital mehr Kredite vergeben und umgekehrt.

Und siehe da, wer sucht, der findet, wer betet, der bekommt es: Binnen kurzer Zeit flog der Bank Chodorkowskijs ein Geschenk zu, eine gesonderte, auf *MENATEP* zugeschnittene Eigenkapitalquote. Dann kamen wie aus einem Füllhorn auch andere Gaben: Verwaltung der gewaltigen Geldsummen der Moskauer Stadtadministration, Verwaltung der unvorstellbar riesigen Geldmenge für Krieg und Aufbau in Tschetschenien, Verwaltung des gigantischen Tschernobyl-Geldes, das, sagen die Insider, zur Hälfte in *MENATEP*-Strukturen und befreundeten Verwaltungen verschwand. Es gibt dafür ein Indiz, dass da wirklich nicht alles mit rechten Dingen zuging: 1991 wollte *MENATEP* wegen eigener, sie meinte, nicht selbst verschuldeter, Verluste die sowjetische Zentralbank verklagen. Um sich dagegen zu wehren, erinnerte der Vorsitzende der Zentralbank, der alte Bankfuchs Viktor Geraschtschenko, Chodorkowskij an die Tschernobylgelder. Am nächsten Tag wurde die Klage von *MENATEP* zurückgezogen.

Kurz vor der bevorstehenden Auflösung der allmächtigen Kommunistischen Partei der Sowjetunion bekam *MENATEP* noch einen lukrativen Auftrag, und zwar die Konvertierung des Geldes der KPdSU, also der Umtausch von reichlich auf Parteikonten vorhandenen Rubel in harte Währungen. Dieser Auftrag wurde später in den Unterlagen bei der Suche nach dem (bis jetzt spurlos) verschwundenen Parteigeld festgehalten.

Im März 1992 kam die Jelzin-Regierung auf die begnadete Idee, die Energieträger, vor allem Erdöl, in Russland verstärkt zu fördern und zu verarbeiten. Dafür brauchte man Ausrüstung. Mit der Herstellung wurde der MIK, militärisch-industrielle Komplex, der sich gerade in der Konversion befand, beauftragt. Man plante Investitionen bis zu 50 Mrd. Rubel – *MENATEP* war an vorderster Front mit von der Partie.

1994 war *MENATEP* mit Staatsgarantien dabei, eine sehr profitable Geschichte abzuwickeln, die kommerziellen Beziehungen zwischen Russland und Kuba, was in die Geschichte als »Erdöl gegen Zucker« einging.

Zur gleichen Zeit bekam *MENATEP* vom Finanzministerium das praktisch exklusive Recht, die russische Metallurgie zu finanzieren, das Gleiche galt auch für die staatliche Finanzierung der Textil- und Lebensmittelbranchen.

Einen weiteren großen Kuchen teilten vier Banken unter sich auf, darunter auch *MENATEP*: den Waffenverkauf. Sie wurden bevollmächtigte Banken von *Roswooruzhenije*, einem Staatsunternehmen, das ab Ende 1993 Monopolist in Export und Import von Militärtechnik wurde. Im März 1994 teilte die Zeitschrift *Kommersant-Wlast* mit: »*Roswooruzhenije* hat bereits ein Konto bei der Bank *MENATEP* eröffnet. Dorthin fließt das Geld von *Oboronexport, Spezwneschtechnika, GUSK* (drei sowjetische staatliche Waffenhändler – V. T.); dorthin kommen auch Staatshaushaltsmittel für den Wehrauftrag – für die Produktion von Erzeugnissen für Export (für 1994 sind es 4 Mrd. US-Dollar).«[22] 1994 machte *Roswooruzhenije* Gewinn von 1,7 Mrd. US-Dollar, 1995 – 2,8 Mrd., 1996 – 3,4 Mrd. Ein Teil davon floss durch *MENATEP*.

Außerdem gewährte Russland seinem Waffenhändler einen zinslosen Kredit in Höhe von 1 000 000 000 000 (1 Billion) Rubel (etwa 1 Mrd. US-Dollar). Die bevollmächtigten Banken konnten kräftig absahnen, weil der sogenannte Refinanzierungssatz der Zentralbank, exemplarisch im April 1994, bei 205% p.a. lag.[23] Derjenige, der zinslosen Kredit von 1 Billion aufs Konto bekam, konnte sich in einem Jahr über mehr als 3 Billionen erfreuen.

Überdies stand *MENATEP* in der recht kurzen Liste der Banken, die auch 16 russische Waffenschmieden betreuen durften, die – neben *Roswooruzhenije* – ihre Waffen selbst ins Ausland verkauften. Obendrein war die Bank die Beauftragte des Finanzministeriums für die Betreuung des Marktes der goldenen Zertifikate – eines Wertpapiers, das seinem Besitzer das Recht sicherte, die auf dem Zertifikat angegebene Menge Gold (in der Regel war es in Russland 1 Kilogramm) oder das entsprechende Äquivalent in Geld von der Bank zu bekommen. Da die Inflation damals das Geld Minute für Minute auffraß, war Gold eine sichere Bastion – und für eine Bank, die vom Ministerium exklusiv mit dem Handel beauftragt war, eine wahre Goldgrube. Ich habe schon erwähnt, dass *MENATEP* auch die Gelder der Moskauer Regierung (Moskau als Hauptstadt hatte damals auch eine Regierung) verwaltete, darunter exklusiv die Departments für Energie und Energieversorgung, Ingenieur-Dienste, Service, Lebensmittel, Industrie, Bildung. Weiterhin bekam *MENATEP* alle Konten aller Moskauer Hochschulen und aller Forschungsinstitute und Betriebe der Akademie der Wissenschaften dazu. Anfang Februar 1993 war *MENATEP* in die Verteilung des Stadthaushaltes involviert, der für die Finanzierung aller kommunalen Betriebe bestimmt war. Dafür erhielten einige wenige Banken, darunter auch *MENATEP*, vom Finanzministerium 7,5 Mrd. Rubel Darlehen für durchaus symbolische 10% Zinsen per anno.

Ich wiederhole mich, aber war die Lage für *MENATEP* nicht einfach wundervoll: Der Refinanzierungszinssatz der Zentralbank lag im Februar 1993 bei 80%, stieg im März auf 100% und kletterte im Oktober 1993 auf 210% p.a., also konnte die Bank Unternehmen Geld für 210% aufwärts p.a. leihen. 10% gingen dann an die Zentralbank zurück, 200% in die eigene Tasche. Das war für *MENATEP* ein »goldener Schuss«, der nicht zum Tode, sondern zur vollen Blüte der Bank, zum ermunternden (Geld-)Rausch führte.

Die Beamten des Ministeriums, höher sitzende Minister und ihre ehrwürdigen Stellvertreter, aber auch die kleinen »Schräubchen« in der finanziellen Maschinerie des Staates waren dabei durchaus bei vollem Verstand und sich bewusst, zu welchem Zinssatz sie der Bank die Milliarden gaben.

Ging es allen 2000 russischen Banken in dieser goldenen Zeit Anfang der 1990er so gut? Woher kamen all dieses »exklusiv« und »außerdem«? Was steckt hinter »persönlich auf die Bank zugeschnitten« und »eine von wenigen beauftragten Banken«? Mit welcher Leidenschaft, mit welch brillantem Geistesfunken schaffte *MENATEP* all das?

Wie viele Milliarden kostet eine Kaviar-Schnitte?

Diejenigen, die auf alle oben gestellten Fragen eine Antwort wissen, sollten dieses Kapitel getrost überspringen. Wir werden bereits im vorherigen Kapitel Beschriebenes behandeln, nur mit dem Zusatz, *wie es dazu kam*.

Überall ist nachzulesen, dass der Komsomolfunktionär Chodorkowskij ein *NTTM-Zentrum* gründete und damit ein Eckstein für sein Vermögen gelegt war. Der springende Punkt besteht darin, dass es in der Sowjetunion 600 solche Zentren gab und keines es zu Millionen, geschweige denn Milliarden gebracht hat. Dafür gibt es in der Dichtkunst nur eine Erklärung: das Geschäftstalent Chodorkowskijs. Chodorkowskij war in dem Frunsener Komsomolkomitee der vierte Mann. Er war Leiter der Organisationsabteilung, nicht einmal Sekretär (Sekretäre waren Sergej Monachow und Igor Jessipowskij). Er führte das *NTTM* nicht, weil er geschäftstüchtig war, sondern, weil das bei dem Komitee sein Zuständigkeitsbereich war. *NTTM* war eine breite Bewegung, die bis dato kein Geld eintrug. Keiner wusste so richtig, wie man zu Geld kommen könnte, bis am 25. Juli 1986 das ZK der KPdSU eine Anordnung über die Zentren der NTTM beschloss.

Hier muss man sehr scharf unterscheiden: NTTM war eine amorphe Bewegung, das *NTTM-Zentrum* dagegen war ein erstes sowjetisches nicht staatliches Unternehmen. Fast zwei Jahre lang, zwischen dem 25. Juli 1986 und dem 26. Mai 1988, als das Gesetz »Über die Kooperation in der UdSSR« angenommen wurde, waren *NTTM-Zentren* die einzigen nicht staatlichen legalen Unternehmen in der UdSSR. Diese Unternehmen sollten nach dem Willen des Gorbatschow'schen ZK eine Drehscheibe zwischen patenten jungen Bastlern, der soliden sowjetischen Wissenschaft und einer robusten Produktion werden. Aber junge Talente, auch Chodorkowskij, suchten Geld und nicht knifflige Aufgaben. Sie selbst hatten noch kein Geld – weder für den gepanschten Kognak, noch für Mädchen, noch für Computer. Aber allein die Worte »nicht staatlich« und »legal« rochen für Kenner der Materie angenehm nach Geld, nach großem Geld.

Ende der 1980er-, Anfang der 1990er-Jahre grassierte im Land die Inflation, bei den steigenden Preisen benötigte man viel bares Geld. Es gab damals noch keine Bankautomaten, Kreditkarten und Kartenleser an den Kassen in Lebensmittelbuden. Die Betriebe erhielten vom Staat und Geschäftspartner wertlose Verrechnungsrubel aufs Konto, mussten aber Löhne bar auszahlen.

Ausgerechnet den *NTTM-Zentren*, diesen nicht staatlichen Unternehmen, erlaubte die Partei erstens unbare Mittel in Bares umzutauschen und Bares auszuzahlen, zweitens bei den »real existierenden« verschiedenen Umtauschkursen (offiziell: 1 Rubel ist gleich 1,56 US-Dollar, schwarz: bis 30 Rubel für 1 US-Dollar je nach Jahr) Rubel in harte Währungen zu wechseln und umgekehrt. So ein himmelweiter Unterschied zwischen den Kursen lag unter anderem daran, dass es damals im Strafgesetzbuch für Schwarztausch den § 88 gab – mit der Sanktion bis zur Todesstrafe. Offiziell tauschte keiner Geld. Außer den *NTTM-Zentren*.

Das war schon etwas, aber die Erlaubnis allein bedeutete noch kein Geld. Es fehlte eine zündende Idee, wie man das Geld macht, ein gewisses Know-how. Und dieser Einfall – so die gängige Geschichtsschreibung – kam von Chodorkowskij.

Mir allerdings scheint, dass ein anderer auf die Spur kam, wie ein *NTTM-Zentrum* seine triste Existenz versilbern könnte. Es war kein Geringerer als Akademiemitglied und Direktor des Instituts für Hohe Temperaturen der Akademie der Wissenschaften (IWTAN) Alexandr Scheindlin.

Der Institutsname klingt etwas nach Fieber. In der Tat war es jedoch eins der größten Forschungsinstitute des sowjetischen militär-industriellen Komplexes, des allmächtigen MIK. Zu seinen Arbeitsgebieten gehörten schon damals Plasma- und Kernforschung, Explosionen und Energetik, Atomflotte, Flugzeugbau und Raumfahrt. Raumforschung heißt auch immer Militärraketen: Verbrennungskammer, Brennstoffe, hitzebeständige Materialien. Deshalb entwickelte das Institut damals auch die neuesten russischen atomsprengkörperbestückten Raketen »Topol-M« und »Bulawa« mit. Nach der Tscherno-byl-Katastrophe wurde hier die Dynamik der Kernschmelze analysiert und entsprechende Betone entwickelt, die diese Schmelze auffangen.

Auch diesem Institut überwies der Staat Millionen, die man den Mitarbeitern nicht als Lohn auszahlen konnte. Es gab damals, wie gesagt, kein Plastikgeld, man musste im Laden mit Scheinen zahlen. Das durch die Bargeld-Krise lahmgelegte Institut (wie auch die gesamte Wirtschaft) hätte wegen der Wut seiner Mitarbeiter wie Tschernobyl explodieren können.

Man brauchte cash, und das *NTTM-Zentrum* war die Lösung. Chodorkowskij musste aushelfen. Scheindlin nahm auch Iwan Bortnik ins Gespann, den stellvertretenden Vorsitzenden des GKNT, Staatskomitee für Wissenschaft und Technik, das die Forschungsinstitute finanzierte – das war für den Wissenschaftler die Rückendeckung aus der Regierung. GKNT und IWTAN, nicht die Frunsener Komsomolzen, spielten eine entscheidene Rolle bei dem Geschäft. Und Chodorkowskij selbst sagt, dass das *NTTM-Zentrum* »auf Initiative der GKNT« gegründet wurde.[24]

Der Deal: Die Forschungsinstitute überwiesen an das Zentrum Buchgeld, bekamen es aber zurück im Koffer. Erste Summe: 170 000 Rubel, ein Riesenbetrag für Chodorkowskij und eher eine »geringere Summe«, so Scheindlin, für das Institut für Hohe Temperaturen. Die gleiche Summe legte das GKNT obendrauf. Das war das erste Geld für Chodorkowskij. Was Scheindlin nicht vermutete: Chodorkowskij war ein zäher Kompagnon. Für den Umtausch behielt das Zentrum in der Regel 30% bis 50% der Summe. Wie ein russischer Blogger, der damals im Wissenschaftlichen Rat des IWTANs saß, exakt zu diesem Geschäft schrieb: Chodorkowskij habe die Firmen massiv unter Druck gesetzt. »»Mischa 2%‹ (der Spitzname des russischen Ministerpräsidenten Michail Kassjanow für seine angebliche Vorliebe für 2% Schmiergeld von jeder Auftragssumme – V. T.) war im Vergleich zu Chodorkowskij ein Engel.«[25]

Auch Handelsgeschäfte mit Freunden aus dem GKNT liefen auf recht phantastische Weise gut. So, erzählt ein Augenzeuge, überwies das GKNT an das Chodorkowskij-Zentrum 5 Mio. Rubel. Dafür kaufte das Zentrum im Ausland »286er«-IBM-Computer (manche können sich noch an diese Serie erinnern) und verkaufte sie als »automatisierte Arbeitsplätze« mit angeblich vom *NTTM-Zentrum* geschriebenen Programmen wiederum an das GKNT.[26] Der Computer kostete damals an die 3000 US-Dollar, also zum offiziellen Umtauschkurs etwa 2000 Rubel. Ein verkaufter »automatisierter Arbeitsplatz« brachte an die 40 000–50 000 Rubel, die nur das *NTTM-Zentrum* – nicht aber irgendein Staatsunternehmen, eine staatliche Behörde oder ein staatliches Forschungsinstitut – wieder in US-Dollar umtauschen konnte. Dabei lief das ganze Geschäft nicht einmal mit eigenem, sondern mit dem vom Käufer geliehenen Geld.

Der Gewinn ließ sich leicht ausrechnen, auch für den Auftraggeber Professor Dr. habil. Iwan Bortnik. Ausgesprochen dumme Professoren gab es auch zur Zeit der Sowjetunion nicht. Solche Geschäfte schloss man immer mit »Beteiligung« des Auftraggebers am Gewinn ab (siehe oben: *Mischa 2%*). Die Aufträge von GKNT und IWTAN waren die ersten, aber nicht die letzten. Die anderen Millionen kamen später auf diesem Wege.

Noch bis Ende der 1990er-Jahre galt für alle anderen ein Paragraph im Strafgesetzbuch über die »Spekulation«, im Sinne von Zwischenhandel, und bis 1994 der erwähnte § 88 über »illegale Valutaoperationen«. Ganze Milizabteilungen zur Bekämpfung des Diebstahls an sozialistischem Eigentum »weinten bitterlich, aber konnten nichts gegen die Komsomolzen unternehmen«, schrieben Zeitzeugen.

Mit dem ungehinderten Hochpumpen der gigantischen Bargeldmasse auf den Markt schnellte auch die Teuerungsrate in die Höhe. *NTTM-Zentren* wurden zu »Lokomotiven der Inflation«. Die Hyperinflation von 1989–1991 streckte staatliche Werke zu Boden.

Somit gehörten die ersten Chodorkowskij-Millionen nicht nur ihm, sondern zum größten Teil ihrem echten Schöpfer, dem Generalsekretär der sowjetischen Kommunisten Michail Sergejewitsch Gorbatschow.

Der zweite Weg der Bereicherung bestand im reinen Währungswechsel. Chodorkowskij bekam für das ihm überwiesene Buchgeld bei der Bank US-Dollar zum offiziellen Umtauschkurs, also 1,56

»Greenbacks« pro Rubel, verkaufte dann 1 US-Dollar für Dutzende Rubel und zahlte den Gewinn auf sein Konto ein. Rendite im 1000%-Bereich. Gewinne direkt aus der Luft. Das brachte ihm richtig Geld und nicht die Matrjoschkas.

Um die NTTM-Geschichte abzuschließen, sei angefügt, dass den gewieften Komsomolzen hier alle möglichen Tätigkeiten nachgesagt, Tausende und Millionen penibel nachgezählt wurden. Kein einziger von Dutzenden von Autoren hat es jedoch vermocht, ein wissenschaftlich-technisches Thema zu nennen, an denen die jungen NTTMler gearbeitet haben.

Das Geschäftsschema der Valutatransaktionen war so simpel und die Rendite so verlockend, dass man das Gleiche nicht nur mit dem geliehenen Geld der Staatsbetriebe, sondern auch mit dem Kredit-Geld der Banken machen wollte. Chodorkowskij beantragte Kredit – und bekam ihn nicht. Die staatliche *Zhilsozbank* erklärte dem Jungunternehmer, dem Gesetz nach würden Kredite der Staatsbanken nur an Geschäftsbanken vergeben, nicht an Komsomolzen.

Was tun? Eine eigene Bank gründen? Chodorkowskij und Freunde hatten keine Ahnung vom Bankgeschäft. Das wurde per Gesetz auch nicht verlangt, aber man musste doch wenigstens Debet von Kredit unterscheiden. Der Chemiker Chodorkowskij begann 1986 mit der zweiten Hochschulbildung, und zwar an der renommierten Moskauer Hochschule für Volkswirtschaft. Dort war er nicht nur begierig nach Wissen, sondern auch nach nützlichen Kontakten. Die Hochschule galt als Eliteschule, und die erlauchten sozialistischen Eltern schickten ihre Sprösslinge dorthin, wenn sie für eine Karriere in der Wirtschaft vorsorgen wollten.

Und siehe da, dort schloss er Bekanntschaft mit einem gewissen Alexej Golubowitsch, dessen Eltern in leitenden Stellen der Staatsbank der UdSSR saßen, der Finanzmachtzentrale des Staates. Für Golubowitsch war Chodorkowskij ebenfalls ein interessanter Kumpel: ein Student, der Millionen machte.

Eines Tages war es so weit. Chodorkowskij suchte Golubowitsch auf. Die Eltern Golubowitschs halfen dem Komsomolzen mit der Banklizenz, dafür bekam Alexej Golubowitsch einen gut bezahlten Posten als einer der Bankdirektoren.

So entstand im Dezember 1988 die *KIBNTP*, eine Bank, die später in die *MENATEP*-Bank umbenannt werden sollte. Unter den Gründern befand sich auch eine der Filialen der Staatsbank, die Frunsener Filiale der *Zhilsozbank*, die jetzt bereit war, das neue Töchterchen mit Rubel-Krediten zu versorgen. Wobei ein Rubel 1,56 US-Dollar auf die Waage brachte. Der Golubowitsch-Vater sorgte ebenfalls dafür, dass die neue Bank nicht nur die Banklizenz, sondern auch etwas Gewichtigeres bekam, und zwar eine gesonderte, individuelle Eigenkapitalquote, diejenige kleine Kennziffer, die viele Freiheiten bei der Kreditvergabe bot.

Die Pflege der nützlichen Beziehungen zahlte sich langsam aus. Aber man kann nicht nur von altem Kapital leben. *MENATEP* investierte gezielt Geld in Beziehungen, in »Vitamin B«. Auch der alte Gönner Professor Alexander Scheindlin wurde nicht vergessen, er wurde Berater der Bank. Er beschreibt in einem Interview seine Beratertätigkeit folgendermaßen: »Im Sitz von *MENATEP* versammelten wir uns bei Tee und Keksen, diskutierten die wirtschaftliche und politische Lage in der Welt, im Land, Kulturfragen. Da waren Wissenschaftler, Mediziner, Abgeordnete. Das Thema des Gesprächs wurde vorher nicht festgelegt.«[27]

Auf die Frage, »Warum wurden diese Treffen organisiert?«, antwortete er: »Die Leitung der Firma hat eines gut verstanden: Vom Niveau des begabten Komsomolfunktionärs zum Verständnis lebenswichtiger Probleme in so einem ungewöhnlichen Land wie unserem aufzusteigen, ist äußerst schwierig. Wie kann man das beschleunigen? Man muss wissende Menschen zusammenführen und einfach zuhören, worüber sie reden. So, sagen wir mal, sitzen Akademiemitglied Arbatow und ihr untertäniger Diener beieinander und unterhalten sich, die junge Mannschaft lauscht diesem Gespräch und erfährt viel Nützliches. Das ist das richtige Herangehen. An ihrer Stelle hätte ich es genau so gemacht.«[28]

Es bleibt merkwürdig. Warum kommen der Lenin- und Staatspreisträger, das 70-jährige Akademiemitglied Alexander Scheindlin, der gerade zum Held der Sozialistischen Arbeit erhoben worden war, oder z. B. der langjährige politische Berater aller sowjetischen Machthaber von Breschnew, Tschernenko, Andropow, Gorbatschow bis Jelzin, der Freund von Henry Kissinger und sowjetischer »Unterhändler zwischen zwei Weltmächten«[29], das Akademiemitglied Georgij Arbatow sowie andere Akademiemitglieder, Rektoren, Chefredakteure und Chefmanager der Medien zu Herrn Chodorkowskij, der gerade mal 25 geworden ist? Welche »technischen Fragen« bespricht ein weltberühmter Thermodynamiker mit den weltbekannten USA-Spezialisten, vor allem, wenn es vorwiegend um Gott und die Welt geht? Und was haben Parlamentsabgeordnete, Ärzte und Presseleute überhaupt in einer Bank zu suchen? Antwort Scheindlins: »Weil der Tee sehr gut schmeckte, kamen wir gern zu Besuch.«[30]

In Russland herrschte damals eine sehr dürftige Zeit. Das Land versank im chronischen Warenmangel. Im Herbst 1989 wurde in Moskau – zum ersten Mal nach dem Zweiten Weltkrieg – die Rationierung von Zucker eingeführt. Der Staatshaushalt war zum ersten Mal seit dem Krieg mit einem Defizit angenommen worden. Im Mai 1990 trat der sowjetische Premierminister Nikolaj Ryshkow vor den Obersten Sowjet, das Parlament, mit einer Rede über den sanften Übergang zur »regulierten Marktwirtschaft«, die auch eine neue Preisgestaltung beinhalte. Bereits während der Rede herrschte Ausverkaufsstimmung in Moskau: ein Monatsvorrat an Öl und Butter, ein Dreimonatsvorrat an Mehl, sieben- bis achtmal mehr Graupen, die doppelte Menge Salz als gewöhnlich gingen innerhalb weniger Stunden über den Ladentisch. Das Land forderte von Gorbatschow stabile Preise. Im April 1991 verdoppelten sie sich dennoch. Lebensmittel, Streichhölzer, Seife wurden rationiert, aber auch für vorhandene Lebensmittel-Marken gab es oft keine Waren. Die Einwohner Moskaus besaßen spezielle Karten, die »Gäste der Stadt« durften nichts kaufen.

Die Wirtschaft fiel ins Bodenlose. Von den Geldreserven aus der Vor-Perestrojka-Zeit blieb ein Zehntel, die Außenschulden vervierfachten sich, der offizielle Umtauschkurs stieg von 0,64 Rubel auf 90 Rubel pro US-Dollar. Nicht nur die Wirtschaft, die Gesellschaft kollabierte.

In dieser Zeit schrieben die Zeitungen in der Rubrik »Klatschecke«: »Das freundliche Beisammensein in dem Gebäude der Union der Theaterschaffenden Russlands in der Gorkijstraße, wo sich Michail Shwanezkij (ein Satiriker, Kultautor – V. T.) und Roman Karzev (ein

Kult-Kabarettist – V. T.) anlässlich des Erscheinens der zweiten Ausgabe der Zeitschrift *Magazin* mit ihren Freunden trafen, war recht nett. Die Gäste sammelten sich ziemlich schnell und sprachen den Snacks und Spirituosen ordentlich zu, die in Hülle und Fülle auf dem Tisch standen, bezahlt von *MENATEP*. Shwanezkij wurde zu einer Art Trink-Sprecher. Seine Freunde standen da und lauschten ihm – Swjatoslaw Fjodorow, Grigorij Jawlinskij, Nikolaj Petrakov, Larissa Pijasheva, Boris Pinsker, viele Chefredakteure von einflussreichen Moskauer Zeitungen. Alexandr Jakowlew erzählte dem verspäteten Sergej Stankewitsch halblaut Witze Shwanezkijs.«[31]

Eine andere Publikation vermeldete: »Im Zentralhaus der Filmschaffenden in Moskau, dem Mekka der Moskauer Intellektuellen, der Snobs und der Oppositionspolitiker, versammelten sich am Abend des 29. Februar Anhänger der *Nesawissimaja Gaseta*. Die Feier wurde vom ehemaligen Präsidenten Michail Gorbatschow und seiner Frau, dem Vize-Präsidenten der Russischen Föderation Alexander Ruzkoj und seiner Frau, dem Oberbefehlshaber der Streitkräfte der GUS Jewgenij Schaposchnikow und seiner Frau, dem Ersten Stellvertreter des Vorsitzenden des Obersten Sowjets der Republik Sergej Filatov, den stellvertretenden Ministerpräsidenten Russlands Jegor Gaidar und Alexandr Schochin mit ihren Ehepartnern, den Ministern Pjotr Aven und Vladimir Lopuchin mit ihren Ehegatten (…) besucht. (…) Ebenfalls anwesend – die Chefredakteure der großen Zeitungen in Russland und Führungskräfte des russischen Fernsehens, Chefs der führenden Theater Moskaus, Künstler, Schriftsteller und Wissenschaftler. Am Ende des Abends erwartete alle Gäste ein Genuss, wie ihn Moskau seit 1917 nicht gesehen hatte – frische Austern, die mit einem Flugzeug aus Paris eingeflogen worden waren (…). Die Herausgeber danken den Sponsoren des Festes der *Nesawissimaja Gaseta* im Kino-Haus – der Internationalen finanziellen Vereinigung *MENATEP*.«[32]

Ich wollte zuerst alle oben angeführten Namen mit all ihren Posten im Staatsgefüge und all ihren wohlverdienten Titeln versehen, finde aber, man versteht durchaus, dass das die Entscheidungselite des Landes war, die Abgeordneten und Minister und auch kleinen Beamten aus Ministerien und Behörden, deren Wohlwollen sich *MENATEP* für eine Störschnitte mit Wodka sicherte.

MENATEP kaufte diese Beamten mit bestem Sachverstand über Gesetzeslücken bzw. mit Erfahrung in freien Gesetzesfeldern, die damals in der frischen »marktwirtschaftlichen« Gesetzgebung bestanden, auch direkt. Bei *MENATEP* arbeiteten fast ausschließlich ehemalige Mitarbeiter der Zentralbank Russlands, deshalb brüstete sie sich: »Von 34 (hungrigen – V. T.) Mitarbeitern des Departments für die Regulierung der Tätigkeit der Geschäftsbanken der ZB arbeiten 26 bei *MENATEP*.«[33]

Jetzt ist doch klar, welchen Tee und welche Kekse Akademiemitglied Scheindlin meinte. Nicht nur die Liebe, sondern auch feste Männerfreundschaft geht anscheinend durch den Magen. *MENATEP* hatte wohl verstanden, wie man nützliche Kontakte knüpfte. Ganz sicher wussten die geladenen Gäste auch ohne Zeitungsmeldung, wer für Kaviar und Austern aufkam – auf alle Fälle nicht die *Nesawissimaja gaseta*, die seltsamerweise als »Unabhängige Zeitung« zu übersetzen ist. Das war keine Korruption, das war schlicht »Pflege der politischen Landschaft«.

MENATEP sorgte auch für Kontakte zum KGB, der seit 1992 Ministerium für Sicherheit Russlands, MBR, genannt wird. Hier eine Zeitungsmeldung dazu: »Das Zentrum für Öffentlichkeitsarbeit des Ministeriums für Sicherheit Russlands präsentierte für Journalisten den ersten Film aus der Reihe ›Sicherheitsdienst‹. Der Film wurde auf Kosten der Aktiengesellschaft *MENATEP-Invest* gedreht.«[34]

Spätestens aus diesen Zeiten stammen die guten Kontakte Chodorkowskijs zum KGB. In Diensten des Unternehmens standen Dutzende von ehemaligen KGB-Mitarbeitern, darunter z. B. auch der ehemalige russische KGB-Chef Viktor Iwanenko, der für *Jukos* so wichtig war, dass er es bis zum Vizepräsidenten schaffte, und dort so viel verdiente, dass er 2004 sogar auf der bekannten Reichen-Liste des *Forbes*-Magazins mit 290 Mio. US-Dollar auftauchte.

Es war Chodorkowskij wichtig, nicht nur Kontakte zum Machthaber des Staates, zum KGB zu pflegen, sondern dass auch Zeitungen darüber berichteten. Auch das lernte Chodorkowskij in jungen Jahren: Nicht die Taten sind entscheidend, sondern wie diese Taten in den Medien ausgelegt werden. Die Macht der Medien wurde ihm langsam klarer. Er wird davon später sehr aktiv Gebrauch machen.

Geschäfte mit Privilegien

Kontakte bringen bekanntlich Geld – in Russland großes Geld. Ein junger Mann aus dem Institut für Hohe Temperaturen, der das erste Geschäft mit *MENATEP* im Auftrag von Scheindlin abgewickelt hatte, Wladimir Dubow, war Anfang 1989 Mitarbeiter von *MENATEP* auf hohem Posten. Sein Vater, von den Medien als »Brot-Magnat« bezeichnet, der mit seiner Firma halb Moskau mit Mehl und Backprodukten versorgte, stellte für Chodorkowskij Verbindungen in höchste Partei- und Staatssphären, bis zum Präsidenten des Landes und Chef der Kommunisten Michail Gorbatschow, her. Zumindest reduzieren russische Medien auf Dubow den Älteren den Aufbau der nützlichen Kontakte. Ob es Dubow war oder Scheindlin oder Arbatow oder Gaidar, alle vermochten den geschäftstüchtigen jungen Unternehmern zu helfen. Und wenn erst Bindungen da sind, ist das Leben viel, viel leichter.

Auf Anordnung von *MENATEP*-Gönner Gorbatschow wurden in der Bank die Konten des Fonds für die Beseitigung der Folgen der Tschernobylkatastrophe eröffnet. Auch wenn wir den Behauptungen keinen Glauben schenken wollen, dass Dokumente darüber existieren sollen, dass ein Teil der Milliarden in den Strukturen von *MENATEP* spurlos verschwunden sein soll, und wenn wir annehmen, dass *MENATEP* seine Brötchen nur gesetzeskonform verdiente, war so eine Geldspritze wie eine Bescherung.

Ein Fundus für Chodorkowskij war auch die Bekanntschaft mit Konstantin Kagalowskij. Dieser Fachmann war lange im Finanzministerium tätig, bis er es zum Vertreter der Russischen Föderation im Internationalen Währungsfonds brachte. Danach kam er zur *MENATEP,* voll bepackt nicht nur mit nützlichem Wissen, sondern auch mit für *MENATEP* nützlichen Beziehungen und wertvollen Einflussmöglichkeiten. Diesen Wert kann man in diesem Fall sogar quantifizieren. Es gab auf dem Markt ein staatliches Wertpapier namens »Webowka« (von »WEB«, *WneschEkonomBank*, der Außenhandelsbank der UdSSR). Die russische Regierung warf diese in US-Dollar nominierten Anleihen auf den Markt, um Schulden bezahlen zu können. 1994 war ein Jahr der Tilgung. Allerdings ging es Russland in diesem Jahr wirtschaftlich und finanziell nicht gut (unter Jelzin ging es ihm nie gut), deshalb überraschte es niemanden, als eines Tages der stellvertretende Finanzminister des Landes Andrej Wawilow beiläufig ausplauderte, das Land sei nicht im Stande, die Wertpapiere, »Webowka«, zu bezahlen – und von der Bildfläche verschwand.

Man kann nicht sagen, dass die Welt unterging, aber viele Banken, die diese Papiere besaßen, hielten es für vernünftig, sie abzustoßen, bevor sie ganz wertlos sein würden. Mit Wertpapieren verhält es sich so, dass sie in schlechten Zeiten sehr weit unter Nominal fallen können, sehr, sehr weit. Also, die Klugen haben schnell verkauft, der Dumme, die *MENATEP*, hat die billig gewordenen Anleihen fleißig aufgekauft. Solche, die auf 1000 US-Dollar nominiert waren, auf 10 000 und sogar die auf 100 000. »Seid ihr blöd?«, wurden die Banker gefragt. »Ja, ja«, haben sie geantwortet, »wir sind ganz, ganz blöd.«

Bis einige Tage später Andrej Wawilow verkündete, die Marktteilnehmer hätten ihn falsch verstanden: Selbstverständlich werde der Staat für die Papiere (die jetzt vorwiegend bei Chodorkowskij lagen) ordnungsgemäß bezahlen. Die *MENATEP* verdiente damit, so meinen diejenigen, die verkauft haben (die Neider), Dutzende Millionen US-Dollar. Ach ja, beinahe hätte ich vergessen zu erwähnen, Konstantin Kagalowskij (zu der Zeit bereits bei *MENATEP*) und der Beamte Andrej Wawilow waren dicke Freunde …

Wie bereits geschrieben, bekam *MENATEP* dank der Beziehungen zu Gorbatschow nicht nur als eine der ersten Banken eine Lizenz auf Arbeit mit ausländischen Währungen, sondern auch den Auftrag zum Umtausch der Partei-Rubel in Partei-Dollar – die Anweisung dafür gab 1990 der allmächtige Mann im ZK, der Herr über das Geld und das Gold der Partei, Verwaltungschef Nikolaj Krutschina. Das brachte der Bank nicht weniger, ja vielleicht auch viel mehr als die Tschernobylgelder. Krutschina selbst erging es nicht so glänzend wie der Bank. Er fiel am 26. August 1991 aus dem Fenster. Das gute Jahr 1991 für

MENATEP war ein verheerendes für die kommunistischen Partei-finanziers: Am 6. Oktober fiel auch noch der Verwaltungschef des ZK der KPdSU Georgij Pawlow, der Vorgänger von Krutschina, aus dem Fenster. Auch das ist Dialektik: Alte gehen, Neue kommen.

Anfang der 1990er war darüber hinaus eine gute Zeit für Chodor-kowskijs Ego. Er wurde zum Berater des russischen Ministerpräsi-denten Iwan Silajew ernannt. Michail Poltoranin, der zu dem Zeit-punkt erster Vize-Ministerpräsident in Russland war, erzählte später in seinem Buch: Chodorkowskij sei der »vertrauteste« von allen Bera-tern gewesen, er habe sein »großes Büro« im Weißen Haus, dem Sitz der Regierung, gehabt. »Und wir wussten, dass Gorbatschow ihn bei Silajew eingeführt hat. Chodorkowskij besaß Gönner im Kreml.«[35]

Über die Tschernobylgelder, die bei *MENATEP* auf Anweisung Gor-batschows deponiert wurden, wusste Poltoranin ebenfalls Bescheid: »Es fehlte jegliche Kontrolle über das Geld: Wenn du willst, kannst du es in die verstrahlten Regionen schicken, und wenn nicht, kannst du es in die Schweiz überweisen.« Und dann der wichtigste Satz: »Man munkelte, Michail Borissowitsch (Chodorkowskij – V. T.) sei ein Fachmann für die Konvertierung (Währungsumtausch) der Mittel für den höchsten Machtzirkel.«[36]

Ob es richtig ist, was die Leute in der Regierung »munkelten« oder nicht, sei dahingestellt. Dank seiner Beziehungen zum Kreml saß Cho-dorkowskij – selbst Besitzer einer Bank! – an der Schaltstelle des Staats-geldes. Zukünftige russische Oligarchen, bezeugte Poltoranin, standen zuerst vor der Tür Chodorkowskijs, daraufhin gingen sie zum Minis-terpräsidenten Silajew und erst dann zum Präsidenten Jelzin. Im Minis-terkabinett lernte Chodorkowskij auch Viktor Tschernomyrdin ken-nen, der im Dezember 1992 Ministerpräsident des Landes wurde.

War und ist das so wichtig, wen Michail Chodorkowskij wann ken-nenlernte und mit schwarzem Kaviar abfütterte, könnten Sie mich fragen. Ich frage unkultiviert zurück: Ist »Vitamin B« im demokrati-schen Deutschland für Geschäft und Weiterkommen von Bedeutung? Die Wissenschaftlerin, Prof. Dr. Olga Krystanowskaja, hat sich mit dieser Frage eingehend befasst und schreibt: »Im Russland der 1990er-Jahre wurde ein Geschäft auf Privilegien aufgebaut. Unsere Gesellschaft war keine Gesellschaft gleicher Möglichkeiten. Die Wirtschaftselite heute ist eine geschlossene Gruppe von Leuten, die große Kapitale und Wirtschaftszweige mit Erlaubnis der Macht kontrolliert. Self-made-men sind aus dem mittleren und kleinen Business verdrängt worden.« Sie fügt hinzu: »Der Staat war darauf aus, seine Macht effizient gegen Eigentum zu tauschen.«[37] Staat und Kapital seien so eng zusammengerückt, dass es schwer gewesen sei, einen Beamten, der die Geschäfte überwachte, von einem Geschäftsmann, der die Kremltüren mit dem Fuß aufstieß, zu unterscheiden. »Die Beamten stehen auf der Lohnliste bei den großen Geschäftemachern und bekommen ihre Bezahlung regelmäßig aus deren Händen, und die Geschäftsleute sind von den Beamten abhängig, weil ihr Wohlstand auf Privilegien basiert«, schreibt Krystanowskaja. »Diese zwei Gruppen verbinden nicht nur gemeinsame Interessen, sie verbindet auch allgemein ihre Herkunft, ihre Vergangenheit als Nomenklatura«. Wie hieß es doch früher – und das galt für ehemalige Funktionäre in den 1990ern weiter: »Die Parteiführung (die auch unter dem hohen Parteifunktionär Jelzin die Geldströme steuert – V. T.) ist die Quelle der Stärke des Komsomol!«

Wirtschaftliche Günstlinge der politischen Elite hießen von nun an »Bevollmächtigte«. Der Staat bevollmächtigte privilegierte Banken, höchstrentable Geschäfte durchzuführen. Nicht bevollmächtigte Wirtschaftssubjekte durften diese Geschäfte gar nicht anfassen. Wenn früher, zu Breshnew-Zeiten, Privilegien nur Staatsdatsche, Auto und Speziallebensmittelladen bedeuteten, so bedeuteten sie unter Gorbatschow und Jelzin die Erlaubnis, eine Tätigkeit auszuführen, die einen Riesenprofit brachte. Ausgerechnet diese »Bevollmächtigten«, dem Staat nahe stehenden Banken, durften groß und mächtig werden, durften große Geldsummen, die höchsten Gewinne einstreichen. Jeder profitable Sektor der Wirtschaft schottete sich ab und ernannte für sich einige wenige »bevollmächtigte« Finanzdienstleister. So gab es Banken, die bevollmächtigt waren, die Konten der Waffenhändler zu führen, die »goldenen Zertifikate« zu bedienen, die oben erwähnten »Webowkas« zu tilgen, die Staatlichen kurzfristigen Anleihen (GKO) – ihre schändliche Geschichte werden wir im nächsten Kapitel etwas genauer unter die Lupe nehmen – zu verkaufen, mit Edelmetallen zu handeln, Staatskredite zu vergeben, Zollzahlungen entgegenzunehmen. Es gab auch bevollmächtigte Banken für verschiedene Regionen, darunter für das Filetstück – für die Hauptstadt Moskau.

Dank ihrer mit Kaviar und Austern, eher denkbar auch mit dicken Geldkuverts und Geldkoffern, gepflegten Beziehungen war *MENATEP* hier überall dabei. Aufstieg und Fall einer Bank hatte damals gar nichts mit der Genialität ihrer Inhaber zu tun, nichts mit ihren Ideen und Erleuchtungen, sondern schlicht und ergreifend mit Vergünstigungen und Boni, die man durch Gaben, Spenden und Bescherungen an die Machthaber bekam.

MENATEP war mittendrin, aber wir möchten wissen, wie intensiv war die Bank dabei? Welchen Anteil hatten Beziehungen an ihrem Erfolg? Diese anscheinend komplizierte quantitative Frage ist de facto nicht so knifflig. 1994 führte das Soziologische Institut der Russischen Akademie der Wissenschaften eine Erhebung der Gewichtung der »Bevollmächtigung« der Banken durch. Von 2000 Banken waren in Russland nur 78 »bevollmächtigt«. (Unter den »Parias«, wie die Analyse betont, befanden sich auch recht große Banken, die jedoch nicht zu liebedienern vermochten.) 48 »bevollmächtigte« Banken hatten Privilegien nur auf einem Gebiet. Der Rest von 30 Banken, die Sahne der Finanzbranche, die auf mehreren Hochzeiten gleichzeitig freudig tanzte, wurde in einer Rankingliste erfasst. Auf Platz 1 der »allerbevollmächtigsten« Banken Russlands stand *MENATEP*[38], der wichtigste Treuhänder der von ihr korrumpierten Staats- und Parteikader.

1991 fühlte sich Chodorkowskij so sicher, dass er – unmittelbar nach dem Putsch gegen Gorbatschow – in einem Zeitungsinterview stolz verkündete, die Firma *MENATEP* sei in jeder denkbaren Situation unsinkbar.[39]

Dieses »unsinkbar« wurde später auch durch offene und verdeckte Spenden an politische Parteien und politische Personen untermauert. Chodorkowskij finanzierte Jelzin, unterhielt Freundschaftsbeziehungen zum Finanzminister Boris Fjodorow – und bekam nicht nur einen Platz als offizielles Mitglied der Russischen Delegation bei der Reise nach Spanien, sondern auch den hoch profitablen kubanisch-russischen Kontrakt »Erdöl gegen Zucker« sowie das praktisch exklusive Recht auf die Finanzierung der Metallurgie, Textil- und Lebensmittelindustrie.

Zu den *MENATEP* unterstützenden Freunden gehörte in dieser Zeit ebenfalls der Chef der Export-Import-Hauptverwaltung und spätere stellvertretende Minister im Außenhandelsministerium Andrej Dogajew. Dogajew war der Staatsdiener, dessen Frau Olga, einer Information der Schweizer Zeitung *24 Heures*[40] zufolge, Immobilien in Montreu kaufte und dessen Kinder bei seinem bescheidenen Beamtenlohn Privatschulen in der Schweiz besuchten.[41] Für den Dank der Firmen in Kuverts kaufte dieser Beamte Bilder russischer Meister wie Polenow, Lewitan, Wrubel, Woloschin – insgesamt 151 Bildnisse im Gesamtwert von 400 000 US-Dollar. Angeblich auch nur mit seinen Dienstbezügen finanziert.[42]

In den Freundeskreis Chodorkowskijs reihten sich auch Jurij Baturin – Berater Jelzins in Fragen der Nationalen Sicherheit (siehe oben, Stichwort *Roswoorushenije*) – und Oleg Lobow ein, ein enger Vertrauter Jelzins – als Vorsitzender des Expertenrates beim Präsidenten oder später als erster Vizeministerpräsident Russlands.

Aber Chodorkowskij legte nicht alle Eier in einen (Jelzin)-Korb. Man griff auch der Partei Jegor Gaidars *Russlands Wahl* und Grigorij Jawlinskijs *Jabloko* finanziell unter die Arme. Sehr zu bedauern waren nur die Beziehungen *MENATEPs* zum allmächtigen Moskauer Oberbürgermeister Jurij Lushkow. Mit Lushkow befreundet war Wladimir Gussinskij, Inhaber der *MOST*-Gruppe, die auch eine *MOST*-Bank besaß. Moskau war ein riesiger Finanzmarkt – Milliarden-Rubel-Haushalt, Tausende Unternehmen. Moskau bedeutete aber auch einen gewissen Affront gegenüber der Zentralregierung, mit Einfluss aus dem Kreml konnte man bei den Moskowitern nicht punkten.

Aber *MENATEP* war weder geradlinig noch stur. *MENATEP* bot den Eltern des ersten Stellvertreters des Vorsitzenden des Direktorenrates der *MOST*-Bank Sergej Swerew (der zufällig auch für Lobby-Arbeit der Bank bei der Moskauer Stadt-Regierung zuständig war, also beste Beziehungen zu Lushkow hatte) zwei gut bezahlte Arbeitsstellen an, und fortan war auch *MENATEP* eine »bevollmächtigte« Bank Moskaus. Folge: all die Gelder, die wir oben bereits erwähnten.

So einfach wie genial sahen die Methoden auf dem Weg zum finanziellen Olymp aus.

Über die Abhängigkeit unabhängiger Firmen

Chodorkowskij hatte im Laufe der Zeit nicht nur eine Firma, nicht zwei, nicht ein Dutzend, sondern mehr. Viel mehr. Wie viel genau und aus welchem Grund er sie benötigte, ist an dieser Stelle nicht unsere Aufgabe zu klären. Wir reden nur darüber, *wie* sie gegründet wurden. Wir möchten nicht die Architektur des Gebäudes bewundern, sondern nur die Herstellung der Backsteine in Augenschein nehmen.

Dieses Kapitel ist zumindest aus zwei Gründen notwendig. Erstens möchten wir eine gemeinsame Sprache finden. Wenn in dem Buch ein »A« steht, sollen die Leser das auch als »A« verstehen; das heißt Koordinatensetzung. Zweitens, ein komplexer Vorgang einmal an einer Stelle erklärt, hilft uns im weiteren Verlauf der Geschichte, Platz und Zeit zu sparen.

Damit wir uns angesichts der steinharten Theorie nicht die Zähne ausbeißen, ziehen wir ein konkretes Beispiel heran: Einmal wollte sich Chodorkowskij einen nicht geringen Anteil an dem Unternehmen *NIUIF* sichern. Dafür brauchte er nicht nur Geld (bzw. Geld brauchte er gar nicht, aber wie das ohne Geld geht, erzähle ich später), sondern vor allem eine Menge Firmen, die nur zwei Merkmale aufweisen durften. Zum Ersten sollten sie *praktisch* vollkommen von Chodorkowskij und Gefährten abhängig sein und von ihnen geleitet werden und zum zweiten *theoretisch* von Chodorkowskij vollkommen unabhängig sein; von dieser »Leibeigenschaft« durfte kein Außenstehender etwas erahnen. Warum die Firmen diese Eigenschaften besitzen sollten, bleibt vorerst im Dunkeln (nicht, weil ich etwas verheimlichen will, eher umgekehrt, jedoch bei recht verzweigten Angelegenheiten möchten wir einen Faden nach dem anderen aus dem Knäuel ziehen).

Wollton und *Polinep* waren zwei derartige Firmen. Genauer betrachtet waren diese und alle weiteren mit den beiden Merkmalen ausgestatteten Firmen natürlich offene oder geschlossene Aktiengesellschaften, GmbHs oder Limiteds, hießen ab und zu auch französisch »Société Anonyme« (S.A.) oder auf Niederländisch »besloten Vennootschap« (B.V.). Für uns (aber auch für die Gründer) ist die Rechtsform fast immer unwichtig – wichtig sind nur die oben erwähnten zwei Dinge. Deshalb bleiben wir beim Namen, ohne Zusätze. Wenn es sich um eine ausländische Firma handelt, versuche ich, auch den Ort ihrer Gründung anzugeben. Da sich das gesamte ausländische Chodorkowskij-Geschäft ausschließlich in Off-Shoren, d. h. in Steuerparadiesen, abspielt, wären die Angaben eigentlich auch überflüssig. Aber ich mache sie dennoch – um wenigstens ab und zu an ein Paradies zu denken.

Also *Wollton* und *Polinep*. *Wollton* wurde durch die Firma *Joy* ins Leben gerufen. Der Generaldirektor von *Joy* war A. Smirnow, der außerdem gleichzeitig Chef der Revisionsverwaltung der Bank *MENATEP* war. Als Geschäftsleiter von *Wollton* wurde S. Usatschow eingesetzt, auch ein Mitarbeiter der *MENATEP*.

Die Firma *Joy* selbst war durch die niederländische Firma *Kilda* gegründet worden. Wer der Generaldirektor der Firma war, ist uninteressant, relevanter ist, dass in Moskau ihr Generalvertreter mit allen Vollmachten saß und W. Moissejew hieß. Der war nicht nur Referent des Vorsitzenden des Direktorenrates der *MENATEP* Michail Chodorkowskij, sondern auch ein ehemaliger Schulkamerad des kleinen Mischa Chodorkowskij.

Für die Gründung der Firmen *Pravus, Polimet, Chimtrust, Polimasch, M-Rejestr* wurde Firma *Jamblik* eingesetzt, die in Douglas auf der Isle of Man ihren Sitz hatte. Deren bevollmächtigter Vertreter in Moskau war ebenfalls W. Moissejew.

Polinep wurde von *Pravus* gegründet, das von Herrn A. Swerew geleitet wurde, dem Mitarbeiter von *MENATEP* »im ersten Leben«. Als Gründer für seine Firma *Polinep* bestimmte A. Swerew eine Generaldirektorin, die Mitarbeiterin von *MENATEP* M. Kublizkaja. Auf diese glasklare Weise hatte Michail Chodorkowskij zwei Firmen, die er zur Sicherung der Anteile der Firma *NIUIF* brauchte. Sollte jemand nicht auf Anhieb dahinterkommen, wem alle hier erwähnten Firmen eigentlich gehörten, war er selbst schuld.

Damit sind wir auch der Lösung der zweiten Aufgabe ganz nah: Die Firmen so an sich zu binden, dass sie sehr leicht von der Muttergesellschaft zu lenken wären. (Wobei sich die Mutter nach außen nicht als Mutter zu erkennen gab; es war demnach eine heimliche Mutter, die ihr eigenes Kind adoptierte – ein wenig hirnverbrannt, aber ganz nah am russischen Wirtschaftsgebaren.)

Aber was heißt zwei Firmen! Plötzlich merkte Chodorkowskij, dass ihm diese zwei für seine Vorhaben nicht reichten. Deshalb musste er weitere Firmen anmelden. Folglich gründeten *Jamblik*, *Kilda* und *FAM Financial and Mercantile Investment Company* (Zypern) die Unternehmen *Korall* und *Selta*. Die neuen Firmen *Metaxa*, *Alton* und *Chiminvest* wurden durch *Joy*, *Pravus*, *Korall* und *Selta*, deren Generaldirektoren die Herrschaften A. Smirnow und A. Swerew waren, ins Leben gerufen.

Aber wiederum waren diese Firmen zu wenig bzw. hatten ihre Schuldigkeit getan, man brauchte, um die oben genannten Anteile an der Firma *NIUIF* zu behalten, weiteres Kanonenfutter. Und so entstanden die Firmen *Fermet*, *Lising*, *Isumrud*, *Elbrus*, *Triumph*, *Renons*, *Topas*, *Danae*, *Galmet* und *Status*.

Da es bereits komplizierter wird, werden wir langsam zur schematischen Darstellung übergehen:

Elbrus wird über *Polinep* durch *Pravus* gegründet,

Korall gründet *Renmet* und die ihrerseits gründet *Danae* und *Polikant*,

Polikant gründet *Renons*,

Selta gründet *Topas*,

Selta und *Polimasch* zusammen gründen *Depor*,

Polimasch allein gründet *Triumph* und *Status*,

Depor gründet zusammen mit *Polimasch* Firma *Lising*,

und *Depor* + *Renmet* gründen zusammen *Isumrud*.

Der Generaldirektor von *Depor* ist A. Melnikow, von *Selta* – E. Machowikow, von *Korall* – O. Smolnikow, alle drei sind Mitarbeiter von *MENATEP* und Ableger. *Chiminwest* – A Sacharow – *MENATEP*, *Elbrus* – O. Dmitrijewa – *MENATEP*-Tochter, ihre Nachfolgerin bei *Elbrus* ist N. Gorbunowa –*MENATEP*, Generaldirektoren von *Status* (Ju. Kobsar), *Alton* (Je. Atanowa), *Danae* und *Galmet* (A. Aleksejew), *Fermet* (W. Kowaltschuk), *Topas* (T. Kolupajewa), *Isumrud* (A. Kowal),

Triumph (S. Charlanowa), *Renons* (O. Borisowa) – sie alle stehen in Lohn und Brot bei Chodorkowskij.

In diesen Gründungen gibt es etwas Biblisches: »Und Adam zeugte einen Sohn und gab ihm den Namen Set. Und Set zeugte Enosch. Und Enosch zeugte Kenan. Und Kenan zeugte Mahalalel ...« oder so ähnlich. Dieses Biblische geht etwas weiter, als man auf den ersten Blick erkennen kann. So wie im Alten Testament alle Nachfolger aus dem Geschlecht Adams sind, so waren alle Firmen, die ich hier aufführe, aus dem Imperium *MENATEP-Rosprom-Jukos*, das Chodorkowskij mehrheitlich gehörte.

Die Liste weiterer im Auftrag von Chodorkowskij gegründeter Firmen ist durchaus verlängerbar, aber schon der Ansatz vermutlich deutlich genug: In Gang gekommen war eine gewisse Maschinerie, die »echte« Firmen mit, nennen wir sie, Scheinfirmen versorgte. Diese Firmen waren nur dazu da, um etwas zu tarnen, zu verheimlichen, zu verschleiern.

Und sie alle waren wegen ihrer Gründer nicht nur juristisch (wenn auch recht verschachtelt), sondern auch wegen der eingesetzten Direktoren, allesamt *MENATEP-Jukos-Rosprom*-Mitarbeiter, voll abhängig von Chodorkowskij. Es stellte sich später heraus (ich traf mich in Moskau mit einem dieser Direktoren): Sie alle konnten diesen Zweitjob nicht ablehnen. Erstens aus Loyalitätsgründen und zweitens waren die 1990er schwierige Jahre in Russland, was eine sichere und gut bezahlte Arbeitsstelle anbelangte ...

Diese Generaldirektoren würden später bei den Untersuchungen und in den Chodorkowskij-Prozessen aussagen, sie alle waren mit ihren Unterschriften an Chodorkowskijs Geschäften beteiligt, sie alle – meist hochgebildete Menschen – wussten natürlich, dass man Verträge und Lieferscheine, Geldüberweisungen in Millionen-Dollarhöhe nicht ohne Konsequenzen unterzeichnet. Die meisten von ihnen, die »Michail dem Großen« unbegrenzt geglaubt hatten, die als dumme Bauern benutzt und geopfert wurden (Fragen zum Inhalt der unterzeichneten Dokumente waren unerwünscht), hörte die Justiz nur als Zeugen an und belangte sie nicht strafrechtlich.

Schein- oder Briefkasten-, Tarn- oder Deckmantelfirmen heißen so, weil sie grundsätzlich über kein Geld, kein Eigentum weder im Besitz noch in der Verwaltung verfügen, selbst, also ohne Anweisung aus der Zentrale, nichts kaufen oder verkaufen und überhaupt nichts entscheiden dürfen; diese Firmen sind nicht auf Erzielung von Gewinn ausgerichtet, weil das Gründungsziel woanders liegt – mit einem Wort, sie habten keine Funktionen einer »echten« juristischen Person, die nicht nur im deutschen, sondern – man glaubt es nicht – auch im russischen Bürgerlichen Gesetzbuch eindeutig beschrieben sind.

Für uns liegt in dem eben Gesagten vorerst nur eine behelfsmäßige Bedeutung. Im Weiteren werde ich die Zugehörigkeit der jeweiligen Schein-Firmen zum Chodorkowskij-Imperium nur deklarieren, ohne dies lange und umständlich zu beweisen. Gewiss ist, dass diese Zugehörigkeit für alle Firmen eindeutig, umfassend und oft doppelt belegt ist.

Einmal wollte das Gericht z.B. nachweisen, dass eine Firma namens *Fosagro* Chodorkowskij gehört. Und so waren seine Ausführungen: Die *Group MENATEP Limited* (die eindeutig Chodorkowskij und seinen Mitstreitern gehört) besitzt 100% vom Stammkapital an *MENATEP Limited* und *Chemical & Mining Universal*. *Chemical & Mining* kaufte 50% der Aktien von *Anvilco Holdings*, die ihrerseits zu 100% *Lex-Eaton Holdings* und *Anasa Holdings* besitzt. *Anasa Holdings* ist zu 100% die Gründerin von *Flotork, Cordial, Earl* und *Rivard. Lex-Eaton Holdings* ist zu 100% die Gründerin von *Dubberson Holdings* und *Tahoe Holdings*. Und *Flotork, Cordial, Tahoe Holdings* und *Dubberson Holdings* besitzen die Mehrheit an *Fosagro*.

So eine einfache Besitzerstruktur entstand in dem Unternehmen. Und jetzt gehen wir langsam zur Architektur des Gebäudes über: Was hat Chodorkowskij mit all diesen Firmen vollbracht?

Aufwärmen oder Apatit

Im Jahr 1994 regierte in Russland ungeteilt Boris Jelzin und mit ihm zusammen seine »Familie«, auch Clan genannt.
Chodorkowskij gehörte zur »Familie«, obwohl er nicht Familienmitglied ersten Grades war. Aber immerhin war er stellvertretender Minister. Außerdem, oder vor alledem, war er ein mächtiger Bankier. Der Meinung der *Nesawissimaja gaseta* nach war er einer von 500 Menschen, »die in Russland Politik machen«.
Und gerade in der Zeit wurden in Kirowsk (Gebiet Murmansk) auf der Kola-Halbinsel 20% der Aktien eines Unternehmens namens *Apatit*, ein Hersteller von Rohstoffen für Phosphatdünger, zur Privatisierung ausgeschrieben. *Apatit* war nicht nur Rohstofflieferant, nicht nur ein Marktteilnehmer, der über 90% des russischen Phosphat-Marktes kontrolliert, sondern 1993 einer der größten Phosphat-Hersteller der Welt. Außerdem liegen dort 35% der Phosphatbestände der GUS-Staaten, die zu dem Werk *Apatit* wie der Wind zum Meer gehören.
Was sollte das Unternehmen kosten? Sie werden es nicht glauben – 225 000 US-Dollar. Nein, ich habe keine drei Nullen vergessen – 225 000. Also irgendetwas zwischen einem *Audi R8* und einem *Ferrari*.
Bei dieser Auktion gab es eine kleine Nebensächlichkeit: Der Ersteigerer sollte in das Werk investieren, nur so war der niedrige Preis zu erklären. Je mehr man bereit war zu investieren, desto höher waren die Chancen, das Werk zu bekommen. Deshalb hieß das Verfahren auf der Kola-Halbinsel nicht Auktion, sondern Investitionswettbewerb, da ja eigentlich versprochene Investitionen den Ausschlag geben sollten.
Chodorkowskij entschied sich, mitzubieten. Aber Chodorkowskij wäre nicht Chodorkowskij, wenn er einfach hingegangen, sein Gebot abgegeben und gewartet hätte, ob er gewänne. Chodorkowskij plante

seinen Gewinn. Er betrachtete ihn nicht als ein Geschenk des Himmels, sondern als eine Schachpartie, die er gewinnen musste. Deshalb gründete er vier Firmen, stattete sie mit Scheingeneraldirektoren und Finanzierungsbestätigungen der Bank (*MENATEP*, wer sonst) aus und schickte alle nach Kirowsk.

Aber *Apatit* war nicht nur für Chodorkowskij interessant. Auch eine Firma namens *Technochim* streckte ihre Hand danach aus. Chef der Firma war ein gewisser Boris Gidaspow, kein unbeschriebenes Blatt. Er war habilitierter Doktor der Chemiewissenschaften, Chemieprofessor, Fachmann für Sprengstoffe und Leiter eines militärischen Forschungsinstitutes, Lenin- und Staatspreisträger, was man als Chemiker auch in der Sowjetunion nicht nur für Parteitreue wurde. Außerdem war er seinerzeit erster Parteisekretär in Gebiet und Stadt Leningrad (heute Sankt Petersburg), später auch Sekretär des ZK der KPdSU, jenes ZK, in dem M. Gorbatschow Generalsekretär gewesen war. Das heißt, er verfügte über genug Wissen und für Geschäfte in Russland wichtige Beziehungen, um einen »neuen Russen« aus dem Feld zu schlagen.

Also, Chodorkowskij gegen Gidaspow? Natürlich nicht. Die Privatisierungskommission schloss *Technochim* – unter falschen Vorwänden – noch vor der eigentlichen Auktion vom Investitionswettbewerb aus. Der Leninpreisträger hatte Chodorkowskijs Fähigkeiten, auch jenseits des Schachbrettes immer noch Schach zu spielen, denkbar unterschätzt.

Chodorkowskij hatte sich Gidaspows entledigt, nun stand ihm ein Kampf mit dem Staat selbst bevor. Er schickte die vier scheinbar selbstständigen und scheinbar unabhängigen Firmen nach Kirowsk und sie boten besagte 225 000 Dollar und reichlich Investitionen: *Intermedinvest* – 19 900 Mrd. Rubel, *Flora* – 1 273,6 Mrd. Rubel, *Malachit* – 837,79 Mrd. Rubel und die kleine *Wolna* nur 563,17 Mrd. Rubel.

Die Kommission entschied für das großzügigste Angebot von *Intermedinvest*? Nein. Weil in letzter Minute *Intermedinvest* ihr Angebot zurückzog. Dann entschied die Kommission sich für das zweitbeste von *Flora*? Nein. Auch *Flora* zog ihr Angebot zurück. Dann entschied … Auch nicht, *Malachit* machte ebenfalls einen Rückzieher,

»and the winner was …« die Firma *Wolna* mit dem geringsten Angebot. 100% rechtsstaatlich. Alles nach dem Gesetz. Schach eben und nicht Tauziehen.

Was war *Wolna* für eine Firma? Sie hatte kein Geld – nur Garantien von *MENATEP*. Sie hatte nur einen Mitarbeiter, das war ihr Generaldirektor. Gegründet worden war *Wolna* von der Firma *Joy*, deren Generaldirektor A. Smirnow Mitarbeiter von *MENATEP* und deshalb Untergebener von Chodorkowskij war. Als Herr Smirnow *Wolna* etablierte, wollte er sie nicht selbst führen, sondern benannte einen Generaldirektor, Herrn Andrej Krajnow, der auch zufälligerweise bei *MENATEP* beschäftigt war. Später sollten während einer Durchsuchung bei Krajnow 26 Stempel und Siegel verschiedener anderer Unternehmen gefunden werden – sie alle leitete er von *MENATEP* aus. Alles in allem, verstehen wir, war *Wolna* ein Chodorkowskij gegenüber recht freundlich gesonnenes Unternehmen.

Am Tag des Investitionswettbewerbs unterschrieben *Wolna* und RFFI (Russische Fonds für Föderalvermögen) einen Vertrag, nach dem sich das Unternehmen gegen Erhalt des 20%igen Aktienpakets verpflichtete, innerhalb eines Monats die ersten ca. 170 Mrd. Rubel in das Unternehmen fließen zu lassen.

Pustekuchen.

Anscheinend wollten weder *Intermedinves* noch *Flora*, weder *Malachit* noch *Wolna* über die 225 000 Dollar »Kaufsumme« hinaus Investitionen tätigen. Aktien zurück? Ja, ja, aber wann …

Vorerst gehörte das große Aktienpaket der Firma *Wolna*, ein weiteres in Höhe von ebenfalls 20% besaß noch der russische Staat, der Rest war unter Kleinaktionären verstreut. Deshalb gelang es *Wolna* (also Chodorkowskij hinter *Wolna*) mit vielen Kniffen, den Widerstand der anderen Aktionäre zu brechen und mit dem 20%igen Aktienpaket die Leitung des Unternehmens zu übernehmen. Millionen Tonnen Düngerrohstoff wurden hergestellt und verkauft – unter der Direktion der *MENATEP*-Mannschaft.

Aber Chodorkowskij wollte den gesamten Gewinn sehen und nicht nur das Fünftel, das ihm für 20% der Aktien zustand. Da kam er auf die Idee eines Zwischenverkäufers. *MENATEP* gründete die Firma *Apatit trade*, die die ausschließlichen Rechte auf die Vermarktung von

Apatit-Düngemitteln bekam – Handelsebene 1. Die Düngemittel wurden zum Spottpreis beim Werk abgekauft, mit dem Erlös konnte *Apatit* nicht einmal seine Produktionsausgaben decken. *Apatit trade* verkaufte den Dünger weiter an die zahlreichen von *MENATEP* selbst geschaffenen Firmen – Handelsebene 2. Und die ihrerseits veräußerten den Dünger zu Weltmarktpreisen.

Ebene 2 hatte keine wirtschaftliche, sondern steuerliche Bedeutung: Die russischen Zwischenhändler platzierte Chodorkowskij in russischen Steueroasen, die ausländischen Zwischenhändler in ausländischen. Somit kassierte Chodorkowskij, der 100%iger Besitzer der beiden Handelsebenen war, alles. Die stolzen Besitzer der 80% der *Apatit*-Aktien, der Staat und Kleinaktionäre, bekamen nichts.

Ein nettes flagrantes Intermezzo: Da *Wolna* keine Investitionen tätigte, mahnte Anatolij Posdnjakow, der alte *Apatit*-Direktor, der noch nicht abgesetzt worden war, *Wolna*. Aber Herr Krajnow hatte keine Kopeke, er war, wie wir wissen, auch kein Generaldirektor, er war nur Schein-Generaldirektor. Er unterschrieb nur das, was ihm vorgelegt wurde und drückte das Siegel drauf.

Das verstand schließlich auch Anatolij Posdnjakow und schickte seine Telegramme nicht mehr an Krajnow, sondern an Chodorkowskij höchstpersönlich: Helfen Sie uns, wenigstens die Löhne zu bezahlen, sonst kann ich soziale Unruhen nicht ausschließen.

Das ist ein Phänomen, das einer Erklärung bedarf. Offiziell hatte Chodorkowskij mit *Apatit* nichts am Hut. Offiziell war der stolze Besitzer des Werkes die Firma *Wolna*, die auch mit *MENATEP* offiziell nichts zu tun gehabt haben soll. Um »soziale Unruhen« abzuwenden, richtete der Chef des angeschlagenen Unternehmens seine Worte eigentlich an einen fremden Mann – weil alle wussten, wer der Herr im Hause war.

Chodorkowskij sagte nicht »Nein«, er sagte nicht, er kenne die Eintagsfliege *Wolna* gar nicht, lassen sie mich bitte in Ruhe. Er schrieb einen offiziellen Brief an den Murmansker Gouverneur und versprach, dem Aufruhr der Mitarbeiter entgegenzuwirken und die ausstehenden Löhne und Verbindlichkeiten gegenüber den Lieferanten zu begleichen. Was er auch tat. Abgesehen davon, dass die Sache nur so strotzt vor Fragen nach rechtlichen Erklärungen seiner Handlung. Eigentum verpflichtet, gewiss auch dann, wenn es sich um heimliches Eigentum der angeblich dir nicht gehörenden Firmen handelt.

Im November 1994 stellte die Murmansker Staatsanwaltschaft Antrag auf Rückabwicklung des Kaufvertrages und die Rückgabe der Aktien nach dem Motto: keine Investitionen, keine Aktien. Aber es herrschte weiterhin Jelzin, und Chodorkowskij gehörte zur »Familie«, und die Gerichte waren hörig. Abgelehnt.

Doch endlich wurde für den 16. August 1995 (ein Jahr hatte *MENA-TEP* die Gewinne von *Apatit* bereits kassiert) eine Sitzung des Moskauer Schiedsgerichts zu dieser Sache anberaumt. Nun würde die Gerechtigkeit obsiegen, dachte man – die Rechtsstaatlichkeit unter Jelzin war doch oft von (westlichen) Medien angepriesen worden. Und tatsächlich: *Wolna* überwies am 10. und 11. August 1995 von seinem (bei *MENATEP* zu diesem Zweck speziell eingerichteten) Konto insgesamt fast 480 Mrd. Rubel an *Apatit*. Andrej Krajnow bekam den Kontoauszug und ging mit ihm zum Schiedsgericht. Das Schiedsgericht sah sich den Kontoauszug an und wies die Klage des Murmansker Staatsanwaltes als unbegründet ab.

Geschafft. Der ganze Aktienbesitz gehörte somit *Wolna* endlich rechtens. Nur: Das Konto von *Wolna* war bei *MENATEP* und das Konto von *Apatit* inzwischen auch. Nicht einmal eine Kopeke bewegte sich von einem Ort zum anderen. Nachdem das Schiedsgericht den Murmansker Staatsdiener nach Hause geschickt hatte, buchte *MENATEP* ihre angebliche Zahlung von *Apatit* zu *Wolna* zurück. Als ob nichts geschehen wäre.

Schach!

Die Gefahr, dass die Staatsanwaltschaft sich erneut melden würde, dass man wieder vor Gericht gezogen würde, war nicht gebannt. Deshalb machte Chodorkowskij Folgendes: Er verkaufte seine (immer noch nicht bezahlten) 20% *Apatit*-Unternehmensanteile an die Unternehmen *Nautilus* und *Danae*, die sie – doppelt hält besser –ihrerseits fast zeitgleich an die Aktiengesellschaften *Geim*, *Annett*, *Samozwet* und *Ring* veräußerten. Sollte nun der Staat mit seiner Forderung kommen, so würden Chodorkowskij-Krajnow diesem Staat, der eigentlich Chodorkowskijs Worten nach kein Staat war (»Wenn hier ein Staat wäre, säße ich schon längst im Gefängnis«[43]), sagen: Wir haben nichts, wir haben alles verkauft.

Aber man verkauft doch keine Henne, die goldene Eier legt, oder? Natürlich nicht. Chodorkowskij ist vielleicht ein Halunke, aber nicht blöd. Alle Firmen – die Käufer wie die Verkäufer – gehörten Chodorkowskij, und ihre Generaldirektoren waren Mitarbeiter von *MENATEP* und *Rosprom*. Diese im ersten Gerichtsverfahren im Jahr 2005 dargelegten Tatsachen werden nicht einmal von der Chodorkowskij-Verteidigung angezweifelt.

Also, die Aktien waren unter verschiedenen Firmen verstreut, der gemeinsame Nenner dieser Firmen hieß aber Chodorkowskij. Viele der oben genannten Firmen jedoch waren sogenannte Residenten, sprich, russische einheimische Firmen, und für die russische Steuerbehörde und die Staatsanwaltschaft gut erreichbar. Anfang 1998 – *Apatit* hatte dem wendigen Unternehmer bereits Hunderte Millionen Dollar Gewinn gebracht – erklärte das Moskauer Schiedsgericht den Kaufvertrag von 1994 doch für nichtig und verlangte, dass *Wolna* seine Aktien an den Staat zurückgab.

Deshalb ging Chodorkowskij noch einen Schritt weiter: Im September 1998 »verkaufen« russische Aktienbesitzer ihre Anteile, die nach dem Gerichtsentscheid eigentlich dem Staat zurückzugeben waren, an die ausländischen Firmen *Flotork* (Zypern), *Cordial* (Zypern) und *Earl* (Zypern). Diese Firmen gehörten alle einem Mann (es wäre zu dumm, wenn er Chodorkowskij hieße, nein) – Viktor Prokofjew, dem juristischen Berater des Vorsitzenden des Direktorenrates der geschlossenen Aktiengesellschaft *Rosprom*, sprich: Michail Chodorkowskij.

Und ähnlich wie bei der Geldwäsche, bei der die Summen von Bank zu Bank gejagt werden, wurden auch die Aktien von *Apatit* weiterverkauft: von *Flotork, Cordial* und *Earl* gingen sie auf Konten der (von *MENATEP* gegründeten und durch sie kontrollierten) Firmen *Dubberson Holding* (Zypern), *Rivard Holding* (Zypern), *Anasa Holding* (British Virgin Islands), *Canarc services* (Turks- und Caicosinseln), *Deansfern* (British Virgin Islands), *Campbellton* (Isle of Man).

Nach dem zweiten und dritten Aktienverkauf sah es für Russland schon nach Schachmatt aus. Aber der in die Ecke getriebene russische Staatskönig gab in Sachen *Apatit* nicht auf. Der Staat versuchte, die Aktien zurückzubekommen – vergeblich. »Wir haben doch keine Aktien mehr«, sagte man bei *Wolna*. Und der Staat – es regierte weiterhin Jelzin, und Chodorkowskij gehörte zur »Familie« – war am Ende seines Lateins, er wusste nicht, was er in diesem Fall tun konnte.

Seit Februar 1998 versuchten die Gerichtsvollzieher zweimal, die Aktien einzutreiben – erfolglos. In der Begründung schrieben sie unbeholfen, man habe die Gerichtsentscheidung nicht vollziehen können, weil »*Wolna* unter der bekannten Adresse nicht auffindbar ist«, als ob die Aktien noch dort gewesen wären. Anschließend ging in der Behörde auch der Vollzugstitel verloren ... 1999 bemühten sich die Behörden, das Dokument wiederherzustellen. Das gelang zwar, aber die Aktien konnte man erneut nicht finden, weil »sie auf dem Konto von *Wolna* fehlen«, so die Gerichtsvollzieher verwundert.

Die höchste russische Privatisierungsbehörde beklagte jämmerlich bei der Staatsanwaltschaft, dass die Registratoren – durch *MENATEP* kontrollierte Firmen *M-Rejestr* und *Russische Investoren* – es ablehnten, die Information herauszugeben, wem am Ende der mehrmaligen Verschiebung die Aktien gehörten.

Noch einmal folgten für Chodorkowskij sehr profitable vier Jahre – bis 2002 –, in denen er auf die rechtskräftig gewordene Entscheidung des Gerichtes pfiff. »*Jukos* (sowie *Menatep, Rosprom* ... – V. T.) hat nie eine Entscheidung eines Gerichtes befolgt, weder eines russischen noch eines westlichen«, sagte einmal Jewgenij Rubin, Geschäftsführer der *East Petroleum Handels GmbH*, der dauerhaft auf Chodorkowskij schlecht zu sprechen und zwei Anschlägen auf sein Leben gerade so entgangen war. »Das ist wahrscheinlich das einzige solche Unternehmen in Russland.«[44]

Es stellte sich allmählich die Frage, ob der Staat noch in der Lage war, seine Interessen zu verteidigen oder Chodorkowskij recht behalten sollte, wenn er meinte, Russland hätte keinen Staat. Und wenn in Russland der Staat doch existieren sollte, wie konnte es Chodorkowskij gelingen, ihn an der Nase herumzuführen?

Diejenigen, die Chodorkowskij und sein Geschäftsgebaren gut kennen, sagen unisono, dass er ein Meister der Landschaftspflege war und ist. Er hatte von ihm »gepflegte« Leute in der Duma, dem russischen Parlament, er hatte sie in der Regierung, er hatte sie in der Präsidialverwaltung und nicht zu vergessen beim Sicherheitsdienst FSB.

Auch in diesem Fall funktionierte das gut eingespielte Orchester: Einige leiteten Briefe der Gouverneure nicht an den Präsidenten direkt, sondern nur an die Präsidentenverwaltung weiter – mit einem entsprechenden Vermerk; andere sabotierten unauffällig die Sitzungen im Staatsapparat und strichen *Apatit* von der Agenda; wieder andere diffamierten und verfolgten die Staatsdiener, die die *Apatit*-Aktien im staatlichen Portfolio sehen wollten – nach allen Regeln der Kunst, mit Observation und Überwachung ihrer Telefongespräche, anonymen Drohbriefen, Verfolgung der Kinder und Eltern …

All das verschaffte dem Herrn von *Apatit* die nötige Zeit und Gewissheit, er wäre der Führer im Spiel, er zwänge dem Widersacher Staat seine Regeln auf.

Im August 1999 wurde Wladimir Putin Ministerpräsident des Landes und zum Jahreswechsel 2000 Präsident. Im russischen Leben änderte sich in der Folge etwas gravierend, das Chodorkowskij nicht merkte oder nicht deutlich genug wahrnahm. Das war Chodorkowskijs Fehler. Putin, der von der Jelzin-»Familie« zum »gefügigen Präsidenten« erkoren worden war, fing unerwartet schnell an, sein eigenes Spiel zu spielen.

Bereits am 1. September 1999 beauftragte Putins Stellvertreter W. Schtscherbak das Justizministerium, das Innenministerium, den Sicherheitsdienst FSB und das Ministerium für Staatsvermögen, die Durchsetzung der Gerichtsentscheidungen in Bezug auf *Wolna* und *Apatit* zu gewährleisten. (Wer in der Angelegenheit lediglich die Verfolgung Chodorkowskijs durch Putin sieht, wird sich erinnern müssen, dass die Gerichtsentscheidungen gegen Chodorkowskij schon 1998, also vor Putin, gefallen waren, es war im ganzen Land nur keiner da gewesen, der diese Beschlüsse durchgesetzt hatte. Deshalb soll es für Eingeweihte auch keine Überraschung gewesen sein, als Chodorkowskij Jahre später, 2003, festgenommen wurde.)

Am 7. Oktober 1999 schrieb ein Mitarbeiter der russischen Treuhand RFFI, Kontrahent Chodorkowskijs bei der Privatisierung von *Apatit*, einen Brief an das Ministerium für Staatsvermögen, in dem zum ersten Mal offiziell festgehalten wurde, dass alle Gesellschaften, die Aktien von *Apatit* gekauft hatten, mit *MENATEP-Rosprom-JUKOS* affiliert waren, d. h., dass *Apatit* weiterhin Chodorkowskij gehörte und der Verkauf der Aktien von *Wolna* an weitere Gesellschaften nur »Aktienwäsche« gewesen war.

Diese Feststellung gab den Behörden die Möglichkeit, sich erneut an ein Schiedsgericht zu wenden, jetzt um die Aktien von den neuen Scheinbesitzern zurückzubekommen. Die Logik, die man kaum abstreiten kann: Wenn diese Firmen zu einem Chodorkowskij-Konzern gehören, müssen sie gewusst haben, dass *Wolna* ihre Investitionsversprechungen nicht erfüllte und deshalb kein Recht hatte, die Aktien weiterzuverkaufen.

Am 20. Oktober 1999 verlangte der erste Stellvertreter des Ministerpräsidenten N. Aksjonenko von Justizministerium, Innenministerium und FSB die Beschleunigung der Rückgabe der *Apatit*-Aktien. Am 14. Dezember 1999 wurden dieselben Forderungen im Operativen Ausschuss der Regierung laut.

Im Dezember 1999 schlugen auch die Gouverneure der Gebiete Nowgorod, Smolensk, Tambow, Orel, Tula, Belgorod Alarm. Sie schrieben an den Ministerpräsidenten, an den Präsidenten, an den Generalstaatsanwalt. Dort ansässige Betriebe, die auf Apatit, den Rohstoff der Firma *Apatit* angewiesen waren, klagten, dass die Firma ihnen mit ihren Preisen förmlich das letzte Hemd entrisse. Wer über 90% des Marktes kontrolliert und nicht der Kontrolle des Staates unterliegt, kann natürlich ihm genehme Preise diktieren. Und die schrecklichen Worte »Diktator« und »Diktatur« kommen ausgerechnet von dieser unscheinbaren Vokabel.

So schrieb der Gouverneur des Gebietes Nowgorod, dass das Kombinat *Akron*, das 30 russische Gebiete mit Düngemitteln versorgte, nicht mehr die verlangten horrenden Preise zahlen konnte. Der Gouverneur aus Smolensk nannte das Geschäftsgebaren Chodorkowskijs »wirtschaftlichen Terrorismus« und wies darauf hin, dass *Apatit* jährlich zwischen 250 und 300 Mio. US-Dollar Gewinn über die Off-Shore-Zonen den russischen Steuerbehörden entzöge. Im Dezember 2002 protestierten dort Mitarbeiter des Düngerwerks *Dorobuzh* und forderten, eine staatliche Regulierung der Preise für Apatit-Konzentrate einzuführen – auch in der entwickelten Marktwirtschaft ein durchaus übliches Vorgehen gegen Monopolisten.

Trotz ihrer hohen Schallpegel hörte Chodorkowskij diese Warnglocken nicht. Das große Geld wirkt bei manchen anscheinend wie Ohrstöpsel.

MENATEP wurde einstweilen generös. Die Firma wollte dem Staat die Verluste aus der *Apatit*-Privatisierung ausgleichen. Die Bank *MENATEP*, die weiterhin offiziell nichts mit *Apatit* zu tun hatte, schrieb dem Chef der RFFI Wladimir Malin, dass »die Aktionäre der Bank *MENATEP* bereit seien, unentgeltlich, d. h. auf eigene Kosten, das Problem des Murmansker Vermögensfonds zu regulieren.«[45]

Warum wohl wollten die Aktionäre der Bank plötzlich für fremdes Verschulden aufkommen?

Herr Malin, von dem Gefühl getrieben, dass »der Gerichtsbeschluss über die Rückgabe der Aktien von *Apatit* nicht durchführbar« sei, ging auf den Deal ein. Die Wirtschaftsprüfgesellschaft *BC-Ozenka* stellte allerdings fest, dass der Wert der Aktien in den acht vergangenen Jahren, in denen *MENATEP-Group* gut verdient hatte, ganz schön geschrumpft war und inzwischen leider nur noch einen Bruchteil des damaligen Wertes ausmachte.

Am 19. November 2002 schlossen *Wolna* und RFFI eine gütliche Einigung, und *Wolna* überwies an den Staat 15 Mio. US-Dollar. Am 22. November 2002 bestätigte das Moskauer Schiedsgericht die gütliche Einigung und hob die Verfolgung wegen der Nicht-Rückgabe des 20%-Aktienpakets an den Staat auf. Chodorkowskij meinte, damit wäre die Sache vom Tisch.

Russlands Präsident Putin war anderer Ansicht. Er wollte nicht die mickrigen 15 Mio. US-Dollar, sondern die 20% der Aktien, wie es das Gericht 1998 auch beschlossen hatte. Deshalb beauftragte Putin den Ministerpräsidenten und den Generalstaatsanwalt, sich der Sache anzunehmen, den Deal zu überprüfen und die Entscheidungen zu treffen, die die Interessen des Staates wahrten. Die Partie ging weiter.

Es kam die Zeit der Staatsanwälte. Es waren einige Punkte, die den Untersuchungsrichtern an dem ganzen Geschäft nicht gefielen:

Erstens hätte *Wolna*, das seinen Kaufvertrag nicht erfüllte, auf keinen Fall die Aktien weiterverkaufen dürfen. Um die Herkunft der Aktien wussten ebenso alle »Käufer«. Zweitens wurde nachgewiesen, dass alle an dem Geschäft beteiligten Firmen nur Scheinfirmen waren, und das bedeutet, dass *alle* Aktien *immer* Chodorkowskij und seinen Anhängern gehört hatten, und *immer* die Möglichkeit bestanden hatte, sie dem Staat zurückzugeben. Deshalb bewerteten Staatsanwälte und anschließend auch Richter den Weiterverkauf der Aktien als Versuch, ihren Verbleib zu verschleiern und die Nichtherausgabe der Aktien als »vorsätzliche Nichterfüllung einer rechtskräftigen gerichtlichen Entscheidung«. (Interessant, welche Strafe steht darauf in den USA, wo »ein Staat« existiert?)

Drittens wurde die »gütliche Einigung« angefochten. Im Dezember 2003 wandte sich die Generalstaatsanwaltschaft an das Höchste Schiedsgericht des Landes mit dem Antrag, diese Einigung neu zu bewerten. Am 5. Februar 2004 wurde diesem Antrag entsprochen und die »gütliche Einigung« zurückverwiesen.

Bei dieser »Einigung« ging es nicht mehr um *MENATEP* und *Wolna*, sondern um die Privatisierungsbehörde RFFI. Das Gericht stellte (im Prozess gegen den Vorsitzenden des RFFI, Wladimir Malin) fest, dass die RFFI viele Rechte in Bezug auf Privatisierung hatte, nicht aber auf »Einigungen« jeglicher Art. Es bestand zum Zeitpunkt der »Einigung« ein rechtskräftiger Gerichtsbeschluss, so seine Leseart, und es war nicht die Aufgabe der RFFI, ihn zu revidieren. Es wurde angemahnt, dass 15 Mio. US-Dollar nicht dem vollen Umfang der Verluste des Staates entsprachen (die Prüfgesellschaft *Labrate* taxierte die Verluste Russlands auf ca. 410 Mio. US-Dollar; eine gerichtliche Schätzexpertise bezifferte den Preis des 20%igen Pakets zum 1. Oktober 2002 auf 62 Mio. US-Dollar) und dass bei dieser »Einigung« die Verluste der kleinen Aktionäre gar nicht berücksichtigt worden waren. Unklar blieb auch, warum ausgerechnet *BC-Ozenka* die Summe der »Einigung« festgelegt hatte. Die RFFI hatte keine Ausschreibung für diese Aufgabe durchgeführt, hätte dies jedoch tun müssen.

Wladimir Malin wurde für diese und andere Verfehlungen im Amt (Bestechung) zu einer Freiheitsstrafe von vier Jahren auf Bewährung verurteilt.

Die Affäre um *Apatit* war einer der Ecksteine der Verurteilung von Michail Chodorkowskij im ersten Prozess.

Training oder NIUIF

Ich habe schon einmal erwähnt, dass Michail Chodorkowskij als talentierter Geschäftsmann nicht wie ein Theaterregisseur nach Einzellösungen, sondern nach Algorithmen sucht. Und einmal gefunden, wendet er sie erneut an.

So war die Vorgehensweise im Fall *NIUIF*, eines Forschungsinstitutes, dem Vorgehen bei *Apatit* ähnlich. Veränderungen wurden nur dort eingefügt, wo bei *Apatit* größere Probleme entstanden waren. Man hatte noch keinen zu 100% funktionierenden Algorithmus gefunden, man suchte, verfeinerte das Verfahren, man korrigierte Fehler und strebte wenn nicht das rechtskonforme, dann zumindest das zeitsparende Ideal an. Es würde diesmal ebenfalls nicht absolut gelingen: Anscheinend sind auch in dem nicht durchgängig rechtsstaatlichen Russland Recht und Unrecht grundsätzlich schwer kompatibel.

Im August 1995, direkt nach der Unterzeichnung des Kaufvertrages über die Aktien von *Apatit* durch *Wolna*, gab es eine Ausschreibung in Moskau über 44% der Aktien des staatlichen Forschungsinstituts *NIUIF*, einem Leuchtturm der russischen Wissenschaft über Düngemittel und Insektofungizide. Das Institut und seine Forschungen interessierten Chodorkowskij weniger, dessen Immobilien, die sich in Moskau auf dem Lenin-Prospekt befanden, umso mehr. Auch die meisten Ausländer wissen sicherlich, dass alles, was in der Sowjetunion »Lenin« hieß, stets zentral stand und lag – Straßen, Plätze und Prospekte. Zwei Gebäude von *NIUIF* kosteten, laut Schätzungen, über 40 Mrd. Rubel. Eine begehrenswerte Summe auch für solch reiche Menschen, wie Chodorkowskij inzwischen einer war.

Wie gewohnt, schickte Chodorkowskij zwei Scheindirektoren zweier Scheinfirmen zur Investitionsausschreibung – später würden sie vom Gericht »Instrumente des Betrugs« genannt werden. Eine der

Firmen – *Wollton* – bekam von *MENATEP* eine Finanzierungszusicherung über 25 Mio. US-Dollar, das musste wohl für den Zuschlag reichen. Da die Kenntnisse über die Mitbewerber (und die gab es) anscheinend doch fehlten und man nichts dem Zufall überlassen wollte, bekam die zweite Firma – *Polinep* – eine Finanzierungszusicherung über 50 Mio. US-Dollar; ein astronomischer Betrag, den sich 1995 keiner der Mitbieter selbst für diese beiden wunderschönen Gebäude vorstellen konnte. Die Millionen sollten für die nach dem Kaufvertrag fälligen Investitionen eingesetzt werden.

Alles lief nach Plan: Die Ausschreibungskommission, erfreut über Nachfrage und gewaltige Summen der bevorstehenden Investitionen, erteilte *Polinep* den Zuschlag, die Firma zog jedoch – was für eine Überraschung! – ihr Angebot zurück. Es blieb als Gewinner *Wollton* mit immerhin 25 Mio. US-Dollar im Rücken. Im September 1995 wurden die Rechte *Wolltons* in das Aktionärsregister eingetragen.

Nun waren die Investitionen fällig. Hier ging Chodorkowskij nicht so plump wie bei *Apatit* vor – Sie erinnern sich doch an die Überweisung der Summe an einem Tag und Rückbuchung am nächsten? –, diesmal versprach die Gruppe um Chodorkowskij dem Institutsdirektor hoch und heilig, dass 25 Mio. US-Dollar bis zum Ende des Jahres 1995 auf das Konto des Instituts flössen. Sie versprachen es nicht nur, sie schlossen mit dem Institut einen Vertrag, in dem schwarz auf weiß eben diese Summe und der Zeitrahmen standen.

Ich hätte die weit geöffneten und etwas feuchten Augen des Institutsdirektors gern gesehen, als er das unterschrieb. Wie gut würden die Millionen dem Institut tun!

»Schade nur«, sagten anschließend die Chodorkowskij-Unterhändler, »dass wir dem Staat fast 9 Mio. US-Dollar in den Rachen werfen sollen. Ach, wie schade …«

»Warum denn das?«, fragte vermutlich der Institutsdirektor, der die Millionen bereits gedanklich verplante.

»Was, das wissen Sie nicht?«, schauspielerten geübt die Käufer. »Wenn die Summe, die wir Ende Dezember einzahlen, auch in den Instituts-Bilanzen von 1995 auftaucht, wird der Staat von dieser Summe 35% Steuern einbehalten, es sind die besagten ca. 9 Mio. US-Dollar.«

Schweigen. Längere Pause. Man spürt physisch, wie sich die Gehirn-windungen des Wissenschaftlers kräuselten. 9 Mio. US-Dollar – auf einmal futsch.

»Was kann man dagegen tun?«, fragte verzweifelt der Fachmann für Insektofungizide und leider nicht für Steuerrecht.

»Na, man kann die Zahlung auf 1996 verschieben und dann …«

»Dann bleiben alle 25 Mio. im Säckel?«

»Dann ja. Aber Sie müssen in diesem Fall …«

Für 9 Mio. US-Dollar und das Wohl des Instituts war der Direktor mit allem einverstanden. Was er nicht wusste: Die Besteuerung lief ganz anders, und die 9 Mio. wären zu keinem Zeitpunkt fällig gewesen.

Das Geld wurde am 26. Dezember 1995 tatsächlich auf das Konto des Instituts überwiesen (das haben wir schon einmal erlebt), am 30. Dezember 1995 überwies der Institutsdirektor *freiwillig* die Summe auf das Konto von *Wollton* zurück, und das ist in dem Algorithmus neu. Er wartete auf die zweite Jahreshälfte 1996 – so die Abmachung –, um das Geld in Empfang zu nehmen.

Chodorkowskij wusste, wie der Hase laufen würde: Gericht, Urteil (»Aktien zurück!«), Gerichtsvollzieher. Deshalb wollte *Wollton* bereits im Februar 1996 seine Aktien verkaufen. Doch nach *Apatit* wusste man schon, dass ihnen vor Bezahlung der Investitionssumme diese Aktien eigentlich nicht gehörten und sie sie auf keinen Fall weiter-verkaufen durften. Deshalb gingen die Unterhändler wiederum zum Institutsdirektor und sagten ihm, dass die Investitionen (in der zwei-ten Jahreshälfte 1996) sicher seien, *Wollton* aber seine Anteile ver-kaufen müsse. Deshalb solle das Institut, als kleine Gefälligkeit und als Zeichen des Vertrauens, einen nicht weiter wesentlichen Brief an die RFFI schreiben, dass alle Investitionen im vollen Umfang von *Wollton* getätigt worden seien (schließlich habe er das Geld ja schon gesehen). Und der Institutsdirektor schrieb: ja, getätigt, ja, im vollen Umfang.

Noch bedrückender: Die RFFI war mit dem Weiterverkauf der Anteile einverstanden – bezahlt ist bezahlt, obwohl ein Kontoauszug als Kontrolle die ganze bittere Wahrheit ans Licht gebracht hätte.

Das war's eigentlich.

Die Aktien wurden von *Wollton* an *Metaxa, Alton* und *Chiminvest* verkauft, allesamt Chodorkowskijs Scheinfirmen – jetzt ohne jegliche Investitionsverpflichtungen. So gutgläubig-dumm, wie manch ein Fungizid-Professor, kann man an sich gar nicht sein.

Sicher erübrigt sich zu sagen, dass der Institutsdirektor das Geld weder in der zweiten Jahreshälfte 1996 noch in späteren Jahreshälften sah. Erst im Sommer 1997 bekam die RFFI Wind davon, dass Betrüger am Werke waren. Im November 1997 erklärte das Moskauer Schiedsgericht den Kaufvertrag zwischen der RFFI und *Wollton* für nichtig. In weiser Voraussicht waren bereits im Januar 1998 die Aktien von *Metaxa, Alton* und *Chiminvest* weiter an *Fermet* und von dort an *Elbrus, Lising, Isumrud, Topas, Triumph, Renons, Danae* und *Galmet* verkauft worden. Diese Firmennamen sollten doch dem aufmerksamen Leser geläufig erscheinen.

Hey, RFFI, suchen sie noch etwas bei *Wollton?*

Die Suche verlief ins Leere.

Staatsanwaltschaft und Gericht (im ersten Prozess gegen Chodorkowskij) wurden hier bei zwei Dingen fündig. Erstens sind sie bis jetzt der Meinung, dass alle Aktienweiterverkäufe von *Wollton* »eine Folge der böswilligen Vereinbarung« (mit dem Ziel, den Anteile-Verbleib zu verschleiern und nicht, um damit zu wirtschaften) und deshalb nichtig sind. Und zweitens, dass Chodorkowskij, dem alle oben erwähnte Firmen von Anfang an gehörten, durchaus in der Lage war, den Beschluss des Schiedsgerichtes zu erfüllen, und wenn er dies nicht tat, das als »böswillige Nichterfüllung der in Kraft getretenen gerichtlichen Entscheidung durch Mitarbeiter einer kommerziellen Organisation« zu werten sei. Das erfülle die Merkmale eines Paragraphen des Strafgesetzbuches über den »Betrug durch eine organisierte Gruppe im großen Ausmaß«.[46]

Intermezzo oder gefälschte Avis

Ein großes Geschäft für die Banken waren zu der Zeit sogenannte »falsche Zahlungsavis«. Avis ist eigentlich nur die Ankündigung einer Zahlung. Wie man damit viel Geld verdient, haben die Russen ausgeheckt. Firma A wollte Geld an Firma B überweisen. Dafür, und das war in Russland etwas Besonderes, ging die Firma A zu einem staatlichen Verrechnungszentrum und gab dort nicht das Geld ab, sondern nur die Ankündigung, dass das Geld überwiesen würde, den Avis. Das Verrechnungszentrum schickte ein Telegramm nach Moskau, an die ebenfalls staatliche Zentrale Operationsverwaltung, die Geld von der Zentralbank an die Privatbank (ab und zu *MENATEP*), bei der der Empfänger sein Konto führte, überwies. So gerissen waren die von der Zentralen Operationsverwaltung, weil sie ein Avis von dem staatlichen, absolut sicheren und zuverlässigen Verrechnungszentrum bekommen hatten. Deshalb schnell überweisen und warten, wann das echte Geld eintrifft.

Hier ein typisches Beispiel des Ablaufs, geschildert von der russischen Wirtschaftszeitung *Kommersant*[47]: »Am 17. Dezember 1992 überwies die Zentrale Operationsverwaltung (ZOV) Moskaus auf das Korrespondenz-Konto von *MENATEP* 462 Mio. Rubel. Das Geld war für den Kunden der Bank – Firma *Neka* – bestimmt, und als Absender wurde das Verrechnungs-Kassenzentrum (VKZ) in Nasran angegeben. Die ZOV wartete 15 Tage die Bestätigung der Echtheit des Avis über 462 Mio. Rubel durch den VKZ-Absender ab. Die Antwort blieb aber aus. Dessen ungeachtet wurde diese Summe dem Konto der Geschäftsbank gutgeschrieben.

Erst am 11. Januar 1993 bekam die Operationsverwaltung einen Brief aus Nasran, in dem mitgeteilt wurde, dass der Telegraph-Avis an die Firma *Neka* nicht von diesem VKZ geschickt worden war und fingiert war. Am nächsten Tag zog die übertölpelte Zentralbank der Russischen Föderation, von deren Konten das Geld abging, die Summe vom *MENATEP*-Konto ab. Faktisch hat die Zentralbank Geld, das *MENATEP* gehörte, abgezogen, weil die Summe, die an *Neka* adressiert war, bereits ihrem Konto gutgeschrieben wurde.«

Und jetzt passen Sie auf: »*MENATEP* klagte auf die Rückzahlung von 462 Mio. Rubel. Das Gericht gab der Klage statt, weil, laut Verordnung über bargeldlose Verrechnungen, die Zentralbank das Recht, Geld vom Konto einer Geschäftsbank abzuziehen, nur mit ihrem Einverständnis oder nach einem entsprechenden Gerichtsbeschluss hat. Experten von *Kommersant* bemerken, dass das nicht der erste vergleichbare Beschluss des Moskauer Schiedsgerichtes ist, der den Banken das Geld erstattet, das aufgrund der fingierten Avis gutgeschrieben und später durch die Zentralbank abgezogen wurde.«

Die Kernfrage dabei ist, wie es zu dem Avis-Telegramm von offizieller staatlicher Stelle kam. Die Antwort, an der heute keiner zweifelt: Es ging immer um Millionen-Summen, einen Teil der Summe bekamen Mitarbeiter des Verrechnungszentrums als Schmiergeld, die erst dieses Telegramm und nach einer gewissen Pause auch ein Dementi schickten. Einen anderen Teil des Schmiergeldes bekamen die voreiligen Mitarbeiter der Operationsverwaltung, die das Geld ohne Echtheitsbestätigung überwiesen. 462 Mio. Rubel waren viel Geld, da konnte man durchaus etwas von der Summe abzweigen.

Hier noch eine Meldung von *Kommersant* unter der Überschrift »Im Jahr 1994 gewonnene Klagen gegen die Zentralbank bezüglich fingierter Avis«: *Inkombank* gewann bei der Zentralbank 500 Mio. Rubel; die Bank *MIB* gewann bei der ZB 95,9 Mio. Rubel; Magadaner Bank *SWAK* – 142,6 Mio. Rubel; Permer *Aktionärs-Handelsbank* – 383 Mio. Rubel; Privatbank *Stolitschnyj* – 202 950 Rubel; Privatbank *MENATEP* gewann bei der ZB 245,35 Mio. Rubel.«[48]

Das war ein abgekartetes Spiel der spielfreudigen russischen Bankiers mit den unbeholfenen und sehr stark geschmierten Beamten. Auf der Strecke blieben der Staat und die allerärmsten Bürger. Auch *MENATEP* nahm, wie man sieht, an diesem Spiel aktiv teil. Schließlich war es doch nicht gefährlich, den Staat zu schröpfen. Und das tat sie genüsslich.

Der bedächtige Leser könnte auf die nicht unwesentliche Frage kommen: Die Banken holten von der Zentralbank, so wie es auch im Gerichtsbeschluss steht, nur ihr eigenes Geld, um Verluste auszugleichen, an denen sie selbst nicht schuld waren (alle Schuldigen saßen anscheinend in der VKZ und ZOV). Der Profiteur des Deals war die kleine Firma *Neka* und ähnliche, die plötzlich und unerwartet um Hunderte von Millionen und Milliarden reicher wurden. Was haben die Banken, was hat *MENATEP* damit zu tun?

Hier noch zwei Meldungen aus dem Jahr 1994: Das Moskauer Schiedsgericht gab der Klage der Geschäftsbank *MENATEP* gegen die Zentralbank um eine Summe von 280,5 Mio. Rubel statt. Die Bank forderte von der ZB die Summe, die erst dem Konto der *MENATEP* für ihren Klient *RTT* aufgrund eines fingierten Avis gutgeschrieben und später durch unbestrittene Abbuchung vom Konto des Klägers abgezogen worden war. Das Gericht entschied, dass die 280,5 Mio. Rubel dem Kläger zustanden.[49]

Bevor wir eine weitere Meldung von *Kommersant* zitieren, merken Sie sich bitte den Namen der profitierenden Firma – *RTT* –, die es geschafft hat, rechzeitig Geld zu bekommen und es zu verprassen.

Der einmal entdeckte Algorythmus trieb weitere wundersame Blüten: »Das Moskauer Schiedsgericht entschied sich gestern, der Klage der Geschäftsbank *MENATEP* gegen die Zentralbank Russlands auf 3,06 Mrd. Rubel stattzugeben.«[50] Wieder ging es um fingierten Avis und zuerst Gutschrift und später Abbuchung durch die Zentralbank. Begünstigter der Überweisung war auch diesmal *RTT*.

Und eine letzte Bemerkung: »Die Zentralbank selbst ist der Meinung, dass sie durchaus recht hat und pocht auf die Rücknahme der Entscheidungen beim Obersten Schiedsgericht. Das Oberste Schiedsgericht hat noch keine einheitliche Meinung gebildet, wer in solchen Streitigkeiten recht hat – Zentralbank oder Geschäftsbanken.«[51] Diese einheitliche Meinung fehlt, nicht weil Richter des Schiedsgerichtes ihre Hausaufgaben schlecht machten, sondern, so die Lehrstuhlleiterin für Wirtschaftsrecht der Moskauer Wirtschaftshochschule Prof. Oxana Olejnik, weil »die Diskussion über die unbestrittene Abbuchung auch dadurch erschwert wird, dass eine exorbitante Anzahl von Rechtsakten existiert, (…) die auf verschiedene Weise diese Sachverhalte regeln und sich im Zustand einer Kollision befinden«.[52] Und das wussten die MENATEP-Juristen sehr genau. Es gab noch einen gewaltigen Vorteil der Geschäftsbanken: Im Unterschied zur Zentralbank konnten sie die Richter entsprechend schmieren.

Als die Moskauer Verwaltung der Zentralbank 1995 die Zwischenergebnisse bilanzierte, sprach sie von über 2900 fingierten Avis zwischen Dezember 1992 und September 1995 für eine Summe von 800 Mrd. Rubel – allein in Moskau.[53] Der Analytiker Nikolaj Modestow ist der Meinung, dass »der Umfang der gefälschten Avis in die Billionen Rubel geht. Den wahren Verlust durch diese Wirtschaftssabotage wird keiner benennen können.«[54]

Doch was haben die Banken, was hat MENATEP damit zu tun? Solange die russische Justiz entscheidet, wer da recht hatte, Zentralbank oder Privatbanken, begutachten wir, was das für eine geheimnisvolle RTT war, die zu unrecht riesige Summen kassierte. 1993 tat MENATEP so, als ob sie die Firma gar nicht kennen würde. Wir haben nur an unsere Klienten Geld überwiesen, sagte MENATEP vor dem Moskauer Schiedsgericht 1993, und wir wissen nicht, was diese Firma damit gemacht hat. Also läge das Problem offenbar, so die MENATEP-Rechtsanwälte, bei den Firmen-(Schein-)Zahlern, beim VKZ, bei der ZOV, vielleicht sei auch der böse Geld-Empfänger RTT in das krumme Geschäft verwickelt. Aber auf keinen Fall MENATEP! MENATEP sei ein Geschädigter, MENATEP habe das Geld sachgemäß an RTT überwiesen und später sei ihm diese Summe auch noch durch die Zentralbank abgezogen worden.

Aber das ist doch unser Geld, beharrte MENATEP: Wo bleibt da die Gerechtigkeit?

So sah das 1993, 1994 aus.

Spätestens seit dem ersten Urteil gegen Chodorkowskij und Lebedew (2005) wissen wir, dass das reine Heuchelei war. Im Prozess sagte ein gewisser G. Anilionis, von 1992 bis 1998 Generaldirektor der Firma RTT, aus, dass RTT schon immer zum »Konsolidierungskreis« der Chodorkowskij-Firmen, also Chodorkowskij, gehörte. Demnach überwies MENATEP Milliarden auf ihre eigenen Konten. Und so – mit der hergestellten Verbindung zwischen MENATEP und RTT – wird aus einer Ungereimtheit ein Verbrechen.

In dieser Zeit wurde für den Ruin des Staates fast keiner bestraft. »Zehntausend Verfahren wurden eingeleitet, Hunderte landeten vor Gerichten. Schuldsprüche gab es nur einzelne«[55], schrieb der ehemalige Stellvertretende Vorsitzende der Zentralbank Arnold Wojlukow. Unter diesen »einzelnen« Bestraften war kein einziger von *MENATEP*. Auch in den beiden Verfahren gegen Chodorkowskij wurde das Thema »gefälschter Avis« nicht thematisiert.

Die »Strafe« für Avis-Affären kam für *MENATEP* aus einer unerwarteten Richtung – aus den USA. Ende 1994 veröffentlichte die *Washington Times*[56] einen Artikel ihres Autors Bill Gertz zu einem geheimen Bericht der CIA, der Verbindungen zwischen *MENATEP* und der russischen organisierten Kriminalität herstellte und *MENATEP* als eine der korruptesten Banken der Welt bezeichnete.

Die erste Reaktion von *MENATEP* war vorherzusehen: Der Autor sei eine Niete. Demgegenüber stehen zumindest zwei gänzlich andere Aussagen. Die Erste stammt vom ehemaligen CIA-Direktor James Woolsey: »Als ich DCI (Director of Central Intelligence – V. T.) war, machte Bill (Gertz – V. T.) mich verrückt, weil ich nicht herausfinden konnte, wo die Lecks waren. Nun, seit ich seit zwei Jahren draußen bin, lese ich ihn mit religiöser Pietät, um zu erfahren, was los ist.« Die zweite vom ehemaligen US-Verteidigungsminister William S. Cohen, der behauptete, dass Bill Gertz »mehr Zugang zu Kundschafter-Informationen hat als jeder, den ich kenne«[57], und ein Verteidigungsminister kannte sicher einige.

Mit der Veröffentlichung des CIA-Berichtes bekam Chodorkowskij eine weitere Beschäftigung: sich in den USA und insgesamt im Westen von den Vorwürfen, eine Waschmaschine für kriminelles Geld der Mafia zu sein, zu reinigen. Aber auch diese Aufgabe erledigte er mit Bravour. Die »Säuberungsaktion« brachte so eine schöpferische Natur wie Chodorkowskij außerdem auf weitreichende und profitable Gedanken.

Wozu organisiert man eine Krise?

Entfernen wir uns einen Schritt weit von den Praktiken der Chodorkowskij-Firmen zur allgemeinen Theorie der Marktwirtschaft und insbesondere zur Theorie der Krisenwirtschaft. Ein erster grundsätzlicher theoretischer Ansatz stammt von einem engen Mitstreiter Chodorkowskijs, mit dem er auch zwei Prozesse durchgestanden hat, von Platon Lebedew: »In jeder Krise macht immer irgendjemand Gewinn. Und manchmal werden Krisen auch mit dem Ziel verursacht, ein Vermögen zu schaffen.«[58] So gesehen ist Krise nicht per se etwas Schlechtes, Nachteiliges.

Der zweite Leitsatz der Krisenstrategie stammt aus dem auch in Russland populären Kartenspiel *Préférence*. Es ist dem *Skat* ähnlich. *Préférence* wird oft um Geld gespielt, die zwei verdeckt liegenden Karten, die der Spieler nimmt und von deren Wert der Ausgang des Spiels abhängt, heißen bei *Préférence* auch Skat. Sind das gute Karten, hat man gewonnen, sind es schlechte – Pech.

Der zweite Leitgedanke heißt daran angelehnt: »Wenn ich den Skat kennen würde, lebte ich in Sotschi.« Erklärend merke ich an, dass Sotschi, eine Stadt zwischen Schwarzem Meer und Kaukasus-Gebirge, in der Putin Urlaub macht und Russland die olympischen Winterspiele 2014 organisiert, schon immer als Inkarnation des wohlhabenden, unbeschwerten, schlicht paradiesischen Lebens galt.

Und jetzt zum eigentlichen Thema: Der aufmerksame Leser hat sicherlich registriert, dass man in Russland allein mit der Bankanlage sehr leicht das große Geld machen konnte. Die Zinsen bewegten sich in den 1990er-Jahren im guten zweistelligen Bereich. So auch 1998, dem Jahr der schwersten Finanzkrise des Landes: im Januar 29,4%, im Februar 26,4%, im März 22,2%, im April 25,0%, aber im Mai bereits 43,9%, im Juni 51,3% und im Juli 58,0%.[59]

Zum Vergleich: Der Diskontsatz der Deutschen Bundesbank lag das ganze Jahr 1998 bei 2,5% und der Lombardsatz bei 4,5%.[60] Wer mit diesen Sätzen nicht viel anfangen kann, dem sei gesagt, dass dem deutschen Otto-Normalverbraucher 1998 Festgeldanlagen mit 2,88% pro Jahr vergütet wurden. In den USA bewegten sich die Zinsen zwischen 5% und 6%.

Dem Fachmann sprechen diese Zahlen Bände, doch das Wichtigste für uns ist: Wenn man in Deutschland einen Kredit aufgenommen und ihn in Russland in GKO (Staatliche kurzfristige Obligationen) angelegt hätte – die oben angeführten russischen Zinsen sind GKO-Zinsen, zu denen der Staat das Geld auf dem freien Markt lieh – dann hätte man zwischen 20% und 55% Gewinn pro Jahr einstreichen können. Ein großartiges Geschäft – wenn es erlaubt wäre und kein Ausfallrisiko bestünde.

Für Privatiers war es das nicht, aber für russische Banken war es erlaubt. Beobachtern nach »lebten« die russischen Banken sogar davon, es war eine Zeit lang ihre Haupteinnahmequelle.

Und das Risiko? Für die Risikominimierung gab es die oben erwähnten GKO, bei denen der Staat selbst für Zahlungen haftete. Der Staat sammelte mit GKO-Anleihen Geld, weil er eine unvorstellbar schlechte Fiskalpolitik führte. Man zog einfach keine Steuern ein. Im Mai 1998 teilte die britische *National Westminster Bank* mit: »Russland belegt einen der letzten Plätze in Bezug auf die Steuererhebung. In den meisten entwickelten Ländern beträgt das Volumen der Steuereinnahmen 20–25% des BIP. In Russland etwa 10% oder sogar weniger.«[61] Das bestätigte auch der russische Premier Kirijenko (Juli 1998): »Die einfache Analyse zeigt, dass wir Einkommensteuer-Mindereinnahmen von 60 bis 100 Mrd. Rubel im Jahr haben.«[62]

Die größten Steuerschuldner sind unter den Erdölfirmen zu suchen. Nach seiner Wiederwahl 1996 rief Jelzin eine »Außerordentliche Kommission zur Verbesserung der Steuer- und Haushaltsdisziplin« ins Leben, die den Schuldnern mit Inhaftierung und durch den Staat eingeleiteten Bankrott des Unternehmens drohte. Aber eigentlich war das wie immer nur ein Sturm im Wasserglas: Die Oligarchen waren bereits stärker als der Jelzin'sche Staat. Das primäre Ziel der Kommission war es nicht, Steuern einzutreiben, sondern dem auf die Steuereintreibung fixierten Internationalen Währungsfonds (IWF) neue Kredite zu entlocken – anvisiert waren 15 Mrd. US-Dollar.

Als sich im Sommer 1998 die Finanzlage der Russischen Föderation drastisch verschlechterte, machte diese Kommission sieben Unternehmen der Industrieimperien von Chodorkovskij, Berezovskij und Potanin aus, die zum 1. Mai 1998 dem Staat 1,1 Mrd. Rubel schuldeten.[63] Die russische Regierung kündigte an, denjenigen Erdölunternehmen den Zugang zum staatlichen Pipelinesystem und zu den Seehäfen zu verwehren, die ihre Steuerschulden nicht bis zum 1. Juli 1998 beglichen.

Analysten betrachteten diese angekündigten Maßnahmen der Regierung lediglich als öffentlichkeitswirksame Inszenierung. Die Erdölunternehmen nahmen die Drohungen der Regierung auch nicht allzu ernst. Zwar sollte ihnen der Zugang zum Exportpipelinenetz verwehrt werden, aber der staatliche Pipelinebetreiber *Transneft* erhielt zum Stichtag keine Order der Regierung. Der Drohung der Zugangsbeschränkung zu den Exportpipelines wurde durch die Lobbytätigkeit der Erdölindustrie die Schärfe genommen, da davon per Regierungserlass vom 15.6.1998 all diejenigen Unternehmen ausgenommen waren, die ihre Exporterlöse zur Bedienung von Auslandskrediten benötigten. Das waren alle großen Erdölunternehmen in Russland.[64] »Diese Ausnahmeregelung führte das gesamte Druckmittel ad absurdum«[65], meinten dazu zwei deutsche Wirtschaftswissenschaftler.

Wenn man als Staat Geld zu solchen Zinssätzen auf dem Markt leiht und dabei keine Steuern erhebt, entstehen zwangsläufig zwei Spiralen: die der Zinsen nach oben und die der Finanzlage des Staates nach unten. Gegen die zweite Entwicklung gab es in Russland ein probates Mittel: ein Schneeballsystem, in dem mit neuen Anleihen alte Verbindlichkeiten gezahlt wurden.

Die genannten Zinsen für die GKO sind Nominalzinsen, ich habe sie verwendet, damit der Leser keinen Schock fürs Leben bekommt: Die Effektivzinsen im Juli 1998 lagen bei 150–160%. Vom Staat garantiert. Der Staat hatte kein Geld und machte deshalb das, was ein Staat-Pleitier immer als Erstes reflexartig macht: Er leiht neues Geld auch im Ausland. Die Emissäre des russischen Staates bekamen vom IWF neue Kredite (das hieß »Stabilisierungsanleihe«) in Höhe von 11 Mrd. US-

Dollar. Man unterstützte den Demokraten Jelzin. Und es wurde auch schleunigst die erste Tranche von 4,8 Mrd. US-Dollar überwiesen.

Der Verbleib dieses Geldes ist bis heute ungeklärt, obwohl nicht nur der IWF, sondern auch das amerikanische FBI und einige weniger bekannte Untersuchungsbehörden anderer Länder sich damit beschäftigten. Eine der Fährten führte zur Bank of New York (*BONY*), zu *MENATEP*, zu unseren Bekannten Herrn Konstantin Kagalowskij und seiner Frau, die zufälligerweise für das Osteuropageschäft der *BONY* zuständig war. Aber weil ein Verbrechen nicht nachgewiesen wurde, verlassen wir diese Fährte besser.

Also, die vielen Milliarden waren genauso unauffindbar wie ein Wollknäuel, das eine Miezekatze unters alte durchgelegene Sofa gerollt hat. Der Staat war am Ende.

Seltsam, aber auch die Banken, die Multimillionäre schienen am Ende zu sein. Sie zahlten ihre Verbindlichkeiten nicht, weder an einheimische Anleger noch an ausländische Gläubiger. Die Ausländer wollten jedoch die Kredite nicht mehr verlängern und bestanden auf der Rückzahlung, sie verkauften gleichzeitig auch ihre GKO – die Geschäfte mit Russland wurden ihnen zu heikel.

Und so beschrieb die bekannte russische Journalistin Julia Latynina die Stimmung im August 1998: »Oligarchen hasteten in Panik durch die Gänge des Weißen Hauses (so heißt auch der Sitz der russischen Regierung – V. T.): ›Tun Sie etwas, damit wir (die Verbindlichkeiten gegenüber den Westkreditoren – V. T.) nicht zahlen müssen‹. Man sagt, die Stimme Chodorkowskijs wäre in diesem Chor deutlich zu vernehmen gewesen. Am 17. August musste *MENATEP* 80 Mio. US-Dollar für einen Konsortialkredit zahlen. Letzten Endes, so Augenzeugen, kamen Oligarchen zu Kirijenko (dem 36-jährigen russischen Ministerpräsidenten, Spitzname »Kinderüberraschung« – V. T.): ›Wir werden (…) dich lebendig begraben, wenn du uns nicht irgendwie aus der Patsche hilfst. Erlaube uns, den Westen nicht zu bezahlen‹. ›Gut‹, sagt Kirijenko, ›ich erkläre ein Moratorium für die Zahlungen der Schulden an den Westen, aber dafür höre ich auf, die GKOs zu bezahlen.‹«[66]

Das hieß später: Der Ministerpräsident habe Rat bei Experten eingeholt. Dementsprechend wurde auch gehandelt. Zuerst trat Jelzin auf und sagte, das Finanzsystem des Landes sei stabil, dann erklärte Sergej Kirijenko am 17. August 1998 den Stopp für alle Verbindlichkeiten gegenüber ausländischen Gläubigern, setzte die Zahlungen für GKO aus und führte einen schwimmenden Dollarkurs ein. Daraufhin bekamen die Westkreditoren einen Schwächeanfall, die russische Regierung und Banken eine ersehnte Pause, der Dollarkurs kletterte innerhalb von 10 Tagen von 6 Rubel auf 9, dann im September auf 16 und gegen Ende 1998 auf 21 Rubel. So ein Zustand der Wirtschaft hieß von nun an in Russland auf englische Weise *Default*, Zahlungsunfähigkeit, ein Synonym für Bankrott.

Ich denke, nur einer, den Geld kalt wie eine Hundeschnauze lässt, konnte die oben erwähnten Zahlen gleichgültig lesen. Ein interessierter Zeitgenosse reibt sich die Hände: Wer das gewusst hätte, wer diese Entscheidung der Regierung vorausgesehen hätte, wer seine Rubel rechtzeitig in US-Dollar umgetauscht hätte – der hätte innerhalb von viereinhalb Monaten eine Rendite von sage und schreibe 330% bekommen, also 880% per anno.

Die Oligarchen haben es gewusst. Mehr noch, sie haben diese Entscheidung von der Regierung, von »Kinderüberraschung« verlangt. Wird so eine Entscheidung nur hart genug gefordert (»lebendig begraben« war natürlich nur scherzhaft gemeint), ist schließlich zu hoffen, dass sie fällt.

Wie ein LKW baden geht

Ich persönlich wäre am 16. August zur Bank gegangen und hätte meine Rubel 6 zu 1 gegen US-Dollar getauscht, weil ich am übernächsten Tag 1 zu 9, und vier Monate später 1 zu 21 hätte zurückbekommen wollen. Die Oligarchen mussten nicht zur Bank gehen, sie waren selbst jeweils eine.

Wladimir Rasskasow, einer der russischen Banker, der in den 1990er-Jahren auch bei der Zentralbank Russlands tätig war und später ergreifende Erinnerungen an Korruption in der Bank hinterlassen sollte, schrieb: »Es ist bekannt, dass die Herrschaften, die in die Pläne des anstehenden Defaults eingeweiht waren, erst sich selbst voll eingedeckt haben, daraufhin ihre Verwandten und Nächsten anriefen, damit sie auch Valuta hamsterten, und erst dann dem Volk verkündeten: ›Der Tisch ist gedeckt.‹«[67]

Wohl möglich, dass Herr Rasskasow etwas übertrieb, gar dramatisierte. Zu dem Vorfall liegen aber auch seriöse Analysen vor, zum Beispiel eine der Untersuchungskommission des Oberhauses des Russischen Parlaments zur Prüfung der Gründe, Begleitumstände und Folgen des Beschlusses vom 17. August 1998, die bereits Anfang 1999 feststellte: »Die Einbeziehung von Experten bei der Vorbereitung und Entscheidung vom 17. August führte Sergej Kirijenko ohne die in solchen Fällen notwendigen Maßnahmen zur Verhinderung der unbefugten Weitergabe von vertraulichen Informationen und deren Nutzung für gewerbliche Zwecke durch. (…) Dabei wurde Personen Zugang zu Informationen über anstehende Entscheidungen gewährt, die ein offensichtliches Interesse an ihrer kommerziellen Nutzung hatten. (…) Das heißt, bei der Vorbereitung der Beschlüsse wurden wissentlich vertrauliche Informationen an eine kleine Gruppe von interessierten Akteuren, einschließlich Leiter einiger Geschäftsbanken (…), weitergegeben, die diese Informationen für kommerzielle

Zwecke zu Lasten der übrigen Marktteilnehmer und der staatlichen Interessen nutzen konnten.«[68]

Kirijenko hatte also auf die Interessen des Landes keine Rücksicht genommen und den »Skat« für einige, ihm persönlich wichtige Spieler frühzeitig aufgedeckt. Das typische Russland unter Jelzin: ein Selbstbedienungsladen für die Halunken, die zur »Familie« gehörten. Der Mafia-Forscher Pino Arlacchi sagte dazu treffend: »Die Jelzin-Ära war eine Plutokratie, die für ihr Überleben fortwährend stehlen und Korruption betreiben musste.«[69]

Und genau hier tauchen die nicht ganz spurlos verschwundenen ca. 4,8 Mrd. US-Dollar des IWF-Kredites auf. Aus russischen, schweizerischen, amerikanischen und allen anderen Untersuchungen geht dazu hervor: Die »Stabilisierungs-Milliarden« gelangten gar nicht nach Russland, sondern wurden in den USA, zum Teil auch in Deutschland, deponiert. Noch *vor* dem Default wurde ein Teil des Kredits in Höhe von 217 Mio. US-Dollar für die Tilgung der laufenden russischen Staatsaußenschulden benutzt, »die übrigen Mittel (mehr als 4,5 Mrd. US-Dollar! – V. T.) wurden durch die Zentralbank der Russischen Föderation auf den russischen Valutabörsen und an einige Geschäftsbanken (*MENATEP* ist dabei – V. T.) verkauft.«[70] Erst danach waren die Milliarden nicht mehr auffindbar! Die Milliarden US-Dollar, die in viereinhalb Monaten – für die »Skat«-Kenner – sich mehr als verdreifachten. Viele meinen, nur dank der Krise von 1998 – und nicht dank *Jukos* – wurde aus dem Multimillionär Chodorkowskij ein echter Milliardär. Was ist schon Sotschi? Für das Geld konnte man damals ganz Russland kaufen.

Anmerkung am Rande: Das große Geld der Oligarchen lag und liegt nicht in Russland, sondern »draußen«. Es wurde von schweizerischen, englischen und amerikanischen Banken, die bereit waren, das Geld zu waschen, mit Handkuss angenommen. Deshalb trachten diese Banken nicht sehr eifrig nach Sauberkeit der Quellen dieses Geldes.

Diese ganz plausible Geschichte scheint allerdings in einem Detail unstimmig zu sein: Einerseits sehen wir, Chodorkowskij machte gutes Geld an der Krise, andererseits musste *MENATEP* bald Konkurs anmelden und verschwand von der Bildfläche. Lässt man seine Bank pleite gehen, wenn man noch genug Geld besitzt? Warum denn nicht?

Chodorkowskijs oft verkündetes Prinzip ist: »Wenn ein Papagei verreckt ist, kaufen wir uns einen neuen.«

Die Bank *MENATEP* war für Chodorkowskij nicht nur eine Geldmaschine, sie war für ihn auch eine Last. Mit dem Namen *MENATEP* verband man die ersten russischen Aktien, die Chodorkowskij 2,3 Mrd. Rubel, den Aktionären aber keine Dividenden (»nicht weniger als 12% jährlich« – aus der *MENATEP*-Werbung[71]) brachten. *MENATEP* wurde in den amerikanischen Schlagzeilen mit der russischen organisierten Kriminalität in Verbindung gebracht. *MENATEP* stand auch für das Verschwinden von Milliarden der IWF-Tranche. Die Russen sind, wie die Sachsen, nicht nachtragend, aber sie haben ein gutes Gedächtnis.

Also entledigte Chodorkowskij sich der Bank namens *ME-NA-TEP*. Bereits 1997 wechselte Chodorkowskij auch nominal von *MENATEP* zur Holding *Rosprom*. Seine industriellen Besitztümer wechselten ebenfalls von der Bank zur Holding. Dieser Wechsel verlief etwas eigenartig, wie alle Beobachter anmerkten: die Aktiva, die Werke selbst, gingen zu *Rosprom*, die Passiva, die Verbindlichkeiten, blieben bei der Bank. An der Bank blieben immer mehr Schulden hängen. Einige deutsche Analytiker sprachen von fälligen 236 Mio. US-Dollar bei ausländischen Banken.[72] Andere redeten von Verbindlichkeiten, die 1,3-mal die *MENATEP*-Aktiva überstiegen. Auch solch ein Juwel wie *Jukos*, das von *MENATEP* erschlichen wurde, blieb nicht im Besitz von *MENATEP* – durch ein Firmengeflecht wanderten »Wertobjekte« an Off-Shore-Firmen. *Jukos* und *MENATEP* selbst blieben nur Aushängeschilder, leere (bzw. mit Schulden voll beladene) »Vorzeigehüllen«.

Ein »gelenkter« Bankrott in so einer Situation, in der man sagen könnte (und sagt!): »Der Staat ist an allem schuld«, wäre doch eine smarte Lösung der Mehrzahl aller Probleme? Wusste Chodorkowskij von der nahenden Krise? Hat sich die Krise schon früher abgezeichnet?

Einige Analysten, darunter Mitarbeiter von *Merrill Lynch*, eine der weltweit führenden Investmentbanken mit Sitz in New York und Büros in über 40 Ländern, meinten Ende Mai 1998: »Apropos Russlands Schulden: Das sind über \$ 130 Mrd. Auslandsschulden und über \$ 65 Mrd. Inlandsverschuldung. Schulden der privaten Unternehmen machen zusätzlich ca. $90 Mrd. aus. Russlands Jahres-BIP wird auf etwa $450 Mrd. geschätzt, sodass alle Schulden, auch zusammengenommen, sich auf rund 60–65% des BIP belaufen, was man nicht gerade eine katastrophale Kennzahl nennen kann. In Italien und Belgien übersteigt die inländische Verschuldung 100% des BIP. Russlands Problem liegt in der kurzfristigen Natur der meisten inländischen Schulden.«[73]

Kurz nach dem Default sagte Stanley Fischer, ehemaliger Chef-Ökonom der Weltbank und 1998 erster stellvertretender Direktor des IWF: »War Russland überhaupt in der Lage, den Rubel-Wechselkurs gegenüber dem US-Dollar zu halten? Ich bin überzeugt, dass wir die Situation auch diesmal gut beherrscht hätten.«[74]

Viele Wirtschaftsweisen waren durch den Umstand, milde gesagt, verwundert, dass Russland aufgrund der Innenverschuldung seinen Bankrott erklärte – eine Verschuldung gegenüber Banken, die mit Staatsgeld reich wurden und per se keine Steuern zahlten. Vor Russland hatte die Innenverschuldung eines Staates noch nie zu dessen Zahlungsunfähigkeit geführt.

Eine bessere Steuererhebung hätte durchaus geholfen. Aber das schaffte Jelzin einfach nicht. Man zahlte ja eben deshalb keine Steuern, weil man zum inneren Machtzirkel um Jelzin gehörte, alle Interna kannte und die Schicksalsentscheidungen mitbestimmte. Und wenn ein aufmüpfiger Staatsanwalt oder Steuerfahnder einen Prozess wegen Steuerhinterziehung anstrengte (solche Beispiele gab es zuhauf), wurde er von ganz oben zurückgepfiffen. Einen Prozess gegen Oligarchen zu gewinnen, war im durchgehend korrupten Jelzin-Russland einfach unvorstellbar.

Einer der jungen Reformer, der Vizeministerpräsident in Kirijenkos Kabinett (1998), Boris Nemzow, fasste die Gründe so zusammen: »In Russland zahlen diejenigen keine Steuern, die in jeder Hinsicht pleite gingen – politisch, wirtschaftlich; ausgerechnet sie sind die wichtigsten Berater des Kremls und vieler im (russischen – V. T.) Weißen Haus – es ist ein Wahnsinn. Wir haben alle gewusst, dass der Schneeball der GKO, die Haushaltskrise, Zahlungsunfähigkeit, die fehlenden Steuereinnahmen alles Folgen sind; die Ursache jedoch ist der verkrüppelte Kapitalismus.«[75]

An der Gestaltung eines solchen Kapitalismus haben Chodorkowskij und Co. fleißig mitgearbeitet: geschmiert, bestochen, korrumpiert, beiseite geschafft, hinterzogen, eingeschüchtert, sich entledigt, beseitigt. Ein anderer, zivilisierter Kapitalismus wäre vielleicht auch möglich gewesen, war aber von keinem erwünscht – weder von Komsomolzen, die es zu Oligarchen brachten, noch von Jelzin, der dieser Zeit als Galionsfigur vorstand (oder besoffen -lag).

Aber vorerst brauchte man eine Krise. Und die schuf man eigenhändig, indem man mit der einen Hand keine Steuer zahlte, und mit der anderen dem Staat Geld – durch GKO – lieh und horrende Summen kassierte.

Als Erklärung der miserablen Lage des Landes »für das Volk« sollten jedoch nicht hinterzogene Steuern, sondern niedrige Erdölpreise herhalten. Und als der Staat sich zögerlich aus der Krise zu winden versuchte, sagten sie: »Wir werden dich lebendig begraben«, wenn du nicht das machst, was wir dir auf die Seele binden.

Zu dem Ergebnis, dass die Krise durch Geschäftsbanken mitverursacht wurde, kam auch der Untersuchungsausschuss des russischen Parlaments.[76] Der methodologische Fehler der GKO habe darin gelegen, dass die Zentralbank Russlands als Verkäufer der GKO (deren Ziel es sein sollte, niedrig verzinste langfristige Papiere auf dem Markt zu platzieren), als Berater die Käufer, die Geschäftsbanken, darunter auch *MENATEP* (deren Ziel waren hoch verzinste kurzfristige Papiere), zur Mitgestaltung der GKO hinzugezogen habe. So seien 1994 die kurzfristigen und hochverzinsten GKOs mit immer höheren Zinsen entstanden – wie von den Banken erwünscht. Und dabei gab es auf dem russischen Finanzmarkt gar keine anderen so sicheren und so hochliquiden Papiere!

Es gebe die weltweite Praxis, so der Untersuchungsausschuss, dass solche Staatsanleihen in den stabilen Wirtschaften mit etwa 5% (über Inflationsniveau) emittiert werden, 10% bis 15% in den Entwicklungsländern, 20% in der Ländern mit labiler Transitwirtschaft. »So war die Einträglichkeit (Rentabilität) der kurzfristigen Staatsanleihen pro Jahr: in Aserbaidschan – 12%, in Kasachstan – 20%, in Kirgisistan und Moldau – 17%. In Russland reichten ihre Erträge von 30–200%.«[77]

Ganz im Sinne eines solchen Kapitalismus, in dem der Staatshaushalt nur ein Futtertrog ist und die Bürger Gänse zum Ausnehmen sind (die Bevölkerung Russlands verlor in der Krise 19 Mrd. US-Dollar), war es auch zweckmäßig, sich eines überflüssig gewordenen Instrumentariums zu entledigen. Zum Beispiel einer verschuldeten Bank. Krise ist doch dazu da, sich zu bereichern, sich »ein Vermögen zu schaffen«. Man schafft Werte auch dann, wenn man die Verbindlichkeiten nicht bedient, z. B. im Falle eines Bankrotts.

Ein Monat nach dem Default, in dem die Bank keine Geschäfte tätigte, wurde eine traurige Bekanntmachung verbreitet: *MENATEP* war nicht in der Lage, die Einlagen an Klienten auszuzahlen. Der Schuldige war nicht die Bank, sondern der Staat. Es wurde angeboten, die Anlagen umzustrukturieren, also neue Dokumente zu unterschreiben, die erstens die Auszahlung um ein Jahr verschoben und zweitens nicht auf *MENATEP*, sondern auf *Jukos* lauteten. Nicht einmal im Kleingedruckten stand, dass durch die Umschreibung die Anleger ihre letzte Hoffnung verspielt hatten, und zwar, das Geld per Gericht einzufordern.

Das ganze Jahr 1999 war Chodorkowskij damit beschäftigt, seine bei der *MENATEP* noch verbliebenen Aktiva in den eigenen einheimischen und in Off-Shore-Firmen zu verstecken. Die Zeitung *Wersija* schrieb 1999: Es wurde alles verschoben – Geldautomaten, Autos, Büromaschinen, Möbel und Immobilien. Das Teuerste ging natürlich an *Jukos*. Das Unternehmen zog sich ein Haus in der Bolschaja Polianka und drei Gebäude im Dorf Kunzevo im Wert von fast 108 Millionen Rubel (rund 4 Mio. US-Dollar) an Land. Eine Firma namens *Regionservice* bekam Immobilien in Perm, Syktywkar, Twer, Uljanowsk für 1 Mio. US-Dollar. Getäuschte Investoren interessieren sich vielleicht dafür, dass auch Privatpersonen belohnt wurden. Zum Beispiel, Herr Dubow, engster Vertrauter Chodorkowskijs. 1999 kaufte die Bank für ihn und einen weiteren Geschäftsführer von *Jukos*, Herrn Dodonov, zwei Wohnungen für 2 670 000 Rubel.

Um (Zehntausende – V. T.) Gläubiger nicht zu bezahlen, wurden nach dem 1. Januar 1999 aus der tot geglaubten *MENATEP* insgesamt mehr als 355 Mio. Rubel (ca. 14 Mio. US-Dollar) zugunsten verschiedener anderer Firmen von Chodorkowskij abgezogen.[78] Das Geld landete bei zwei Banken (beide gehörten Chodorkowskij): bei *MENATEP Sankt Petersburg* (die die Geschäfte der Mutter übernahm, aber nicht für die Schulden haftete) und bei *DIB* (die »Geheimtasche Chodorkowskijs«, die angeblich nicht mit *MENATEP* in Verbindung stand), allein 1999 umgerechnet entsprechend 3 Mio. und 3,7 Mio. US-Dollar.

Diese rege Tätigkeit blieb auch in den USA nicht unbemerkt. Hier ein Zeugnis des Amerikaners Marshall I. Goldman, einem Russland-Experten der Harvard-Universität:

»Aber war da nicht ein großer wirtschaftlicher Zusammenbruch im Jahr 1998? Wie hat das Chodorkowskij mit seinem Vermögen überlebt?«

M.G.: »Chodorkowskijs *MENATEP*-Bank, zusammen mit den anderen Banken der Oligarchen, bekam während des finanziellen Kollapses am 17. August 1998 einen enormen Schlag ... Chodorkowskij nahm alle verbliebenen Vermögenswerte, leitete sie zu einer anderen seiner Banken und ließ die Anleger leer ausgehen.«

»Also hatte er das gesamte Vermögen selbst behalten und alle anderen blieben auf dem Trockenen sitzen?«

M.G.: »Ja.«

»So war er nicht gerade ein finanzieller Heiliger.«[79]

Die *MENATEP*-Pleite traf russische wie ausländische Investoren. Alle gingen leer aus. Die Ratingagentur *Standard and Poor's* schrieb verschämt: »Der Anteil der ausbezahlten ungesicherten Gläubiger (mit Ausnahme der privaten Investoren und dem Staat) war während der Liquidation sehr gering.«[80]

Um die Sache ganz sauber aus der Welt zu schaffen, lud man 16 Tonnen Originaldokumente von *MENATEP* auf einen LKW und schickte ihn Richtung Welikij Nowgorod. Später sollten Beobachter sich wundern: Die Dokumente wurden einem fremden Fahrer übergeben, der auch nicht seinen Wagen, sondern den seines Kumpels fuhr. Auf einer Brücke stürzte der LKW aus 10 Meter Höhe in den Fluss Dubna. Von der Wucht des Aufpralls wurde das Fahrerhaus völlig zertrümmert, der Fahrer bekam jedoch nicht einmal einen Kratzer ab, er war nur nass geworden. Die Verkehrspolizisten, bei denen der reuige Fahrer sich meldete, schöpften Verdacht, ob da nicht irgendjemand Beweise beseitigen wollte, der Fahrer das Auto ins Wasser steuerte und selbst erst später baden ging.

Auffällig untypisch ist, dass eine Bank für so eine heikle Angelegenheit einen fremden Fahrer schickte, als ob *MENATEP* keinen eigenen LKW gehabt hätte. Dazu ohne Begleitung. Besaß *MENATEP* damals nicht genug Wachpersonal? Und überhaupt, wie kam der LKW nach Dubna? Es führt eine gute Bundesstraße nach Welikij Nowgorod, der Fahrer fuhr aber über Dörfer und nahm alle Schlaglöcher mit. Der Fahrer hielt dagegen, er hätte gegen Staus vorgesorgt. – Nachts sind doch die Straßen leer, warfen die Verkehrspolizisten ein. Ist das nicht ein großer Umweg von Moskau nach Nowgorod?

Aus Moskau kam ein Wink: Das ist nicht euer Bier. Jelzin war noch an der Macht, Chodorkowskij samt Freunde hatten ihm erst 1996 seine zweite Amtszeit verschafft; die Sache wurde nie juristisch untersucht.

Mit dem LKW wurden auch die Hoffnungen Zehntausender Klienten auf die Rückzahlung ihres bei der Bank deponierten Geldes in Dubna versenkt. Die Journalistin Julija Latynina schrieb dazu: »Ein Bekannter von mir, der bei der *MENATEP* etwa 10 Mio. US-Dollar verlor, ging zur Bank, um eine Erklärung zu bekommen. Mein Bekannter ist kein kleiner Rotzjunge, die Geldsumme ist auch nicht klein, und deshalb wurde er nicht von einem Schaltermädchen, sondern von einem der Bank-Inhaber empfangen. ›Weißt du‹, wurde meinem Bekannten vertraulich erklärt, ›das Geld ist natürlich da. Aber es wurde schon längst in einer Off-Shore-Zone gebunkert und unter den eigenen Leuten aufgeteilt.‹«[81]

Die Quintessenz aus dem Ganzen zog erst zehn Jahre nach der Krise der Journalist Alexandr Tretjatschenko: »Die Krise der 98er war ›die Krise Chodorkowskij‹, sie war von ihm provoziert und brachte ihm sagenhafte Dividenden ein.«[82]

Großes Spiel oder Jukos

Michail Chodorkowskij ist ein sehr energischer und konsequenter Mann. Es gibt viele Beispiele, dass er vor Gericht zog, um irgendeine ihm nicht passende Lappalie zu unterbinden – gegen den Vorsitzenden der Zentralbank Russlands, zum Beispiel, gegen *Alpha-Bank*, gegen *Rossijskij kredit*, gegen *Inkombank*, mehrmals gegen verschiedene Zeitungen und Zeitschriften …

Das im russischen Internet zu findende Dossier mit der Überschrift »*MENATEP* wurde mit Parteigeld gegründet und sein ›Dach‹ war Kwantrischwili« (aus der Datensammlung des Sicherheitsdienstes der *MOST*-Gruppe aus dem Jahr 1997), hat seinen Gerechtigkeitssinn allerdings nicht angesprochen. Der Artikel wurde nicht verboten und die Autoren und Medien, die es veröffentlichen, wurden nicht bestraft. Daraus schlussfolgere ich, dass die Fakten und Behauptungen im Dokument durchaus der Wahrheit entsprechen können. Worum geht es in diesem Dossier?

»Dach« heißen in Russland diejenigen Institutionen, die es einem legalen Unternehmen ermöglichen, ungehindert seine Geschäfte zu führen, und die das Unternehmen vor Gelderpressern und Banditen schützen. Dafür gab es in den 1990er-Jahren verschiedene Strukturen. Erst einmal die Banditen selbst, organisierte Kriminelle. Zweitens die Miliz-Angehörigen, die das nicht als Vertreter eines staatstragenden Organs taten, sondern gegen Bares, als rein private bewaffnete Organisation. Schließlich drittens die KGB-MBR-FSB-Mitarbeiter, also der sowjetische und später russische Sicherheitsdienst, aber »nicht als Vertreter eines staatstragenden Organs« – siehe oben.

Die Gebrüder Kwantrischwili waren Anfang der 1990er bekannte kriminelle Größen in Moskau, bis beide von Auftragskillern erschossen wurden (1993 bzw. 1994).

Ich habe übrigens nicht vor, mich um den Nachweis zu bemühen, dass *MENATEP* mit Geld der KPdSU gegründet wurde. Die Milliarden US-Dollar Parteigeld verschwanden spurlos, und die mit der Suche beauftragte und von der russischen Regierung gut bezahlte westliche Detektei hat nichts gefunden – bis die russische Regierung ihnen, aus welchen Gründen auch immer, recht schnell den Auftrag entzog. Dass das Parteigeld durch die Chodorkowskij-Bank floss, steht außer Frage, aber die Aussage »mit Parteigeld gegründet ...« ist nicht belegbar.

Genauso nebulös ist das mit den Kwantrischwilis. Einerseits mussten alle Firmen Ende der 1980er-, Anfang der 1990er-Jahre unbedingt ein »Dach« haben. Chodorkowskij war sicherlich keine Ausnahme. Aber ob das Kwantrischwilis waren, andere kriminelle Clans oder der KGB (ich schreibe KGB, meine aber immer auch seine Nachfolgerorganisationen) ist auch nach Jahren unklar. Ich persönlich neige zum KGB. Erstens waren die Geschäfte auf der Chodorkowskij-Ebene auch mächtigen Mafia-Clans zu heikel. Zweitens gibt es andere indirekte Beweise.

Als Chodorkowskij *Jukos* erwarb, tummelten sich um die Erdölunternehmen Hunderte von kriminellen Zwischenhändlern, darunter auch Kwantrischwili. Die Gewinnsteigerung von *Jukos* unter Chodorkowskij lag nicht, wie m. E. oft fälschlich geschrieben wird, an neuen Wirtschaftskonzepten und schon gar nicht an neuen Technologien, sondern vorwiegend daran, dass es Chodorkowskij vermochte, all diese »Säugetiere« von *Jukos* abzuschütteln – samt Kwantrischwili. Es gibt einige Zeugnisse, dass diese kriminellen Firmen auch ausstehende Schulden zahlten – so auch Kwantrischwili.

Die Miliz wiederum hätte damals nie und nimmer gegen Kwantrischwili erfolgreich antreten können, auch keine der mächtigen Mafia-Gruppierungen. Das konnte nur der KGB.

Der Meinung der gut über *MENATEP* informierten Julia Latynina nach war es »in jenen Jahren, so einige Insider, unmöglich, ohne Patronat der Sicherheitsdienste Importgeschäfte zu führen«[83]. Aber *MENATEP* und *Jukos* führten sie, und zwar reichlich! Außerdem gründete *MENATEP* 1989 (aus der Noch-Sowjetunion heraus!) in der Schweiz ein Unternehmen namens *MENATEP S. A.*, das seinerseits zwei weitere Firmen schuf: eine in Gibraltar und eine in Budapest. 1990 öffnete die ständige Vertretung von *MENATEP* in Paris ihre Pforten. Für manche Analytiker ist das ein ausreichender Beleg dafür, dass da unbestreitbar sowjetischer Kundschafterdienst im Spiel war, genauer, Fünfte Abteilung der Ersten Hauptverwaltung des KGB, die für Spionage in Südeuropa zuständig war.[84]

Ungeachtet unserer divergierenden Ansichten über die Herkunft des *MENATEP*-Geldes und ihrer »Dach«-Angelegenheiten möchte ich dennoch aus dem oben erwähnten Papier des Sicherheitsdienstes von *MOST* zitieren, um das bereits Besprochene mit der Meinung der für *MOST* »freischaffenden« KGB-Analytiker zu untermauern. Es ist ihnen gelungen, den Grundgedanken beneidenswert plastisch darzustellen: »*MENATEP* bildete eine der mächtigsten Lobby-Strukturen im heutigen Russland, die zu einer faktischen Verschmelzung des Geschäfts mit Staatsorganen führte. (…) *MENATEP* ist zurzeit diejenige Struktur in Russland, die eine sehr große Unabhängigkeit vom Staat aufweist und gleichzeitig die kräftigsten Einfluss-Hebel auf ihn besitzt. Dieses System gründet sich vorwiegend auf den ›persönlichen‹ Einfluss auf die Staatsämter, deren viele hohe Beamte bei *MENATEP* und in Verbindung mit *MENATEP* ihre Interessen haben, sowohl in der Gegenwart als auch in der Zukunft. Eines der letzten Beispiele dieses Einflusses ist der Skandal um die Pfand-Auktion des Erdölkonzerns *Jukos*, bei dem *MENATEP* vom Staat ungeheuerliche Vorteile erhielt. Praktisch hat der Staat der *MENATEP* das Recht eines Black-Jack-Bankhalters (*Dealer*) eingeräumt, wobei er nicht nur die Karten gab und als Spieler auftrat, sondern dabei eigenmächtig entschied, wer und unter welchen Bedingungen am Spiel teilnehmen darf.«[85]

Warum die Regierung 1995 recht plötzlich und, genau genommen, gesetzeswidrig Erdölunternehmen, darunter *Jukos*, privatisieren wollte, ist nicht ganz klar. Manche Experten, zum Beispiel einer der Privatisatoren und Chef der GKI, *Goskomimuschtschestwo*, Alfred Koch, sind der Meinung, der Staatshaushalt hatte ein riesiges Defizit – 15 Mrd. Rubel – und die Regierung wollte irgendwie – durch Privatisierung eben – dieses Defizit ausgleichen. (Auf die Privatisierungsgewinne des Staatshaushaltes werden wir in diesem Kapitel noch ausführlicher zu sprechen kommen.)

Andere Beobachter schieben die bevorstehenden Parlamentswahlen im Dezember 1995 und Präsidentschaftswahlen 1996 in den Vordergrund. Wahlen kosten Geld, in Russland kosten sie viel Geld, und zwar »schwarzes«. Also für die Finanzierung der Pro-Jelzin-Parteien, für die Finanzierung des politisch und gesundheitlich angeschlagenen Jelzin brauchte man viel »cash«. Eine Privatisierung, bei der Millionen US-Dollar im Umlauf sind, ist bestens dafür geeignet, Käufer zu schröpfen und abgezweigte Mittel zu verschleiern.

Anfang 1995 war die politische Lage für Jelzin nicht kritisch, sondern katastrophal. In demoskopischen Umfragen führten ungeteilt die Kommunisten, Platz zwei belegte der Rechtspopulist Wladimir Shirinowskij. Die sogenannten »Liberalen«, »Demokraten« und »Reformer« lagen weit abgeschlagen. Man brauchte eine Staatspartei, Partei der Macht, Jelzin-Partei, die mit allen zur Verfügung stehenden Mitteln auch die Mehrheit in der Duma erreichen könnte. Na gut, nicht die Mehrheit, das war aus dem Stand zu viel verlangt, aber die den Kommunisten ordentlich Stimmen abzuringen vermochte.

So entstand auf Anweisung von Boris Jelzin, wie nicht verhehlt wurde, im Mai 1995 die allrussische gesellschafts-politische Bewegung *Unser Haus – Russland*, auf Russisch *NDR*. Die sich gegenseitig ausschließenden Begriffe »allrussische Bewegung« und »auf Anweisung« machten niemanden, auch nicht die westlichen Beobachter, heiß: Jelzin galt für den ganzen Westen schon immer als »lupenreiner Demokrat«.

Zurück zur Gesamtlage. 1995 standen in Russland zwei Posten im Debet: Haushaltsdefizit und Wahlen, und nur einer im Kredit: Staatsbetriebe, vorwiegend aus der Erdölbranche, darunter *Jukos*. Ein Manko nur: Im Privatisierungsgesetz hatte das Parlament ausdrücklich verboten, die Ölindustrie zu veräußern. Eine Sackgasse?

Nicht doch in Russland! Die klügsten Köpfe des Landes überlegten, wie das Gesetz *legal* zu umgehen sei. Die geniale Idee der Pfand-Auktionen soll ein Banker namens Wladimir Potanin gehabt haben. Am 30. März 1995 schlug er sie auf der Sitzung der Regierung vor.

Aber es war kein Geistesblitz Potanins. Einige eng in die Sache involvierte Zeitzeugen schrieben damals, dass der Ausweg lange gemeinsam gesucht worden war, von den Regierungsvertretern und von angehenden Milliardären. Exemplarisch Alfred Koch: »Der Auftritt

Potanins auf der Sitzung der Regierung in März 1995 war eine gut vorbereitete Stegreifrede. Am Vortag haben wir das Pfandauktionsverfahren ausführlich mit unseren Oligarchen besprochen.«[86]

Regierung und Politiker suchten eine Lösung, um zu Geld zu kommen. Warum aber suchten die Bankiers eine Aneignungslösung? Das Haushaltsdefizit wird sie wohl nicht interessiert haben. Aber die Wahlen?

Viele Stimmen betonten: Ja, die Wahlen, die Kommunisten, die sie gewinnen würden ... Die (kapitalistische) Entwicklung des Landes stand zur Disposition, wir mussten die Kommunisten stoppen, sie hätten uns alle enteignet und an den Laternen aufgehängt – deshalb war die Finanzierung von Jelzin ein positiver marktwirtschaftlicher »Staatsakt«, zum Teil aus Selbsterhaltungstrieb.

Doch das ist nicht ganz aufrichtig. Kein Banker hatte Angst vor den Kommunisten. Erstens finanzierten sie als clevere Geschäftemacher schon längst die KP unter Gennadij Sjuganow. Zweitens saßen in der Sjuganow-Fraktion in der Duma einige Abgeordnete, die auch bei *MENATEP* auf der Gehaltsliste standen. Drittens hatte Sjuganow mehrmals betont, auch auf dem Weltwirtschaftsgipfel 1995 in Davos, es würde unter den Kommunisten kein Zurück zur alten sozialistischen Sowjetunion geben.

Was aber erwarteten angehende Oligarchen dann von der Privatisierung? Profit. Geld. Vermögen, das die neuen Werte in die privaten Taschen der »zu Milliardären ernannten« Herren spülen würde. Sie haben es verstanden.

Diesbezüglich ist eine hartnäckig verbreitete Legende im Umlauf. Sie geht folgendermaßen: Als Chodorkowskij *Jukos* erwarb, war es ein marodes, unrentables, hoch verschuldetes, halb zerstörtes Unternehmen. Und nur die Genialität des neuen Inhabers multipliziert mit dem Können des neuen Managements machten aus dem hässlichen Entchen einen Schwan. Es wurden Hunderte Seiten darüber geschrieben mit Zahlen, Fakten, Diagrammen. Und keiner der Autoren stellte je die profane Frage: Wenn das Unternehmen in so schlimmen Zustand, ja wenn es nur ein einziger Dreckhaufen war, warum zahlte der gute Rechner Michail dafür noch Geld?

Was war das für eine von Potanin artikulierte Idee, die dem Urheber

selbst den »maroden, unrentablen, hoch verschuldeten« Weltmarkt-
führer *Norilsker nikel* einbrachte und ihn anschließend zum Milliardär machte?

Der Gedanke war: Man durfte die Unternehmen nicht verkaufen,
aber man konnte sie verpfänden. Ganz einfach. Die Banken, sieben
an der Zahl, hatten unter sich entschieden, dass sie der Regierung
Geld als Kredit geben wollten, die Regierung ihnen im Gegenzug die
Anteile an diesen »maroden, unrentablen, hoch verschuldeten« Filet-
stücken der russischen Wirtschaft überlassen sollte. Sollte die Regierung den Kredit nicht zurückzahlen (können), blieben die Aktien bei
den Banken. Ehrlich. Legitim. Gesetzeskonform. Kein Verkauf. Wie
vom Parlament gewünscht. Die neuen Pfandgläubiger, die Banken,
sollten aber gleich ihre Pfandsache voll nutzen dürfen – und daraus
Profit ziehen. Jelzin unterschrieb den Erlass am 31. August 1995.

Wie lief die Auktion praktisch ab? Da die Banker die Unternehmen
bereits vorher unter sich aufgeteilt hatten und *Jukos* der *MENATEP*
zustand, wurde *MENATEP* auch als Auktionator bestellt. Und gleichzeitig Pfandnehmer, Bieter. Natürlich tauchte unter den »Pfandneh-
mern« *MENATEP* nicht auf, das wäre zu offensichtlich gewesen. Bei
der Auktion traten die Aktiengesellschaften *Laguna* und *Reagent* auf.
Beide hatten eine Bürgschaftsbank – *MENATEP*. Und weil beide
Aktiengesellschaften der Auktionskommission ihre Bilanzen nicht
vorlegten, durfte *MENATEP* – als Gläubiger – gleich die Ergebnisse
der Auktion unterzeichnen. Ja, es gab nur zwei Bieter in dem Bieter-
verfahren am 8. Dezember 1995 – *Laguna* und *Reagent*. Ja, für einen
Riesenbetrieb, für das zweitgrößte Erdölunternehmen in Russland
und das viertgrößte weltweit. Ja, für einen Koloss, für Milliarden Barrel Erdöl, dem Erdöl, das als Schmierstoff der Wirtschaft gilt und zu
Kriegen und Tausenden Toten führt, interessierten sich nur zwei
absolut unbekannte Firmen, die aus dem Nichts kamen und sofort im
Nichts verschwanden, beide mit *MENATEP* im Hintergrund. Kein
BP, kein *Exxon*, kein *Chevron*, kein *Shell*, kein *Eni*.

»Russische Geschäftsleute wie Sie haben im Zuge der Privatisierung
die Schmuckstücke der sowjetischen Industrie doch beinahe als
Geschenk erhalten«, sagten zwei *Spiegel*-Journalisten in einem Interview mit Herrn Chodorkowskij im Jahr 2010. Sicher hatte Chodor-

kowskij gedacht, alle hätten es schon vergessen, und antwortete: »Das ist Unfug. Um *Jukos* zu kaufen, nahmen wir Kredite bei russischen Banken auf. Westliche Investoren hielten sich bei den Auktionen ja zurück.«[87]

Früher hätte er sich das nicht gestattet – so offen zu lügen. Aber die Zeit vergeht und tilgt, wie man hofft, manches aus dem (fremden) Gedächtnis.

Chodorkowskij wusste bestens Bescheid, dass die Teilnahme von Ausländern von vornherein ausgeschlossen war. Die Banken befürchteten nicht ohne Grund, dass die weltweit agierenden Firmen nicht Millionen, sondern Milliarden im Hintergrund hatten und ihnen die »maroden« Unternehmen mit Vergnügen wegschnappen würden. Die Regierung meinte dazu: Wie werden wir unsere Wahlen bestreiten, wenn die Ausländer von Geld im Koffer zwar eine Ahnung haben, aber es bargeldlos bevorzugen? Andere Mentalitäten …

Hier die Erinnerungsstütze für schusselige Köpfe: Alfred Koch, der Chef von *GKI*, der Drahtzieher und Milliardärmacher sagte: »Zu den Auktionen waren ausländische Investoren nicht zugelassen.«[88] Und noch einmal Koch an anderer Stelle: »Aktien für den Regierungskredit wurden ausschließlich an russische Banken verpfändet, um die stark verbreiteten Ängste bezüglich der Expansion der Ausländer zu bannen. Und dann, für solche mickrige Summen wäre es ungerecht, die Kontrollpakete den ausländischen Banken zu geben. Auf diese Weise stärkten wir das einheimische Kapital und bekamen notwendiges Geld für unseren Haushalt.«[89]

Aus diesen plausiblen Gründen wollte Herr Chodorkowskij 2010 den zwei *Spiegel*-Journalisten sicher sagen, »hielten sich westliche Investoren bei den Auktionen ja zurück.«

Bei dieser Auktion wollte allerdings auch eine einheimische Firma namens *Babajewskoje* mitbieten. Sie gehörte nicht zu *MENATEP*. Obwohl diese Firma nicht 159 Mio. US-Dollar wie *Laguna*, sondern 350 Mio. US-Dollar bot, wurde sie zur Auktion nicht zugelassen – eine Entscheidung des Auktionators, der *MENATEP*.

Der russische Rechnungshof untersuchte diese Auktionen später und kam zu dem Schluss: »Die Analyse der Zusammensetzung der Bieter und deren Bürgen zeigte, dass in den meisten Fällen kein Wettkampf bei der Auktion beabsichtigt war.«[90] Es ist schon verwunderlich, wie vornehm manche Wissenschaftler dreiste Übeltaten zu beschreiben vermögen. Die russische Businesszeitung *Kommersant* betitelte ihre Meldung über diese Auktion klarer:»*MENATEP* hat im Wettstreit mit sich selbst gewonnen«[91]

Herr Koch, der Königsmacher, liefert uns auch die nicht uninteressante These zu den »mickrigen Summen«: Diese waren doch Sinn der Sache. Wenn die Summen nicht »mickrig« gewesen wären, hätten sich *MENATEP* und Konsorten für diese Unternehmen gar nicht interessiert und diese Summen gar nicht bezahlen können. Bei nicht mickrigen Summen wären da vielleicht auch einige Ausländer im Spiel gewesen. Und mickrige Summen garantierten, dass einige nicht ganz so mickrige später in die Jelzin-Unterstützung flossen.

Damit wir nicht vergessen, was der *Spiegel* fragte: »Russische Geschäftsleute wie Sie haben (…) die Schmuckstücke der sowjetischen Industrie doch beinahe als Geschenk erhalten?« Chodorkowskij darauf: »Um *Jukos* zu kaufen, nahmen wir Kredite bei russischen Banken auf.«

Merken Sie, dass die Frage unbeantwortet bleibt? »Beinahe als Geschenk« heißt im Klartext oben erwähnte »mickrige Summen«. Die Antwort »Wir nahmen Kredite« ist keine Erwiderung. Es ging um die Frage, »wie viel« der Kauf gekostet hat, und nicht um die Frage, »woher« er das Geld nahm. Chodorkowskij wollte mit den deutschen Journalisten auch gar nicht darüber reden. Je tiefer wir in die Materie einsteigen, desto merkwürdiger wird es.

Die Frage »wie viel« war für *MENATEP* von existentieller Bedeutung. Außer *Jukos* hatte Chodorkowskij bereits etwa 100 andere Industrieunternehmen in Russland aufgekauft – alle nicht nur für den Preis, der zu bezahlen war, sondern auch mit Investitionsversprechen, die zu erfüllen waren. Das Gesamtinvestitionsvolumen war ihm bereits über den Kopf gewachsen. Es betrug etwa eine Milliarde US-Dollar. So viel Geld hatte *Jukos* nicht, vielleicht einen Bruchteil davon, deshalb versuchte Chodorkowskij zu mogeln: etwas schnell wieder verkaufen, etwas (siehe Kapitel über *Apatit* und *NIUIF*) hinauszögern. Aber das Liquiditätsproblem hing über *Jukos* wie ein Damoklesschwert. Und nun mindestens 159 Mio. US-Dollar auf einmal. Ein Desaster.

Wie sich die Sache weiter entwickelte, davon kursieren verschiedene Beschreibungen. Wir nehmen die vom Russischen Rechnungshof, als gründlichste und vertrauenswürdigste. Das ist kein Artikel eines Mitarbeiters, das ist ein offizielles Dokument, das durch das Rechnungshofskollegium bestätigt wurde.[92]

Die Prüfer schreiben, dass »die Summe der in Folge der Verpfändung des föderalen Eigentums erhaltenen Kredite, adäquat der Summe der temporär freien Devisen des föderalen Haushaltes ist, die durch das Finanzministerium auf den Konten der Geschäftsbanken deponiert war, die später zu Siegern in den Pfandauktionen wurden«. Man versteht das auf Anhieb nicht, weil man so etwas kaum glaubt, und nicht, weil das sehr kompliziert formuliert wurde. Das ist ein Dokument, man muss es glauben.

Russland war 1995 nicht ganz pleite, es hatte noch ein paar Dollar übrig (»temporär freie Devisen«). Dieses Geld wurde von der Zentralbank auf den Konten der Geschäftsbanken angelegt, die an den Auktionen teilnehmen wollten. Und die Banken, auch die, die vorher kein Geld gehabt hatten, hatten wieder Geld, um an diesen Auktionen teilzunehmen.

Wie viel »temporär freies Staatsgeld« wurde den Privatbanken gegeben? Der »Bank *Imperial* – 80 Mio. US-Dollar (Staatsgelder – V.T.) bei der Gesamtsumme der zwei Kredite (für zwei Unternehmen – V.T.) von 48,3 Mio. US-Dollar, *Stolitschnyj bank sbereshenij* – 137,1 Mio. US-Dollar bei der Summe der Kredite von 100,3 Mio. US-Dollar, Bank *MENATEP* – 120 Mio. US-Dollar bei der Gesamtsumme der zwei Kredite von 163,125 Mio. US-Dollar«[93] (es waren nicht genau 159 Mio. US-Dollar für *Jukos*, für den Rest von 4,125 Mio. US-Dollar legte *MENATEP* sich noch die Murmansker Seereederei zu – mit zwei Dutzend Trockenfrachtern sowie Eisbrechern, Tanker- und Passagierflotte).

Der Staat, der Verkäufer, gab also sein eigenes Geld den Banken, den Bietern, und sie bezahlten mit dem Geld (*MENATEP* musste leider etwas eigenes Geld dazugeben) die Staatsunternehmen, die sie schleunigst in ihr Eigentum überführten, und deklarierten das als Kredit! »Somit«, stellt der Rechnungshof fest, »können Kredite für die Russische Föderation gegen Verpfändung der Aktien der Staatsbetriebe als

Scheinverträge angesehen werden, weil die Banken dem Staat faktisch einen Kredit mit staatlichem Geld gaben.«

Wenn jemand denkt, das war's, der hat sich verzählt: Der Wahnsinn ging weiter. Das Geld aus dem russischen Staatshaushalt, das den Banken, nachdem sie die Unternehmen praktisch kostenlos bekommen hatten und Russland bei ihnen dabei ganz schön in der Kreide stand, überwiesen wurde, hätten sie doch wenigstens endlich an die Zentralbank (zurück!) abführen müssen, dann wären alle »quitt« gewesen.

Nein. Die Banken überwiesen das Kreditgeld nicht an die Zentralbank. Das Geld blieb bei den Geschäftsbanken liegen – umgebucht auf andere sogenannte Spezialkonten des Finanzministeriums. Bilanz: Der Staat verlor und die Banken gewannen a) die 12 profitabelsten russischen Firmen, b) etwa 340 Mio. US-Dollar, die sie nach ihrem Gutdünken eine Zeit lang verwenden durften. Als Info: Der Refinanzierungssatz der Zentralbank betrug zu diesem Zeitpunkt 160% p a., fast 0,5% *pro Tag*. Es war also kein »Beinahegeschenk«. Es war ein Geschenk, für das auch noch mit dem Schinken nach der Wurst geworfen wurde.

Eine weitere Kleinigkeit haben die Rechnungsprüfer bemerkt: Die Pfandauktionen fanden im November und Dezember 1995 statt. *Sibneft*, *Surgutneftegas* und *Nafta-Moskwa* gingen erst am 28. Dezember 1995 über den »Auktionstisch«. Aber in allen Kreditverträgen, die für beide Seiten verbindlich waren, stand schwarz auf weiß: Die Rückzahlung der Kredite erfolgt aus dem föderalen Haushalt 1995. Der Staat hätte, laut Vertrag, innerhalb der drei übriggebliebenen Tage des Jahres das Geld zurückzahlen müssen, wenn er die Betriebe selbst hätte behalten wollen! Das bedeutete faktisch, betonen die Prüfer, dass »anstelle der Verpfändung (…) ein wissentlicher Verkauf der Aktien vollzogen wurde«. Das war offener Betrug. Schon von vornherein hatte niemand vor, das Geld, das für die Wahlen verbraucht wurde, an die Banken zurückzuzahlen. Sowohl im Staatshaushalt 1995 als auch 1996 war das Geld dafür gar nicht vorgesehen!

»Mickrige Preise«. Scheinauktion. Scheinverträge. Echtes Geld.

Bei den Parlamentswahlen im Dezember 1995 bekam die Jelzin-Partei *NDR* 10% Stimmen und 55 Duma-Mandate, zweitbestes Ergebnis nach den Kommunisten.

Hier brauchen wir eine Zwischenbilanz. Die lasse ich einen guten Russland-Kenner ziehen, einen Amerikaner mit russischen Wurzeln: Paul Klebnikow. Lange Zeit war er Chefredakteur und Herausgeber des russischen *Forbes*, schrieb ein Buch über Boris Beresowskij[94], bis ihn im Sommer 2004 in Moskau zwei Killer niederstreckten.

Nach der Verhaftung Chodorkowskijs schrieb er im November 2003 in der Zeitung *Wedomosti* unter dem Titel »»*Jukos*-Sache‹: Meilenstein auf dem Weg zur Gesetzlichkeit«: »Chodorkowskijs Verhaftung ist nicht der Beginn einer Kampagne gegen die Reichen. Sie ist auch nicht ein Beispiel für Repressalien auf erfundene Anschuldigungen hin, wie die Stalin'schen Schauprozesse. Im Gegenteil, sehr vielen anderen russischen Großunternehmen könnten die Verbrechen vorgeworfen werden, die man heute Chodorkowskij zuschreibt. Wir beobachten, wie das kleptokratische System von Jelzins Russland agonisiert. Unerhörtes Beispiel der Niederträchtigkeit der Privatisierungs-Ära sind die berüchtigten Pfand-Auktionen der Jahre 1995–1997, die Chodorkowskij sein Vermögen bescherten (…).

Wenn Sie vom Staat Vermögenswerte in einem Hinterzimmer-Geschäft und zu so einem niedrigen Preis kaufen, laufen Sie Gefahr, dass Ihre Rechte auf das neue Eigentum nie sicher sein werden. Mitbürger werden Sie als Betrüger betrachten und der Staat eher als einen Treuhänder, denn als wahren Eigentümer. Stellen Sie sich vor, was wäre, wenn die staatliche *British Petroleum* im Jahr 1987 nicht für 40 Mrd. US-Dollar verkauft worden wäre, sondern für 400 Mio. US-Dollar, und dabei 78% der Anteile ein Freund von Thatchers Sohn erhalten hätte! Ließen nachfolgende britische Regierungen das durchgehen? Und wenn, was hätte dann die britische Wirtschaft erwartet? Für ein gesundes Wachstum der nationalen Wirtschaft braucht man eine solidere Plattform als eine Handvoll Oligarchen-Imperien, die als Ergebnis der Auktionen aus der Mitte der 1990er-Jahre entstanden sind. Und diese Plattform wird schrittweise angelegt.«[95]

Scheint in diesen Worten eines unabhängigen aufgeklärten Experten nicht ein gewisses Verständnis für den Prozess und die Verurteilung Chodorkowskijs durch?

Transparenteste Firma aller Zeiten

In einem früheren Kapitel haben wir bereits einige wenige Züge der bei Chodorkowskij gängigen Praxis der Firmengründung angesprochen. Dadurch konnten wir klären, wie die Verschiebung von Aktienpaketen exemplarisch bei *Apatit* und *NIUIF* ablief. Jetzt sind wir bei einem ähnlich gelagerten Thema, aber mit einer ganz anderen Absicht.

Einer der weit verbreiteten Mythen über Chodorkowskij ist der, dass er das erste transparente Unternehmen in Russland führte: *Jukos*. Die allwissende (deutsche) *Wikipedia* schreibt: »Als *Jukos*-Vorstandsvorsitzender sorgte Chodorkowskij (…) für größere Transparenz bei *Jukos*. (…) Er führte westliche Standards bei der Buchführung ein und erklärte ›Ehrlichkeit, Offenheit und Verantwortung‹ zum Leitmotiv.«[96]

Diese Formulierung hielten viele für so gut gelungen, dass sie in die deutschen Medien-Beiträge scharenweise als Standard-Satz übernommen wurde. So zum Beispiel die *Tagesschau*: »Er sorgt bei *Jukos* für größere Transparenz und westliche Standards in der Buchführung. (…) ›Ehrlichkeit, Offenheit und Verantwortung‹ erklärt er zum Leitmotiv.«[97] Andere Medien schrieben ähnlich, wir zitieren nur seriöse: »1999 leitet er eine erfolgreiche Umstrukturierung des *Jukos*-Konzerns ein, baut ihn zu einem transparenten Unternehmen um«[98] – der *tagesspiegel*. »Allein vom Jahr 2000 an wurde der damalige *Jukos*-Chef zur Symbolfigur für die Wende russischer Großunternehmer hin zu westlichem Management und ungewohnter Transparenz«[99] – die *FAZ*.

Chodorkowskij selbst erklärte 2003 im *Spiegel*: »Ich leite einen Konzern, der modern strukturiert ist und transparent geführt wird – ich bin sicher, kein anderes großes russisches Unternehmen ist in dieser Beziehung so weit wie wir. *Jukos* ist ein Vorbild. Das haben uns unabhängige Organisationen und auch die Presse im Westen immer wieder bestätigt.«[100]

Das stimmt. Die Medien im Westen gingen sogar so weit, dass sie einiges zum Thema voneinander übernahmen, ohne die Quelle selbst zu recherchieren. Das ist normal. So bilden sich nun mal Legenden. Um ein Gespräch über die Transparenz oder Intransparenz des Chodorkowskij-Imperiums zu führen, brauchen wir Fakten. Weil wir ohne sie genau so aussehen wie diejenigen, die von *Wikipedia* abschreiben.

Hier eine Auswahl der Firmen, die zu diesem transparenten Unternehmen gehörten:

Atschinskij NPS, Wasjugan, Wach, Ratibor, Mega-Aljans, Fargoil Jukos-Moskwa, Jukos Finance, Jukos International, Jukos Hydrocarbon Investments, Jukos Capital, Jukos Universal, Jukos FBZ, Jukos-M, Ju-Mordowien, Jukos Exploration and Production, Jukos Refining and Marketing, Rosinkor, Mitra Nowosibirsknefteprodukt, Tomsknefteprodukt, Chakasnefteprodukt, Tomskneftegeofisika, Igol, Streshewoj NPS, Luginezkoje, Neftjanik, Glendale Group, TB Holdings, Muskron, Nortex, Grace, Virtus, Behles Petroleum, South Petroleum, Baltic Petroleum Trading, Alta-Trade, Veteran Petroleum, JM Investment, Laurel Global, Ratmir, Coastmill Management, Silkmillenium Trading & Investment, Hicksville Managements, Glenoaks Investments, Dansley, Nassaubridge Management, Fiana, Routhenhold Holdings, Pronet Holdings, Kwadrat, Staf, Sibirskaja transportnaja kompanija, Elbrus, Palmus Foundation, Hulley Enterprises, Barion Enterprises, Kincaid Enterprises, Cayard Enterprises, Temerain Enterprises, Wandsworth Enterprises, Evoil, Terren, Sprai, Juksar, Nowokujbyschewskij NPS, Kujbyschewskij NPS, Angarskij sawod polimerow, Angarskaja neftechimitscheskaja kompanija, Kadet, Trigor, Korwet, Wald oil, Forest Oil, Business Oil, Kolrein, Quercus, Flander, Alebra, Perspektiwa Optimum, Alchanaj, Invetprojekt, Neftetrade 2000, Neftemarket 2000, Sonata, Stekloprommasch, A-Trust, Energotrade, Venera 21, Mars 22, Merkurij 23, Luna XXIII, Jupiter 24, Saturn 25, Pluton 26, Polimasch, Bark, Polikant, Al-Era, Kliff, Wokit, Karwer, STEP, Polinep, Pravus, Nuklon, Pilot, Jukonex Broker, Chimtrade, Akra, Alan, Renmet, Korall, Smol, Berd, Atena, Sibirskaja lisingowaja kompanija, Grafit, Grunt, Model Line, Tisbury, Lale-

ham, *Status Services, Hinchley, MQD International, Wellington Interests, Arley, Becerra, Corden, Travis, Worcester Trading, Zulfa Holdings, Jurby Lake, Waldlife Resources corporation, Spezprojekt, Rasin, Russian Trust and Trade, Sagiman Holding, Montekito Holding, Chellita, Abberton, Glanton, Midas Trading Company Group, Butler Enterprises, Bevelite Holdings, Montcon Holdings, Ideal Corporation, Ensign Corporation, Foster Trading, Pigal* und andere.

Hier sind etwa 150 Firmen aufgeführt und damit noch lange nicht alle. Chodorkowskij selbst spricht von Hunderten[101]. Es gab bei *Jukos* nicht nur Tochterfirmen, sondern auch Enkel-, Urenkel-, und Ur-Urenkel-Firmen, also eine recht vielschichtige Hierarchie. Unsere Kenntnisse aus den vorangegangenen Kapiteln trüben möglicherweise bereits etwas unseren Blick auf schriftlich verbürgte gläserne Verhältnisse in der Holding namens *Jukos*. Die wichtigsten Firmen kommen aber erst jetzt, das sind die Erdölförderunternehmen *Juganskneftegas*, *Tomskneft WNK* und *Samaraneftegas*, die die Millionen Tonnen Erdöl bzw. Milliarden US-Dollar aus der Erde holen. Die restlichen Firmen sind mit ein wenig Verarbeitung, etwas Transport, dann Vertrieb beschäftigt – und einiges mehr.

Drei zu mehreren Hundert – etwas verzogene Proportionen, meine ich, ähnlich dem russischen Sprichwort: Einer tut etwas mit dem Holzpflug und sieben stürzen mit dem Löffel herbei. Aber: »Bin ich vielleicht der Hüter meines Bruders?« Jeder Unternehmer hat die Freiheit, die von ihm benötigte Anzahl Firmen zu gründen und zu betreiben.

Aber diese Hunderte Firmen, die nichts produzieren, sondern nur verwalten, passen irgendwie nicht zu dem Effizienzmann Chodorkowskij. Zu seinem Drang nach Gewinn, nach Rendite. Als er *Jukos* erwarb, und das ist überall nachzulesen, hat er Strukturen verschlankt, aufgeblähte Einheiten reduziert und deshalb hohe Gewinne erzielt, weil er vor allem unnötige Ausgaben dezimierte … Und nun Hunderte Verwaltungen.

So ein Phänomen – einer produziert, einhundert verkaufen – war allerdings bereits Ende der 1980er-, Anfang der 1990er-Jahre in Russland zu beobachten. Rund um die produktiven Betriebe vermehrten sich Vermittlerfirmen wie bösartige Viren, die den eigentlichen großen Reibach machten, und nicht der Hersteller. An nur einen Autohersteller, *AutoVAZ*, der das bekannteste russische Auto *Lada* fabrizierte, dockten bis zu 500 Firmen im Vertrieb an. Diese Vermittlerfirmen gehörten den Kriminellen, und das Geschäft lief schlicht: Die Autos rollten billig aus dem Werkstor und wurden dann zur horrenden Preisen – die Nachfrage war riesig – an den Mann gebracht. Die niedrigen Preise des Herstellers kamen zustande, weil Banditen die Betriebsdirektoren schmierten. Deshalb lebten diese 500 Firmen plus Betriebsdirektoren gut, und deshalb gingen sowohl *AutoVAZ* als auch Tausende andere Betriebe über kurz oder lang pleite.

Aber nicht *Jukos*! Chodorkowskij vermochte sich und *Jukos* bereits in den ersten Monaten nach der Übernahme aus der eisernen Umarmung der organisierten Kriminalität zu befreien – um in die Fänge neuer Blutegel zu geraten? Irgendetwas stimmte hier nicht. Was sind das für Firmen?

Eine Schlüsselfirma ist *Jukonex Broker*. Diese Firma leitete Auktionen, auf denen das Erdöl der drei oben genannten Förderer versteigert wurde. Diese Auktionen waren äußerst wichtig, weil sie dem russischen Antimonopolkomitee bewiesen, dass bei der Preisfindung alles mit rechten Dingen zuging. Es wurde nicht gemogelt. Der Markt, die Nachfrage und das Angebot bestimmten den Preis. Wer mehr bot, bekam den Zuschlag. Was denn sonst!

Am 4. Dezember 2000 wurde auf so einer Auktion Erdöl von *Juganskneftegas* versteigert. Die zwei Bieter *Nortex* und *Ju-Mordowien* meldeten sich an. *Ju-Mordowien* gewann mit 1200 Rubel pro Tonne Erdöl. Unter dem Protokoll stehen die Unterschriften: Vorsitzender des Auktionskomitees: M. Jelfimow; Mitglied: T. Wedenejewa; Generaldirektor von *Jukonex Broker*: Herr A. Borissow; glücklicher Gewinner: Generaldirektor von *Ju-Mordowien*, spanisch-russischer Bürger Antonio Valdés-García.

Es gibt auch andere Protokolle, wie das der Erdöl-Versteigerung von *Juganskneftegas* am 28. Juni 2000 mit zwei Bietern: *Quercus* und *Jukos-M*. Es gewann *Jukos-M*, Generaldirektor M. Shurawljowa. Unterschriften …

Das Protokoll vom 10. Juli 2000. Versteigerung von Erdöl der *Juganskneftegas*; zwei Bieter: *Quercus* und *Jukos-M*. Es gewann *Jukos-M* …

Das Protokoll vom 20. Juli 2000. Versteigerung von Erdöl der *Jugans-kneftegas*; zwei Bieter: *Quercus* und *Jukos-M*. Es gewann *Jukos-M* …
Das Protokoll vom 21. August 2000. Versteigerung von Erdöl der *Juganskneftegas*; zwei Bieter (oh, etwas Neues!): *Nortex* und *Jukos-M*. Es gewann *Jukos-M* …
Das Protokoll vom 21. September 2000. Versteigerung … Zwei Bieter: *Nortex* und *Jukos-M*. Es gewann *Jukos-M* …
Das Protokoll vom 20. Oktober 2000. Versteigerung … Zwei Bieter: *Nortex* und *Jukos-M*. Es gewann *Jukos-M* …
Dann kam Bewegung in die Sache. Anstelle von *Jukos-M* trat *Ju-Mordowien* auf. Die Verlierer blieben die alten: *Nortex* und *Querkus*.
Was für Pechvögel waren *Nortex* und *Querkus*, was für lahme Enten! Sie kamen zur Auktion, um etwas zu kaufen, und gingen immer wieder leer aus. Dabei waren die Preise für Erdöl, die der Gewinner bezahlte, nicht übertrieben hoch; sie lagen, je nach Tag, zwischen einem Viertel und sogar einem Zehntel des Weltmarktpreises. Warum boten *Nortex* und *Querkus* nicht einmal etwas mehr? Die Gewinnmarge war so riesig, dass man auch mit dem doppelt so hohen Einkaufspreis noch ein gutes Geschäft gemacht hätte. Sie boten jedoch immer weniger als die Konkurrenz. Punkt.
Aber auch andere Erdölkäufer, von denen es auf dem Weltmarkt nur so wimmelt, kamen nicht zu den offenen Auktionen. Zu keiner einzigen. Jahrelang. Jahrelang waren auf den Versteigerungen durch *Jukonex Broker* nur zwei Firmen, die Namen wechselten, mal gewann der eine, mal der andere. Die russischen Behörden erhielten die Protokolle. Sehr seltsame Marktwirtschaft, sehr seltsamer Wettbewerb, sehr seltsame Mitbewerber.
Vielleicht lag das an den Auktionsbedingungen? Gute Frage. Durch sie sollte gewährleistet sein, dass keine der Firmen bevorzugt würde, sie sollten allen Mitbewerbern gleiche Bedingungen verschaffen. Und wie sah das bei den Versteigerungen durch *Jukonex Broker* aus?
Den Bestimmungen nach musste der Käufer während der Auktion erstens gleich die ganze von den Produzenten geförderte Erdöl-Menge kaufen, das waren pro Auktion Hunderttausende Tonnen, einfach ausgedrückt, ab 1000 Eisenbahnzisternen aufwärts. Eine Teilmenge zu kaufen, war nicht gestattet. Zweitens wurde gleich ein

großer Anteil der Kaufsumme als Vorkasse verlangt. Drittens sollten 66% der gekauften Menge auf *Jukos*-eigenen Raffinerien verarbeitet werden, mit denen keiner der auswärtigen Käufer einen Verarbeitungsvertrag abgeschlossen hatte. So einfach war das, deshalb blieben immer nur zwei Bieter, und immer ein- und derselbe gewann bzw. verlor. Unter den Gewinnern wechselten sich ab: *Jukos-M, Ju-Mordowien* sowie *Ratibor* und *Evoil*.

Na gut, ein Wettbewerb ist auch unter zwei Firmen möglich. Aber ich hätte schon gern Genaueres über die Konkurrenten gewusst. Informationen zu bekommen, ist nicht schwer, man fragt T. Wedenejewa, Mitglied des Auktionskomitees, die ihre Unterschrift unter all die Protokolle setzte. Sie arbeitete eigentlich als Fachfrau in der Erdölhandelsabteilung von *Jukos*. Und ab Januar 2000 bis 2003 war sie – auf Geheiß ihres Chefs bei *Jukos* und gleichzeitig des Vorsitzenden des Auktionskomitees M. Jelfimow – Beisitzerin des Komitees, das zusammen mit *Jukonex Broker* die Auktionen organisierte. Sie erzählt, dass an diesen Auktionen immer die gleichen Akteure teilnahmen: A. Valdés-García für *Ju-Mordowien*, M. Shurawljowa für *Jukos-M*, W. Malachowskij für *Ratibor* und A. Kutschuschewa für *Evoil*.

Eigentlich nahmen sie an der Auktion teil, indem sie nicht teilnahmen. Weder Frau T. Wedenejewa noch jemand anderer konnten sich an diese Auktionen erinnern. Doch wie kann das sein?

Die Mitarbeiter der Handelsabteilung von *Jukos* bereiteten die Protokolle vor und stimmten sie mit den *Jukos*-Abteilungen für Recht, Steuer, Finanzen, Sicherheit sowie mit anderen Einheiten ab. Dann rief T. Wedenejewa – je nach Bedarf – A. Valdés-García, W. Malachowskij, M. Shurawljowa oder A. Kutschuschewa an, damit sie das Protokoll als Gewinner der Auktion unterschrieben.

Damit wir verstehen: Mordowien, in der *Ju-Mordowien* angemeldet war, ist eine russische Region, Hauptstadt ist Saransk, Entfernung von Moskau: 650 Kilometer. Wenn man noch russische Straßenverhältnisse in die Überlegung einbezieht und wie ein Blogger schreibt, »40 Minuten für ein Mittagessen in Umet« einplant, sind es sieben bis acht Stunden Autofahrzeit.

Die Firma *Evoil* heißt so, weil der Name aus »Evenkien« und »Oil« gebildet wurde. Der Nationalkreis der Evenken ist auch ein Teil Russlands. Der liegt aber in Sibirien, ein Stück hinter dem Polarkreis. Die Hauptstadt bzw. das Hauptdorf heißt Tura. Bevölkerungsdichte: 1 Mann pro 35 Quadratkilometer und nicht umgekehrt. Die Gegend ist weltweit bekannt, weil ausgerechnet dort Anfang des 20. Jahrhunderts der sogenannte Tunguskaer Meteorit herabfiel. Entfernung von Moskau: 5700 Kilometer. Mit dem Auto schafft man das überhaupt nicht, man muss fliegen: einmal von Tura nach Krasnojarsk, 2 Stunden 50 Minuten Flugzeit, und dann noch einmal 4000 km von Krasnojarsk nach Moskau, 5 Stunden Flugzeit. Man kann natürlich auch mit dem Zug kommen: 57 Stunden Fahrzeit.

Mit der Firma *Ratibor* ist es noch komplizierter. Sie hatte ihren Sitz auch in Evenkien, aber nicht in Tura, sondern in dem Dorf Tschirinda. Einwohnerzahl (2005): 236. Nicht Tausende oder so. Aus Tschirinda kommt man fast gar nicht heraus – weder mit Flugzeug noch mit Zug oder Bus. Stellen Sie sich vor, man müsste alle zwei Wochen aus Tschirinda nach Moskau und zurück. Schrecklich!

Noch eine Überlegung: Die Firma *Ratibor* aus dem 236-Seelen-Dorf Tschirinda hatte das, was die größten Moskauer (Amsterdamer, Berliner, Pariser …) Firmen nicht hatten: a) einen Haufen Schotter, um alle zwei Wochen Hunderttausende Tonnen Erdöl zu kaufen und um eine Kaution zu hinterlegen, b) genug Einfluss, um begehrte Raffinerie-Kapazitäten zu pachten.

Wie ging das? Was machte so eine Firma mit einem Jahresumsatz von mehreren Milliarden Rubel, die immerhin Dutzende Millionen US-Dollar bedeuten, in einem gottverlassenen Dorf?

Aber wir waren eigentlich woanders, und zwar bei dem Telefonat Frau Wedenejewas mit dem Auktionsgewinner. Frau Wedenejewa bat den jeweiligen Generaldirektor, das Auktionsprotokoll zu unterschreiben. Machen wir gern, sagten die abwechselnd glücklichen Generaldirektoren A. Valdés-García, W. Malachowskij und A. Kutschuschewa. Und siehe da – fünf Minuten später erschienen sie schon am Arbeitsplatz von Frau Wedenejewa in Moskau, in der Ulanskij-Gasse 26.

Weil sie alle ihren Arbeitsplatz ebenfalls in Moskau, im dritten Stock der Ulanskij-Gasse 26 hatten. Alle Generaldirektoren aller Firmen, die mit *Jukos* nichts gemein gehabt haben sollen. Denn wären sie mit *Jukos* befreundet, affiliert oder gar liiert gewesen, dann wäre die Auktion ja nur Augenwischerei mit deutlichen Betrugszügen. Aber leise! Eben das durfte doch um Himmels Willen keiner erfahren!

Zu Chodorkowskijs Effizienz: Die Direktoren saßen in einem großen Saal, mit Tisch und Stuhl. Keine Empfangsdame, keine Pforte, kein Dienstwagen, keine Buchhaltung, keine Mitarbeiter. Jeder für sich allein. Ein Mann, eine Frau, eine Firma. Dutzende Firmen mit Milliardenumsätzen, Dutzende Generaldirektoren – ohne Mitarbeiter.

Wie wird man zu so einem General ohne Armee? Folgendes erzählte Valdés-García – die Geschichte ist in dem Protokoll vom 18. Dezember 2006 eines Moskauer Gerichts festgehalten: Antonio arbeitete zwischen 1992 und 1995 in der *MENATEP*-Bank. 2000 suchte er, gerade Ende 20, wieder Arbeit und wandte sich an einen der Mitinhaber des *Jukos*-Erdölimperiums, einen gewissen M. Brudno. Der führte den Russisch-Spanier zu seinem Mitarbeiter A. Spiritschew, der dem armen Antonio erklärte, dass er keine Arbeit für ihn habe, außer der des Generaldirektors. Und so wurde Antonio Valdés-García erst Generaldirektor der Firma *Sibirskaja transportnaja kompanija*, dann von *Ju-Mordowien* und anschließend von *Fargoil*, die sich alle mit Kauf und Verkauf von Erdöl beschäftigten. Alle diese Gesellschaften wurden in Saransk, in Mordowien, registriert, sein Arbeitsplatz befand sich jedoch in Moskau, in der Ulanskij-Gasse 26, dem Sitz von *Jukos*.

Obwohl der Generaldirektor ein Generaldirektor war, durfte er einiges nicht: das Erdöl real besitzen, das Erdöl nutzen, über das Erdöl selbst verfügen, über den Preis des Erdöls und der Erdölprodukte, die er millionentonnenweise kaufte und verkaufte, entscheiden – das machte *Jukos*. Er durfte keine Kontrahenten suchen – das betrieb *Jukos*. Obwohl Valdés-García nicht nur Generaldirektor, sondern gleichzeitig auch Hauptbuchhalter in seiner Firma war, erledigte *Jukos* den ganzen Papierkram. Sogar seine elektronische Unterschrift, mit der man Milliarden Rubel bewegte, besaß Antonio nicht – die Diskette damit hatte *Jukos*. Er musste nur alles unterschreiben, was ihm sein (informeller) Chef Spiritschew vorlegte: Verträge, Protokolle, Steuererklärungen.

Zu den Auktionen sagte er aus, er habe an keiner einzigen teilgenommen, wobei er die Protokolle (des von ihm gewonnenen Kampfes gegen *Nortex* und *Querkus*) eigenhändig unterzeichnet hatte. Allein im Jahr 2000 hatte *Ju-Mordowien* bei den zu *Jukos* gehörenden Produzenten – *Juganskneftegas, Samaraneftegas* und *Tomskneft WNK* – ca. 5 Mio. Tonnen Erdöl im Wert von über 28 Mrd. Rubel gekauft.

Wichtig ist auch festzuhalten, dass das von Valdés-García gekaufte und dann wieder verkaufte Erdöl und die Erdölprodukte nie nach Mordowien gelangten; die Bewegung fand nur auf dem Papier statt. Wäre dieses Erdöl auch physisch dort erschienen, hätte das schwerwiegende Folgen gehabt. Die Firmen waren nämlich nur deshalb in Mordowien registriert, weil die Steuergesetzgebung vor Ort sehr niedrige Steuersätze bestimmte. Im gewissen Sinne war Mordowien in Russland eine kontinentale Off-Shore-Zone, eine Steueroase. Aber eine Oase gedacht für die Lieferung von Öl nach Mordowien und nicht für auch noch so aktive Papierbewegungen.

Genau so ein Steuerparadies war auch Evenkien mit seinen Dörfern Tura und Tschirinda. Aber Erdöl gelangte auch dorthin nicht, weil die Generaldirektoren W. Malachowskij und A. Kutschuschewa (und Dutzende andere) ebenfalls in Moskau Tisch und Stuhl hatten und nur Papiere unterschrieben. Die vom Gesetzgeber angedachte Steuererleichterung für den Einzelkämpfer auf den 35 Quadratkilometern der Polartundra wurde für *Jukos* in Moskau zur Goldquelle.

Rechtswidrig, urteilten die Gerichte.

Vorläufiges Ende des Spiels: Im November 2003 erklärte Spiritschew Herrn Valdés-García, dass die Steuerfahndung bei der Firma *Fargoil* eine Steuerprüfung durchführe und es besser wäre, er ginge sofort in den verdienten Urlaub. Wer das entschieden hatte, teilte Spiritschew nicht mit. Außerdem sagte Spiritschew, dass der Aufenthalt des Herrn Valdés-García in den Grenzen der Russischen Föderation unerwünscht sei. Als Herr Antonio bereits im sonnigen Spanien war, rief Spiritschew ihn dort an und informierte ihn darüber, dass gegen Chodorkowskij ein Strafverfahren eingeleitet worden war und Valdés-García nicht nach Russland zurückkehren dürfe.

Er tat es dennoch, wurde in Russland am Flughafen vom Untersuchungsrichter abgeholt und befragt. Eine Meldeverpflichtung verbot ihm, Russland zu verlassen. Valdés-García, nicht ohne Grund Schlimmes vermutend, flüchtete nach Spanien und lebt nun dort – nicht sehr ruhig, aber vorläufig frei.

Die Geschichte mit Herrn Valdés-García hatte eine Fortsetzung. Am 15. Juni 2009 wandten sich einige russische Bürger an Seine Majestät den König von Spanien, Don Juan Carlos I. de Borbón, mit der Bitte, Herrn Valdés-García auf Ersuchen der russischen Staatsanwaltschaft nicht an Russland ausliefern zu lassen, weil ihn dort keine Gerechtigkeit erwarte. In ihrem Brief nannten sie ihn »ehemaliger Geschäftsführer einer mit *Jukos* affiliierten Gesellschaft« – eine Tatsache, die *Jukos* jahrelang mit großem Aufwand zu verschleiern getrachtet hatte. Leider kam dieses Geständnis zu spät: Die Gerichte hatten bereits die »Verwandtschaft« von *Jukos*, Käufer, Auktionator und dem Gros anderer Akteure nachgewiesen.

Schauen wir uns die nächste im Zusammenhang mit den Erdölauktionen interessante Firma an: *Ratibor*. Die Details sind auch hier äußerst spannend. Wie aus den Unterlagen hervorgeht, entschied 2001 eine russische Bürgerin namens S. Worobjowa, Personalausweis VII КУ № 980215, die eigentlich aus dem europäischen Smolensker Gebiet stammt, eine GmbH namens *Ratibor* ausgerechnet im tiefen sibirischen Tschirinda zu gründen. Dafür verfasste sie ein Statut, unterschrieb es und ernannte sich selbst zur Generaldirektorin und Hauptbuchhalterin der Firma. Drei Monate später entschied sie sich anders und schlug W. Malachowskij, der zufällig *Jukos* zugetan war, zum Generaldirektor vor. Am gleichen Tag, von dem Vertrauen geehrt, belastete sich Herr Malachowskij auch mit den Aufgaben des Hauptbuchhalters der Firma. Schon eine Woche darauf informierte Frau Worobjowa ihren Generaldirektor W. Malachowskij darüber, dass sie ihre Anteile am Stammkapital der Firma, und zwar zu 100%, für 11 000 Rubel an die Firma *Dansley* verkaufen wolle.

Dansley war nur einige Monate vorher auf Zypern registriert worden, 11 000 Rubel waren im Mai 2001 etwa 380 US-Dollar wert, und das Geld reichte nicht einmal für ein Ticket von Tschirinda nach Smolensk. Aber der Deal kam reibungslos zustande.

Wir sind schlau und wissen bereits, dass *Ratibor* dafür prädestiniert war, das Erdöl von *Juganskneftegas* billig abzukaufen und wieder teuer zu verkaufen. Dann erscheint der Verkauf der Firma nach Zypern zumindest unlogisch. Das Geld sollte dann doch nicht auf die Insel fließen, denkt man, sondern in die Tasche von *Group MENATEP Limited*, der Holding, der eigentlich so gut wie alles im Chodorkows- kij-Imperium – über Hunderte von Zwischenfirmen – gehörte und die nur wenige, sehr wenige Inhaber hatte.

Tat es auch. *Dansley* wurde im Jahr 2003 von der renommierten Wirt- schaftsprüfungsgesellschaft *PricewaterhouseCoopers* unter die Lupe genommen, die zu dem Schluss kam, dass Benefiziar-Anteilsinhaber, also eigentlicher Eigentümer, bei *Dansley* der uns bekannte *Jukos- Konzern* war.

Jukos hatte die Rechtsanwaltsozietät *ALM Feldmans* veranlasst, im Steuerparadies Zypern Briefkasten-Firmen auf Vorrat zu gründen: *Coastmill Management, Silkmillenium Trading & Investment, Hicks- ville Managements, Glenoaks Investments, Dansley, Nassaubridge Management, Fiana, Routhenhold Holdings, Pronet Holdings, Laurel Global* und andere. Vor *ALM Feldmans* hatte seit Anfang der 1990er- Jahre eine andere Firma – die *Valmet Group* – *Jukos* mit Scheinfirmen beliefert. Wer sich also über die Transparenz des Unternehmens *Jukos* auslässt, übertreibt wohl ein wenig.

Eine zusätzliche Note, die nicht direkt etwas mit unseren Nachfor- schungen zu tun hat: 2004 stellte die russische Meldebehörde fest, dass eine gewisse Frau S. Worobjowa zu keinem Zeitpunkt einen Per- sonalausweis im Gebiet Smolensk erhalten hatte, der Personalausweis VII КУ № 980215 nie an die Smolensker Behörden ausgeliefert, ja, Personalausweise dieser Serie überhaupt nie in Russland ausgestellt worden waren. Der Ausweis, mit dem später Milliardengeschäfte gemacht wurden, war also einfach falsch.

Und was erzählt W. Malachowskij über die Art seiner Tätigkeit? Er war in der Firma allein, als Chef und Hauptbuchhalter. Die nötigen Buchhalter- und Steuerdokumente fertigte *Jukos* an. *Jukos* suchte Partner, *Jukos* bestimmte Preise, mit Malachowskijs elektronischer Unterschrift überwies *Jukos* Geld. Einen Arbeitsplatz hatte er nicht, nur einen Sitzplatz in einem Zimmer in Moskau, in der Ulanskij- Gasse 26, wo bereits A. Valdés-García, B. Konoschenko, M. Shu- rawljowa, A. Kaschirina und andere »Generaldirektoren« solcher Firmen saßen. Sie unterschrieben Dokumente, tranken Kaffee – mit einem Wort, arbeiteten. Leiteten Firmen-Erdölhändler und Dollar-multimillionäre.

Eine *Jukos*-Mitarbeiterin, A. Arefjewa, erzählte dem Gericht, dass sie einmal von einem gewissen W. Kartaschow angesprochen worden war, der sie gebeten hatte, Generaldirektorin der Firma *Terren* zu werden, wobei sie »nur« Dokumente unterschreiben solle. Sie willigte ein. Sie unterschrieb alles, was die Mitarbeiter von *Jukos* ihr vorlegten. Später wurde sie Generaldirektorin von *Alta-Trade*, *Ratmir* und anderen Firmen. Alles spielte sich in dem Gebäude in der Ulanskij-Gasse 26 ab.

Die Zeugin M. Sobolewa sagte aus, dass sie Generaldirektorin von *Jukos-M* war, einer kleinen Eintagsfliege, in der Ulanskij-Gasse 26 saß, ihre elektronische Unterschrift allerdings in der Firma *Jukos-Moskau* lag, die auch über das Konto von *Jukos-M* voll verfügte. Sie unterschrieb mehrmals verschiedene Auktionsprotokolle, nahm aber nie an solchen Auktionen teil.

Algorithmus. Das ist der Schlüssel. Alles läuft nach einem Muster, alles routiniert und irgendwie unspektakulär.

Auf der Verkäuferseite sah es ähnlich aus: Auktionsprotokolle unterschrieb M. Jelfimow zweimal, einmal als Auktionator und einmal – mit Vollmacht – als Vertreter des Verkäufers. Vor diesem Hintergrund verwundert es nicht, dass der Auktionsveranstalter, Firma *Jukonex Broker*, auch von *Jukos* erdichtet worden war.

Der Generaldirektor von *Jukonex Broker*, Herr A. Borissow, arbeitete weiterhin an seinem alten Arbeitsplatz als Programmierer bei *Jukos*. Das Geld, das über die Firma floss, rührte er nicht an: Seine elektronische Unterschrift lag bei *Jukos-Moskau*. Auch er (Chef der Veranstalter-Firma!) nahm an den Auktionen nicht teil. Er weiß auch nicht, ob sie überhaupt stattfanden. Er unterzeichnete nur Protokolle – das war seine ganze Arbeit an seinem zweiten Arbeitsplatz. Mit dem Vorsitzenden der Auktionskommission M. Jelfimow hat er nie im Leben gesprochen. Ansonsten wurde in dem transparenten Unternehmen nicht gemogelt.

Diese scheinbar belanglosen und zum Teil aberwitzigen Zustände (alle sitzen zusammen, trinken Kaffee, spielen Auktion und bekommen dafür Geld) hatten handfeste wirtschhaftliche Konsequenzen: Dem

Förderer in einer Scheinauktion billig abgekauftes Erdöl brachte zwangsläufig den Staat um seine Steuern und Minderheitsaktionäre des Ölförderunternehmens um ihre Gewinne. Es ging bei diesem Verfahren um Hunderte Millionen US-Dollar. Und sowohl das Verfahren, wie es tatsächlich ablief, als auch Kenntnisse über die faktischen Inhaber der beteiligten Firmen (sie durften auf keinen Fall Chodorkowskij gehören, weil dann die Absurdität der Auktionen offensichtlich geworden wäre) waren die bestgehüteten Geheimnisse des Imperiums, die erst in den Prozessen gegen Chodorkowskij gelüftet wurden.

Ob *Jukos* ordnungsgemäß Steuern zahlte, ist jetzt ein großes Streitthema um Chodorkowskij. Keiner blickt durch, Tausende von Zahlen werden hin- und hergeworfen, die Menschen auf der Straße demonstrieren für Chodorkowskij, weil sie den Sinn der Anklage nicht verstehen können.

Aber manchmal machen Fachleute unter sich ganz komplizierte Dinge einfacher. So finanzierte die *Europäische Bank für Rekonstruktion und Entwicklung* (*EBRE*, engl. *EBRD*) Anfang des Jahrtausends russische Erdölfirmen. Und diese Bank musste wissen, welche Firma solvent war und solvent bleiben würde und welche lieber keinen Kredit bekam. Das nennt sich Ermittlung der Kredit- und Investitionsrisiken. Die EBRE beauftragte keine teuren Wirtschaftsprüfungsgesellschaften, schickte keine Buchhalter-Horden nach Russland und verdeckte Ermittler in die Off-Shore-Zonen. Sie wollte nichts von der russsichen Gesetzgebung wissen, keine Tabellen basteln und keine hundertseitigen Analysen anfertigen. Sie überschlug einfach das Erdölaufkommen der Firma mit den bezahlten Steuern und errechnete damit die Steuerbelastung pro Barrel. Dann verglich die *EBRE* diese Zahlen. Die Firmen, die eine höhere Steuerbelastung hatten, bekamen Kredite (man nahm an, sie zahlten ordentlich), die, die niedrigere Steuern zahlten, wurden wegen der »inakzeptablen steuerlichen Risiken« rigoros von der Liste der potentiellen Kreditnehmer gestrichen.

In der Sprache der Banker bedeutet das: Heute siehst du gut aus, aber morgen kommt die Steuerpolizei zu dir, und wir sind unser Geld los. Von fünf russischen Erdölfirmen wurden drei von der *EBRE*-Kreditliste entfernt. Eine davon war *Jukos*. Der Mitarbeiter der Bank sagt: Die Unterschiede waren gravierend.[102]

Der Mann, der alles wusste

Wer lieferte eigentlich die Idee zu dem ganzen System und wer baute sie alle auf, die Off-Shore-Firmen? Man ist sich inzwischen einig, dass einer der Köpfe des Systems der britische Anwalt Stephen Curtis war, seit 1997 in Diensten von *MENATEP*. Zusammen mit seinem Kumpel, Partner und gleichzeitig Geschäftsführer der Firma *Valmet Group*, Peter Bond, erarbeitete er zunächst das Verfahren, nach dem man deutlich weniger Steuer zahlen durfte (manche nennen das Steuerbetrug). Dann wurden nach diesem Muster Firmen über Firmen gegründet, jede mit dem Ziel der Verschleierung der Waren- und Geldströme.

Diese Struktur benutzte man auch als virtuelles ausländisches »Regal«: Im Kampf (manche sagen, in Betrugsabsicht) gegen Minderheitsaktionäre verschob man ab und zu (virtuell) einige wertvolle Güter von Produktionsfirmen in Briefkastenfirmen, um aus einer kostbaren Firma in Russland eine finanzielle Niete zu machen. Nachdem die Kämpfe gewonnen und Minderheitsinvestoren »ausgepresst« waren, schob man Anlagen, Werke, Pipelines und anderes zurück. Alles auf dem Papier: Nicht die Anlagen wurden in die Off-Shore-Zonen verlagert, sondern nur – und das reichte – das Besitzrecht auf diese Anlagen.

Hier handelte es sich um eine Struktur, die in den *MENATEP*-Unterlagen den Namen *Jurby Lake* (Jurby-See) trug – so heißt tatsächlich ein Tümpel auf der Isle of Man. Die Struktur war so gewaltig, absichtlich so verzwickt und so undurchsichtig, dass nur wenige Mitarbeiter bei *MENATEP* die Details durchschauten.

Einer von ihnen war besagter Stephen Curtis. Als der nominale Chef und einer der wenigen Inhaber von *Group MENATEP Limited* (*GML*), Platon Lebedew, verhaftet wurde, ernannte man Curtis zum Geschäftsführer dieses berühmt-berüchtigten Monsters, den faktischen Eigentümer Hunderter Chodorkowskij-Firmen mit einem Vermögen von 30 Mrd. US-Dollar. Der Grund der Ernennung ist offensichtlich: Neben Chodorkowskij und Lebedew hatte nur er den notwendigen Durchblick in diesem Netz.

Es war bereits Mitte November 2003. Auch Chodorkowskij war inzwischen verhaftet. Die Luft wurde immer dünner. Das spürte Curtis selbst in seinem fürstlichen Schloss an der Küste in der exklusiven englischen Grafschaft Dorset. Der Grund der Beunruhigung ist leicht nachvollziehbar, weil nicht nur zwei Chefs von *MENATEP-Jukos* verhaftet worden waren, sondern auch Ermittlungen gegen fast drei Dutzend andere Mitarbeiter des Konzerns liefen, darunter gegen mehrere Schein-Generaldirektoren der von Curtis so geschickt gegründeten Off-Shore-Firmen. Das heißt, die Staatsanwaltschaft, die das System erkannt hatte, würde vielleicht auch gern Details von Curtis erfahren. Er war die beste Informationsquelle für die Untersuchungsbehörden. Ein Mann, der alles wusste.

Und gerade die »Vielwisser« leben verdammt gefährlich. Curtis erzählte seinen Freunden und Verwandten von Drohanrufen. Ende Februar 2004 sprach jemand mit leiser Stimme und russischem Akzent auf seinen Anrufbeantworter: »Curtis, wo bist du? Wir sind hier. Wir sind direkt hinter dir. Wir gehen dir nach.« Davon erzählte der Onkel von Stephen Curtis dem Investigativreporter der *Financial Times* Thomas Catan. Einem der Kollegen klagte der gejagte Rechtsanwalt, er hätte selber einen Graben ausgegraben und wüsste jetzt nicht, wie er da rauskommen könnte.[103]

Alle Rechercheure vermuten – ein anderer Grund ist schwer nachzuvollziehen –, dass Curtis sich aus dieser Angst heraus an einen der heimlichsten und effektivsten Sicherheitsdienste Großbritanniens, den *National Criminal Intelligence Service (NCIS)* wandte und dort die Information über die illegale Tätigkeit russischer Geschäftemacher in Großbritannien anbot. *NCIS*, da sie auf diese Art Verbrechen spezialisiert sind.

Die russische Staatsanwaltschaft suchte zu dieser Zeit *MENATEP-Jukos*-Mitarbeiter bereits weltweit. *Interpol* war eingeschaltet, die Auslieferungsverfahren gegen viele, die im Ausland Unterschlupf gefunden hatten, waren beantragt. Und in der ganzen Pyramide saß Stephen

Curtis ganz oben, er hätte viel, sehr viel über die Machenschaften erzählen können. In den Zeitungen wurde immer öfter von dem Schöpfer des Off-Shore-Paradieses und faktischen Verwalter des *Jukos*-Imperiums berichtet, der für die russischen Behörden zurzeit unerreichbar sei. Für die Staatsanwaltschaft war er ein besonders wichtiger Zeuge, wobei der Schritt zum Status des »Angeklagten« nicht grundsätzlich weit war. Curtis hatte den Schlüssel zu allen geheimen Finanztransaktionen des milliardenschweren Unternehmens.

Aber Curtis wollte nicht vor den russischen Behörden aussagen, er wollte nicht nach Moskau, er wollte nicht vom Schloss in das Gefängnis *Matrosenruhe* wechseln. Deshalb suchte er Kontakt zum englischen Sicherheitsdienst, der ihm eventuell Schutz hätte gewähren können. Der Preis dafür: Informationen über die Russen. Nach dem ersten Treffen wurde Curtis bereits seinem *NCIS*-Führungsoffizier vorgestellt.

»Ich habe den Eindruck«, teilte ein Vertreter des britischen Geheimdienstes besagtem Thomas Catan mit, »dass er die Verfolgung durch die russischen Behörden befürchtete, wegen seiner Komplizenschaft im illegalen Export von Kapital; vielleicht dachte er, dass die Behörden des Vereinigten Königreichs ihm irgendwie Deckung geben werden.«[104]

Anscheinend wurde es langsam einigen ungemütlich. Ende Februar 2004 bemerkte Curtis nervös lachend einem Freund gegenüber: »Wenn mir in den nächsten Wochen etwas passiert, wird es kein Zufall sein.«[105] Eine Woche später, am 3. März, stürzte Curtis' brandneuer und als besonders zuverlässig geltender Helikopter *Agusta 109E* ab. Curtis und der Pilot verbrannten bis zur Unkenntlichkeit. Um die Leichen zu identifizieren, musste man sogar eine DNA-Analyse machen. Britische Ermittler kamen zum Ergebnis: Es war ein Unfall. Daher gab es keine Verdächtigungen in Richtung *MENATEP-Jukos*.

Aber Hand aufs Herz bei aller Trauer: Es war ein starker Schlag gegen die russischen Ermittlungsbehörden und eher ein beseligter Tag der Erleichterung für diejenigen, die Aussagen von Stephen Curtis zu fürchten gehabt hätten. Manchmal, so scheint es, ist gerade für billiges Erdöl ein hoher Preis zu zahlen.

Die ergiebigste Flüssigkeit der Welt

Bei den Erdölauktionen ließ der Staat die exorbitant niedrigen Preise jahrelang durchgehen. Aber manchmal interessierten sich die schlauen, aber machtlosen Steuerbeamten doch, warum das Erdöl bei *Jukos* so billig und auf dem Markt, auch in Russland, so teuer ist.

»Na, für die Weltmarktpreise sind wir nicht zuständig«, sagten die *Jukos*-Verwalter gähnend, »aber billig ... Das ist doch kein Öl, was wir aus dem Loch bekommen, das ist doch nur Mist, was soll das denn kosten?«

»Und was bekommen Sie aus dem Bohrloch?«, fragten die verwunderten Steuerbeamten in Neftejugansk, da sie diese Bohrungen aus dem Fenster sehen konnten und weil das schwarze Zeug schon immer, früher, vor Chodorkowskij, »Erdöl« geheißen hatte.

»Nein. Ihr seid doch keine Spezialisten. Das ist nicht Erdöl. Das ist ... das ist ... Bohrlochflüssigkeit ist das, so. Und sie ist gewissermaßen billiger als Öl, das ist doch logisch?«

Der Dialog ist fiktiv, die Idee real. Die Journalistin Julia Latynina meinte sogar, dass die Schöpfung von »Bohrlochflüssigkeit« »die größte Erfindung von *Jukos* war«.[106]

Ein Eckstein in jedem ehrlichen Geschäft ist die Gleichwertigkeit der Gegenleistung. Wenn ein Staatsdiener im Namen der Behörde einen überteuerten Preis bezahlt, ist dringend dazu geraten, nach Schmiergeld, nach *kick-back*, zu suchen. Wenn ein Geschäftsführer etwas zu billig verkauft, wird gleichfalls dringend dazu geraten, nach einer zusätzlichen »Gegenleistung« im Kuvert zu fahnden.

Und *Juganskneftegas*, *Samaraneftegas* und *Tomskneft WNK* verkauften ihr Erdöl zu billig, spottbillig, vier- bis zehnmal billiger als die entsprechenden Marktpreise an den Auktionstagen. Deshalb gründete Chodorkowskij mit viel Geld und viel krimineller Energie Scheinfirmen, die kein Geschäft ausübten. Sie führten Scheinauktionen durch, sie fingierten Unterlagen nur mit einem Ziel – die niedrigen Preise von Erdöl dokumentarisch vor der Steuerbehörde zu rechtfertigen. Dabei wussten alle von vornherein, dass diese Schauspiel-Auktionen ein Teil des Planes waren und der Plan kriminell war, sonst hätten sich all diese »Direktoren« gegen *Jukos'* Geschäftsgebaren gewehrt – gegen den Entzug der elektronischen Unterschrift, gegen den Entzug des Rechts, ein Unternehmen zu führen, endlich gegen den nicht verdienten Lohn. Alle wussten, dass das von oben angeordnet war, alle wussten, dass sie nicht für *Fargoil* und *Ratibor*, *Ju-Mordowien* oder *Evoil*, sondern für *Jukos* und nur *Jukos* arbeiteten, alle waren überzeugt, dass schon nichts passieren würde, alle taten so, als ob es einen Marktmechanismus in der Preisfindung gäbe, alle (die die Unterlagen konzipiert, geschrieben hatten und sie verstehen konnten) wussten, dass der Preis nicht der Leistung entsprach.

Die Geschichte, die ich jetzt erzähle, hat mehrere Facetten, aber im Grunde läuft sie auf intelligent angewendete Kenntnisse der Technologie, Steuergesetzgebung und Linguistik hinaus, was beim »branchenübergreifenden« Chodorkowskij nicht verwunderlich ist. In den Annalen der russischen Geschichte der Erdölförderung und der Steuerhinterziehung ist festgehalten, dass das Wort »Bohrlochflüssigkeit« statt »Erdöl« Sergej Generalow vorgeschlagen hatte – und er seine Idee zweifach genießen durfte: Zum Ersten – weil er so klug war – wurde er später russischer Erdölminister; zum Zweiten – weil er seinen Scharfsinn als Erstes in den Dienst von *Jukos* stellte – durfte er sich bald zu den Dollarmultimillionären zählen. Nach dem Einfall Generalows verkauften *Jukos*-Förderunternehmen an die Zwischenhändler nicht mehr Erdöl, sondern nur noch Bohrlochflüssigkeit.

Wie wir wissen, war die primäre Aufgabe (auch der oben beschriebenen Auktionen) des großen *Jukos*-Steuermannes, den Fördergesellschaften Erdöl so billig wie möglich abzuringen. Von diesem Preis zahlte man in Russland prozentual die meisten Steuern. Je geringer der Preis, desto weniger Steuern. Dann wurde das billige Erdöl in die Steuerparadiese (virtuell) verschoben. Dort bekam der Stoff den Marktpreis, von dort aus wurde das Öl auch verkauft. Da die Firma in dem Steuerparadies zu 100% Chodorkowskij gehörte, bekam er auch den gesamten Gewinn in seine Tasche, sparte aber, weil er nicht die normalerweise anfallenden russischen, sondern »paradiesische« (oft auch russische, aber stark gestutzte) Steuern zahlte, da man in den Steueroasen so etwas wie »Steuern auf die Reproduktion der mineralischen Ressourcen« gar nicht kennt.

Der russische Staat gab sich oft arglos (weil korrupt). Diese Abläufe verstanden die Behörden schon, weil diejenigen, die die Steuern sammelten, die gleichen Hochschulen absolviert hatten wie diejenigen, die Steuern zu hinterziehen beabsichtigten. Deshalb hatten die Steuerbehörden gewisse rechtliche Schranken aufgestellt, damit das Öl den Förderunternehmen nicht gleich als Meerwasser abgekauft würde. Deshalb waren die aufwändigen Gründungen der Firmen, die scheinbare Suche bei den Auktionen nach einem »marktgerechten Preis«, Hunderte Schein-Generaldirektoren, Buchhaltungen, Steuererklärungen, Papierkram, Kaffeegenuss in Unmengen notwendig.

Dann sagte plötzlich jemand, man nimmt an, es war Generalow: Alles ist entbehrlich. Wir verkaufen einfach nicht Erdöl, sondern Bohrlochflüssigkeit. Erdöl kostet etwas. Bohrlochflüssigkeit (fast) nichts. Für Erdöl gibt es Börsen und Weltmarkt. Bohrlochflüssigkeit wurde in keinem Land der Welt – außer damals bei *Jukos* – gehandelt. Deshalb gab es keine Nachfrage danach. Und der Preis wurde nicht von der Kauflust hochgetrieben. Deshalb hatte »Flüssigkeit« auch keinen Bezug mehr zu Erdölmarktpreisen, was sich zusätzlich positiv auf das Preisdrücken auswirkte. Bohrlochflüssigkeit wurde vom Erdöl entkoppelt. Nun konnte *Jukos* sie getrost an seine eigenen Firmen, die in Off-Shore-Zonen ihren Sitz hatten, verscherbeln.

Wie konnte nach alledem bei den Steuerbehörden die Frage aufkommen (siehe oben), warum das eine weniger kostet als das andere, und wie konnte man daher den Verdacht schöpfen, die Behörde würde an der Nase herumgeführt? Wir vergleichen doch nicht den Preis eines Trockenbrots mit dem eines saftigen Schnitzels?

Die Geschichte mit der Bohrlochflüssigkeit wurde in der Sache *Jukos*-Chodorkowskij so oft kolportiert, dass sie sich zum Schlagwort des Prozesses auswuchs. Eine Partei sagt: *Jukos* hat sich die Bohrlochflüssigkeit ausgedacht, um keine Steuern zu bezahlen. Die

Gegenpartei argumentiert: Ihr seid Banausen, lest in den uralten Technologieunterlagen zur Erdölförderung nach, Bohrlochflüssigkeit gab's schon immer, die musste sich niemand ausdenken. Die Diskussionen über Bohrlochflüssigkeit füllen Hunderte Seiten in den Gerichtsprotokollen.

Wir stehen hier auf der Seite der fachlich überlegenen Angeklagten und möchten Frau Latynina korrigieren: Das Wort »Bohrlochflüssigkeit« hat *Jukos* – entgegen Frau Latyninas Behauptung – nicht erfunden. Aber die Steuerhinterziehung mithilfe der Bohrlochflüssigkeit schon. Wie alle Steuerhinterziehungs-Winkelzüge fußen auch diese hier auf einem Aha-Effekt, auf etwas, was offen vor aller Augen lag, aber von *Jukos* entdeckt wurde. Da waren eben kreative Menschen am Werk, nur nutzte man diese Kreativität nicht für »friedliche Zwecke«. Wie funktionierte der Trick?

Ein wenig Technologie: Aus dem Bohrloch kommt Bohrlochflüssigkeit: bei *Jukos*-Vorkommen etwa 30% Erdöl, 70% Wasser, außerdem noch Salz, Sand etc. Um handelbares Öl, das in der Raffinerie weiterverarbeitet werden kann, zu bekommen, muss man das Öl von Zusätzen trennen. Weil es wirtschaftlich sinnlos ist, 70% Wasser und nur 30% Öl irgendwohin zu transportieren, wird die Entwässerung und das Entsalzen gleich an der Quelle in speziellen Werken durchgeführt. Erst dann fließt reines Erdöl in die Erdölpipeline des Erdöltransportunternehmens.

Die ganze Welt verkauft Erdöl nach der Entwässerung. *Jukos* begann, die Bohrlochflüssigkeit vor der Entwässerung zu verkaufen, am Bohrlochkopf. Was macht das für einen Unterschied, wo man was kauft, könnte man fragen. Man bezahlt sicherlich für die Flüssigkeit entsprechend weniger als für reines Öl.

Das ist schnell erzählt. Das alte Schema sah so aus: Bohrlochflüssigkeit – Entwässerung, Entsalzen, Erdöl – Verkauf, Umsatz, Steuer – Pipeline.

Neues Schema: Bohrlochflüssigkeit – Verkauf, Umsatz, Steuer – Entwässerung, Entsalzen, Erdöl – Pipeline.

Das ist keine Mathematik, das ist Wirtschaft, das ist Steuergesetzgebung, hier darf man die Summanden nicht folgenlos vertauschen. Vielleicht ist es mit damals realen Zahlen leichter verständlich.

Schema alt: Eine Tonne (in Russland ist eine Tonne und nicht Barrel als Maß üblich, aber für unser Beispiel ist das ohne Belang) Bohrlochflüssigkeit – Entwässerung, Entsalzen – 0,3 Tonnen Öl – Verkauf für ca. 73 US-Dollar pro Tonne, Umsatz etwa 22 US-Dollar, Steuer, nehmen wir an 50% – 11 US-Dollar – Pipeline.

Die Steuer fällt relativ hoch aus, weil man für das Erdöl auch Steuern auf die Reproduktion der mineralischen Ressourcen und Lizenzgebühren für die Ausbeutung der Vorkommen zahlt.

Schema neu: Eine Tonne Bohrlochflüssigkeit – (kein Markt, keine Nachfrage) Verkauf für 7,5 US-Dollar pro Tonne, Umsatz – 7,5 US-Dollar, Steuer 25% (weil Steuern auf die Reproduktion der mineralischen Ressourcen und Lizenzgebühren restlos entfallen – es wird damit nur das Erdöl, nicht die Bohrflüssigkeit besteuert!), Steuer demnach 1,875 US-Dollar – Entwässerung, Entsalzen – 0,3 Tonnen Erdöl – Pipeline. Steuergewinn »am Bohrlochkopf« für Chodorkowskij und Generalow 83%. Gleichzeitig Steuernachteil für das »Unternehmen Russland«.

Wir haben zwar mit realen Zahlen operiert, aber trotzdem ein »Etwa-Beispiel« angeführt. Es gibt Fachleute, die schon damals die Steuerersparnis genau ausgerechnet haben. Ergebnis: 75%.

Zusätzliche Steuern für den Ölweiterverkauf fallen nur an auf Zypern, der Isle of Man oder als Steuer light im russischen Evenkien.

Vielleicht muss man dazu sagen, dass das Öl natürlich in der Pipeline blieb, alle Verarbeitungsstationen durchlief wie beim alten Schema, und weder nach Tura in Evenkien noch auf die Isle of Man gelangte. Bloß die geschäftliche Abwicklung unterschied sich, zwei Papierchen sahen anders aus.

Ein elegantes und fast perfektes Milliardendollargeschäft. In der ganzen Geschichte von *Jukos* war die »Entdeckung der Reserven« der Bohrflüssigkeit die bedeutsamste Idee auf dem Weg Chodorkowskijs nach oben. Oder nach unten, wie man's nimmt.

Die Bohrlochflüssigkeitsidee hat einen weiteren Vorteil: Chodorkowskij war daran interessiert, »minimum minimorum«, also ein absolutes Minimum, an die Fördergesellschaften zu zahlen, damit sie tief ins Minus rutschten und Kredite bei der *MENATEP* oder anderen Chodorkowskij-Firmen aufnehmen mussten. Bei einem eventuellen

Bankrott oder einer feindlichen Übernahme stand das Förderunternehmen in Chodorkowskijs Schuld. Und Chodorkowskij mit seiner Bank rückte dem Eindringling auf die Pelle.

Die Unredlichkeit der »Bohrlochflüssigkeit« interessierte auch das Gericht. Die Frage lautete: Die ganze Welt verkauft Erdöl, nur *Jukos* »Flüssigkeit«. Warum?

Am 7. September 2010 suchte Platon Lebedew, Mitangeklagter im Chodorkowskij-Prozess, in stundenlangen Ausführungen Erklärungen für den Umschwung von Erdöl zur Bohrlochflüssigkeit, die weit weg von Steuerhinterziehung liegen sollten. Die Quintessenz wurde von ihm auf einen einzigen Absatz reduziert:

»Im Prinzip könnte das Eigentum an Öl auch am kommerziellen Erfassungsknoten (an der Pipeline und nicht an dem Bohrlochkopf – V. T.) übergehen (vom Förderunternehmen zum Trader – V. T.). Das wäre kein Problem, wenn niemand versuchte, das Öl am Erfassungsknoten zu beschlagnahmen. (…) Wenn zum Beispiel eine dritte Partei versuchen würde, das Öl in der Flüssigkeit zu beschlagnahmen, dann müsste diese dritte Partei nicht etwas mit dem Erdöl, sondern mit der Bohrlochflüssigkeit anstellen!«[107]

Und das (entwässern, entsalzen) kann keiner außer den Förderunternehmen. Und deshalb ist es nutzlos, das mit Salzwasser verdünnte Öl zu beschlagnahmen – und das war, laut Lebedew, der Sinn des Wandels vom (weltweit üblichen) Erdöl- zum (weltweit unüblichen) Bohrlochflüssigkeitshandel.

Nun stellt sich die Frage: Wer ist dieser Böse, der unbekannte Dritte, der das Erdöl am Erfassungsknoten zu beschlagnahmen trachtete und mit diesen Absichten *Jukos* zur Selbstverteidigung trieb? Sind das nicht die Unternehmen, die durch *Jukos* Verluste einfuhren und jetzt wenigstens auf diesem Weg etwas zu holen versuchten? Das ist eine wirtschaftliche Sicht auf das geschilderte Problem.

Es gibt auch eine juristische: Überall auf der Welt kann keine noch so mächtige Firma etwas bei einem Dritten beschlagnahmen. Ohne Gerichtsbeschluss. Etwas zu beschlagnahmen, ist keine schnöde Narretei der Konkurrenz, sondern der Wille der Judikativen, des Staates selbst. Das heißt im Klartext, nehmen wir Lebedew beim Wort: Mit dem Verkauf von Bohrlochflüssigkeit statt Erdöl schmälerte *Jukos*

Steuern im Staatssäckel und sorgte obendrein noch für den Fall vor, dass der Staat selbst, sollte er auf die krumme Idee kommen, das Erdöl zu beschlagnahmen, leer ausgehen würde. Eine recht sonderbare Begründung des Vorgangs, so, als ob man sich – zusätzlich zur Steuerhinterziehung – auch den restlichen Gesetzen des Staates de facto entzöge.

Aber kehren wir zurück zu dem billigen Erdöl, der billigen Bohrlochflüssigkeit und dem angesprochenen ungleichwertigen Tausch Ware gegen Geld. Ausgerechnet diese Ungleichwertigkeit brachte dann, Tausende Kilometer von der Ulanskij-Gasse entfernt, die so begehrten Profite – 11 000 Rubel für die Gründerin der Scheinfirma, Tausende US-Dollar für die Generaldirektoren, Milliarden für die Inhaber von *GML, Group MENATEP Limited.*

Weltweit gibt es Menschen, die eine Steuerhinterziehung Steuerminderung nennen und als Kavaliersdelikt betrachten. »Das ist doch eine Firma«, sagen sie und meinen den bei *Jukos* faktischen Stand der Dinge, dass alle Firmen – auch auf Irrwegen – zur *GML* gehörten. »Keiner hat etwas verloren!« Was bei *Juganskneftegas,* die Chodorkowskij gehörte, verschwand, tauchte bei *GML,* die ebenfalls Chodorkowskij gehörte, auf. Und wo kein Schaden, da kein Geschädigter und auch kein Verbrechen. Auch die deutsche Politikerin Marieluise Beck meinte, wie wir wissen: »Ein Diebstahl ohne Geschädigten hat *kafkaesken* Charakter.«[108]

Das stimmt eben nicht. Chodorkowskij und Konsorten besaßen Anteile an *Juganskneftegas, Samaraneftegas* und *Tomskneft WNK,* die als Verlierer aus den Geschäften hervorgingen, aber auch an allen Unternehmen und Banken, in denen sie die Gewinne kumulierten. Sie haben nichts verloren. Gewonnen haben sie die Differenz zwischen normalen und verminderten Steuern, die sie, dank der Bohrlochflüssigkeit und der Anmeldung mehrerer Firmen in den Steuerparadiesen, bezahlten.

Aber es gab auch Aktionäre, die ihre Anteile nur bei Förderunternehmen hatten. Sie haben bei ihnen (wegen des niedrigen »Flüssigkeits«-Preises) verloren, nirgendwo jedoch gewonnen. So waren die Firmen *Crawford Holdings, Acirota* und *Carmicom,* die exemplarisch bei *Tomskneft* etwa 29% der Aktien besaßen, mit diesem »Bohrloch-

Schwindel« gar nicht einverstanden; ihnen wurde das Geld regelrecht aus der Tasche gezogen. Gerade sie, wie natürlich auch die Steuerbehörde, waren die treibenden Kräfte der Anklage.

Es existiert ein Protokoll der Versammlung der Aktionäre von *Juganskneftegas* vom 30.3.1999, auf der die Anteilsinhaber den Verkaufspreis von 250,08 Rubel pro Tonne, den es zwischen 1997 und 1999 gegeben hatte und der auch in *Zukunft* (!) zu gelten habe, billigen sollten. Beim russischen Erdöl – nach Umrechnung des Gewichts in Volumen – entspricht eine Tonne etwa 7,3 Barrel. 250 Rubel hatten 1999 einen Wechselwert von etwa 12 US-Dollar. Demnach wurde auf der Versammlung vorgeschlagen, ein Barrel für 1,64 US-Dollar zu verkaufen.

Im März 1999 war der Weltmarktpreis für Erdöl im Keller, es war der niedrigste Preis seit 25 Jahren. Die russische Erdölsorte *Urals* kostete 11,7 US-Dollar pro Barrel. Aber niemals 1,64 US-Dollar!

Der Aktionär W. Baranow meinte auf einer Versammlung zurückhaltend, dass der angebotene Preis nicht dem Marktpreis entspreche. Aktionär A. Jegorow rief die Aktionäre auf, die Verkaufsgeschäfte mit Vorsicht anzugehen, weil *Juganskneftegas* große Verluste davontragen könnte. 1999 beschwerte sich Graham Huston, der im Namen des Minderheitsaktionärs von *Tomskneft WNK*, Firma *Acirota*, der Aktionärsversammlung beiwohnte, dass »der ganze Reinerlös den Tochterunternehmen weggenommen und der Holdinggesellschaft übertragen wurde«. Noch ein Minderheitsaktionär, die Firma *Misoki Enterprises*, drohte im Namen der Kleinaktionäre ein Verfahren anzustreben. Mit gleichen Vorwürfen schrieb auch John Papen von *Arrowhead Enterprises* einen Brief an den *Jukos*-Präsidenten Sergej Murawlenko.[109]

Alles nutzte nichts: *Jukos* hatte die Mehrheit in der Versammlung; der Preis von umgerechnet 1,64 US-Dollar pro Barrel wurde – auch für die Zukunft – bestätigt. Anschließend explodierte der Weltmarktpreis, die Minderheitsaktionäre von den drei russischen Firmen sahen von den von *Jukos* über die Off-Shore-Firmen eingefahrenen Gewinnen keinen Cent.

Was heißt 1,64 US-Dollar? Zwei deutsche Wissenschaftler analysierten 2001 die russische Steuerpraxis in der Erdölbranche. Sie merkten, dass diese Gesellschaften zum einen keine Steuer auf die Reproduktion der mineralischen Ressourcen und keine Lizenzgebühren zahlten. Dann kommt das dicke Ende: Da Holdings wie *Jukos* fiktive, aber steuerlich sehr effiziente »innerbetriebliche Transferpreise« ansetzten – vom Erdölförderer zum Vermittler –, anstatt dem Wert der Ware entsprechenden Preisen, erlaubte das den Holdings zum anderen, ihre Produktionssteuern zu senken. »Als Ergebnis zahlen die Holdings verschiedene Produktionssteuern abhängig von dem *transfer price*, den ihre Produktionsgesellschaften erhalten haben. Die Spannweite [der Transferpreise] reicht von 0,34 USD pro Barrel bei *Jukos* bis zu 3,01 USD pro Barrel bei *Surgutneftegaz* und *Tatneft*. Die meisten vertikal integrierten Erdölunternehmen in der Russischen Föderation sind so in der Lage, über *transfer pricing* ihre Steuerbelastung von den Einnahmen zu entkoppeln.«[110]

Also wurden nicht von der Aktionärsversammlung vorgegebene 1,64, sondern jämmerliche 0,34 US-Dollar pro Barrel bei *Jukos* ermittelt – im Gegensatz zu den auch getürkten, aber immerhin neunmal höheren Preisen bei der Konkurrenz!

Klagerufe waren auch vonseiten der von zwei Österreichern gegründeten Firma *East Petroleum Handelsgesellschaft mbH* zu hören, die eine Anteilinhaberin der Aktiengesellschaft *WNK* und später *Tomskneft WNK* war. Nachdem 1997 das Aktien-Kontrollpaket von *WNK* an *Jukos* übergegangen war, hatte *East Petroleum* mit den Firmenbesitzern Probleme. Und zu Recht: Die Einnahmen der Fördergesellschaft *WNK* (in der »fremde« Aktionäre immerhin noch 46% der Aktien besaßen) fielen innerhalb von vier Jahren (1998–2001) um 13 000%, von 3 404 580 000 auf 26 168 000 Rubel![111]

Mit der Zeit eskalierte der Konflikt so weit, dass es 1998 und 1999 zu zwei Anschlägen auf den Geschäftsführer der *East Petroleum* Jewgenij Rybin kam. Der wie ein Wunder am Leben gebliebene Rybin bezichtigte *Jukos* der beiden Anschläge. Diese Vermutung fand juristische Bestätigung: In zwei Prozessen gegen die Attentäter wurden Mitarbeiter von *Jukos* als Mord-Auftraggeber verurteilt.

Misoki, Arrowhead, East Petroleum, Crawford Holdings, Acirota, Carmicom – es gab Hunderte betrogene Aktionäre. Vergessen wir dabei auch nicht den aufs Schlimmste Geprellten: »Der Hauptleidtragende der Geschäftemacherei des ›professionellsten Top-Managers Russlands‹ ist Russland selbst«, schrieb 2008 Semjon Kirsanow vom *Freelance Bureau*. »Chodorkowskij blieb der Staatskasse Milliarden Rubel schuldig.«[112]

Einmal, noch im Januar 2001, empörte sich in einer Rede vor Industriellen auch Präsident Wladimir Putin, der sich über alles, nicht aber über Chodorkowskij empören darf: »Der Zustand, dass zwei Bohrungen beieinander liegen und annähernd gleich arbeiten, aber eine dreimal weniger Steuern als die andere zahlt, kann niemandem gefallen. Es muss aus der Mode kommen, Erdöl mit jedweden unsinnigen Bezeichnungen wie *Erdölflüssigkeit* zu ›beleidigen‹, wir müssen mit solchen linguistischen Manipulationen aufhören.«[113]

Da wir bei Chodorkowskijs mutmaßlichem Erzfeind sind, greifen wir etwas vor: *Bohrlochflüssigkeit* war nur bei *Jukos* ein Thema, deshalb war allen klar, von wem die Rede war, obwohl Chodorkowskij nicht genannt wurde. Noch war Putin ohne Argwohn und in gutem Glauben, alles ließe sich im Gespräch klären. Noch redete er von »muss aus der Mode kommen« und von »linguistischen Manipulationen« – nicht von dreister Steuerhinterziehung im Erdölbereich, obwohl es bei Chodorkowskij bereits eine Reihe hartnäckiger Probleme auch mit *Apatit* und *NIUIF* gab.

Chodorkowskij – ein intelligenter junger Mann, dem alle eine gewisse Sensibilität bescheinigen – *muss* diese Warnung gehört haben. Aber er *überhörte* sie bewusst.

Das war im Januar 2001. Putin war erst ein Jahr Präsident des Landes, und es war noch lange hin zu der viel zitierten »Schlüssel-Sitzung« im Februar 2003, auf der Chodorkowskij als Ritter ohne Furcht und Tadel gegen Korruption auftrat, was Putin angeblich ärgerte. Ich denke, es gab keine »Schlüssel-Sitzung« und keinen »Schlüssel-Auftritt«. Es gab keinen besonders großen Ärger an einem bestimmten Tag: Chodorkowskij bekam den Unmut der Behörden zu spüren – mit an Sicherheit grenzender Wahrscheinlichkeit – für die Summe von Faktoren. Als Musterschüler in Sachen (zumindest steuerliche) Illoyalität Russland gegenüber. Irgendwann begann der Topf überzulaufen. Die Russen spannen die Pferde bekanntermaßen langsam an, fahren aber dann sehr rasant.

Teile und herrsche

Sie haben beim Lesen der vorhergehenden Seiten sicher bemerkt, dass der Vorsitzende des Direktorenrates von *Jukos*, also der oberste Chef, nicht Michail Chodorkowskij war, sondern Sergej Murawlenko. Zumindest nominal.

Chodorkowskij steuerte die Firma eine Zeit lang hinter den Kulissen. Murawlenko war derjenige, der im Direktorenrat gefügig die Chodorkowskij passenden Entscheidungen durchsetzte, der die in den Scheinauktionen »erzielten« nichtigen Preise für Förderunternehmen billigte, war derjenige, der die Aktionärsversammlungen leitete, und – wie bei den Preismanipulationen – den Ärger mit den unzufriedenen Aktionären abbekam. Dennoch wird nicht auf Anhieb deutlich, warum Mehrheitsaktionär Chodorkowskij, dem ein autoritärer Führungsstil nachgesagt wird, Murawlenko so lange auf diesem Posten beließ.

Sergej Murawlenko, der *Jukos* schon vor der Übernahme durch Chodorkowskij leitete, war nicht nur Firmenchef. Er heißt mit dem bei Russen üblichen Vatersnamen »Viktorowitsch«. Und sein Vater Viktor war der bedeutendste Organisator der Erdölförderung in der Sowjetunion gewesen, der es zu *vier* Leninorden gebracht und zum Held der Sozialistischen Arbeit ernannt worden war. Seinen Namen – Murawlenko – trägt eine Stadt im sibirischen Erdölfördergebiet.

Ausgerechnet dessen Sohn Sergej übertrug Ministerpräsident Viktor Tschernomyrdin die Leitung der aus drei Förderunternehmen kreierten Staatsfirma *Jukos*. Und dieser Sergej Murawlenko, so der Konsens, riet Chodorkowskij, *Jukos* bei den Pfandauktionen zu erwerben.

Es gibt noch eine nicht minder interessante Version: Eines der Vorzeigeprojekte Chodorkowskijs heißt Internat »Podmoskownyj« in Korallowo. Im Internetauftritt des Internats[114] ist nachzulesen, dass diese Einrichtung 1994 auf eine Initiative von Michail Chodorkowskij von *Jukos* gegründet wurde. Klingt gut: Chodorkowskij ist *Jukos*, und

Jukos ist Chodorkowskij. Das Problem: 1994 gehörte *Jukos* Chodorkowskij noch nicht. Erst Ende Dezember 1995 fand die Pfandauktion statt. Mit dieser Überlegung konfrontiert, sagte mir der etwas verlegene Internatsdirektor Jewgenij Trawin: Es könnte doch sein, dass Chodorkowskij diese hervorragende wohltätige Idee hatte, die der staatliche *Jukos* (unter Murawlenko) umsetzte.

Es war wirklich eine glänzende Idee – in Bezug auf den Mechanismus, wie *Jukos* an den Händen von Chodorkowskij kleben blieb! 1992 war Chodorkowskij Vorsitzender eines Investitionsfonds zur Unterstützung der Energieindustrie und gleichzeitig Berater des Ministerpräsidenten. Und genau in dieser Zeit unterschrieb Boris Jelzin einen »*Jukos*-Erlass« – über die Notwendigkeit der Bündelung und Aktionierung der besten russischen (noch staatlichen) Erdölunternehmen. Im März 1993 wurde Chodorkowskij zum Stellvertreter des Energieministers. Und am 15. April wurde *Jukos* durch die Regierung gegründet – mit Sergej Murawlenko an der Spitze.

Schuf vielleicht Chodorkowskij schon damals *Jukos* für sich selbst? Und Murawlenko war nur ein behelfsmäßiger Aufpasser? Deshalb durfte Chodorkowskij dem Chef eines Staatsunternehmens *Jukos* befehlen: Gib Geld für das Internat! Und Murawlenko tat es …

So oder so, das war Murawlenkos Verdienst Nummer eins. Seine Hilfe bei der Übernahme von *Jukos* durch Chodorkowskij und seine Ergebenheit – Nummer zwei. Drittens war die alte *Jukos*-Garde unter S. Murawlenko schwer berechenbar, sie konnte jederzeit auf Stur stellen und dem im Erdölgeschäft unerfahrenen Chodorkowskij einen Strich durch die Rechnung machen. Deshalb beschloss Chodorkowskij einen profitablen Kauf – den Kauf der Loyalität von Murawlenko und Kumpanen. Doch zu welchem Preis?

Murawlenko bieb der Vorsitzende des Direktorenrates. Ging es also um Lohn? Das wäre zu wenig: Chodorkowskij hatte den »Veteranen« (im *Jukos*-Jargon) Murawlenko und seinen Nächsten (V. Iwanenko, W. Kasakow, Ju. Golubew) für all das, was sie für *MENATEP* getan hatten, eine fürstliche Entlohnung zugesichert.

Die gesamte Zeit zwischen 1995 und 2002 floss über die Chodorkowskij-Firmen *Tisbury, Laleham, Status Services, Hinchley* Geld an diese vier. Eine schriftliche Vereinbarung wurde nachträglich, erst sieben Jahre später, im Jahr 2002, getroffen (wonach das Geld von nun an zum ersten Mal nicht mehr schwarz fließen sollte), weil Chodorkowskij wegen des geplanten Gangs an die New Yorker Börse sein Unternehmen »transparent« machen musste.

Die Reichweite der Transparenz war eher bescheiden, aber man musste sich wenigstens von offensichtlich kriminellen Geschäftsgebahren trennen. Die Säuberungsaktion durfte man nicht selbst oder von eigens auf den Bahamas gegründeten Marionettenfirmen durchführen, sondern beauftragte eine möglichst renommierte westliche Wirtschaftsprüfgesellschaft damit. Aber die Prüfgesellschaft *PWC*, *PricewaterhouseCoopers*, war mit den gelieferten Unterlagen nicht zufrieden. Sie fing an zu fragen, nicht nur wohin, sondern auch wofür das Geld an »Veteranen« floss.

Die Geschäftsführung von *Jukos* beteuerte, dass die Zahlungen für Leistungen für *Jukos* erbracht worden waren. Wenn das so gewesen wäre, entgegneten die Prüfer, warum seien diese Kosten nicht auf der Ausgabenseite von *Jukos* – und zwar seit 1996 – vermerkt? Wenn dem so wäre, sagte die *PWC*, müsse man alle Steuererklärungen seit 1996 ändern …

Vielleicht, fragte Dug Miller, Mitarbeiter der *PWC*, naiv, sei mit dem Geld die Unterstützung bei der Privatisierung von *Jukos* oder die Kontrolle nach der Privatisierung vergütet worden?

Einmal platzte, laut Miller, Chodorkowskij der Kragen und er redete Klartext: Wenn er, Chodorkowskij, diese Vermutungen bestätigen würde, dann würde er, Chodorkowskij, bald im Gefängnis landen.

Erstaunlich: So ein Tumult nur für »nicht ganz korrekt« an »Veteranen« ausgezahlte zwei Mrd. US-Dollar[115], die das Gericht im zweiten Prozess gegen Chodorkowskij als Bestechung qualifizierte? Ansonsten war doch alles transparent bei *Jukos*, oder?

Das Gericht stellte auch den Grund der üppigen Zahlungen fest: Murawlenko und andere »Veteranen« hatten sich für »illegale und ungerechtfertigte Entscheidungen« der Vorstände von Fördergesellschaften und der Hauptversammlungen der Aktionäre im Sinne von Chodorkowskij tatkräftig eingesetzt.

»Teile und herrsche« war das Prinzip. Chodorkowskij teilte *Jukos* in die Leitung und den Rest (Minderheitsaktionäre und Arbeiter). Die Leitung wurde korrumpiert, damit sie den Rest als Knecht niederhielt.

Erdöldiebstahl mit einem Kanister?

In der Anklageschrift des zweiten Prozesses steht, dass Chodorkowskij samt Mitstreitern 350 Mio. Tonnen Öl gestohlen hat. Im Laufe des Prozesses und vor dem Berufungsgericht wurde die Summe auf 218 Mio. Tonnen reduziert.

Das ist die Hälfte des Öls, das *Jukos* in all den Jahren förderte. So viel kann man nicht kanisterweise nach Hause tragen. Deshalb kommentierte Chodorkowskijs Verteidigung diesen Vorwurf mit den Worten: Unsinn, Unfug, Hirngespinst. Chodorkowskij selbst bezeichnete die Vorwürfe als Wahnvorstellungen.

Die Anklage erschien den Angeklagten also derart an den Haaren herbeigezogen, dass man kein sachliches Argument zur Entkräftung verlieren wollte. Die Humoristen der russischen Zeitschrift *Echo planety* rechneten sogar aus, wie lang ein Eisenbahnzug sein müsste, um die von Chodorkowskij vermeintlich gestohlene Menge von 350 Mio. Tonnen zu transportieren: 122 500 Kilometer. Ein Zug dieser Länge würde mehr als dreimal um den Globus reichen. Für 218 Mio. Tonnen wäre der Zug wesentlich kürzer, aber immerhin mit einer Länge, die zweimal um die Erde reicht, lang genug.

Im Sommer 2008 bekam Chodorkowskij die neue, zweite Anklageschrift zugestellt. Er studierte sie ausführlich, dann schrieb er eine Beschwerde, die am 22. Oktober 2008 von einem Ingoda-Gericht in Tschita beschieden wurde. In seiner Erklärung sagt Chodorkowskij: »Seit der Erhebung dieser Anklage bemühte ich mich ehrlich, das Untersuchungsteam zu überzeugen, keine Schande über sich selbst und das Land durch wissentlich absurde Vorwürfe zu bringen. Ich versuchte zu erklären, dass das, was sie geschrieben haben – und zwar 350 Mio. Tonnen Öl zu stehlen –, physisch unmöglich ist und im Sinne der modernen Wissenschaft unvorstellbar.«[116]

Die Untersuchungsrichter schienen wohl schwer von Begriff zu sein, deshalb ging die Belehrung der Juristen weiter. So brachten im April 2010 die Verteidiger Chodorkowskijs ein Glas mit Erdöl in den Gerichtssaal. Im passenden Moment zauberten sie das Glas auf den Tisch und fragten, wie man das Öl aus dem Glas stehlen könne, ohne das Öl irgendwohin umzufüllen. Das ganze Öl des Unternehmens *Jukos* sei doch immer in dem Bohrloch geblieben, in der Pipeline, in den Eisenbahnwaggons und Raffinerien. Und an den Rohrleitungen wären keine heimlichen Abzweigungen gefunden worden, die in die Küche Chodorkowskijs geführt hätten.

Der Richter Viktor Danilkin war erschrocken und forderte, den Brennstoff umgehend aus dem Raum zu entfernen, weil es nicht genug Ausgänge gebe, falls ein Feuer ausbrechen sollte. Viele im Gerichtssaal Anwesenden lachten; für die medialen Beobachter war das ein gelungener Coup. Sie schrieben anschließend über den genialen Zug der Verteidigung, den ängstlichen Richter und die widersinnige, groteske, absurde Anklage. Das Wort »absurd« gefiel den Medien besonders: Es gab kaum eine Zeitung in Deutschland, die in Bezug auf den Prozess in Moskau nicht von einem »absurden Theater« sprach. »Kafkaesk« eben.

Das war, wie es schien, nicht die Taktik, sondern die Strategie der Verteidigung – alles ad absurdum zu führen. So käme es auch bei den Lesern besser an. Bei einem Gerichtsprozess sollte es dagegen weniger wichtig sein, wie etwas ankommt, sondern ob es einen Sinn ergibt. Es ist kaum anzunehmen, dass intelligente Juristen (einschließlich Anklage und Richter) 20 Monate lang nur hohles Zeug redeten. Ich verstehe die Prozessbeobachter schon: Der angeblich transparente Konzern *Jukos* hatte an die Tausend oder sogar mehr Firmen und Firmchen, oft mit ausländischen Namen, oft irgendwo auf den Virgin Islands, absichtlich in einem Knäuel verflochten, mit großen Mengen Klebmasse aus technischen und finanziellen Termini übergossen, sodass es durchaus schwierig ist, den Überblick zu behalten. Deshalb blieben in der Berichterstattung – außer Meinungen – vorwiegend das Glas mit Erdöl und der oft undeutlich redende Richter Danilkin übrig.

Wenn man aber säuberlich die Spreu vom Weizen trennt, ist die List gar nicht so kompliziert. Erstens sollten wir uns darauf einigen, dass kein Angeklagter ein Loch in die Pipeline bohrte und sie anzapfte. Das Öl blieb dort, wo es schon immer war – in der Röhre. Öl stehlen, egal in welchen Mengen, muss man nicht unbedingt mit einem Tankwagen. Heutzutage ist das alles kein Kunststück mehr: Sie haben Ihre Kreditkarte in der Tasche, das Geld von Ihrem Konto ist zwar nicht ganz weg, es ist nur auf einem anderen Konto gelandet, dem des Hackers.

Um das Betrugs-Prinzip zu verstehen, fassen wir kurz zusammen, was wir bereits erfahren haben: Es existiert eine Firma Q (wie Quelle), die das Erdöl in den weiten russischen Steppen fördert. Und es gibt eine Firma V (wie Vermittler), die das Erdöl an die Kunden in aller Welt verkauft. Firma Q gehört mehrheitlich Chodorkowskij, Firma V zu 100%. Die Firma Q verkauft ihr Öl zum Spottpreis an die Firma V (siehe fingierte Auktionen und Bohrlochflüssigkeit). Firma V verkauft das Erdöl auf dem Weltmarkt zum Weltmarktpreis. Beide Firmen kassieren einen Gewinn – die eine mehr, die andere leider weniger. Da beide Firmen praktisch Chodorkowskij gehören, hat er keine Nachteile erlitten, das ganze Geld für das Erdöl liegt in seiner Tasche. Zumal der Gewinn der Firma Q möglichst gegen Null tendieren soll und der Gewinn von Firma V zum Maximalgewinn. Die Rechnung der Gewinne von Chodorkowskij: 0 + 100 = 100. Kein Verlust.

Auf Gewinne kommen Steuern. Da die Firma Q leider in Russland sitzen muss (hier liegt das Öl), zahlt sie Steuern von ihrem Gewinn, von Null. Also nicht besonders viel. Die Firma V sitzt bei Chodorkowskij immer in einem der Steuerparadiese, zahlt auch Steuern, nicht sehr viel und oft nicht an den russischen Fiskus. Der russische Staat und die russischen Erdölarbeiter müssen wegen der fehlenden Steuereinnahmen leider auf staatliche Investitionen in Schulen, Krankenhäuser und Straßen verzichten. Dafür leben die Menschen auf den Caiman-Inseln besser. Sagen wir so: Für die Weltbevölkerung ist das, wie für Chodorkowskij, auch ein Null-Summenspiel.

In unserem profanen Beispiel ist die ganze Falschmünzerei schon drin, wir haben sie einfach noch nicht entdeckt. Sie liegt in dem Bemühen, so billig wie möglich Erdöl von Q nach V zu verkaufen. Ist es nicht gleich, welche Preise Chodorkowskij bei sich selbst aushandelt, könnte man fragen?

Nicht ganz. Das ist profitabel für denjenigen, der an der (unscheinbaren, kleinen, »Briefkasten«-)Firma V beteiligt ist, und dort ist
kein Fremder beteiligt. Alle (fremden) Beteiligten legen ihr Geld in
der (großen, bekannten, an der Börse gelisteten) Förderfirma Q an.
Die aber bringt wenig Gewinn, keinen Gewinn oder macht sogar
Miese. Und die anderen (außer Chodorkowskij) Beteiligten an der
Firma Q fühlen sich nicht nur betrogen, sie wurden tatsächlich
betrogen, weil sie keine Dividenden, keine Ausschüttungen für ihre
Anteile erhielten.

Wie kann man so ein Schema als kompliziert bezeichnen? Also, das
Erdöl blieb in der Röhre und gehörte tatsächlich bis zu einem gewissen Punkt (und zwar bis zum Bohrlochkopf) allen an dem Förderunternehmen Beteiligten. Alle Gewinne aus dem Erdölgeschäft
gehörten aber Chodorkowskij und seinen Mittätern.

Deshalb ist es ganz gleich, wo sich das Erdöl von *Jukos* befand und
wem auch immer es gehörte, das Geld gebührte stets dem Chodor-
kowskij-Trupp. Also, das Öl haben sie wirklich nicht geklaut, sondern
nur das Geld.

Und jetzt sagen Sie mir bitte, warum man nach diesem Muster nicht
auch den ganzen Gewinn aus dem Verkauf von 218 Mio. Tonnen
Erdöl stehlen konnte? Warum sollte Chodorkowskij, wenn so eine
Form existierte und quasi hieb- und stichfest war, nicht das ganze
Fördervolumen als Bohrlochflüssigkeit bezeichnen und erst durch
schiefe Auktionen und dann durch Steueroasen peitschen? Er ist doch
nicht nur ein Spieler, er ist auch ein System-Mensch, der nicht spo-
radische, sondern dauerhafte systematische Lösungen braucht.

Ähnliche Lösung findet er auch in der Weiterverarbeitung von Rohstoffen. Benzin ist bekanntlich teurer als Erdöl. Man würde zu gern
nicht Rohöl ins Ausland pumpen, sondern Benzin. Kein Problem:
Jukos hatte auch eigene Raffinerien. Die waren aber leider in Russland mit seinen (gefühlt!) exorbitant hohen Steuern … Chodorkowskij suchte und fand. Er hatte doch oft mit der Rüstungswirtschaft zu
tun. Dort lag die Idee.

Russland investierte jahrzehntelang viel Geld in die Aufrüstung. Die
Rüstungsbetriebe, besonders in der Atomindustrie, waren aufgrund
ihrer Größe so auffällig und die amerikanischen Spione so aufdring-

lich, dass die Russen einmal entschieden hatten, sehr geheime Rüstungsbetriebe in sehr geheimen Städten unterzubringen. Das waren alles neue Städte, mit um die 40 000, 50 000 Einwohnern, aber so geheim, dass sie auf keiner Karte zu finden waren (manche sind bis heute nirgendwo verzeichnet). Dorthin führte, laut Atlas, keine Straße, keine Eisenbahnlinie, nichts. Um diese Städte für den Gegner unauffindbar zu machen, waren die sowjetischen Karten so speziell verzogen, dass einfache Wandertouristen sie besser gar nicht nutzten und genauere im Ausland bestellten – beim Feind. Es waren also ganz normale Städte, die allerdings offiziell nicht existieren, und wenn man trotzdem dorthin fahren wollte, brauchte man ein Visum, einen Passierschein.

In unserer Geschichte haben solche geheimen Städte (sie heißen Geschlossene administrativ-territoriale Gebilde, russische Abkürzung: ZATO) eine große Bedeutung. ZATOs waren für *Jukos* wichtig, weil die Betriebe dort in ihren Kontakten zur Außenwelt sehr eingeschränkt waren und deshalb wenig, sehr wenig Steuer zahlen mussten. Das waren einheimische, russische Off-Shore-Zonen – eine Ergänzung zur Mordowien und Evenkien. Noch immer gab es für *Jukos* ein Problem: Die Raffinerien standen ja nicht im ZATO, sondern …

Und nun kommt die Lösung; hören Sie sich das an: *Jukos* gründete in einem ZATO ein Unternehmen, das erst billig Erdöl von der Quelle kaufte, dann *pachtete* dieses Unternehmen von *Jukos* die Raffinerie (die dort stehen blieb, wo sie war; kein Tölpel würde jemals eine Raffinerie verpachten, aber sie gehörte *Jukos,* und das macht die Sache einfacher), verarbeitete Erdöl zu Benzin, verkaufte das Benzin zu Weltmarktpreisen und zahlte nur (siehe oben) wenig, sehr wenig Steuern. Daran beteiligt waren *Jukos*-Raffinerien in Atschinsk, Sysran, Kujbyschew und Nowo-Kujbyschew. Als Ergebnis dieses einen Tricks zahlte *Jukos* drei Jahre lang (1999–2001) insgesamt 10 Mrd. Rubel zu wenig Steuern in den föderalen Haushalt, so die Steuerpolizei.[117]

Zusätzlich zu den Steuern hatten alle Erdölunternehmen Akzise zu zahlen – abgesehen von denjenigen Betrieben, die in den ZATO angemeldet waren. *Jukos* transportierte (auf dem Papier) Erdöl über

ZATO und bekam unrechtmäßig mindestens 5 Mrd. Rubel Akzise vom Staat erstattet – das ist die Handschrift eines wahren Champions. Was für ein Kindergartentrupp ist dagegen die *Olsenbande* mit ihrem Egon, der einen Plan hat …

Weil dem *Jukos-Konzern* sogar diese stark geschmälerten Steuern sehr hoch erscheinen, schmierte er in den Städten die Bürgermeister, die *Jukos* in einem russischen »Steuerparadies« zusätzliche Steuererleichterungen verschafften. Außerdem nahmen die Bürgermeister Steuern von *Jukos* – warum auch immer (nicht vergessen: In Russland denken einige gewissenlose Staatsdiener nicht in erster Linie an den Staat) – nicht in Form von Geld, Erdöl, Benzin, sondern von Wechseln, also einem Stück Papier mit Stempel. Diese Wechsel wurden jahrelang nicht eingelöst, was Chodorkowskij ein zinsloses Darlehen in Milliardenhöhe gewährte.

Bei einer Kontrolle durch die Steuerbehörde in der geheimen Stadt Trjochgornyj mit 50 000 Einwohnern wurden »Unregelmäßigkeiten« in Höhe von 7 Mrd. Rubel festgestellt. Wer wissen will, wie viel diese 7 Mrd. Rubel einst wert waren – hier ein Vergleich: Die Stadt Jekaterinburg, mit anderthalb Millionen Einwohnern die größte Stadt im Ural, verfügte damals über einen Jahreshaushalt von 5 Mrd. Rubel.

Jukos hat diese geheimen Städte mit seinen Milliarden erst korrumpiert und dann einfach wie Huren gekauft. Seit 2006 sitzen die Bürgermeister der zwei Städte Lesnoj und Trjochgornyj im Gefängnis, rechtskräftig für die Überschreitung ihrer Befugnisse in Bezug auf *Jukos* verurteilt.

Doch auf einmal waren die *Jukos*-Firmen in den geheimen und steuersünderfreundlichen Städten verschwunden. Was war mit den Dutzenden Schein-Unternehmen passiert? Ging es ihnen noch gut?

Auch darüber gibt es Auskunft. Mehrere von ihnen – nehmen wir nur die in den Steueroasen Lesnoj und Trjochgornyj – *Business oil, Wald oil, Forest Oil, Mitra, Muskron, Kolrein, Quercus, Greis, Flander, Alebra, Nortex* wurden auf Geheiß des echten Generaldirektors des echten Unternehmens *Jukos FBZ* I. Golub liquidiert. Zu den strikten Liquidierungsbedingungen gehörten: Die Firmen mussten so aus der Region weichen, dass die Steuerbehörden sie später nicht belangen könnten. Mit diesem Ziel wurden die elf Firmen erst an zwei extra geschaffene Firmen *Perspektiva Optimum* und *Alchanaj* im Gebiet Tschita (im russisch-chinesisch-mongolischen Dreieck) angegliedert. *Alchanaj* legte man mit der *Investprojekt* (im Gebiet Kirow, Entfernung von Tschita 6000 Kilometer) zusammen. Danach wurde *Investprojekt* selbst aufgelöst. Zwei Firmen, die als Gründungsgesellschafter an der Schaffung des oben genannten Firmenpulks mitgewirkt hatten – *Neftetrade 2000* und *Neftemarket 2000* –, wurden in eine andere Region verlegt, dann aufgelöst und dabei ihre regulären Buchhaltungs- und Liquidierungsbilanzen vernichtet.

Eine durchaus transparente Firmenstruktur, die Chodorkowskij in der ganzen Welt so berühmt machte, wurde tatsächlich geschaffen. Leider erst dann, als die Staatsanwaltschaft bereits erste Verhaftungen angeordnet hatte.

Ich denke an das Dreiliterglas mit Erdöl im Gerichtsraum, an den erschrockenen Richter Danilkin, an lachende Journalisten, an das Wort von Chodorkowskij: »Absurd«. Vielleicht wählte die Verteidigung diese Strategie, alles ins Lächerliche, Groteske, Abstruse, eben »Kafkaeske« zu ziehen, weil ihr die Sachargumente bitter fehlten?

Warum gehen die Jukos-Leute heute nicht auf die Straße?

Bei *Jukos* und anderen Chodorkowskij-Firmen waren zeitweise an die 100 000 Mitarbeiter beschäftigt. Als man Platon Lebedew verhaftete, Michail Chodorkowskij arretierte, als die Untersuchung und dann der erste und zweite Prozess liefen: Warum gingen sie nicht in Reih und Glied auf die Straße, um ihren Chef vor der Willkür des Staates zu verteidigen? Es war ja ihre Existenz, die Existenz ihrer Familien bedroht – warum wollten sie sich nicht zur Wehr setzen?

Ich denke nicht an Moskau, wo vor dem Gericht Dutzende Menschen Plakate hochhielten, ich denke an Samara, ich denke an Tomsk, an Neftejugansk. Lässt eine einfältige Bevölkerung demokratische Kultur vermissen? Fehlt es an Organisatoren?

Ein Parallelbeispiel: Als der Bürgermeister von Neftejugansk Dr. Wladimir Petuchow ermordet wurde, gingen 30 000 Einwohner der 100 000-Mann-Stadt noch am selben Tag auf die Straße, malten Plakate mit den Namen der mutmaßlichen Mörder, wir kennen sie schon: »*MENATEP*, *Jukos*, Chodorkowskij«. In den nächsten Tagen kamen etwa 90 000 Menschen aus den umliegenden Gebieten dazu. Neun Tage versperrten sie vor Wut gegen die Mörder alle Straßen, darunter auch die recht wichtige Verbindungsstraße nach Surgut. In den Fördergebieten wurde die Arbeit niedergelegt. 40 Tage liefen Kundgebungen, auf denen Hunderte das Wort ergriffen und gegen die Mörder auftraten. Die Menschen waren aufgebracht. Irgendwann schickte der beunruhigte Jelzin bewaffnete Truppen nach Neftejugansk.

Also kann es nicht am Stumpfsinn der Menschen oder der handfesten Passivität der Bürger liegen. Woran dann? An der allgemeinen Verachtung gegen alle Oligarchen?

Als Chodorkowskij *Jukos* übernahm, setzte er zwei Drittel der Mitarbeiter vor die Tür. Der Rest bekam die Auflage, einen Antrag an die Geschäftsführung zu stellen, in dem man mit aller Entschiedenheit eine Lohnminderung für sich fordern sollte. Die das nicht tun wollten, gingen den Ersten hinterher. Den Unzufriedenen sagte Chodorkowskij zwei Dinge: erstens, dass die Arbeitslosigkeit im Land hoch war, und zweitens, was besonders alte Erdölarbeiter ärgerte: »Morgen hole ich Chinesen her.« Angestellte ab 45 durften nicht mehr auf irgendwelche Arbeit hoffen – zu alt. Anstelle der Entlassenen holte er wirklich im Monatsschichtdienst Arbeiter aus anderen Regionen, russischen und ukrainischen, in denen die Verhältnisse noch schlechter waren. Die Neulinge waren mit niedrigem Lohn und Rechtlosigkeit einverstanden.

Für die Entlassenen gab es auch vom Staat kein Geld – es waren sehr harte Zeiten. Der neue Inhaber schüttelte die sozialen Einrichtungen ab, die *Jukos* zuvor finanziert hatte, vor allem Kindergärten und Kinderkrippen. Armut, Alkoholismus und Drogen hielten Einzug. Bohrungen, die weniger als sieben Tonnen Öl pro Tag lieferten, wurden als unrentabel geschlossen. Versprochene Investitionen blieben aus, die Förderung fiel und die Rentabilität stieg.

Das sind keine Geheimnisse aus dem Nähkästchen. Das ist alles auch im Westen bestens bekannt: Noch 2003, gleich nach der Verhaftung Chodorkowskijs, beschrieb Arkady Ostrovsky in der britischen *Financial Times* unter dem Titel »*Jukos*-Arbeiter beweinen ihren eingesperrten Ex-Boss nicht« die Lage in der *Jukos*-Hauptstadt Neftejugansk: »›Ich bekomme 13 000 Rubel im Monat (im November 2003 etwa 370 Euro – V. T.) und lebe zusammen mit meiner kranken Frau und zwei Kindern in einer Wohnung mit einem Schlafzimmer. Alle reden von seiner (Chodorkowskijs – V. T.) Wohltätigkeit, aber bei uns hier ist sie nicht sehr sichtbar. Das Meiste, was er für uns getan hat, er gab uns diese Uniform‹, sagt der Bohrmeister vom Ölfeld *Pravdinsk*, Iwan Stepanowitsch, und zeigt auf seine chinesische Mütze mit Ohrenklappen und einem Logo von *Jukos*. (…) ›Wir werden hier wie Sklaven behandelt. Warum sollten wir mit ihm mitfühlen, wenn er 8 Mrd. US-Dollar besitzt und wir kaum in der Lage sind, unsere Familien zu ernähren?‹, fragt Gennadij Pasnikow. (…) Die Unzufriedenheit der Neftejuganser Arbeiter wird durch den Kontrast zwischen Neftejugansk und der Nachbarstadt Surgut verstärkt, wo die Arbeiter fast doppelt so viel bekommen und der Lebensstandard höher ist. Surgut gehört der Firma

Surgutneftegas. In den späten 1990er-Jahren (nach der Übernahme von *Jukos* durch Chodorkowskij – V.T.) siedelten Hunderte Arbeiter von Neftejugansk nach Surgut um. ›Wir würden alle nach Surgut gehen, aber so viele Leute brauchen sie nicht‹, sagt ein Arbeiter. (…) Rushan Gabdrakmanov hat in Surgut Arbeit gefunden. »Als ich hierher kam, dachte ich, ich bin in einem anderen Land.«[118]

Unter Chodorkowskij verpasste man *Jukos* in Neftejugansk einen besonderen Spitznamen – »Gestapo«. Für die Gestapo geht man eben nicht auf die Straße.

Aber *Jukos* und Chodorkowskij hatten doch noch Aktionäre. Jede Erschütterung der Firma bedeutete Verluste für die Anteilsinhaber. Warum standen sie nicht vor dem Gericht, warum versperrten sie nicht die Straßen, bis Soldaten kamen?

Einmal hatten sich drei Aktionäre bei *Jukos* eingekauft: Die japanische Bank *Daiwa*, die südafrikanische *Standard Bank Investment* und die *Westdeutsche Landesbank* (WestLB) bekamen für schlichte 236 Mio. US-Dollar zusammen 32% von *Jukos*. Ein Drittel der Aktien bedeutet normalerweise ein Drittel der Gewinne. Aber Chodorkowskij zahlte nur ungern Gewinne an Fremde. *Jukos* war bekanntlich nur Holding, ihm gehörten die Produzenten, die Erdölförderer. Deshalb erhöhte Chodorkowskij das Stammkapital bei den Tochtergesellschaften, kaufte ihre Anteile selbst und verringerte damit den Anteil, den *Jukos* bei den Tochtergesellschaften hielt, auf 17%, sodass die oben erwähnten schlauen Banker effektiv auf 5% Anteile abrutschten.

Nachdem sie das verstanden hatten, hielten sie es für angebracht, das Russland-Geschäft sein zu lassen. Die Verluste wurden abgeschrieben. In der vornehmen Sprache der an fiese Tricks gewöhnten Unternehmer hieß es: »Er festigte seine Kontrolle über *Jukos*. Er presste die Minderheitsaktionäre aus den wichtigsten Förder-Tochtergesellschaften *Yuganskneftegas, Samaraneftegaz* und *Tomskneft* (squeezed out).«[119]

Es gab aber auch Privatiers, die wagten, es mit Chodorkowskij aufzunehmen. Einer davon ist Kenneth Dart, ein amerikanischer Milliardär, ein mit allen Wassern gewaschener, hart gesottener Aktionär. Dart war einer der ersten, der mit seinen Millionen nach Russland kam – 1995, zu Zeiten der wilden Privatisierung, als die meisten Ausländer noch abwarteten. Er kaufte sich auch bei *Jukos* ein, aber nicht, wie die oben beschriebenen Schildbürger-Banken, sondern gleich bei den Produzenten, den *Jukos*-Tochtergesellschaften, bei der Milchkuh direkt. Und wartete jahrelang, dass die Gesellschaften ihm etwas für sein Geld gaben. 1997 entschied Chodorkowskij unter dem Mantel der Umstrukturierung, Verschlankung, Erhöhung der Effizienz, »Festigung der Kontrolle« (siehe oben) und anderer Vorwände, die Anteilsinhaber aus den Tochtergesellschaften herauszudrängen. Das hieß: Wir tauschen Anteile an Tochtergesellschaften gegen einheitliche *Jukos*-Aktien.

Da wir die Geschichte der Schlaumeier-Banken bereits kennen, wissen wir, dass das eine Falle für Dummies war. Dart kannte die Geschichte nicht, sie war noch nicht geschehen, aber er kannte sicherlich andere nicht weniger schreckliche Geschichten, schließlich gibt's die Marktwirtschaft nicht erst seit gestern auf der Welt, und wollte deshalb seine Anteile nicht abgeben. Mit über 10% Aktien durfte er Chodorkowskij manches sagen, wenn er mit dessen Entscheidungen nicht zufrieden war. Er kämpfte durchaus nicht zimperlich, er kämpfte mit harten Bandagen – deshalb war er eben Milliardär. *Jukos* zog ebenfalls alle Register.

Wenn wir heute Tausend und ein schmutziges Märchen über Dart kennen, dann nur dank der von *Jukos* bezahlten, wahrhaftig niederträchtigen PR-Knechte. Aber auch effizientere Methoden waren dabei: Einmal wurde die Aktionärsversammlung innerhalb von Stunden von Moskau ins Gebiet Kaluga verlegt – ohne dass die Anhänger von Dart informiert wurden. Der für Chodorkowskij ausreichende Grund: Ausfall der Heizung in dem Gebäude, in dem die Versammlung hätte stattfinden sollen – als ob es nur ein passendes Gebäude in Moskau gäbe.

Aber Dart brachte es so weit, dass er eine wichtige Aktionärsversammlung einberief und gute Chancen hatte zu gewinnen. Dazu weiter mit der Erzählung von Walerij Panjuschkin:

Im Kulturhaus, in dem die Aktionäre saßen, »brach plötzlich – dank der Bemühungen des *Jukos*-freundlichen Klempners – die Kanalisation, und es stank fürchterlich nach Scheiße. (…) Von Zeit zu Zeit stürzten einige Studenten ins Haus und fragten, ob es dort eine Disco geben würde. Entweder wussten die Studenten nicht, dass in diesem Kulturhaus die Pressestelle von *Jukos* eine Disco ankündigt hatte, oder sie waren alle speziell vom *Jukos*-PR-Dienst angeheuert worden, um auf die Disco zu preschen. (…) Ab und zu ergriff ein Hindu auf der Tagung das Wort. Der Hindu sprach schlecht Russisch. Mühevoll wählte er Worte und forderte von der Versammlung, sofort mit der Wahl der Verwaltung und der Änderung der Satzung aufzuhören und sich entweder einer Sportschule oder einem Volleyballspielplatz zu widmen. Keiner verstand, was der Hindu lallte, er wurde ständig unterbrochen, aber er stand immer wieder auf und fantasierte von einem Volleyballspielplatz. Dieser Hindu war auch bewusst von der PR-Abteilung von *Jukos* angeheuert worden, damit er die Aktionärsversammlung der Dart-Anhänger störte. Die Journalisten grölten.«[120] Dart dagegen blieb das Lachen in der Kehle stecken: 2 Mrd. US-Dollar standen auf dem Spiel.

Um die Geschichte kurz zu fassen: Plötzlich wendete sich zwischen Chodorkowskij und Dart alles zum Guten. Es gibt zwei Darstellungen des Kriegsausgangs. Die erste besagt, dass Chodorkowskij ihm mit einer zusätzlichen Aktien-Emission drohte, von der Dart nichts bekäme und durch die sein Anteil empfindlich geschmälert würde. Und die zweite, dass Chodorkowskij die Aktiva der *Jukos*-Tochtergesellschaften bereits in andere Firmen verschoben hatte und Dart ganz leer ausgehen konnte. Friss, Vogel, oder stirb!

Der amerikanische Milliardär Kenneth Dart nahm die von Chodorkowskij angebotenen 150 Mio. US-Dollar und verschwand für immer aus Russland. Deshalb war er auf der Kundgebung vor dem Chamowniki-Gericht nicht anwesend und hielt auch kein Plakat »Liberty for Khodorkovsky!« in die Höhe.

Nicht dabei war auch der ehemalige Partner Rybin, der mit den zwei Anschlägen. Auch andere Aktionäre fehlten, die »nur« ihr Geld verloren hatten, sonst aber nicht zu Schaden gekommen waren.

Man wundert sich abschließend kaum mehr, warum der Westen *Jukos* lange, lange Zeit für eine Bande russischer Öl-Freibeuter hielt, und fragt sich, ob nicht Chodorkowskij persönlich allen potentiellen westlichen Investoren lange, lange Zeit die Laune, in Russland zu investieren, verdorben hat.

Wie Chodorkowskij private Steuern zahlte

Ende 1997 wandte sich ein russischer Bürger an die örtliche Finanzbehörde mit der Bitte, ihm ein sogenanntes »Patent« auszustellen. Ein »Patent« bot bereits seit 1996 in Russland die Möglichkeit, schnell Unternehmer zu werden, ohne eine juristische Person zu bilden, und bedeutet eigentlich ein vereinfachtes System der Besteuerung. Es ist für Ein-Mann-Unternehmen vorgesehen, etwa für Schuhputzer, Kofferträger auf dem Bahnhof, Taxifahrer, Betreiber einer Straßentoilette oder einen selbständigen Wachmann, Fotografen und andere Arten des sogenannten »Mikrobusiness«. Der Sinn der vereinfachten Steuererfassung liegt in der Entwicklung des Kleinunternehmertums und im Herausführen des faktischen Klein-Unternehmers aus dem (steuerlichen) »Schatten« ans (steuerliche) Licht. Kostenpunkt 1997 für so eine vereinfachte Steuererfassung für den Patentinhaber – 2004 Rubel pro Jahr.

Unser Mann gab an, Wirtschafts- und Verwaltungsberatungen für ausländische Firmen anzubieten. Zwei Verträge mit solchen Firmen hatte er bereits, eine hieß *Hinchley* und die andere *Status Services*. Beide, so wollte es der Zufall, waren gegründet »entsprechend der Gesetzgebung der Isle of Man« und beide kamen dummerweise nicht ohne Beratung mit der russischen Gesetzgebung klar. Die Insel liegt in der Irischen See, ist direkt der britischen Krone unterstellt und als Steueroase bekannt. Aber auch den Firmen in Steueroasen muss geholfen werden, so dachten die Finanzbeamten. Und stellten dem jungen Berater ein Patent aus, das ihn für das Jahr 1998 von der Buchführung, den Steuern und Zahlungen in den Rentenfonds befreite.

Der junge Mann hieß Michail Chodorkowskij und war zu diesem Zeitpunkt Hauptinhaber eines Konzerns namens *MENATEP-Rosprom-Jukos*. Er besaß eine Bank, die, seinen Worten nach, 1994–1995 mehr als eine Milliarde US-Dollar verdiente, ihm gehörte das Werk *Apatit*, das in Russland 94% des Apatit-Konzentrats herstellte, und er hatte bereits

Jukos, das zweitgrößte Erdölunternehmen Russlands – und viele andere profitable »Kleinigkeiten«. Aber er wollte anscheinend als Wirtschaftsberater für zwei Off-Shore-Firmen noch etwas dazu verdienen. Nach dem alten jüdischen Witz: Wenn ich Zar wäre, hätte ich besser als ein Zar gelebt, weil ich dazu noch ein bisschen geschneidert hätte …

Und Tatsache: 1998 überwiesen die Briten von *Hinchley* und *Status Services* dem Kleinunternehmer Chodorkowskij 10 747 465 Rubel. Er trug die Summe sorgfältig in ein Heft ein, um es später der Finanzbehörde zu zeigen. Die Summe setzte sich so zusammen: Am 6. März 1998 bekam er 285 000 US-Dollar, am 30. Juni 1998 noch einmal 850 000 US-Dollar und am 23. Dezember 1998 noch 180 000 US-Dollar dazu. So verdienen halt, allein mit klugen Ratschlägen, Kleinunternehmer in Russland.

Die Steuerbelastung betrug, wie gesagt, 2004 Rubel, also genau 0,01865% des Gewinns. Es lebe die russische Steuergesetzgebung, die beste Gesetzgebung der ganzen Welt!

Es zeugte doch von geistiger Armut, wenn er das Gleiche nicht auch weiterhin betrieben hätte. Er kaufte auch für 1999 ein Patent. Die Preise dafür waren in Russland gestiegen, in diesem Jahr musste er dem habgierigen Staat 4008 Rubel in den Rachen werfen. Aber auch das Entgelt für seine Leistungen als Berater stieg. 1999 bekam er von *Status Services* weit über 142 Mio. Rubel, 5 320 000 US-Dollar – alles »für beraterische Dienstleistungen«. Was für unbeholfene reiche Brüder sitzen da auf der Isle of Man!

Nur so, als Maßstab: Diejenigen, die gleiches Einkommen hatten, aber kein Patent, zahlten in dem Jahr sage und schreibe 50 726 773 Rubel Steuer und Rentenfondsabgaben. Diese Kluft zwischen klugen Patentbesitzern und beschränkten physischen Personen, die tausendfach mehr Steuern zahlten, machte auch die Untersuchungsrichter stutzig. Zuerst stellten sie fest, dass die beiden Firmen auf der Isle of Man von *Jukos*, sprich Chodorkowskij, gegründet worden waren, dann behaupteten sie, Chodorkowskij habe gewusst, dass die Firmen ihn nicht für seine angeblichen Beratungen bezahlt hatten, sondern für seine Arbeit als Chef des Konzerns – bloß auf diese seltsame steuersparende Weise. Sie nannten die von ihm unterzeichneten Beraterverträge »wissentlich falsche Dokumente«. Warum so harsch?

Es fehlten genaue Angaben von den Beschuldigten über die Themen, zu denen er die Firmen beraten hat, es existieren keine schriftlichen Unterlagen der Konsultantentätigkeit, nicht einmal ein Papierfetzen oder eine dürftige Datei mit Vorschlägen zur Erhöhung der Effizienz der angeblich britischen Firmen. Die Untersuchungsrichter äußerten Zweifel, dass überhaupt irgendwelche Beratungen stattgefunden hatten, und werteten das Ganze als Steuerbetrug.

Stutzig machte die Staatsanwälte auch der Umstand, dass diese unermesslich reichen Firmen *Hinchley* und *Status Services* Dutzende Millionen US-Dollar Beraterhonorare nicht nur an Chodorkowskij, sondern auch an dessen »rechte Hand« Leonid Newslin und an andere »Hände« wie Platon Lebedew, Wassilij Schachnowskij, Michail Brudno zahlten. Unsere Bekannten, die vier ehemaligen *Jukos*-Verwalter – S. Murawlenko, Ju. Golubew, Ju. Iwanenko, W. Kasakow – erhielten ihre Milliarden auch von den zwei oben genannten Firmen. Alles Beraterdienstleistungen – die profitabelste Branche der russisch-britischen Zusammenarbeit.

In den verschiedenen Prozessen wurde die Ausführung der *Jukos*-Mitarbeiterin Dubrowina »Über die Entlohnung« (adressiert an Michail Chodorkowskij) zitiert, worin sie die dreijährige Geschichte einer Steuerumgehungsmethode analysiert. Nach dieser Methode gingen die Gelder von *Jukos* und *Apatit* in die zum Chodorkowskij-Konzern gehörenden Off-Shore-Firmen; diese zahlten an die Mitarbeiter von *Jukos* in Russland, die sich als Kleinunternehmer ohne Bildung einer juristischen Person angemeldet hatten, ihre Gehälter. Frau Dubrowina riet, ein solches Schema nicht für alle, sondern nur für leitende Mitarbeiter von *Jukos* zu nutzen. Als offiziellen Lohn in der Firma riet man, »eine vernünftige Zahl, wie z. B. 100 000 Rubel« für die russischen Behörden auszuweisen. Also Lohnsteuer sollte man nur von 100 000 Rubel bezahlen, die Millionen Dollar praktisch steuerfrei (und gesetzeswidrig) in die private Tasche stecken.

Die Argumente der Staatsanwaltschaft waren durchaus überzeugend. Während seines Prozesses akzeptierte z. B. Wassilij Schachnowskij die Ausführungen der Untersuchungsrichter und zahlte ausstehende Steuern, Zinsen und Strafen in Höhe von 53 Mio. Rubel.

Im ersten Prozess wurde auch Chodorkowskij nach dieser Art Bezahlung befragt. Er behauptete weiterhin, dass er Beraterdienstleistungen getätigt hatte, nannte aber keine Personen, die seine Dienste in Anspruch genommen hatten, konnte die Umstände nicht beschreiben, wie es zu diesen Verträgen gekommen war, und wusste nicht zu sagen, warum er mit so einer profitablen Tätigkeit aufgehört hatte. Seiner Meinung nach hatte er sich wie ein gesetzestreuer Bürger verhalten. Das Gericht teilte seine Meinung nicht.

2011 kamen aus dem westlichen Europa Bestätigungen, dass Chodorkowskij den Finanzbehörden und Richtern nicht die ganze Wahrheit über seine privaten Einnahmen offenbart hatte. Erst meldeten die Iren[121], dass sie 65 Mio. Euro auf Chodorkowskij-Konten gefunden und eingefroren hatten. Die Insulaner sind weltweit dafür bekannt, dass sie nur dann Konten sperren, wenn ein dringender Verdacht der illegalen Herkunft des Geldes besteht und gewichtige Beweise dafür vorhanden sind. Von der Prüfung weiterer 36 Mio. Euro war die Rede. Insgesamt 200 Mio. Euro, schätzten irische Behörden, hatte der russische Businessman indirekt in Irland platziert. Aus zwei Gründen wurden Fahnder auf diese Konten aufmerksam: Erstens war das Geld »auf seltsame Weise« in die irische Bank gelangt, wie *The Sunday Times* berichtete. Zweitens hatte der Konten-Verwalter Vorbereitungen getroffen, das Geld in die Off-Shore-Zone zu verschieben. Die Ermittler waren der festen Überzeugung, dass das Geld aus Drogenhandel stammte oder für Terroristenfinanzierung gedacht gewesen sei.

Dann kam die Meldung der *Süddeutschen Zeitung* vom Oktober 2011: Auf einer CD aus der Schweiz mit den Namen deutscher Steuerhinterzieher stand auch der Name Chodorkowskij. Er soll bei der Schweizer Bank *Julius Bär* mehr als 15 Mio. Euro angelegt haben. »Offenbar wurde bereits (durch deutsche Behörden – V. T.) ein Strafverfahren wegen des Anfangsverdachts der Geldwäsche eingeleitet«, schrieben Hans Leyendecker und Nicolas Richter.[122] Kommt auf den Saubermann demnächst noch eine Strafe in Deutschland zu?

Russische Experten sind von diesen Entdeckungen nicht wirklich überrascht. Sie gehen von Dutzenden von ähnlichen noch unentdeckten privaten Konten Chodorkowskijs aus.

Ist all das überhaupt strafbar?

Abgesehen vom unbestrittenen Betrug an den Aktionären der Erdöl-fördergesellschaften und Steuerhinterziehung aus der »Beratertätig-keit«, was ist so verwerflich daran, dass Chodorkowskij Firmen in Steuerparadiesen gründen ließ und sie für seine Geschäfte zwischen-schaltete, fragt sich sicherlich der eine oder andere. Schließlich ist doch irgendwie bekannt, dass die Steueroasen ausgerechnet dazu da sind, Steuern zu »optimieren«, zu minimieren. Recht diffizile Frage. Aber die Aufgabe, sie zu beantworten, wurde uns bereits erleichtert: Sie wurde von den russischen Gerichten bewertet, die Urteile gespro-chen: Solcherlei Tun ist ein Verbrechen.

Die Alarmglocken schrillen, denn wie wir bestens aus deutschen Medien wissen, sind Gerichte in Russland a) abhängig, b) politisch beeinflussbar, c) Putin-hörig, d) unfrei. Wenn der Richter Viktor Danilkin Chodorkowskij freigesprochen hätte, wäre das ein Licht-blick in der düsteren russischen Rechtssprechung gewesen, dann wäre die Justiz in Russland auf einmal a) unabhängig, b) politisch nicht beeinflussbar, c) nicht Putin-hörig, d) frei. So die vorherr-schende Tonart.

Ein anderer Aspekt ist, dass es in unfreien Gesellschaften manchmal eine seltsame Gesetzgebung gibt, die mit den westlichen rechtsstaat-lichen Grundsätzen nicht vereinbar ist. Die Steinigungen im Iran zum Beispiel.

Deshalb, was haben die gesprochenen Urteile schon für eine Bedeu-tung für unser Rechtsverständnis? Der eingeschlagene Weg der Dele-gitimierung der russischen Justiz, die wir in dem Kapitel über die Ver-brechen von Herrn Pitschugin angesprochen haben, gilt natürlich weitgehend bzw. noch stärker auch für die Chodorkowskij-Prozesse. Deshalb stellen wir eine rein theoretische, doch lohnende Frage: Wie würde das oben Beschriebene z. B. in Deutschland beurteilt? Was sagt die deutsche (demokratisch legitimierte und aufgeklärte) Rechtsprechung zu solchen Geschäftspraktiken?

Wer denkt, das sei ein Geheimnis mit sieben Siegeln, der liegt falsch. In Deutschland, das solche Gebaren nicht wie Russland erst seit zwei Jahrzehnten kennt, ist die Sache eindeutig geregelt. Sie fällt unter Missbrauch von rechtlichen Gestaltungsmöglichkeiten. Als solches bezeichnet man eine missbräuchliche Ausnutzung des Steuerrechts zum Zwecke der Steuerumgehung bzw. Steuerminderung. Nach § 42 der Abgabeordnung ist in einem solchen Fall die Steuer so zu erheben, wie sie bei einer angemessenen rechtlichen Gestaltung zu erheben wäre.

Doch wann haben wir es mit Missbrauch zu tun? Nach Auffassung des Bundesfinanzhofs liegt Missbrauch vor, wenn:

- eine Gestaltung gewählt wird, die unangemessen ist, das angestrebte Ziel zu erreichen (Ziel der Ölförderung und Ölverarbeitung in Russland wäre, Produkte auf dem Markt zu verkaufen – und Schein-Umwege über Mordowien, Evenkien und die Bahamas sind dafür mindestens »unangemessen«),
- die gewählte Gestaltungsmöglichkeit der Steuerminderung oder Steuerumgehung dienen soll (natürlich diente sie nur diesem Zweck) und
- durch wirtschaftliche bzw. nichtsteuerliche Gründe nicht gerechtfertigt werden kann (welchen wirtschaftlichen und »nicht steuerlichen« Sinn hätten diese Zwischenverkäufe in die Steueroasen sonst?).

Nicht einmal Chodorkowskij selbst bestreitet, dass das Firmengeflecht absichtlich für die »Steueroptimierung« (die in Deutschland eben »Steuerminderung« oder »Steuerumgehung« heißt) von *Jukos* geschaffen wurde. Chodorkowskijs Worten vor Gericht nach, wandte er bei der Gründung der Unternehmen in Steueroasen »ein Institut der Scheindirektoren an, denen alle Befugnisse, außer das Recht, Dokumente zu unterschreiben, entzogen wurden, in Anbetracht der diesen Direktoren fehlenden entsprechenden Erfahrung. Alle Unternehmen, die zur Holding *Jukos* (…) gehörten, wurden von ihm als Hauptinhaber und einzigen Geschäftsführer geleitet.«[123]

Da der deutsche Bundesfinanzhof mehrfach der Frage nachging, wie derartige Briefkastenfirmen (auch Basisgesellschaften, Sitz-, Domizil- oder Zwischengesellschaften genannt) aussehen, wissen wir auch darüber sehr genau Bescheid. Nach höchstrichterlicher Rechtsprechung wird von einem Tatbestand des Rechtsmissbrauchs ausgegangen, wenn für die Zwischenschaltung von Briefkastenunternehmen in den niedrig besteuerten Regionen wirtschaftliche oder sonst beachtliche außersteuerliche Gründe fehlen. Das Fehlen wirtschaftlicher Gründe wird in der Regel angenommen, wenn die ausländische Gesellschaft jeweils über keine eigenen Büroräume, über keine geeigneten Telefon- und Telefaxanschlüsse, über kein eigenes Personal und keinen Geschäftsbetrieb verfügt – das ist doch zweifelsohne die Beschreibung, die wir gerade oben mehrmals angeführt haben. Also, zumindest Steuerhinterziehung ist das schon. Ein Kavaliersdelikt?

Von wegen! Die Steuerhinterziehung ist in Deutschland eine Straftat, die mit einer Freiheitsstrafe von bis zu 10 Jahren geahndet wird.

Die Höhe der Strafe ist natürlich vom Ausmaß der Steuerhinterziehung abhängig. Wo liegt die Grenze? Der Bundesgerichtshof hat mit seinem Urteil vom 2. Dezember 2008 erklärt, dass ein Fall besonders schwerer Steuerhinterziehung ab einem Hinterziehungsbetrag von 50 000 Euro vorliegt. Nicht bei Milliarden. Auch nicht bei Millionen. Und auch nicht bei Hunderttausenden.

Der § 370 über die Steuerhinterziehung der deutschen Abgabeordnung sieht einen besonders schweren Fall, wenn der Täter (Absatz 1) »in großem Ausmaß Steuern verkürzt oder nicht gerechtfertigte Steuervorteile erlangt«. Aber russische Richter lehnten sich – bewusst oder unbewusst – an Punkt 5 dieses (deutschen) Paragraphen an: Sie schrieben im Urteil von einer bandenmäßigen Tätigkeit der Gruppe um Chodorkowskij, über das, was die deutsche Justiz folgendermaßen beschreibt: »Wenn der Täter als Mitglied einer Bande, die sich zur fortgesetzten Begehung von Taten nach Absatz 1 verbunden hat, Umsatz- oder Verbrauchssteuern verkürzt oder nicht gerechtfertigte Umsatz- oder Verbrauchssteuervorteile erlangt.«

»Bande« hin oder her – Chodorkowskij samt Komplizen haben jahrelang ein System aufgebaut, um Steuern zu hinterziehen. Scheinfirmen wurden durch die Muttergesellschaft kontrolliert, sie waren Marionettenfirmen, waren eigentlich Strukturteile der Holding. Die Tätigkeit dieser Firmen war fiktiv, sie hatten weder Mitarbeiter noch Aktiva für die angemeldete Tätigkeit, sie wurden von vornherein als Zwischenstation in dem Steuerschema gegründet. Gründungszweck war auf keinen Fall das Erzielen von Gewinn. Die Gewinne wurden zu 100% zugunsten der Muttergesellschaft abgeführt. Das Betrugsschema war recht komplex, bedurfte der Beteiligung mehrerer Fachleute und daher der Absegnung durch die Geschäftsführung. Diese Handlungen wurden also bewusst geplant und getätigt.

Richter in Russland haben für diese Taten, wie wir jetzt wissen, passende Strafparagraphen in dem russischen Kodex gefunden.

Der Schweizer Rechtsanwalt Peter Hänseler, der sich sowohl im russischen als auch im internationalen Recht auskennt, schrieb dazu in der *Weltwoche*, Zürich:»Sind die legalistischen Vorwürfe, die der russische Staat gegen Chodorkowskij vorbrachte, gerechtfertigt oder fabriziert? Wurde er mit ungerechtfertigten Straf-, Zoll- und Steueransprüchen zugedeckt? Das ist nicht so. Zunächst: Der *Jukos*-Erwerb war zweifelhaft. Vor allem aber betrieb Chodorkowskij innerhalb seines Imperiums sogenanntes Transfer-Pricing. Diese Methode wurde selbst in der konservativen *Stanford Law Review* detailliert und kritisch beschrieben: Chodorkowskij blutete Tochterfirmen von *Jukos* dadurch aus, dass diese ohne jeden Gewinn Güter an die Holdingstrukturen verkauften. Damit erreichte er, dass in den russischen Firmen praktisch kein Gewinn anfiel, sondern nur in steuerbefreiten Off-Shore-Gesellschaften der Holding. Viele dieser Gesellschaften hatten überdies auch Minderheitsaktionäre, welche durch die Gewinnverschiebung um Dividenden gebracht und somit betrogen wurden. In der Konsequenz wurden Ausführungs- und Zollbestimmungen verletzt. Allein aufgrund seiner Transfer-Pricing-Tricks hätte Chodorkowskij auch in den meisten westlichen Rechtsstaaten zwangsläufig verurteilt und ins Gefängnis geschickt werden müssen. Chodorkowskijs Glaube, als reichster Russe für den Kreml unantastbar zu sein, erwies sich als fataler Fehler. Ihn als Opfer darzustellen, das als sauberer Geschäftsmann in die Mühlen einer korrupten Justiz geriet, ist irrig.«[124]

Was ist ein »drakonisches« Strafmaß?

Chodorkowskij bekam im ersten Prozess (2005) – in der ersten und in der zweiten Instanz – acht Jahre Straflager, im zweiten (2010–2011) wurde das Strafmaß auf insgesamt 13 Jahre erhöht.

Ohne Chodorkowskij von seinen Verbrechen reinzuwaschen, nannte die deutsche Zeitung *Der Freitag* das Strafmaß bereits 2005 »drakonisch«, das »den Menschenrechtsstandards der UNO oder dem EU-Wertekanon« nicht entspräche.[125] Viele andere Medien kritisierten die Härte des Urteils ähnlich.

Bekanntlich gibt es weder bei der UNO noch bei der EU ein Papier, das besagt, wie viel Jahre ein Betrüger bekommen soll. Es handelt sich vermutlich um die sogenannte »Verhältnismäßigkeit des Strafmaßes«, wie wir, in der europäischen Kultur aufgewachsene, aufgeklärte Bürger des 21. Jahrhunderts, sie als gerecht für dieses oder jenes Verbrechen empfinden. Das Strafmaß muss auch mit der Gesetzgebung des Landes im Einklang stehen, und darf nicht über den im Strafgesetzbuch dafür vorgesehenen Sanktionen liegen, damit wir nicht das Gefühl bekommen, es handele sich um selektive Justiz.

Eines ist klar: Die Strafe, die Chodorkowskij erhielt, liegt unterhalb des dafür vorgesehenen Rahmens. Es wurden keine besonderen Regelungen für ihn getroffen. Die Strafmaßsuche ist so ein feines und diffiziles Verfahren, dass ich mir nicht zutrauen würde, das gefundene Maß zu hinterfragen.

Dabei muss man im Auge behalten, dass das russische Strafgesetzbuch nicht besonders hart ist. Ein Blick über den Ozean zeigt, dass dort ein Urteil von 13 Jahren als ausgesprochen mild angesehen wird. Der US-Amerikaner Bernard Madoff, eine Wall-Street-Legende, ein Mann von tadellosem Ruf und ein angesehener Investor, der nach seiner Verhaftung 2008 durchaus geständig war, sich des Diebstahls, der Geldwäsche und Urkundenfälschung schuldig bekannte und fleißig mit der Justiz zusammenarbeitete (und dem gleich nach der Verhaftung amerikanische Medien 20 Jahre Gefängnis prophezeiten), bekam für einen Milliardenbetrug 150 Jahre Freiheitsentzug.

Ich setze 100 US-Dollar für denjenigen aus, der einen Artikel findet, in dem diese Strafe »drakonisch« und »den Menschenrechtsstandards der UNO nicht entsprechend« genannt wird.

Auch in Deutschland sind die Gerichte gegenüber Wirtschaftsbetrügern nicht gerade milde gestimmt: Der – auch geständige – Anlageberater Helmut Kiener (»nur« 300 Mio. Euro Schaden) muss für zehn Jahre und acht Monate in Haft – so die Entscheidung des Würzburger Landgerichts vom Juli 2011.[126]

Die Liste lässt sich mühelos verlängern, aber nicht die Namen sind die Frage, sondern: Sind diese Strafen »drakonisch« oder »nicht drakonisch« und wie steht exemplarisch das Würzburger Gericht zum »EU-Wertekanon«?

»Monatelange Haft für den Diebstahl von zwei Kugeln Eis? Knast für ein paar geklaute Flaschen Mineralwasser? Oder vier Jahre Gefängnis für den Aufruf zu einer Randale, die niemals stattfand? Die Urteile sind harsch. Und sie werden nicht in einer Diktatur gesprochen, sondern in dem Land, das für sich beansprucht, die Wiege der Demokratie zu sein.«[127] Das Zitat aus der *Leipziger Volkszeitung* bezieht sich auf einen Bericht über die Krawalle in England im Sommer 2011. Die Urteile sind hier nicht »drakonisch«, aber eben »harsch«. Uns interessiert explizit, wie man zu diesen Urteilen kam.

Erst sprach Premierminister James Cameron von »Null-Toleranz«. Das ist durchaus in Ordnung: Die Senkung der Toleranzgrenze darf ein Politiker fordern. Es bleibt aber nicht dabei. Cameron fuhr fort: »Wer alt genug ist, Straftaten zu begehen, ist auch alt genug, dafür bestraft zu werden.« Beifall der Anwesenden. Aber griff der Premier damit nicht in die Gewaltenteilung ein? Wollte er nicht das Jugendstrafrecht *rückwirkend* außer Kraft setzen? Forderte er nicht auch *rückwirkend,* nach der Tat, die Erhöhung der Sanktion?

Und wie reagierte die unabhängige englische Justiz? Eigentlich wie erwartet: Sie gab die Anweisung, die normalen Richtlinien für den Strafrahmen bei Urteilen im Zusammenhang mit den Krawallen nicht mehr zu beachten. Ich vermute: nicht zu beachten »nach oben« – nicht

»nach unten«. Daher die entsprechenden Urteile für Tausende (etwa 3000 wurden festgenommen) Jugendliche. Wie der Autor des oben zitierten Artikels schreibt: »Mancher Jurist hatte sich verwundert die Augen gerieben.«

Ist das nicht für Publizisten ein besseres Beispiel der Hörigkeit der Justiz als der Fall Chodorkowskij, in dem keine Anstrengungen unternommen wurden, ausgerechnet für ihn das Strafmaß zu verschärfen? Deshalb braucht sich bei Chodorkowskij kein Jurist »die Augen zu reiben«: Viele Bürger – auch außerhalb Russlands – empfinden seine Strafe durchaus gerecht. »Chodorkowskij wurde verurteilt, weil er ein Gauner ist und weil die russische Justiz weniger korrupt ist als die in den USA«, schrieb der US-Amerikaner Mike Whitney. »Seine Inhaftierung ist ein Sieg für die Menschen, die sehen wollen, dass das Gesetz unabhängig davon angewandt wird, wie reich jemand ist. (…) Wenn er ein Verbrechen begangen hat, muss er seine Strafe abbrummen. So einfach ist das.«[128]

Woher kommt diese »Sonderbehandlung« Russlands, nach der es einiges »nicht darf«, was in anderen Ländern gang und gäbe ist? Ein anderer amerikanischer Journalist gibt in *The New York Times* einen Denkanstoß: »In einigen Fällen reflektiert diese besondere Einstellung zu Russland zwanghaften Hass aus den Zeiten des Kalten Krieges.«[129] Und noch eine Beobachtung: Mitte 2003, also vor der Verhaftung Chodorkowskijs, gab es in Deutschland mehrere Stimmen, die prophezeiten, dass die Attacke auf *Jukos* (Alexej Pitschugin und Platon Lebedew waren bereits festgenommen worden) zu grauenhaften Folgen führen würde. Von weiteren Verhaftungen und Prozessen war die Rede, von einer »weitreichenden Weichenstellung für die Zukunft des Landes – womöglich der gesamten internationalen Politik«[130], die zum Absturz der russischen Märkte, zu haltloser Kapitalflucht und zum Abzug der ausländischen Direktinvestitionen führen würde.

Nichts davon ist eingetreten. Chodorkowskij landete im Gefängnis, *Jukos* existiert nicht mehr, aber makrowirtschaftlich ist nichts geschehen. Warum?

Es existiert eine recht verzogene Vorstellung, dass in Russland ausgerechnet Oligarchen, als reichste Menschen im Lande, Bürgen für die Entwicklung der Marktwirtschaft und folglich auch Rechtstaatlichkeit und der Demokratie sind. Es wird dabei übersehen, dass die Oligarchen nicht an der Entwicklung des freien Marktes, sondern – aus ursächlichem Eigennutz, der bekanntlich das Triebwerk der Marktwirtschaft ist – an dem Aufbau eines Monopols interessiert sind. Deshalb führte der rasante Aufstieg einiger weniger nicht nur die Verarmung von Millionen herbei, sondern bedeutete auch zwangsläufig das Auslöschen der kleineren und mittleren Konkurrenz. Der Mittelstand, der echte Verteidiger von ökonomischem Wettbewerb, Gerechtigkeit, Chancengleichheit, demokratischer Gesellschaft und Rechtsstaatlichkeit, verschwand unabwendbar.

Deshalb ist die Dezimierung eines Konzerns kein Rückschlag auf dem Weg zur (auch wirtschaftlichen) Demokratie. In diesem Falle wurde ein Konzern, der massive Legitimationsprobleme des Eigentums aufwies, für seine Steuerschulden praktisch in den Staatsbesitz überführt. Durchaus einleuchtende Entwicklung, pflichtete 2003 Nobelpreisträger der Wirtschaftswissenschaften, Wirtschaftsprofessor an der Columbia University, Vorsitzender des Rates der Wirtschaftsberater unter Präsident Bill Clinton, Chefökonom der Weltbank und noch dazu ein Mann der klaren Worte Joseph E. Stiglitz bei: »Wie sollte man nun mit dem anrüchigen Besitz, der während der wilden Privatisierung der 1990er-Jahre angeeignet wurde, umgehen? Es wäre wahrscheinlich für Russlands Regierung leichter gewesen, einige der von den Oligarchen fälschlich eingeheimsten Erwerbungen früher, sagen wir, nach der Rubelkrise von 1998, als viele von ihnen mit ihren Kreditzahlungen in Rückstand geraten waren, zurückzunehmen.«[131]

Also nur eins bedauert der Nobelpreisträger: Dass die »Rücknahme« des »anrüchigen Besitzes« zu spät kommt. Als Weg zur Legitimierung dieses Besitzes schlägt er 90% Steuern auf Einkünfte der Oligarchen vor.

Deshalb reagierte die Wirtschaft auf die russischen Ereignisse von 2004–2005 gelassen, ich würde sogar sagen, erleichtert. Russische Börsenindizes verdoppelten sich nahezu,[132] als 2005 das erste Chodorkowskij-Urteil verkündet wurde, und gewannen etwa 30% vom Dezember 2010 bis April 2011 – in der Zeit des zweiten Chodorkowskij-Urteils. Ähnlich verhielten sich übrigens auch westliche Börsen.

Woher stammt die Dreistigkeit?

Lange hat mich die Frage beschäftigt: Woher rührten Chodorkows-kijs kriminelle Absichten? Warum dachte er nie an Strafverfolgung, an den Sieg der Gerechtigkeit, an das, was ihm seine Mutter einmal sagte: »Mischa, das wird ein böses Ende nehmen«? Warum glaubte er fest an seine tief verwurzelte Straffreiheit? Ja, er hat viel Geld. Ja, im korrupten Russland ist alles käuflich … Aber gibt es nicht ein noch höheres Gericht? Eine »unsichtbare Hand«, die keine Sünde ohne Buße lässt? Oder einfach moralische Bedenken, schlaflose zergrübelte Nächte über die Frage, wie es denjenigen ging, denen er das Geld wegnahm? Oder stand er schon darüber?

Die russische Journalistin und Autorin Jelena Tregubowa beschrieb einmal den unerwarteten Besuch (1998) von zwei Persönlichkeiten in einer zum »Club« aufgemöbelten Wohnung ihrer Freundin Mascha: Chodorkowskij und Newslin. Es ging um Politik: »›Wenn Jelzin sich mit uns nicht gütig einigen will, werden wir gegen ihn im Nu gewinnen. Weil Djeduschka (der Großvater, gemeint ist Jelzin– V. T.) in der Politik noch Domino spielt, und wir spielen schon längst Schach‹, erklärte uns Newslin mit dem schweigenden Einverständnis des neben ihm sitzenden Chodorkowskij. Der Spezialpropagandist des Erdölmagnaten (Newslin war bei *Jukos* unter anderem für PR zuständig – V. T.) hat uns auch auf einfache Weise mitgeteilt, dass es im Falle bösartigen Eigensinnes des Großvaters und der Jungreformatoren in der Steuereintreibung bei den Erdölfirmen, den Oligarchen ›im allgemeinen billiger kommt, Kommunisten zu kaufen, Straßenaktionen zu bezahlen, und bis zum Herbst wird Jelzin schon nicht mehr im Kreml sitzen‹.«[133]

Es klingt ein wenig nach Putsch, nach »Export der Revolution« à la Ché Guevara, etwas nach Selbstüberschätzung und stark nach Arroganz. Glaubten sie wirklich an die *absolute* Macht des Geldes? Glaubten sie, dass das Gesetz nicht für sie – als Königmacher – galt?

Schon als reiche junge Erwachsene (1992) schrieben sie beide in dem Buch *Der Mann mit dem Rubel* eine bezeichnende Passage: »Unsere Beziehungen zur Macht? Noch vor einigen Monaten hielten wir eine Macht für einen Segen, die uns, die Unternehmer, nicht störte. (…) In jener Etappe unserer Entwicklung genügte das. Jetzt, da die Unternehmerklasse an Kraft gewann und dieser Prozess schon unmöglich anzuhalten ist, ändert sich auch unser Verhältnis zur Macht. Neutralität uns gegenüber reicht uns nicht mehr. Das Prinzip muss realisiert werden: Wer zahlt, der bestellt auch die Musik.«[134]

Jugendlicher Maximalismus? Oder noch Infantilismus? Aber nein, Chodorkowskij war damals fast 30, also kein Kind mehr. War das tatsächlich derzeit seine Überzeugung, die mit den Jahren und Milliarden noch erstarkte?

Der oben zitierte Joseph E. Stiglitz meldete sich auch zu diesem Thema. Er schrieb über die Rolle der Oligarchie in Russland, über die verhängnisvolle Privatisierung von Staatseigentum und wozu es geführt hat und noch führen könnte: »Schlimmer noch: Wird die Hinterlassenschaft der unrechtmäßigen Privatisierung nicht angegangen, könnte sich die wirtschaftliche Oligarchie wahrscheinlich auch noch in eine politische verwandeln. In diesem Licht sollte man Putins Vorgehen gegen Chodorkowskij betrachten. Denn wenn die Oligarchen ihre üblen Aneignungen mit Erfolg behaupten können, ist leicht vorstellbar, dass jemand wie Chodorkowskij, der schon damit begonnen hat, neben seinem Wirtschaftsimperium eine politische Maschine aufzubauen, seine *Jukos*-Anteile versilbert, seinen Reichtum in einer Steueroase vor der Küste in Sicherheit bringt und ihn zur Manipulation der russischen Politik benutzt.«[135]

Aber unter der Mehrheit im Westen gilt Chodorkowskij nicht als »Manipulator der russischen Politik«, sondern als *der* Unternehmer Russlands, *der* Mäzen Russlands, *der* Demokrat Russlands, der seine Millionen in die Verteidigung der Menschenrechte, in die Stärkung des Volkswillens, in karitative Projekte investierte.

Wofür er dieses Sündengeld tatsächlich ausgab, warum von den vielen ausgerechnet er ins Gefängnis wanderte und zur Rolle Putins bei diesen Vorgängen – da gibt es noch dringenden Klärungsbedarf. Darüber und mehr im zweiten Teil dieses Buches.

Teil 2 Jagd auf Russland

Vom Räuberbaron zum Heilsbringer

Man kann nicht sagen, dass die Öffentlichkeit gar nicht an die Verbrechen von Herrn Chodorkowskij glaubt. Sie glaubt schon, aber ...
Aber irgendwie auch nicht. Irgendwie erscheint ausgerechnet dieser Mann vielen vertrauenswürdig und sogar ehrlich. Und wenn er sagt: Ich habe nichts getan, dann muss das stimmen.

Was etwas verwundert, ist die Rigorosität, mit der er das sagt. Kein »ein wenig«, »geringfügig«, »(kapitalistische) Jugendsünden«, nein. Eindeutig und zu 100%: nicht schuldig. Niemals und zu keinem Zeitpunkt.

Wir reden nicht davon, dass er zweimal von verschiedenen Gerichten verurteilt wurde und die Berufungsgerichte diese Urteile bestätigten. Aber im Bewusstsein vieler, wenn nicht aller, die den Namen Chodorkowskij mit dem Wort »Oligarchen« verbinden, ist eingeprägt, dass die Privatisierung, die primäre Anhäufung des Kapitals in Russland generell ungerecht und unrechtmäßig verlief, dass Leichenberge diese Anhäufung markierten, dass Millionen Menschen betrogen wurden, dass das Katz- und Mausspiel mit dem Staat Steuerhinterziehung hieß, und die »Katz« die Oligarchen waren. Auch diejenigen, die Chodorkowskij voll und ganz zur Seite stehen, räumen alles unumwunden ein, um es im selben Atemzug als Lappalie abzutun: Na gut, damals, als alle gesündigt haben ...

Nein, sagt Michail Chodorkowskij, weder früher noch später, weder bei der Privatisierung noch bei Steuerzahlung habe er Übeltaten begangen. Sowohl nach dem ersten als auch nach dem zweiten Urteil schrieb und sagte er: »Ich bekenne mich nicht schuldig.« Vielleicht mehr noch. Er nennt sich unbeirrt »politischer Häftling«[1] – also nicht Täter, sondern Opfer des Geschehens.

Was regt das russische Volk so auf: Wenn Chodorkowskij keine Schandtaten begangen hat, wenn sein Weg zu den Milliarden gerade und licht verlief und keine dunklen Hohlwege aufwies, wenn er »weiß und flauschig« ist, ja dann gab es wohl nichts Verdächtiges bei Privatisierung, der primären Anhäufung des Kapitals, bei Millionen Betrogenen …

Irren sich vielleicht die Leute, leiden sie möglicherweise an Massenamnesie, an Demenz? Die Beweise eines gewissen Gedächtnisausfalls sind vorhanden: Je mehr Zeit vergeht, desto besser steht Chodorkowskij – als Philanthrop und Vorkämpfer für Freiheit und Demokratie – in der veröffentlichten Meinung da. Keinem verurteilten Verbrecher ist je so ein Imagewandel widerfahren.

Chodorkowskij war in den Augen der Zeitgenossen nicht immer so ein guter Mensch. *The Sunday Telegraph* schrieb ziemlich offen: »Je reicher Chodorkowskij wurde, desto mehr zog er eine Spur von betrogenen ausländischen Investoren und manchmal verdächtigen Todesfällen nach sich. Von der wenig schmeichelhaften Presse genervt, versuchte er zunächst, Journalisten vor Gericht zu ziehen und dann sie zu kaufen. (…) Nicht alle glauben, Chodorkowskij sei ein unschuldiges Opfer, und niemand behauptet, dass alle gegen ihn erhobenen Vorwürfe ›fabriziert‹ seien. Es ist durchaus wahrscheinlich, dass Chodorkowskij tatsächlich Milliarden von US-Dollar Steuern nicht zahlte, und sein Leibwächter, der auch im Gefängnis sitzt, wirklich des Mordes schuldig ist, der ihm vorgeworfen wird. (…) Ja, sagen viele, beim Aufbau seines Vermögens hat er möglicherweise das Gesetz gebrochen und sogar Menschen getötet, aber so haben es doch alle gemacht.«[2]

Ein russischer Fachmann für moderne Geschichte plauderte aus dem Nähkästchen: »Mein Freund, der als Ausbeute der 1990er nicht ein Dollar-Konto, sondern ein Acht-Jahres-Urteil bekam, leitete sogar eine Formel für Reichtum ab – ›das Gesetz der 100 000 Dollar‹: Auf in den 1990er-Jahren ›verdiente‹ 100 000 US-Dollar kommt eine Leiche. Glauben Sie mir, die Erhebung war mehr als repräsentativ. Muss ich erklären, was das ›Gesetz der 100 000 Dollar‹ in Bezug auf *Jukos* bedeutet?«[3]

Das politische Engagement Chodorkowskijs, sein soziales Faible, war ebenfalls nicht so ausgeprägt, wie man es heute liest. Eine glaubwürdige Zeugin dafür ist die später ermordete russische Journalistin

Anna Politkowskaja. Wie es sich für gute Journalisten gehört, stand sie immer auf der Seite der Oppositionellen, die man in Russland »Demokraten« und »Liberale« nennt, auf alle Fälle gegenüber den Machthabern in Russland. Deshalb wäre es nur logisch gewesen, wenn sie sich auch im Falle Chodorkowskij ganz auf die Seite des verhafteten »Opfers« geschlagen hätte. Hier sind ihre Erinnerungen vom 13. Januar 2004: »Gegen Ende der mehrstündigen, sehr kontroversen Diskussion erreichen Neuigkeiten das Sacharow-Zentrum: Die Rechtsanwältin Karinna Moskalenko aus der Gruppe der Verteidiger Michail Chodorkowskijs kommt direkt von einer Unterredung mit ihrem Mandanten im Gefängnis *Matrosenruhe*. Sie überbringt den Menschenrechtlern Grüße Chodorkowskijs und berichtet: ›Die Idee, die ihn heute vor allem beschäftigt, ist der Bürgerrechtsgedanke. Wenn Chodorkowskij aus dem Gefängnis freikommt, will er sich gesellschaftlich engagieren.‹ Sieh an, da hat also auch ein Oligarch unter der Last des Erlebten zu einer staatsbürgerlichen Position gefunden. Die Menschenrechtler klatschen in die Hände wie Kinder bei der Weihnachtsbescherung.«[4]

Zweiter Zeuge ist Herr Alfred Koch. Ihn haben wir auf der Auktion verlassen, bei der er den milliardenschweren Konzern *Jukos* in Chodorkwoskijs Hände legte. Er gilt auch als ein »Demokrat« und ein »Liberaler«, war sogar der Wahlleiter der Partei SPS, einer der zwei russischen Parteien, die den Zusatz »bürgerlich« am ehesten verdienen. Am 23. Juni 2005, Chodorkowskij war bereits zu acht Jahren Gefängnis verurteilt worden, hielt Alfred Koch im Moskauer Literaturcafé *Bilingua* eine Vorlesung, die aufgezeichnet und später veröffentlicht wurde. In Russland ist es verpönt, über jemanden herzufallen, der gerade im Knast sitzt – man behandelt hier in christlicher Tradition Krüppel, Besoffene, Irrsinnige und Häftlinge mit besonderer Nachsicht. Trotzdem sagte Koch: »Die Wirtschaftsgesellschaft hat ein sehr, sehr ungutes Verhältnis zu Chodorkowskij als Geschäftsmann. Nahezu niemand hält ihn für einen Mann, der Unterstützung verdient.« Er erzählte weiter, wie Chodorkowskij gegen ihn eine »Hetzkampagne organisierte«, als der Oligarch 1997 *Swjasinvest* nicht bekommen hatte, ein Filetstück der russischen Wirtschaft.

Die Zuhörer ließen nicht locker und hakten noch einmal nach: Warum hat die »business-community« Chodorkowskij nur lauwarm verteidigt, ihn »verraten«? Koch redete nicht um den heißen Brei: »Tatsache ist, dass ein erheblicher Teil des Establishments, vor allem des intellektuellen Establishments, besonders die politische Klasse, erst dann erfahren hat, dass Chodorkowskij ein Demokrat ist, als er im Gefängnis gelandet war. Bis zu diesem Moment galt er (je nach Grad der Emotionen) als erfolgreicher Geschäftsmann oder geschickter Betrüger. In unterschiedlichen Formulierungen dachten im Grunde aber alle das Gleiche. Daher ist allen in der ›business-community‹ sehr wohl bewusst, was die Gruppe *MENATEP*, die später zu *Rosprom* und dann *Jukos* wurde, an und für sich darstellte.«[5]

Fazit anno 2005 also: »erfolgreicher Geschäftsmann oder geschickter Betrüger«, »im Grunde dachten alle das Gleiche«, erste »Bürgerrechtsgedanken« erst im Gefängnis 2004 »unter der Last des Erlebten«.

Die Belege für sein überschäumendes soziales Engagement sind nicht gerade berauschend. Aber das Leben Chodorkowskijs in der Freiheit und mit *viel* Geld war gerade vorbei. Ab Oktober 2003 saß er im Bau und seit 2005 ist er rechtskräftig verurteilt. Gerade in dieser Zeit bewegt sich etwas in dem Image des berühmten Häftlings. Die Quellen sind versandet, aber 2008 führte *Spiegel* ein Interview mit dem bekannten russischen Autor Boris Akunin. Und siehe da, Akunin sagte etwas, was uns aufhorchen lässt: »Mir scheint, hier gibt es Parallelen zum Schicksal von Andrej Sacharow.«

»*Spiegel*: Das überrascht uns nun aber doch: Sacharow war ein Märtyrer, den die Russen achteten, Chodorkowskij dagegen ist bei vielen verhasst. Die Masse hält ihn für einen Dieb, der sich während der Privatisierung der 1990er-Jahre auf Kosten seiner Landsleute bereichert hat.

Akunin: Sie mag ihn aus zwei Gründen nicht: weil die Russen Reiche generell nicht lieben und weil ihnen sämtliche TV-Kanäle vorgaukeln, er sei ein Dieb. Vergessen Sie nicht: Auch Sacharow war als Atomphysiker zunächst Teil der Elite, er wurde dreimal mit dem Orden ›Held der sozialistischen Arbeit‹ geehrt. (…) Chodorkowskij war sicher kein Engel, sein Unternehmen aber bis zur Zerschlagung das transparenteste im Lande. Umgekehrt war Sacharow, der heute als unangefochtene moralische Autorität gilt, einer der Erfinder der Wasserstoffbombe, die uns alle womöglich eines Tages umbringen wird.«[6] Also, Chodorkowskij gleiche (noch) nicht Sacharow, aber »es gibt Parallelen«.

Nicht alle sind so zurückhaltend wie Akunin. Der französische Philosoph André Glucksmann, der ehemalige »neue Linke«, der unbeschwert zum »neuen Rechten« wurde, schrieb bereits 2007 in *Le Monde* Folgendes: »Natürlich ist Chodorkowskij kein Engel. Auch Sacharow war keiner: Er schuf die sowjetische Wasserstoffbombe. Aber aus der Erkenntnis heraus, welche Unterdrückung und Sklaverei ringsumher herrschten, begann er, Dissidenten zu verteidigen, und rebellierte gegen die rote Diktatur. In das Land kehrte Autokratie zurück und Chodorkowskij, der unternehmerischsten aller Unternehmer, lehnte sie ab. Viele Russen, darunter auch Anna Politkowskaja, sagten mir: ›Er war reich, das verursacht Misstrauen beim einfachen Volk, aber wenn in Russland jemand ins Zuchthaus geht und sich nicht beugt, ist er in den Augen der öffentlichen Meinung geläutert.‹«

Sacharow als Ebenbürtiger Chodorkowskijs reichte dem französischen Philosophen nicht. Deshalb legte er nach: »Michail Chodorkowskij leistet weiterhin Widerstand, und das macht ihn zu einem großen Oppositionellen – Garri Kasparow und Wladimir Bukowskij gleich.«[7]

Kasparow, Schachweltmeister und bekannter Oppositioneller, hat Bewegungen gegen die Macht organisiert, ist selbst auf verbotene Demos gegangen, wurde – für sozial-politisches Engagement und nicht wegen Steuerhinterziehung – verhaftet. Bukowskij verhaftete und verurteilte man in der Sowjetunion viermal. Er saß im GULAG und in speziellen psychiatrischen Kliniken, kämpfte für seine Mithäftlinge. 1976 tauschte man ihn aus gegen den chilenischen Kommunisten Louis Corvalan und er durfte ausreisen. Auch aus dem Ausland kämpfte er weiter – gegen Gorbatschow, gegen Putin, gegen alle, die seinen Vorstellungen von Demokratie und Freiheit nicht entsprachen. Aber niemals hat er versucht, in einer Off-Shore-Zone eine Briefkastenfirma zu gründen, um sich zu bereichern!

Der Chor klingt unisono, nur einige Misstöne stören den Hörgenuss. Einer der besten Russland-Kenner in Deutschland, Alexander Rahr, Autor mehrerer Bücher zur Russland-Problematik, wurde Ende 2010 von *Deutschlandradio* zum Hauptthema der russisch-deutschen Beziehungen befragt:

»*Müller*: Warum geht Wladimir Putin gerade international dieses Risiko ein, einen zweiten Sacharow hervorzubringen?

Rahr: Ich glaube, es wäre übertrieben, Chodorkowskij mit Sacharow zu vergleichen. (…) Ich glaube, da gibt es schon einen *großen* Unterschied.«[8]

Aber das wurde überhört. Die einzelne Stimme Rahrs verklang in der Gesellschaft und wurde kaum wahrgenommen. Dafür aber wurde der Sacharow-Vergleich von der renommierten britischen Zeitung *The Economist* aufgenommen: »Der Wandel Herrn Chodorkowskijs von einem skrupellosen (also doch! – V. T.) Oligarchen, der in einem nahezu gesetzlosen Klima agierte, in einen politischen Gefangenen und Freiheitskämpfer ist eine der faszinierendsten Geschichten (im Englischen steht »tales«, eigentlich »Märchen«, was vielleicht auch dazu mehr passen würde – V. T.) im postkommunistischen Russland. (…) Im engen Sinne könnte der inhaftierte Michail Chodorkowskij mit dem in den 1980er-Jahren verbannten Andrej Sacharow verglichen werden. Sowohl Chodorkowskij als auch Sacharow, ein bedeutender Atomphysiker, wählten einen dornigen Weg.«[9]

Die Ukrainer, die Putin nicht mögen, trugen auch etwas dazu bei und schrieben unter dem Titel »Ein Chodorkowskij werden«, angeblich über Chodorkowskij-Anhänger – aber mit weitreichender Botschaft: »Eben diese Menschen kommen zu den Gerichtsverhandlungen, stellen Putin unangenehme Fragen, schreiben über Michail Borissowitsch Chodorkowskij und bringen dadurch den Kreml dazu, Chodorkowskij als wichtigsten Gegenspieler anzuerkennen, wodurch er gleichzeitig zum russischen Nelson Mandela wird.«[10]

Nach drei Jahren, inspiriert von Geistesblitzen der ausländischen Kollegen, meldete sich der französische Philosoph André Glucksmann erneut, womöglich, weil er merkte, dass der Kasparow und Bukowskij-Vergleich nicht so ganz stimmten, und schrieb noch einen Artikel – jetzt für *Die Welt*: »›In Freiheit‹, so drückt es ein Moskauer Politologe aus, ›verkörperte Chodorkowskij in den Augen des Volkes eine Mischung aus Monte Christo und Nelson Mandela‹. So hat es mir mit nahezu identischen Worten kurz vor ihrer Ermordung Anna Politkowskaja gesagt.«[11]

Erstens wissen wir bereits, *was* Politkowskaja über Chodorkowskij kurz vor ihrem Tod (sie wurde im Oktober 2006 umgebracht) gesagt hat, das steht zum Nachlesen – auch für André Glucksmann – in ihrem letzten Buch. Zweitens kann man doch nicht alles auf die Tote schieben. Und drittens: Was da zwischen dem Grafen von Monte Christo und Bukowskij »nahezu identisch« ist, ist schwer vorstellbar, aber die üppige Phantasie des Franzosen gereicht jedem schöpferischen Geist zur Ehre.

Auch einzelne Leistungen des Häftlings werden gewürdigt. So vergleicht *Spiegel*-Autor Erich Follath das Schlusswort Chodorkowskijs mit der berühmten Rede von Émile Zola *J'accuse!* (»Ich klage an«, in der er wohlgemerkt nicht sich selbst, sondern Alfred Dreyfus[12] verteidigte) und dem jungen »*Máximo Líder*« Fidel Castro[13]. Einen dicken schwarzen Punkt aufs »i« setzte der Journalist Felix Schwedowskij vom amerikanischen *Radio Liberty*, der unumwunden seine Gedanken und Gefühle offenbarte: »Michail Chodorkowskij erinnert mich immer mehr an Mahatma Gandhi.«[14] Sonja Zekri vom schweizerischen *Tagesanzeiger* bezeichnet ihn schlicht als »Messias«[15].

Man hat Chodorkowskij mit nahezu allen, die in der Größe des menschlichen Geistes Rang und Namen haben, auf eine Stufe gestellt. Verdient er das?

Schon der von mir zitierte italienische Mafia-Experte Pino Arlacchi ist da etwas anderer Meinung: »Ich glaube, ich weiß, wie man einen Gangster erkennt, und ich kann sagen, dass Chodorkowskij einer der gefährlichsten Mafiosi war. Aber statt Buße zu tun, in Steueroasen versteckte Beute zurückzugeben und seine Opfer um Vergebung zu bitten, finanziert er PR-Kampagnen, die surreale Dimensionen erreicht haben. Er wird bereits in eine Reihe mit Sacharow und Gandhi gestellt, bald wird er mit Jesus Christus verglichen.«[16]

Nicht verwunderlich, dass ein deutscher Blogger, der mit Sicherheit die oben angeführten Artikel nicht gelesen hatte, dick auftrug: »Man könnte fast meinen, dass die Russen Gandhi, Martin Luther King oder Mandela verurteilt hätten?! Gerade das öffentlich-rechtliche TV ist da ganz besonders empört, wie man diesem Mann ... Ach was, Mann ..., den Heiligen, Engel, den besten Menschen, der je gelebt hat, so behandeln kann!? Würde mich nicht wundern, wenn er nächstes Jahr den Friedensnobelpreis bekommt!«[17]

Ein russischer Autor setzte noch eins drauf: »Wenn ein Mensch, auf dem objektiv keine Stelle mehr frei ist, um ein Schandmal aufzudrücken, anfängt, den Papst, den Weihnachtsmann und Mahatma Gandhi in einem aus sich selbst zu formen – ist das einfach ekelhaft.«[18]

Wir sind nicht emotional, wir behalten einen kühlen Kopf. Deshalb interessiert uns die, sagen wir, etwas verstiegene Hochschätzung des Delinquenten wenig. Aber einige Fragen tauchen in diesem Zusammenhang auf. Zum Beispiel: Was muss man im Gefängnis tun, um es vom »geschickten Betrüger« zu den »surrealen« Höhen von Gandhi und Mandela zu schaffen? Fließt da auch Geld für »PR-Kampagnen«, wie Pino Arlacchi behauptete und was Chodorkowskij in seinem Gespräch mit dem *Spiegel* 2010 bestätigte:

Spiegel: Wie lange können Sie noch Ihre Verteidigung finanzieren und jene Kampagne, die weltweit zu Ihrer Unterstützung läuft?

Chodorkowskij: Diese Ausgaben entsprechen den Möglichkeiten meiner Familie und meiner Freunde.«[19]

Oder ist das nur zweitrangig, und die wichtigste Frage lautet stattdessen: Wenn viele, gar alle Oligarchen auf einem verbrecherischen Weg zu ihrem Reichtum gekommen sind, wie man hört, warum sitzt nur Chodorkowskij im Gefängnis und alle anderen laufen frei herum? Ist das nicht ein Beweis für das Vorgehen einer selektiven, einer politischen Justiz, die den unliebsamen, weil politisch engagierten, Zeitgenossen einsperren ließ? Und wenn das so wäre, müsste doch irgendjemand dem Generalstaatsanwalt einen Befehl gegeben haben, ausgerechnet Chodorkowskij zur Verantwortung zu ziehen?

Wer, wenn nicht der erste Mann des Landes Wladimir Wladimirowitsch Putin? Der Handlungsgrund für Putin ist allen ja bestens bekannt: seine Angst, dass Chodorkowskij ihm sein Amt streitig macht. Also es gibt nicht nur das Subjekt, sondern auch ein Motiv – nach dem bekannten juristischen Motto: Wem nutzt es?

Dieser immer verdächtige Putin

Dass Chodorkowskij ein Putin-Gegner ist, ist eine Binsenweisheit. Das ist jetzt zum ständigen Beiwort, zum unentbehrlichen Epitheton geworden. Eine Steigerungsform ist »der schärfste Gegner«. Das ist, grammatikalisch gesehen, etwas, was nicht zu überbieten ist, ein Superlativ. Es gibt im Deutschen keine höhere Steigerung. Weiter geht es gar nicht. In einigen Sprachen geht das doch, das heißt exzessiv und wird ins Deutsche mit »zu« übersetzt: scharf – schärfer – am schärfsten (schärfster!) – zu scharf.

Ist so eine Sichtweise nicht eben »zu scharf«? Dabei gibt es in Russland unter exponierten Persönlichkeiten keine zwei, die sich so ähnlich sind wie Putin und Chodorkowskij. Beide kamen aus arbeitsamen Familien, die nicht im Überfluss lebten. Beide hatten schon in der Schule feste Berufswünsche: Einer wollte zum KGB, um das Land vor Feinden zu verteidigen, der andere zur Waffenschmiede – mit dem gleichen Ziel. Beide waren erst Komsomolzen, dann KPdSU-Mitglieder. Beide arbeiteten während der Schulzeit, um ihr Taschengeld aufzubessern. Beide studierten an renommierten russischen Hochschulen. Beide sind physisch kräftige Burschen, treiben Sport – und zwar Putin Judo und Sambo, eine russische Kampfart, Chodorkowskij Sambo und Karate. Auch mental beweisen beide gute Standfestigkeit. Beide traten an ein- und demselben Tag – am 20. August 1991 – aus der Partei aus. Beide halten die Auflösung der Sowjetunion für eine geopolitische Katastrophe. Beide sind Verfechter eines starken Staates in Russland. Beide wollen den »sowjetischen Abschnitt der russischen Geschichte« nicht anschwärzen und wie einen Albtraum vergessen. Beide senken die Stimme, wenn sie sich ärgern. Also, ich würde sagen, Zwillinge. Aber kann man nicht auch scharf gegen den anderen Zwilling sein?

Uns interessiert nicht, wie Chodorkowskij nach acht Jahren Gefängnis auf Putin zu sprechen ist. Sicher ist er nicht sein Freund. Uns interessiert, ob er bereits vor der Verhaftung und während des ersten Prozesses ein schärfster Gegner Putins war, was belegen würde, dass Putin ihn wegen dieser Feindseligkeit ins Gefängnis steckte. Hier folgen Zitate Chodorkowskijs aus der Untersuchungshaft im Jahr 2004.

»Ja, Putin ist wohl kein Liberaler und kein Demokrat, aber er ist durchaus liberaler und demokratischer als 70% der Bevölkerung unseres Landes. Und kein anderer als Putin, der die ganze antiliberale Energie der Mehrheit aufgenommen hat, zügelte unsere nationalen Dämonen und ließ nicht zu, dass Shirinowskij (russischer Rechtspopulist – V. T.) und Rogosin (russischer Politiker, dem fremdenfeindliche Ansichten nachgesagt werden – V. T.) die Staatsmacht in Russland ergreifen.«[20]

»Egal wie man zu Putin steht, es ist unmöglich – weil ungerecht – ihn der Tragödie von ›Nord-Ost‹ zu bezichtigen.«[21]

»Die zahlreichen Analysten (…) sind im Unrecht, wenn sie die Wiedergeburt der autoritären Stagnation in Russland auf Wladimir Putin und seine ›Leningrader‹ Mannschaft zurückführen. Der Freifahrtschein zum Autoritarismus der neuesten russischen Geschichte wurde schon 1996 ausgestellt, als Boris Jelzin auf sehr spezifische Weise zum zweiten Mal zum russischen Präsidenten gemacht wurde.«[22]

Es ist vielleicht angebracht, private Antipathien generell nicht zu überschätzen. 1999 standen Putin und der Moskauer Oberbürgermeister Jurij Lushkow politisch gegeneinander. Lushkow ging bekanntlich in seiner Wahlkampagne mit Konkurrenten nicht sehr zimperlich um. So erinnern sich einige Journalisten (ich habe das selbst nicht gelesen), dass damals eine Lushkow-nahe Zeitung mit dem Titel erschien »Blase, Wolodja, blase!«. Wolodja ist Wladimir Putin. »Blasen« ist in Russland im gewissen Kontext genau so zu verstehen wie in Deutschland. Ob es wirklich so einen Artikel gab, ist eher unwichtig: Wichtig ist, dass sich die Beziehung zwischen Putin und Lushkow genau auf diesem Niveau befand. Trotzdem blieb Lushkow (unter Putin) zehn Jahre lang Oberbürgermeister von Moskau und wurde erst durch Präsident Dmitrij Medwedew entlassen.

Kann es sein, dass Putin Chodorkowskij erbittert verfolgte, nur weil er (es folgen weitverbreitete »Gründe der Verhaftung«) a) groß ist und Putin große Männer hasst; b) einmal im Rollkragenpullover ohne

Krawatte im Kreml erschien (welcher Trottel trägt überhaupt eine Krawatte zum Rollkragenpulli?);[23] c) ihn beleidigte, weil er sagte, dass er liberaler und demokratischer ist als 70% der Russen; dass er sich dagegen aussprach, dass man Putin die Verantwortung an der Tragödie um die Geiselnahme durch tschetschenische Terroristen anhängen sollte, »weil ungerecht«; und dass er ihm die Vaterschaft an der »Wiedergeburt des Totalitarismus« absprach?

Eigentlich existiert bis jetzt kein einziger Beleg dafür, dass Putin Anweisungen gegeben hätte, Chodorkowskij zu verfolgen. Nur weil »Putin es sein könnte«, ist noch lange nicht bewiesen, dass er es war. Diese Feinheit hat Shaun Walker von der britischen *The Independent* sehr genau formuliert: Putin ist »ein Mann, der, wie viele glauben, persönlich seine (Chodorkowskijs – V.T.) Verhaftung befahl.«[24] Die Betonung liegt auf »wie viele glauben«.

Die öffentliche Meinung, die stark beeinflussbare und oft beeinflusste, ist aber kein Maßstab für die Rechtssprechung. Bei der »Vorverurteilung von Putin« gibt es so gut wie keine belastenden Tatsachen. Woher kommt der scheinbar unerschütterliche Glaube: Er war es? Nur weil das in der Zeitungskolumne steht? Nur weil viele diese Meinung teilen? Oder kennen wir einfach andere Meinungen nicht? Oder sollen wir Menschen per Meinungsumfrage verurteilen? Irren wir uns nicht in unserem Glauben?

Was heißt – »glauben«! Der *Spiegel* schrieb einmal die Titelgeschichte mit der Überschrift »Glaube und Wahrheit«, in der vom »Glauben« nur Fetzen flogen. Ein Beispiel war besonders beeindruckend: »Seit 1992 hat das New Yorker *Innocence Project* 271 Menschen aus den Gefängnissen geholt, darunter 17 Todeskandidaten. Die Befreiten haben zusammengerechnet rund 3500 Jahre zu Unrecht im Gefängnis gesessen.«[25] Wer hat da in den USA – bis zur Todesstrafe – falsch »geglaubt«?

Der Politologe Stanislaw Belkowskij z. B. nennt andere Namen von einflussreichen Persönlichkeiten, die ein nicht politisches, sondern wirtschaftliches Interesse gehabt haben könnten, Chodorkowskij ins Gefängnis zu befördern. Igor Setschin etwa, ein eingefleischter Gegenspieler Chodorkowskijs. Oder Jurij Birjukow, der stellvertretende Generalstaatsanwalt Russlands. Oder der *Chelsey*-Inhaber und

Milliardär Roman Abramowitsch. Oder ein ganz schön zäher Typ, der sich seinerzeit mit sehr reichen und sehr kriminellen Russen anlegte – und gewann: der Milliardär Oleg Deripaska. Ein anderer Politologe, Gleb Pawlowskij, fügt den Banker Sergej Pugatschow hinzu, dann auch den harten KGBler in Diensten des Kremls Viktor Iwanow und den Präsidenten des brutalen Konkurrenten von *Jukos*, das Staatsölunternehmen *Rosneft*, Sergej Bogdantschikow.[26] Hat die öffentliche Meinung diese Optionen gründlich geprüft? Oder reicht uns ein »immer verdächtiger« Putin?

Nach der Verhaftung Chodorkowskijs gab es einige, die es für nötig hielten, für Chodorkowskij und *Jukos* ein gutes Wort bei Putin einzulegen. Das taten sie anscheinend sehr emotional. Auf alle Fälle reichte es Putin bald. »Zwei Tage nach der Verhaftung des *Jukos*-Chefs trat er vor sein Kabinett – um »›die Hysterie‹ zurückzuweisen«, berichtete damals *Spiegel*. »Er denke nicht daran, der dringenden Bitte der Industriellen- und Unternehmerverbände um ein Gespräch nachzukommen, denn: Es werde keinen ›Handel bezüglich der Tätigkeit der Rechtsschutzorgane‹ geben. Wenn Chodorkowskij verhaftet worden sei, fügte der Präsident hinzu, ›so gehe ich davon aus, dass das Gericht Gründe dafür hat‹. Vor dem Gericht und dem Gesetz seien alle gleich – egal, ›wie viele Milliarden‹ auf dem Konto jedes Einzelnen lägen.«[27] Eigentlich ist daran auch streng rechtsstaatlich nichts auszusetzen.

Ich äußere jetzt ganz ketzerische Gedanken: Kann es nicht sein, dass die Staatsanwaltschaft – nach Jahren des Leerlaufs unter Jelzin – doch einen Halunken zur Verantwortung ziehen wollte? War das eventuell ein Prozess gegen einen Täter, der ein betrügerisches System aufgebaut hatte und es ausgiebig nutzte? Spielten möglicherweise persönliche politische Motive keine Rolle bei dem Strafmaß?

Alle Beschuldigungen Putins fußen auf Meinungen, Annahmen und Mutmaßungen. Gilt auch für Präsidenten und Ministerpräsidenten des Landes eine Präsumtion der Unschuld?

Aber mit diesen Gedanken werde ich mich wohl nicht durchsetzen: Daran *glaubt* doch keiner. Obwohl …

Ende Mai 2011 stellten sich einige auf die Seite Putins. Sieben Menschen aus verschiedenen Ländern kamen zu dem Schluss: Chodorkowskij ist kein Opfer politischer Justizwillkür, er ist kein »politisch

Verfolgter«. Was hätte das für eine Bedeutung für die weitverbreitete anders lautende Meinung gehabt, wenn es sich bei diesen Menschen nicht um die Richter des Straßburger Gerichtshofes für Menschenrechte gehandelt hätte und ihre Meinung nicht in ein Urteil[28] gegossen worden wäre? Die Klage von Michail Chodorkowskij zu dem Hauptvorwurf wurde abgewiesen.

Natürlich, wenn ein Gericht so ein Urteil in der Sache fällt, dann ist die Empörung deshalb sehr groß, weil es nicht der Meinung einiger Betroffener entspricht. Man kann sicherlich Verständnis dafür aufbringen, dass Michail Chodorkowskijs Mutter, Marina Chodorkowskaja, die europäischen Richter der Käuflichkeit verdächtigt,[29] erstens, weil es in Russland immer so war, und zweitens ist sie die Mutter und hat auf baldige Freilassung des Sohnes gehofft. Daher die übertriebene und nicht ganz sachliche Reaktion. Auch nach der zweiten Urteilsverkündung in Moskau schleuderte sie den Richtern direkt im Gerichtssaal entgegen: »Seid alle verflucht!«

Aber auch die Menschenrechtlerin Ljudmila Alexejewa sagte, laut *dpa*: »Wir alle sehen die politische Motivation hinter dem Verfahren gegen Chodorkowskij, aber die Richter sehen das nicht. Ich bin enttäuscht von dem Europäischen Gericht.«[30] Es folgte noch ein Nachsatz, den nur die Russen veröffentlichten: »Wenn sie es nicht sehen, dann sollen sie die Brille aufsetzen oder Vergrößerungsgläser nehmen«. Das bedeutet, dass »auch das Europäische Gericht sich leider dem Druck beugt.«[31]

Sich »dem Druck beugen« hieße in diesem Fall Rechtsbeugung – also bewusste falsche Anwendung des Rechts. In Deutschland ist das ein Verbrechen, das mit einer Freiheitsstrafe bis zu fünf Jahren sowie mit Amtsverlust geahndet wird. Zielte die zwar »Menschen…«, aber doch »…rechtlerin« Alexejewa damit auf die Straßburger Richter?

Die hauptberufliche Anwältin Chodorkowskijs Karinna Moskalenko warf den Straßburger Richtern vor, bei politischen Fragen zurückhaltend zu sein. Gott sei Dank, kann man nur denken, dass wenigstens europäische Richter dem innenpolitischen Kampf in Russland nicht aufgesessen sind! Man kann auch den russischen Anwälten nur wünschen, dass sie mehr nach Recht und nicht nach politischer Zweckmäßigkeit schauen.

Chodorkowskij klagte natürlich gegen diese für ihn niederschmetternde Entscheidung europäischer Richter. Das Kollegium der Großen Kammer des Gerichtshofes für Menschenrechte hat seine Klage abgewiesen. Seit 29. November 2011 ist das Urteil rechtskräftig.[32]
Auch hieraus ergeben sich Fragen: Was für ein Gericht brauchen Chodorkowskij-Fans, damit sie dessen Urteile akzeptieren? Wann gelangen wir zu einem Rechtsfrieden, wenn »unpassende« Gerichtsurteile grundsätzlich angezweifelt werden? Führt das Negieren von allem, was einem nicht in den Kram passt, zu einem Rechtsstaat?
Aber wir waren bei Putin, der angeblich Chodorkowskij aus persönlich-politischen Gründen verfolgte. Zur »Angst«, gegen Chodorkowskij politisch zu verlieren, gibt es nur zwei Zahlen: Der Anteil der Russen, die Chodorkowskij als Präsident des Landes sehen würden, lag und liegt im einstelligen Prozentbereich;[33] 2003, im Jahr der Verhaftung, tendierte er gen Null. Die Werte von Putin lagen damals bei 60–70%. Angst, die in dem und im folgenden Jahr 2004 stattfindenden Wahlen zu verlieren? Woher denn?
Die Frage, warum nur Chodorkowskij sitzt, beinhaltet etwas mehr Klärungsbedarf, ist aber im Grunde nicht viel komplizierter. In der *Perestrojka*-Zeit von Gorbatschow und *Perestrelka*-(Feuergefecht, »Abschuss von Opponenten«)-Zeit von Jelzin waren in Russland nicht die heute bekannten russischen Milliardäre Roman Abramowitsch, Alexander Mamut, Oleg Deripaska oder Wladimir Jewtuschenkow in aller Munde, sondern Boris Beresowskij (*LogoVAZ*), Wladimir Gussinskij (*Most*), Michail Chodorkowskij, Viktor Tschernomyrdin, Rem Wjachirew (beide *Gasprom*), Wladimir Winogradow (*Inkombank*), Alexandr Smolenskij (*SBS Agro – Bank Stolitschnyj*), Wladimir Potanin (*ONEXIM-Bank*), Michail Fridman (*Alfa-Group*), Oleg Bojko (*OLBI, Mikrodin*), Pawel Borodin, unter Jelzin Chef der Präsidentenverwaltung, in der er einen Jahresumsatz von 3 Mrd. US-Dollar »verwaltete«.
Tschernomyrdin, Wjachirew und Borodin »zählen nicht«: Sie waren immer im Dienste des Staates, der Staat gab ihnen Geld und Macht, und der Staat nahm es zurück. Bojko verlor sein gesamtes Vermögen noch 1995. Die zweitgrößte Bank Russlands, *Inkombank* von Wladimir Winogradow, ging 1998 pleite. Smolenskij ist seit Ende des 20. Jahrhunderts mehr Schriftsteller als Oligarch.

Der Motor der russischen Oligarchie, der Mächtigste der Mächtigen unter Jelzin, sein Berater und Finanzier war unzweifelhaft Boris Abramowitsch Beresowskij, auch BAB genannt. Er war derjenige, der die Fäden im Kreml zog, der Gesetze im Parlament durchsetzte oder -fallen ließ, Parteien gründete, der Personalentscheidungen traf, der nach den Worten des Politologen Mark Urnow »persönlich an der moralischen Entartung der Elite um Jelzin, dem Sittenverfall der Jelzin-Familie schuld ist«[34], und der derjenige war, der den unbekannten Wladimir Putin als zukünftigen Präsidenten des Landes empfahl – in der Hoffnung, dass dieser ihm immer zu Diensten sein werde. Herkunft seines Geldes: Anteile an der Erdöl- und Autoindustrie, die er dank seiner Beziehungen zur »Familie« bekommen hatte.

Beresowskij hatte nicht nur Geld als Geltungsquelle. Er kam überdies auf die hervorragende Idee, den russischen Ersten Fernsehkanal zu privatisieren. Seitdem hieß das größte Sprachrohr des Landes ORT, *Obschtschestwennoje rossijskoje telewidenije*, zu Deutsch »Öffentlich-rechtliches russisches Fernsehen«, wurde aber nicht, wie in Deutschland oder Großbritannien, gesetzlich in den Dienst der Öffentlichkeit gestellt, sondern gehörte Beresowskij persönlich. Er sagte dazu: »Das Kapital stellt die Macht in ihren Dienst und formiert den politischen Einfluss im Land. (...) Aus dieser Erkenntnis heraus habe ich 1995 große Anstrengungen unternommen, um das Zentralfernsehen in eine Aktiengesellschaft umzuwandeln. Mir war klar: Es steht ein ernsthafter Kampf um die Macht bevor (was auch ein Jahr später passierte) und man muss voll bewaffnet sein. Dank ORT bekam ich einen gewaltigen Einfluss.«[35]

Zweiter Mann im Oligarchenbunde war Wladimir Gussinskij, der Inhaber des *Most*-Konzerns, zu dem auch die Gruppe *Media-Most* gehörte. Auch Gussinskij besaß einen Fernsehkanal: NTW. Gussinskij und Beresowskij waren nicht gerade befreundet, gingen aber ab und zu gewisse taktisch-operative Bündnisse ein. So ein Bündnis war die Unterstützung von Boris Jelzin in der Wahlkampagne 1996. Vor der Wahl stand die Popularitätsrate von Präsident Jelzin, den Beresowskij »berät«, bei 3%[36], sein Rivale, Chef der Kommunisten, Gennadij Sjuganow, lag mit 35% vorn. Auch Beresowskij selbst glaubte nicht mehr, dass Jelzins Wiederwahl noch zu retten war.

Diese zwei russischen Oligarchen (daraus werden später sieben, Chodorkowskij inklusive) kamen zur Übereinkunft, dass sie alles ihnen Mögliche gegen die Kommunisten tun und den kampferprobten »Demokraten« Jelzin unterstützen sollten. Genau auf dieser Unterstützung basierte die oben beschriebene Privatisierung durch Pfandauktionen der Erdölfelder und Metallurgiekonzerne. Zar Boris beschenkte sie satt.

Bekanntlich gewann Jelzin, verbrachte weitere vier Jahre nicht im Kreml, sondern »bei der Arbeit an wichtigen Dokumenten in seiner Landresidenz«, wie das damals offiziell für das Volk hieß, das sich nicht wenig wunderte, dass sein Präsident wochenlang bei wichtigsten Ereignissen abwesend war. Die Arbeit verrichteten die Berater, deren ersten, Boris Beresowskij, eine russische Zeitung »unser Präsident« betitelte und über ihn schrieb: »Die Macht kann nicht ewig auf dem Boden umherliegen, früher oder später findet sich derjenige, der sie aufhebt. Wenn es in Russland weder Präsident noch Regierung gibt, beginnt Boris Beresowskij die gefallene Macht zu verwalten.«[37]

Ebendieser »Verwalter der Macht« wurde bereits 1999 steckbrieflich gesucht, und die russische Generalstaatsanwaltschaft stellte einen Haftbefehl aus – vor allem wegen vermeintlicher Geldwäsche. Der Präsident des Landes war noch Jelzin, der Ministerpräsident Jewgenij Primakow – Putin war noch Direktor des FSB und Sekretär des Sicherheitsrates Russlands. Jelzin gab seinen Berater nicht auf. Erst im Herbst 2000, als Putin bereits fest im Sattel des Präsidentenamtes saß, sickerte durch, dass die Staatsanwaltschaft eine Anklage wegen Veruntreuung gegen Beresowskij fertig hatte. Beresowskij war gerade im Ausland und entschied, nicht nach Russland zurückzukehren. Beresowskij wurde zur Fahndung ausgeschrieben und in Abwesenheit des Betruges, illegalen Geldtransfers und der Geldwäsche angeklagt.

2007 sprach ein Moskauer Gericht Beresowskij schuldig (in der Strafsache *Aeroflot*) und verurteilte ihn zu einer Freiheitsstrafe von sechs Jahren. 2008 beschlagnahmte das Bundestribunal in der Schweiz Millionen Franken auf den Schweizer Konten einiger Firmen, die zum Teil auch Beresowskij gehörten. 2009 hat ein Krasnogorsker

Gericht Beresowskij des Diebstahls von 140 Mio. Rubel schuldig gesprochen (Strafsache *LogoVAZ* und *AutoVAZ*).

»Probleme« mit Beresowskij haben inzwischen auch Brasilien und die Niederlande, nicht nur Russland und die Schweiz. Währenddessen lebt Beresowskij mit Familie in einem luxuriösen Herrenhaus in der Grafschaft Surrey im Süden Englands, und England macht keine Anstalten, ihn an Russland auszuliefern.

Auch Wladimir Gussinskij genoss den vollen Beistand Jelzins. Von einem Kleinunternehmen über Beraterfirmen avancierte er zum Inhaber von *Most*-Bank und Gruppe *Most*. In *Most* waren 42 Unternehmen vereint, darunter, außer der Bank, drei Fernsehstationen, Radiosender, Zeitungen und Zeitschriften mit gewaltigen Auflagen. Gussinskij wurde zum ersten Bankier, der auch die Gewalt der Medien sehr gut zu nutzen wusste. Im Januar 2000 wurde er zum Vizepräsidenten des Jüdischen Weltkongresses.

Im Juni 2000 beschuldigte man Gussinskij des Betruges, verhaftete ihn; einige Tage später ließ man ihn gegen Kaution frei. Im November entschied die Generalstaatsanwaltschaft neu: Untersuchungshaft. Aber Gussinskij war nicht im Lande. Am 6. Dezember 2000 wurde er durch Interpol zur Fahndung ausgeschrieben. Unter Jelzin galten diese beiden als ebenso unsinkbar wie die *Titanic*!

Chodorkowskijs rechte Hand, Milliardär Leonid Newslin, wiederum ist wegen Auftragsmords in Moskau in Abwesenheit rechtskräftig verurteilt. Er lebt in Israel und wird nicht ausgeliefert.

In England lebt seit Jahren auch Jurij Nikitin, dem in Russland der Diebstahl von 500 Mio. US-Dollar vorgeworfen wird. Nikitin selbst nannte sich schon immer einen »politisch Verfolgten« bis das *High Court of Justice* ihrer Majestät in London entschied, dass er doch zumindest 60 Mio. US-Dollar unterschlagen habe.[38]

Die Liste der in Russland verfolgten Geldmänner ist ziemlich lang. Es gab in Russland auch eine große Runde von Erstmillionären, Pionieren der verbrecherischen Bereicherung. Ihr Handwerk waren Schneeballsysteme, eine Akquise des Baren mit lukrativen Versprechungen – Zinsen, Autos, Dividenden. Einer der ersten war dabei auch der Eigentümer von *MENATEP*, aber viel bekannter waren damals die Eigner von *MMM* (die emittierten sogar ihr eigenes Geld), *Russkij dom selenga (RDS)*, *Hoper-Invest*, *Wlastilina*, *Tibet*. Sie hatten nicht weniger als 50 Mio. Betrogene auf dem Gewissen. Die von ihnen verlorene (oder durch Gauner gewonnene) Summe übersteigt den Jahreshaushalt Russlands. Wurden diese Bauernfänger bestraft?

Ja: Chef der *MMM* Sergej Mawrodi bekam viereinhalb Jahre Freiheitsentzug. *RDS* – zwei Verurteilte, jeweils neun Jahre. *Hoper-Invest* – vier Delinquenten, zwei verurteilt (vier und acht Jahre), zwei sind in Israel untergetaucht. *Wlastilina* – Walentina Solowjowa, sieben Jahre. *Tibet* – Wladimir Drjamow, 15 Jahre.

Man kann also nicht sagen, dass nur Chodorkowskij seine Schuld absitzen muss.

Eine ganz andere Frage: Müssen unbedingt *alle* sitzen? Soll die Gewissheit der Bestrafung immer eintreten? Hier gibt es zumindest zwei Dimensionen: eine rechtliche, die besagt, dass jeder Verbrecher bestraft werden muss. Und eine zweite, nennen wir sie, lebensnahe.

Unter diesem zweiten Aspekt verstehen wir, dass die Justiz nicht alle Verbrechen ahnden kann, es bleibt eine Quote nicht aufgeklärter Straftaten. Daraus resultiert aber auf keinen Fall der Gedankengang, dessen sich die Anhänger der Überzeugung eines »politischen Prozesses gegen Chodorkowskij« gern bedienen: entweder alle Oligarchen vor Gericht zu stellen oder niemanden. Wenn ein Dieb eine Tasche stiehlt und unentdeckt bleibt, heißt das nicht, dass grundsätzlich alle Taschendiebe nicht verfolgt werden dürfen.

Überhaupt kommen »grundsätzliche«, schwarz-weiße Bilder im wirklichen Leben eher selten vor. 2008 brachte die sogenannte »Liechtensteiner Steuer-CD« mit Daten über deutsche Auslandskonten den Skandal um den ehemaligen Postchef Klaus Zumwinkel ins Rollen. Der bekannt gewordene BND-Informant Heinrich Kieber wundert sich über die geringe Zahl von Steuerstrafverfahren gegen Prominente. Er habe Informationen über 5828 natürliche Personen, von denen 46 »politisch exponiert« seien, geliefert. Es hieß, allein die Bochumer Staatsanwaltschaft habe Hunderte Ermittlungsverfahren eingeleitet. Der Fall des ehemaligen Postchefs Klaus Zumwinkel sei aber als Einziger öffentlich geworden.

Warum ist nur er das Opferlamm? Wo sind die restlichen 45 »PEPs, politisch exponierten Personen« geblieben? Warum sitzen sie nicht alle wenigstens (zu Hause) auf Bewährung? Soll Herr Zumwinkel vielleicht ebenfalls vor das Menschenrechtsgericht ziehen?

Der Informant verpfiff auch fast 4000 Stiftungen, Gesellschaften und Trusts, die das Geld in Liechtenstein deponiert hatten. (Warum eigentlich nicht in der Heimat?) Haben wir von einer einzigen gehört? Sicherlich hat juristische Verfolgung auch einen »erzieherischen Effekt«. In Deutschland haben mehrere (aber sicher nicht alle) Steuersünder sich selbst angezeigt, Steuern nachgezahlt, Geldstrafen bekommen. Und der Staat hat von weiterer juristischer Verfolgung abgesehen. Interessant sind auch Tendenzen. Im Beispiel der Liechtensteiner CD: Der Fall Zumwinkel wurde öffentlich, Hunderte von Selbstanzeigen kamen und blieben geheim. Die nächste, Schweizer, CD: Kein Fall wurde publik, es kamen aber mehr als 11 000 Selbstanzeigen. Summe der Nachzahlungen – mehr als eine Milliarde Euro. Motto der Steuerschaaf-Schur: »Jeder soll wissen, dass es auch ihn treffen kann« (aber nicht muss). Der Staat ist auch so höchst zufrieden: »Die Steuermoral« wird auf Dauer gesteigert. Selektive Gerechtigkeit? Ja, was denn sonst.

Die vorerst letzten (September 2011) Meldungen in der Sache: Um den Fall zu schließen, will sich die Bundesregierung Milliarden Euro von Steuerhinterziehern holen, die ihr Geld in die Schweiz gebracht haben. Sie sollen einmalig 19% bis 34% auf ihr Schwarzgeld zahlen, dafür aber unbehelligt bleiben. So sieht es das Steuerabkommen zwischen Deutschland und der Schweiz vor. Alle laufenden Ermittlungen werden eingestellt. Die Steuerbetrüger hätten dann ihr Geld anonym legalisiert. Keiner landet im Gefängnis. Der deutsche Finanzminister erhofft sich davon bis zu 10 Mrd. Euro. SPD-Fraktionschef Frank-Walter Steinmeier bezeichnete das als »Beihilfe zur Steuerhinterziehung«[39]. Von einem »Schlag ins Gesicht« der ehrlichen Bürger reden einige Zeitgenossen, die an die »Gerechtigkeit für alle« ungeteilt glauben. Und wen schert's?

Die Russen sind nicht anders gestrickt: 2003 wurde Chodorkowskij verhaftet, und bereits 2005 meldete die Steuerbehörde, dass »in letzter Zeit die Erhebung von Steuern von Ölgesellschaften beeindruckend anstieg«. Praktisch alle Ölgesellschaften hatten ihre zu zahlenden Steuern nach oben korrigiert und in die Staatskasse größere Summen überwiesen. »Im Vergleich zu 2003 beliefen sich im vergangenen Jahr die Steuereinnahmen auf 250%, und dieser Trend hat sich im ersten Halbjahr dieses Jahres fortgesetzt«, so die Behörde. Im ersten Halbjahr 2005 wurden 238 Mrd. Rubel Steuermehreinnahmen verzeichnet, etwa 7 Mrd. Euro über dem Plan – kein Pappenstiel. Der Chef der Steuerbehörde Anatolij Serdjukow nannte das den »*Jukos*-Effekt«.[40]

Also ein offensichtliches Ziel der Verfolgung der Wirtschaftsstraftaten ist sowohl in Russland als auch in Deutschland nicht die Bestrafung aller, sondern kurzfristiges Füllen der Kasse und die Gewährleistung »der hohen Steuermoral« auf Dauer.

Ein weiterer Gedanke zur scheinbaren Inkonsequenz der Strafverfolger weltweit kommt von einem profunden Kenner der »Mafialandschaften«, dem Investigativ-Autor Jürgen Roth: Namen und Adressen der Banken, über die kriminelle Gelder fließen, sind bestens bekannt. Allein durch Off-Shore-Zonen werden täglich 3 Billionen US-Dollar geschleust. Um dem wirtschaftlichen (und übrigens terroristischen) Verbrechen auf einen Schlag das Handwerk zu legen, warum blockieren die USA und die EU sie nicht alle auf einmal? Der Autor gibt selbst die Antwort: Die Geldflüsse seien so enorm, dass »das Weltwirtschaftssystem zusammenbrechen würde, das auch von den kriminellen Geldern am Leben erhalten wird.«[41]

Dass bei geschätzten 50% Schattenwirtschaft auch die russische Wirtschaft mit kriminellen Geldern am Leben erhalten wird, steht außer Frage. »Und natürlich ist der Fall *Jukos* eine sehr gute Lektion«, sagte der russische Finanzexperte Dr. Oleg Wjugin. »Er ist wichtig, um neue Regeln zu etablieren. Vielleicht ist es in dieser Situation nicht so von Bedeutung, 100 Jahre zurückzuschauen und ein Unternehmen zu ertappen, das im Jahr 1913 der zaristischen Regierung keine Steuern zahlte. Aber es ist wichtig, neue Regeln zu etablieren. Und dies geschieht gewöhnlich an Beispielen.«[42]

Also, ein Exempel zu statuieren – ja; alle einsperren – nein.

Aber »ein Beispiel« muss nicht unbedingt »Chodorkowskij« heißen. Deshalb bleibt noch immer die Frage zu beantworten: Warum ausgerechnet er?

Bester Schüler

Chodorkowskij ist ein cooler Spieler-Typ. Beststudent, zielstrebig, kalt kalkulierend. Dennoch ist für ihn nicht unbedingt das Resultat das Wichtigste, sondern der Prozess an sich. Er war mit Ende zwanzig Berater des russischen Ministerpräsidenten, dann stellvertretender Minister. In Russland war der Sozialismus zusammengebrochen, keiner wusste, wie es weitergehen sollte. Keiner – außer Chodorkowskij. Er beriet die Regierung in schwierigen Fragen der wissenschaftlich-technischen und industriellen Politik, über die Verbesserung des Systems der gegenseitigen Abrechnungen, über die Regulierung des Bankwesens – und es gibt keinen Beweis, dass er das schlecht gemacht hat. Dann schied er aus der Regierung aus, ging aber auch danach im Kreml und im Weißen Haus ein und aus und beriet weiterhin die Regierung, die marktwirtschaftliche Vorlagen für das Parlament vorbereitete.

Das Spiel des Unternehmers Chodorkowskij hieß: Gesetzeslücken aufspüren und sie ausnutzen. Er erzählte im Jahr 2009 selbst, wie spannend das war, erst einmal den Stumpfsinn der in das Parlament eingereichten Entwürfe zu kritisieren, und dann, nachdem das Gesetz in Kraft getreten war, seine Berater zu sammeln und doch noch Schlupflöcher zu finden. Dann ging er lächelnd in die Regierung und erzählte, was er entdeckt hatte und »wie er das nutzen wird oder bereits nutzt«. Die Regierung griff sich an den Kopf und bereitete neue Gesetzesentwürfe vor, aber, weil die gesetzgebenden Mühlen nur langsam mahlen, nutzte Chodorkowskijs Firma in der Zwischenzeit die Lecks. Gesetzeskonform. So schien es zumindest. Bis zum nächsten Mal. »Ja, das war eine kleine Rache, womöglich eine Sünde der Eitelkeit (…). Das war unser andauerndes Turnier«, schrieb Chodorkowskij einmal und fügte hinzu: »Der Regierung ihre eigenen Fehler in der Gesetzgebung zu demonstrieren, das war das größte intellektuelle Vergnügen.«[43]

Die Wut der Regierungsbeamten auf den Klugscheißer kann ich mir lebhaft vorstellen. Aber das Spiel ging weiter – über mehrere Runden. Die Hauptrunde des Spiels nannte sich »Steueroptimierung«. Je mehr *Jukos* gewann, desto größer ward der Zorn. Eines Tages merkten die Gegenspieler: *Jukos* war Champion geworden.

Ihre Entrüstung fand ich sehr passend in der Zeitschrift *Expert* beschrieben: »*Jukos* wurde Champion in dem Maße der Anwendung der Methoden der Steueroptimierung und in der Tätigkeit zum gesetzgebenden und propagandistischen Schutz seines Tuns. Die Anwendung solcher Verfahren, gedeckt von der Arbeit mit den gesetzgebenden Versammlungen in den Regionen und der Werbung von *Jukos* in allen Medien, kam nicht umhin, einen stetig steigenden Unmut der Steuerbehörden und Gouverneure hervorzurufen. Aber der Dienst für die Pflege der Beziehungen zur Öffentlichkeit (d. h. zur Macht) dieses Unternehmens blockte lange Zeit erfolgreich jeglichen Kampf der regionalen Administrationen mit der Steueroptimierung ab, darunter auch in den Schiedsgerichten.«[44]

In der Frage, warum Chodorkowskij und nicht andere Oligarchen vor Gericht gekommen sind, ist also eine Teilantwort da: Alle schummeln bei den Steuern, bei *Jukos* wurde der Übergang der Quantität in die Qualität vollzogen. Wie im *Drachen* des russischen Dramatikers Jewgenij Schwarz: »Wenn man der Sache auf den Grund geht, so bin ich persönlich an nichts schuldig«, sagt der Drachenhelfer Heinrich, »man hat mich so gelehrt.« »Alle hat man gelehrt«, antwortet ihm der Drachentöter Lanzelot, »aber warum hast du dich als bester Schüler erwiesen, du Rindvieh!?«[45]

Als Bestschüler kann man auch Chodorkowskij bezeichnen. Erstens bekam er in Sachen Steuerhinterziehung und Korruption auch von den best informierten Kollegen Höchstnoten.

Zweitens, nicht Putin, sondern vor allem regionale Steuerbehörden und regionale Führung waren schon unter Jelzin mit der »Steueroptimierung« unzufrieden, weil gerade dort, im tiefen und kalten Sibirien und nicht in Putins Wohngegend, unbeheizte Schulen standen und alte Bettlaken im Krankenhaus entzweigeschnitten werden mussten, um damit je ein Bett beziehen zu können.

Drittens, das obige »gedeckt von der Arbeit mit« heißt im »russischen« Klartext: Die Abgeordneten vor Ort wurden geschmiert.

Viertens, »Werbung in allen Medien« bedeutet, die Redaktionen und ihre positiven Meinungen wurden gekauft und negative Meldungen – mit Geld – verhindert. Ein durchaus üblicher Umgang der Oligarchen mit der Presse – darüber werden wir noch ausführlicher reden.

Fünftens, »blockte ab« will sagen: ließ hoch sitzende Freunde aus Moskau (dort regierte zu der Zeit noch Jelzin, der mit dem Geld von *Jukos* in den Präsidentensessel katapultiert worden war) in der Provinz anrufen, korrumpierte und schmierte.

Sechstens, die damalige Gesetzgebung Russlands war so schlecht, dass die guten und von *Jukos* gut bezahlten Rechtsanwälte aus Moskau die Prozesse in der Provinz leichthin gewannen, falls es überhaupt zur Anklage kam.

Können Sie sich die Erbitterung derjenigen vorstellen, die alles sahen, alles wussten, aber nichts machen konnten, weil der in hohen Kreisen gut vernetzte Chodorkowskij reicher und deshalb schlauer bzw. schlauer und deshalb reicher als sie war?

Der Zorn staute sich allmählich. Im Jahr 2000 änderte sich einiges. Putin kam und forderte: Jelzins Ablassbriefe gelten nicht mehr.

Heute sagt man mit Recht, die Justiz in Russland sei nicht unabhängig, weil sie auf einen Wink aus Moskau gewartet habe, um die Sache *Jukos* ins Rollen zu bringen. Das stimmt. Ich stelle die Frage jedoch einmal anders: War die Justiz unter Jelzin unabhängig, als allen bekannt war, dass man *Jukos* lieber nicht anfassen sollte, weil dies so oder so von ganz oben ausgebremst werden würde? Unter der Regierung Putin schaute die Staatsanwaltschaft genauer hin und fand das Vergehen.

Also hat in Russland die Politik eine Schlüsselfunktion. Deshalb strebten stets viele Geldsäcke in Russland nach Macht – abgesehen davon, dass ein Abgeordnetenmandat auch Immunität gegen juristische Verfolgung bedeutete. Alle, die Geld genug besaßen, alle, die Geschäfte in freundlichen Rahmenbedingungen führen wollten, drängten danach, diese Bedingungen zu gestalten. Das geschah auf verschiedene Weise – durch Schaffung eines gefälligen Informationsfeldes, Korruption der Behörden und Lobbytätigkeit in der Duma, sodass nur die genehmen Gesetze angenommen wurden.

Hierzu ist anzumerken, dass sich die deutsche Vorstellung von Lobbytätigkeit grundsätzlich von der russischen unterscheidet. Lobby in Deutschland bedeutet vorwiegend Arbeit der Interessenverbände, die ihre vielleicht einseitigen, aber sachkundigen Argumente für die Politik liefern. In Russland ist das eine Aufgabe der dicken Brieftasche. Abgeordnete werden nicht mühsam überzeugt, sondern gekauft. Es gab dafür Tarife. Die Abhängigkeit der Abgeordneten von Gaben und Zuweisungen glich 2000 der Drogenabhängigkeit eines Junkies.

Im selben Jahr rief Präsident Putin die Oligarchen zu sich und schloss mit ihnen eine Vereinbarung. Die Unternehmer sollten sich mit dem wirtschaftlichen Gedeihen ihrer Unternehmen beschäftigen und die Politiker ihren Job machen, die Politik. Das nannte man später »gleiche Entfernung der Oligarchen von der Politik«. Diese gleiche Entfernung bedeutete zweierlei: Erstens, es würde keine Wirtschaftbosse geben, die dem Präsidenten Putin näher als die anderen stünden, es würde demnach keine »Familie«, kein Clan, gebildet. Zweitens die Botschaft: Macht euer Geld, aber pumpt das große Geld nicht in die Politik, verzerrt damit nicht den Volkswillen.

Diese Vereinbarung ist bis jetzt sehr umstritten. Besonders Chodorkowskij-Anhänger pochen darauf, dass keinem Bürger des Landes politische Aktivität verwehrt werden dürfe, dass es von Putin schlicht undemokratisch und autokratisch sei, jemanden aus dem politischen Prozess auszuschließen.

Das ist, wie der Gründer der Sowjetunion Wladimir Lenin zu sagen pflegte, »der Form nach richtig, im Kern aber eine Verhöhnung«. Der feine Unterschied zwischen politischer Beteiligung der Vermögenden mit ihrem Kapital in den gestandenen Demokratien und in Russland ist: Im Westen ist diese Beteiligung (lassen wir Kritiker der westlichen Demokratie für einen Augenblick verstummen) transparent und praktisch auf überschaubare Summen begrenzt. In Russland – undurchsichtig (sprich, bar) und es geht um Hunderte Millionen US-Dollar. Selbst das Wort »Spende« als freiwillige und unentgeltliche Leistung wird verspottet, weil russische Spender natürlich für das Geleistete von dem Benefiziar, dem »Bespendeten«, nicht nur eine Gegenleistung erwarten, sondern schonungslos fordern.

Käufliche Abgeordnete

Um die Implikationen der Ansage Putins, die Oligarchen sollten sich bei der Finanzierung ihrer politischen Aktivitäten an das Gesetz halten, besser zu verstehen, muss ich weiter ausholen. Wenn ich schreibe, dass Russland korrupt war und korrupt ist, verstehen deutsche Leser höchstwahrscheinlich nicht, was ich meine. Das ist Erfahrung, keine Beleidigung.

Korruption gibt es überall auf der Welt, natürlich auch in Deutschland. Eine Organisation namens *Transparency International* (*TI*) erstellt jährlich das sogenannte *Worldwide corruption perceptions ranking of countries*, also den weltweiten Korruptionsindex, in dem fast alle Länder der Welt aufgeführt sind und »nach der Tiefe des Falls« rangieren. Je kleiner die Zahl ist, desto weniger korrupt ist das Land. Dabei gehört Deutschland zwar nicht unter die ersten zehn, aber hat einen festen Platz im zweiten Dutzend, 2011 war es unter der Nummer 14 angeführt.

Der Korruptionsindex ist natürlich nicht alles: In jedem Land gibt es auch die sogenannte Schattenwirtschaft, die in Deutschland etwa mit 15% des Bruttoinlandprodukts (BIP) beziffert wird. Und wir in Deutschland wissen, wie man sich fühlt, wenn man 15% Schattenwirtschaft hat und das Land den 14. Platz in dem Korruptionsindex belegt: Wir ärgern uns über die *Siemens*-Mitarbeiter, die irgendwo in Afrika für ihre Aufträge Milliarden bezahlen; wir wissen, dass manche Sozialhilfeempfänger schwarz dazu verdienen; wir hören von Nachbarn, dass irgendjemand ohne Rechnung einen verstopften Abfluss reinigt; wir lesen über die auf dem Bahnhof verhafteten Drogenkuriere, die ab und zu auf dem Weg aus den Niederlanden geschnappt werden; wir überlegen, ob das richtig ist, geklaute Bankdaten mit den Namen mutmaßlicher Steuersünder anzukaufen; und ab und an zündet jemand eine Zigarette an, die über Polen oder

Tschechien aus der Ukraine geschmuggelt wurde ... All das ist gefühlte 15% Schattenwirtschaft und 14. Platz von 200 Ländern in dem besagten Index.

Russland steht bei TI auf dem Platz 143 (2011). Davor, also weniger korrupt, sind Sierra Leone, Pakistan, Niger und der Libanon. Es folgen solche Länder wie Kenia, Papua-Neuguinea und die mit unserer Hilfe sich auf dem Weg zur Demokratie befindlichen Irak und Afghanistan. Schattenwirtschaft in Russland hat keiner vernünftig analysiert, keiner sinnvoll quantifiziert, also in Zahlen ausgedrückt (geht auch nicht so einfach, weil dieser Teil der Wirtschaft eben im Schatten liegt ...), aber mit 40 bis 50% muss man schon rechnen (russische Wirtschaftswissenschaftler im Staatsdienst reden von 14–16%, die Weltbank (2010) von 48,6% des BIP, was m. E. eher der Wahrheit entspricht). Das heißt, jeder zweite Rubel geht am russischen Fiskus vorbei.

Unter Jelzin waren Korruption und Schattenwirtschaft ganz besonders stark ausgeprägt.[46] »In Westeuropa und den USA kontrolliert die Organisierte Kriminalität nur solche verbrecherischen Zweige wie Prostitution, Drogenhandel und Glücksspiel. In unserem Land kontrolliert sie alle Tätigkeitsbereiche«[47], sagte 1995 der Berater Jelzins, Pjotr Filippow.

Gegen Schattenwirtschaft gibt es viele Rezepte, sie alle kann man in dicken Büchern nachlesen. So richtig helfen sie nicht, sonst hätten wir keine Schattenwirtschaft mehr. Aber unter allen Verordnungen gibt es eine, die tatsächlich einiges aus dem Schatten ans Licht holt. Die Arznei ist radikal und für den Staat schmerzhaft: Sie heißt Steuersenkung. Nicht um 0,15% oder 0,17%, nicht mit der Biegung der Steuerkurven sondern durchgreifend.

Putin senkte bereits in seinem ersten Präsidentenjahr die Einkommenssteuer von 32% auf 24%, dann generell auf 20%, einige Unternehmen bekamen kraft Gesetz einen Steuersatz von 13%. Der Mehrwertsteuer-Satz wurde von 28% auf 18% gesenkt. Putin sagte: »Wir brauchen niedrige Steuern, aber wir müssen viel davon einnehmen.« – Lesen Sie die Bücher westlicher Wirtschaftswissenschaftler, Spezialisten für Schattenwirtschaft und Sie werden dort genau diesen Ansatz finden.[48] Fakt ist: Russland nahm danach mehr Steuern ein als vorher.

Aber auch eine transparentere Wirtschaft macht aus Russland keinen Musterschüler in Sachen Korruption. Dort lächelt man müde, wenn man von den Korruptionssorgen der Deutschen hört. In Russland wird bis jetzt überall geschmiert – beim Arzt, in der Schule, an der Hochschule, bei der Armee, vor dem Geschäft, nach dem Geschäft und währenddessen. Ein Verbrecher kann nicht nur einen Milizionär auf der Straße schmieren, sondern auch Untersuchungsrichter, Gerichtsmediziner, Experten, Staatsanwalt und, wenn es sehr nötig ist, auch Richter. Das bedeutet nicht, dass alle oben genannten Würdenträger käuflich sind, aber es gibt oft praktische Möglichkeiten, nützliche Personen zu korrumpieren. Natürlich werden auch andere Beamte geschmiert bei der Vergabe der Staats- und kommunalen Aufträge, um schnell einen Reisepass zu bekommen, um eine Villa im Naturschutzgebiet zu bauen, um etwas zu bekommen, das grundsätzlich verboten ist – »als Ausnahme«.

Allerdings gibt es nicht nur wirtschaftliche, sondern auch politische, wenn Sie wollen, »demokratische« Komponenten der Korruption. Auch hier kauft man in Russland alles, was man braucht: Man kauft einen – positiven oder negativen – Artikel in der Zeitung oder eine politische Fernsehsendung samt Moderator, man kauft Abgeordnete und ganze Fraktionen und besticht politische Parteien. Man bestellt Demonstrationen und Gegendemonstrationen, dafür gibt es feste Organisationsstrukturen, die wie Wirtschaftsunternehmen mit Profit, aber ohne Steuern arbeiten, und es gibt in bestimmten Städten für bestimmte »demokratische Dienstleistungen« auch bestimmte Sätze – pro Stunde, pro Abend, pro Tag, mit Transparent oder ohne, mit Pfiffen, mit Spucken oder Küssen (je nach Auftrag) aufs Porträt und, wenn nötig, auch mit Verbrennen jeder beliebigen Staatsfahne – und und und.

Um Präsident des Landes zu werden, um als Kandidat registriert zu werden, muss man in Russland z. B. eine Liste mit zwei Millionen Unterschriften von Bürgern vorzeigen – und zwar aus allen Regionen des Landes. Alle wissen, dass das praktisch unmöglich ist. Deshalb gibt es Dutzende Firmen, die diese Arbeit übernehmen – vom Computer aus, Kostenpunkt (1996) 500 bis 5000 Rubel pro Unterschrift. Es gab Firmen, die eine Datenbank mit acht Millionen Personalausweisangaben gesammelt hatten und dem Kandidaten eine beliebige Anzahl (gefälschter) Unterschriften liefern konnte. Ja, es sitzen dort Dutzende bis Hunderte Mitarbeiter, die mit verschiedenen Kulis die Autogramme tätigen …

Das klingt unglaublich, das ist auch unglaublich. Das ist aber die Realität in dem Land. Das ist Demokratie à la russe.

Und wenn Präsident Medwedew 2011 sagte, es gäbe – trotz aller, auch substantieller Anstrengungen – keinen Fortschritt bei der Korruptionsbekämpfung, glaube ich ihm sofort aufs Wort. Es ist ein mühsamer Kampf – von 50% der Schattenwirtschaft auf 49% zu kommen. Es ist sehr schwer, von einem 143. TI-Platz auf den 142. zu klettern. Der Korruptionsgedanke ist tief in den Köpfen der Bürger (oder lieber: Einwohner) verwurzelt, man schmiert, ehe man denkt, die Hand zuckt automatisch nach dem Portemonnaie.

Ausgerechnet diese Erfahrung haben Deutsche nur selten gemacht, deshalb wissen sie in der Regel nicht, was das im Alltag bedeutet. All das ist jedoch wichtig zu wissen, um Risiken zu analysieren, die für eine demokratische Entwicklung entstehen könnten, wenn jemand in diesen Mechanismus plötzlich größere Mengen Geld stecken würde. Und Chodorkowskij hat viel Geld in die Politik gesteckt und beabsichtigte, noch mehr investieren zu wollen. Das Wort »investieren« ist in diesem Fall absolut am Platze. Seit Jahrzehnten erweisen sich Investitionen in die russische Politik als äußerst rentabel. Chodorkowskij wusste die Landschaftspflege zu schätzen. Und für seine Zwecke zu instrumentalisieren.

Hatte die Bestechung der Abgeordneten fassbare Folgen für Russland? Allerdings. Die Abläufe im russischen Parlament haben seit Ende der 1990er-Jahre die Machthaber in Russland, darunter auch Putin, geärgert. Die Novellierung eines Gesetzes kam in der Duma nicht durch. Es ging um »ausschließliche Rechte für die Unternehmen auf Schürfung und Förderung von Mineralrohstoffen«, ein sogenanntes *SRP-Gesetz*. Es gab gewisse Vorstellungen des Staates, es gab auch die der Unternehmen der Erdölbranche. Es gewannen die Unternehmeransichten. Ein besonderer Nutznießer war *Jukos*. Passiert.

Dann gab es ein Gesetz, nach dem die Entscheidungen über die Ausfuhrgebühr für Erdöl nicht mehr das Ministerkabinett, sondern die

Duma treffen sollte. Die Erklärung der Abgeordneten: Die Ministerien sind korrupt, die Duma nicht. Einleuchtend.

Nun wurde ein Gesetz über die Bodenrentenzahlungen, eine Art der Mineralölsteuer für die Erdölförderunternehmen, in der Duma erörtert. Kostenpunkt für Staat (und Unternehmen!) – 2 Mrd. US-Dollar pro Jahr. Nicht angenommen; die Abgeordneten waren wieder auf der Seite der Industriekapitäne. Finanzminister Aleksej Kudrin und Minister für Wirtschaftliche Entwicklung German Gref versuchten, die Abgeordneten zu überzeugen, erzählten, was der Staat verlöre. Vergeblich. Vorteile durch das Gesetz bekamen nur *Jukos* von Chodorkowskij und *Sibneft* von Abramowitsch. Ja, so ist es halt im Pluralismus.

Aber die Häufigkeit verwunderte. Die Präsidentenadministration schaute genauer hin und kam dahinter: Für das Stimmen gegen das Gesetz wurde Geld bezahlt.[49]

Ein offenes Geheimnis in Russland ist, dass Chodorkowskij mehrere sowohl rechte als auch linke Parteien finanzierte – man nannte Summen von Dutzenden von Millionen US-Dollar. Wenn jemand den Rechten und den Linken gleichzeitig Geld gibt, dann ist das keine Frage der politischen Überzeugungen des Spenders mehr, sondern des »russischen Lobbyismus«. Es ist auch bekannt, dass einige Abgeordnete bei *Jukos* auf der Lohnliste standen.

So etwas ist auch in westlichen Demokratien keine Seltenheit. In Deutschland ist uns zumindest die Geschichte von 1972 mit dem Abgeordnetenkauf bei dem Misstrauensvotum gegen Willi Brandt gut in Erinnerung. Heute gilt es als sicher, dass damals mindestens zwei Stimmen der Opposition gekauft wurden, und es ist unwichtig, wer zahlte, wichtig ist zu wissen, dass Volksvertreter einem »unanständigen Angebot« nicht widerstehen konnten.

Was Deutsche können, beherrschen die Russen auf dem Gebiet virtuos. Eine schleichende Bezahlung der benötigten Abstimmungsergebnisse von Fall zu Fall war immer wieder an der Tagesordnung. Es gab stets Abgeordnete, die ihr Mandat als Lizenz zum Gelddrucken verstanden haben.

Aber allmählich erreichte die »alltägliche, durchschnittliche« Korruption in der russischen Duma exorbitante Ausmaße. Der Parlamentssprecher Gennadij Selesnjow sagte damals: »Wenn in der Duma Gesetzesentwürfe besprochen werden, die Interessen von *Jukos* tangieren, habe ich den Eindruck, im Saal säßen 250 Dubows.«[50] Der Volksabgeordnete Wladimir Dubow ist einer der Inhaber von *Group MENATEP Limited*, der Stammgruppe um Chodorkowskij, der im Parlament – sogar als Vorsitzender des Steuerausschusses – die Interessen der Gruppe wahrnahm.

Sergej Prawosudow, der Direktor des Instituts für nationale Energetik, der *Jukos* als »effektivste Lobby« bezeichnete, erzählte folgende Geschichte: »In der heutigen Duma (2003 – V. T.) hat sich die Situation so entwickelt, dass *Jukos* praktisch immer die für eine Entscheidung notwendigen 226 Stimmen bekommen kann. (…) Besonders anschaulich war es während der Diskussion in der Duma über die Änderungen, die den Abschluss und die Durchführung der *SRP* betrafen. Während dieser Debatte in der Sitzung des Haushaltsausschusses saßen neben den Abgeordneten auch die Vertreter der juristischen Abteilung von *Jukos* und sagten ihnen die notwendigen Argumente vor.

Noch malerischer war die Erörterung dieser Änderungsanträge in einer Sitzung der Staatsduma. Am 14. Mai um 16.57 Uhr, als die Aussprache über den Gesetzesentwurf zu Ende ging, stand am Pult der Abgeordnete Sergej Stogrin. (…) Bevor er mit der Begründung seiner Position begann, kam Wladimir Dubow auf ihn zu und überreichte ihm ein Handy. Stogrin vertiefte sich in ein Telefongespräch über den Sinn der Änderungen, die er den Volksvertretern vorschlagen sollte. Den Worten des Vorsitzenden Gennadij Selesnjow nach, hatte die Duma so etwas bisher noch nie gesehen. Hier die Reaktion Selesnjows laut Sitzungsprotokoll: ›Sergej Iwanowitsch (Stogrin), haben Sie keine Gottesfurcht! (…) Das ist doch eine Frechheit! Das ist der Abgeordnete Dubow, der mit solchen Dingen provoziert. Legen Sie Ihr Telefon beiseite. Eine Missachtung der Duma. So was gab's noch nicht, dass dem Berichterstatter Anweisungen per Telefon gegeben werden.‹«[51]

Auch hier ging die Quantität allmählich in Qualität über. Auch hier wurde Chodorkowskij zum Klassenbesten. Man merkte, dass keine der großen Parlamentsentscheidungen im Wirtschaftsbereich passieren konnten, ohne dass Chodorkowskij dazu seinen Segen gab. Dabei war er kein Vorsitzender einer mächtigen Partei, kein Fraktionschef. Er war ein einfacher Bürger, aber einer mit viel Geld. Das war kein Parlament mehr, das in gewisser Weise dem Volk und den Wählern verpflichtet ist, sondern eine Aktiengesellschaft, eine Tochterfirma von *Jukos*. Politik wurde schlicht privatisiert. Die Gesetze wurden von gekauften Abgeordneten nicht im Interesse der Mehrheit der Gesellschaft, sondern nur im wirtschaftlichen Interesse von *Jukos* angenommen. Der aus Jelzin-Zeiten stammende Witz: *Volksabgeordneter verkauft Stimme. Preis nach Vereinbarung* – verlor auch unter Putin nicht an Brisanz.

2011, nachdem über Chodorkowskij zwei Urteile gesprochen wurden, ist er in seinen Äußerungen sehr grüblerisch und reserviert. Anders vor 2003. Damals war er noch voll in seinem Element. In der britischen Zeitung *The Independent* schrieb Shaun Walker 2010 einen Kommentar zu den Memoiren von Lord John Brown, Chef der *British Petroleum* (*BP*), einer der größten Erdölkonzerne der Welt: »Brown behauptet, dass, als er den Chef von *Jukos* kurz vor seiner Verhaftung in sein Haus in Cambridge zum Lunch einlud, ihm der Oligarch davon erzählte, ›wie man Menschen in die Duma wählen kann, wie er es so arrangieren könnte, dass die Erdölgesellschaften keine großen Steuern zahlen würden und dass eine große Menge einflussreiche Menschen unter seiner Kontrolle stehen‹. Später, schreibt Lord Brown, sagte ihm Putin in Bezug auf Chodorkowskij: ›Mit diesem Mann habe ich mehr Dreck gegessen, als mir lieb wäre.‹«[52]

Der bereits erwähnte Gennadij Selesnjow, der Sprecher der Duma, ließ sich über die Geschäftsgebaren von *Jukos* sogar zu der Bemerkung hinreißen: »Das kotzt mich an!«[53]

Als Putin 2000 mit den Oligarchen Gespräche über ihr »politisches Engagement« führte und sie »zur Mäßigung« aufrief, ging es ihm nicht um die problematische »Finanzierung der Parteien«, wie es in westlichen Medien kommuniziert wurde, sondern um den dreisten Aufkauf der parlamentarischen Mehrheiten mit verheerenden Folgen für die Rechtsstaatlichkeit und Demokratie.

Ich schreibe hier nur vom (korrumpierten) Parlament, als einer der (in Russland wackligen) Ecksteine der demokratischen Gesellschaftsordnung. Aber *Jukos* bezahlte nicht nur Abgeordnete: Einige Bürgermeister, Minister, Gouverneure und sogar die Vorsitzende des Menschenrechtsausschusses bei dem Präsidenten der Russischen Föderation standen im begründeten Verdacht, entgeltlich die Gewinnsüchte der Chodorkowskij-Gruppe zu beschützen.

Aber halt! Atmen wir tief durch. Was heißt: Gekauft, gekauft, gekauft? Wer sagt das? Danilin, Krystal, Poljakow, die ein Buch mit dem Titel *Feinde Putins* veröffentlicht haben? Gibt es Bilder von der Geldübergabe, haben sie *Jukos*-Lohnzettel der Abgeordneten als Kopie? Vielleicht sind das lediglich Gerüchte, und Chodorkowskij wollte vor dem schier allmächtigen Lord Brown nur mit etwas aufschneiden, was er gar nicht hatte und gar nicht konnte?

Nähern wir uns der Sache von einer anderen Seite. Anfang des 21. Jahrhunderts waren Abgeordnete in Moskau grundsätzlich käuflich. Es ist belegt, dass der Preis für ein Abgeordnetenmandat damals etwa zwischen 1 und 3 Mio. US-Dollar lag. Es ist weiter nachgewiesen, dass Abgeordnete bei den Abstimmungen häufig offensichtlich die Interessen des Staates vernachlässigten, was Korruption nahe legt. Also behaupte ich, die Atmosphäre für den Kauf war da. Machte *Jukos*-Chodorkowskij da mit?

Allerdings, systematisch, als bester Schüler.

Es gibt einige Dokumente, die den von Chodorkowskij ins Leben gerufenen Fonds *Offenes Russland* betreffen (wir werden über diese und andere unglaublich zynischen Papiere noch sprechen). Es ging unter anderem um Listen der von *Jukos* korrumpierten Abgeordneten. In der politischen Community in Russland bestand Zweifel, ob sie nicht von Chodorkowskijs Feinden fingiert wären. Technisch möglich wäre das schon, obwohl auch sehr aufwendig, denn die Originale der Unterlagen lagen im Chodorkowskij-Fonds selbst. Ein Dementi wäre somit ein Kinderspiel. Es wurde aber nichts abgestritten. Ungünstig für Chodorkowskij-Widersacher war auch der Zeitpunkt der Veröffentlichung – 2005, nach der ersten Verurteilung Chodorkowskijs. Somit nutzte die Publikation gar nicht der »Stimmungsmache«, sondern wohl doch der Wahrheitssuche.

Die russische Business-Zeitschrift *Profil* wollte es genauer wissen und lud Irina Jassina zum Interview, die Programmdirektorin von *Offenes*

Russland, die zu dem besagten Zeitpunkt die Geschicke des Fonds zur vollen Zufriedenheit des Fondsgründers leitete und als vertraute Weggefährtin von Michail Chodorkowskij galt und gilt. Hier ein Auszug: »*Irina Jewgenjewna, Sie werden doch nicht behaupten, dass die veröffentlichten Dokumente gefälscht seien?*

Jassina: Die Hauptdokumente sind echt. Ich kann mich an sie bestens erinnern, auch an die Sitzung, in der sie besprochen wurden. Es gab auch Abgeordneten-Listen. Aber ich möchte betonen: Die Papiere stammen aus dem Jahr 2002. Wir lebten damals in einem anderen Land. Vor drei Jahren war es real, sich die Aufgabe zu stellen, Abgeordnete aufzukaufen. So einen Aufkauf führten viele – Aufkauf in Anführungszeichen.

Können Sie die Anführungszeichen nicht streichen?

Ich streiche sie. Er (Chodorkowskij) hat den Menschen, die in der Lage waren, sich für seine Ideen einzusetzen, geholfen, in die Duma zu gelangen. Er verstand, Demokratie, das ist kein einstimmiges ›Dafür‹ und keine Erbmonarchie. Er brauchte aktive Menschen, die bewusst und nicht stupide für dieses oder jenes Gesetz stimmen würden. Chodorkowskij war bereit, ihnen Geld zu geben, weil, das wissen wir alle, der Eintritt in die Duma bei uns nicht kostenlos ist. (…) Wie ich mich entsinne, wurden etwa 40 Menschen ausgewählt. Darunter waren Menschen aus allen Parteien. (…) Es gab noch eine – längere – Liste von 88 Personen.

Hatten diese Auserwählten persönliche Pflichten gegenüber MBCh (Michail Borissowitsch Chodorkowskij – V. T.)?

Ja, hatten sie. (…) Aber ich möchte Sie fragen: Ist das verboten? Er ist ein russischer Bürger, das ist sein Recht, das gleiche, das Sie und ich haben.«[54]

Ich bin kein russischer Bürger, vielleicht ist mir deshalb nicht bekannt, dass ein Aufkauf von Abgeordneten in Russland im Gesetz verankert wäre. Außerdem habe ich Zweifel, dass gekaufte Abgeordnete frei entscheiden durften, wofür oder wogegen sie stimmen, wenn *Jukos* seine festen Pläne hatte. Womöglich, und das wussten die Abgeordneten, würden sie – wenn sie zu oft ihre eigene Meinung, und nicht die von *Jukos*, durchsetzten – als diejenigen eingestuft, die sich wenig »für Chodorkowskijs Ideen einsetzen« und bei den nächsten

Wahlen kein Geld für den »nicht kostenlosen« Duma-Eintritt bekommen? Ist es da nicht eher vorstellbar, dass sie das in ihre Person investierte große Geld von dem Effizienz-Mann Chodorkowskij, der seine Rendite gut zu kalkulieren wusste, auch abzuarbeiten hatten?

Was soll dieses »wie Sie und ich«? Wenn man 88 Abgeordnete (anderen Angaben zufolge hatte *Jukos* in seinem Einflussbereich bis zu 130 Parlamentsabgeordnete)[55] mal durchschnittlich 2 Mio. US-Dollar pro »Eintrittskarte in die Duma« multipliziert, kommt da nicht gerade ein Monatslohn von »Ihnen und mir« heraus. Und wenn man im Parlament ungehemmt nur die Rivalitäten der Geldsäcke austrüge, würden die Interessen der Lehrer, Arbeiter, Bauern, Ingenieure, Ärzte, geschweige denn der alleinstehenden Mütter wohl kaum demokratisch vertreten.

»Er hat das Recht«?

Unglaublich.

Diffamierung als Methode

Ein klassisches Beispiel für die Rolle des großen Geldes in der Demokratie haben die Russen bei den Präsidentschaftswahlen im Jahr 1996 erlebt – und der Schock sitzt tief in den Knochen nicht nur der treuherzigen Bevölkerung, sondern auch Putins.

Die Verteilung der Konkursmasse des Sozialismus an die künftigen Milliardäre hatte ihren Ursprung im Politischen: Der bekannteste Trinker des Landes wollte 1995 weiterhin auf dem netten Präsidenten-Posten bleiben.

Ein Manko: Die Zustimmung der Wähler fehlte. Es war bereits so weit gekommen, dass die Oligarchen, die noch keine Oligarchen, sondern nur Freunde der »Familie« waren, angefangen hatten, dem aussichtsreichsten Kandidaten, dem Chef der Kommunisten, Gennadij Sjuganow, Geld in die Tasche zu stecken – vielleicht würde er sich dann, nachdem der Kommunist auf dem höchsten Staatsposten gelandet wäre, den armen Reichen gnädig erweisen.

Chodorkowskij glaubte ebenfalls nicht an den Sieg Jelzins. Er verfasste gemeinsam mit anderen Magnaten einen offenen Brief, *Ausweg aus der Sackgasse*, mit der schlichten Idee, Jelzin und Sjuganow sollten sich (am Volk vorbei?) einigen. Jelzin solle Präsident bleiben, Sjuganow Ministerpräsident des Landes mit erweiterten Vollmachten.

Dann drehte sich ein Karussell aus bekannten Namen: Beresowskij, Gussinskij, Chodorkowskij – wie in einem Thriller. Am Ende stand der Plan, Jelzin und nur Jelzin zu unterstützen. Koste es, was es wolle.

Wir sollten die Ausgangsposition sehr genau festhalten: Auf der einen Seite (Jelzin und Freunde der Familie) sind 3% Zustimmung und *unerschöpfliche* finanzielle Mittel, zur Verfügung gestellt von den sieben russischen Magnaten, die – das muss man sich auf der Zunge zergehen lassen – über die Hälfte der russischen Wirtschaft kontrollierten,[56] und auf der anderen Seite (Kommunisten) 35% Zustimmung und durchaus *erschöpfliche* finanzielle Mittel. An dieser Stelle wurden der Propaganda-Motor für Jelzin und der Diffamierungs-Motor gegen Sjuganow eingeschaltet. Man zahlte und zählte nicht, wie viel es war. Später sickerten einige wenige Zahlen durch: Einmal wurden 1,5 Mio. US-Dollar Schwarzgeld in einem Panzerschrank im Wahlstab gefunden, ein anderes Mal wollten Jelzins Wahlhelfer mehr als 500 000 US-Dollar einfach in einem Kopierpapier-Karton schmuggeln (die »zu neugierigen« Sicherheitsleute, die diesen Karton entdeckten, wurden von Jelzin kurzerhand entlassen). Zehn Jahre später beichtete der Pressesprecher des jelzin'schen Wahlstabes Wjatscheslaw Nikonow, »die für die Wahlen angesetzten Gelder überstiegen mehrfach das offiziell festgesetzte Limit. Wahrscheinlich gab es auch Fälschungen (die gab es definitiv, vom Obersten Gericht noch unter Jelzin bestätigt, über den Diebstahl von 600 000 Pro-Sjuganow-Stimmen in Tatarstan – V. T.). Auf alle Fälle wurden die administrativen Ressourcen voll ausgenutzt. Das Ziel heiligte die Mittel. Ich würde die damalige Wahlkampagne nicht als demokratische Wahlen bezeichnen.«[57]

Natürlich spielt insbesondere das große Geld bei den Wahlen eine gigantische, oft entscheidende Rolle. Da zwar theoretisch Obergrenzen der Wahlfonds der Parteien existieren, aber nur lasch kontrolliert werden – siehe oben (außerdem: Bei 50% Schattenwirtschaft bezahlt man vieles bar und ohne Quittung), kann man mit dem großen Geld das Land mit Werbeplakaten zupflastern, kann man die Spots rund um die Uhr in Funk und Fernsehen laufen lassen, die bestehenden Zeitungen kaufen und neue gründen, kann man die »unabhängigen« Meinungsforschungsinstitute mit Aufträgen überhäufen (die später solche Ergebnisse liefern, die mit an Sicherheit grenzender Wahrscheinlichkeit zugunsten des Auftraggebers ausfallen), kann man die besten Polittechnologen aus dem Ausland einfliegen lassen, kann man »Analytiker« so gut bezahlen, dass sie auch in schlechter Lage ein gutes Wort für die vom Geldgeber favorisierte Person finden, man kann für das Geld auch Menschen mit Transparenten auf die Straße schicken (»Jelzin unser Präsident«, »Sjuganow ist ...« und dann wahlweise »Kommunistenschwein«, »Stalin-Scherge« oder einfach »schwul« –

das zieht bis heute in Russland), man kann mit dem Geld Wähler (mit Lebensmittelgeschenken), aber auch ganze Wahlkommissionen (mit »Greenbacks«-Bündeln) aufkaufen.

Für Geld arbeiteten 1996 im Sinne Jelzins alle russischen Massenzeitungen (außer *Prawda* und *Sowetskaja Rossija*). Die spezielle, kostenlose Tageszeitung *Ne daj bog!* (Gott behüte!) wurde gegründet und beste russische Schreiber für sie engagiert (darunter auch der von uns zitierte Walerij Panjuschkin), nur mit einem Ziel, Sjuganow zu verunglimpfen. Vollfarbig, auf einem guten Papier. Auflagenstärke: 10 000 000 Exemplare – *Bild* kann vor Neid platzen! Hauptthemen der Zeitung: Bürgerkrieg, GULAG und Massenerschießungen, Hungersnot nach dem Sieg der Kommunisten. Sjuganow wurde dort mit Hitler verglichen. Einmal erschien die Zeitung mit der Schlagzeile unter dem Titel »Sjug heil!«, womit nicht nur bei deutschen, sondern auch bei russischen Lesern einiges im Gedächtnis anklingt. Bekanntlich sind »im Medien-Zeitalter Kugeln aus Exkrementen am tödlichsten« (frei nach Leonid Schebarschin).

Der Journalist Oleg Kaschin schrieb 2006 über diese Art Journalismus: »Es ist bis heute widerlich, das zu lesen. Den Köpfen der Menschen so eine Gewalt anzutun, das gab es, so scheint es, weder davor noch danach. Jeden Menschen, wenn er einer ist, schaudert es vor dem Zynismus und der Gemeinheit der antisjuganow'schen Propaganda anno 1996.«[58]

Alle Rundfunk- und Fernsehstationen waren »total« für »Demokratie« und gegen Sjuganow. Spezielle Gruppen bereiteten propagandistische Artikel, Filme, Werbeauftritte vor, die in den Medien alles in den Schatten stellten. Jeden Tag stand im Fernsehen vor dem Hintergrund einer Häftlingsmontur der Aufruf der Jelzin'schen Mannschaft: »Stimme, sonst verlierst du!« (Bei Bill Clinton hieß es 1992 ähnlich: »Choose or lose«, wähle oder verliere.)

Das war kein Wahlkampf, das war auch keine Schlammschlacht. Das war ein gut organisierter und bestens finanzierter psychologischer Krieg. »Was wir suchen, ist nicht die Wahrheit, sondern die Wirkung«, ist bereits Klassik von Joseph Goebbels.

Das Motto dieses Krieges hieß: »Wähle mit dem Herzen.« Aus dem Gefängnis heraus schrieb Chodorkowskij 2004: »Wer, wenn nicht ich, einer der wichtigsten Sponsoren des Präsidentschaftswahlkampfes 1996, soll sich erinnern, was es für eines tatsächlich schrecklichen Aufwandes bedurfte, um das russische Volk zu zwingen, ›mit dem Herzen zu wählen‹?«[59]

Der US-Amerikaner Mark Ames mit einem Hang zu Zahlen quantifizierte: Die Oligarchen haben 140 Mio. US-Dollar illegal in die jelzin'sche Wahlkampagne gepumpt – »46-mal mehr als vom Gesetz erlaubt.«[60] Wir reden nicht (nur) über Meinungsmanipulationen. Wir reden auch über die Leichtigkeit, mit der sich Journalisten kaufen lassen.

Der erste Wahlgang brachte keinen endgültigen Sieger (Gorbatschow landete übrigens bei 0,51 %). Im zweiten erhielt der Kommunist Sjuganow über 40 %. Boris Jelzin kam auf fast 54 % der Stimmen, 50 % mehr als noch einige Monate zuvor. Demokratie, der Volkswille, wurde mit Geld außer Kraft gesetzt. Aufgeklärte Russen begannen zu errechnen, was ein Prozentpunkt mehr Zustimmung in Millionen US-Dollar gekostet hatte.

Deutliche Worte zum Sommergeschehen 1996 fand später Walerij Chatjuschin: »Das russische Volk wurde auf verabscheuungswürdigste Weise betrogen. Mit der Informations-Würgeschlinge wurde es einfach gezwungen eine kaputte Puppe, eine undeutlich muhende Mumie zum Präsidenten zu wählen.«[61]

»Ich bin stolz auf Russland, ich bin stolz auf Sie, die Russen«, stammelte (zwischen dem ersten und zweiten Wahlgang hatte er einen Schlaganfall erlitten) nach seiner Wiederwahl Boris Jelzin. Stolz, dass sie sich von seinen Knappen betrügen ließen.

»Ein Jahrhundertereignis für die Welt, ein Jahrtausendereignis für Russland – das nun muss doch der Durchbruch sein, der Beginn einer neuen Epoche. Die erste freie Wahl eines Staatsoberhaupts in der Geschichte des Kreml ging einher mit einem demokratisch beglaubigten Abschied vom Kommunismus«, freuten sich auch Europäer.[62] Natürlich gab es keine Empörung der westlichen Beobachter und keine Forderungen nach neuen »gerechten« Wahlen – Jelzin war für den Westen die beste Wahl.

Zum Ausgleich zwei andere Stimmen zum Wahlablauf. Eine stammt von dem bekannten Oppositionellen Russlands, dem Schriftsteller Eduard Limonow: »Wie ist all das zynisch, ekelhaft, faul, korrupt, falsch. Das, was ich gesehen habe, ist krimineller, als Falschgeld zu drucken oder Menschen zu töten (…). Diebe, Lügner, Gauner, Fälscher, (…) Verkäufer, Käufer und Verwalter toter Seelen. Die ›heilige‹ russische Demokratie nach Tschitschikow-Art.«[63]

Ihn unterstützte der Moskauer Korrespondent der italienischen Tageszeitung *La Stampa* Giulietto Chiesa, der auch nicht von Russland unter Putin und Medwedew, sondern von 1996 schrieb: »Mein Gott, was für eine Dreistigkeit muss man haben, um ernsthaft über freie Wahlen in Russland zu sprechen! Diese Symphonie aus Betrug als ›frei‹ zu bezeichnen, diese Karikatur auf den Willen des Volkes (…). Das Bemerkenswerteste ist aber, dass der Rest der Welt, der sich mit einigen der Tricks bereits auskennen sollte, die er selber erfunden und lange vor Russland in der Praxis angewandt hatte, so tat, als ob nichts passiert sei. Natürlich, denn ihm passte der Sieg Jelzins. Und nach dem Schema, für Dümmlinge vorbereitet, wurde der Sieg Jelzins zum Synonym des Sieges der ›Reformer‹, das heißt des Guten, wenn auch nicht des Besten, während seine Niederlage den Sieg der ›Konservativen‹ bedeutete, das heißt, der Kommunisten, das heißt, der Schlechten, sehr Schlechten.«[64]

Das alles wurde mit dem Geld der Oligarchen möglich gemacht, mit Chodorkowskijs Geld. Von diesem Zeitpunkt an wurde für nur 4 Mrd. US-Dollar die gesamte Wirtschaft Russlands im Eiltempo privatisiert. Und der Kollaps von 1998 klopfte bereits an die Tür.

»Die Wahlen 1996 zeigten dem erstaunten Russland die Macht der modernen Technologien der Manipulation ›des Willens des Volkes‹. Die Gewinner haben nicht einmal verheimlicht, dass sie den Erfolg mit den gleichen, fern der Wahrheit liegenden psychologischen Techniken der Werbewirtschaft erzielten, die die Leute davon überzeugen, *Coca-Cola* zu trinken oder abgestandene Ware zu kaufen«[65], resümierte treffend Journalist Michail Nasarow.

All das wussten die Oligarchen, all das wusste Chodorkowskij. Die Mechanismen und ihre effiziente Wirkung – er hatte sie selbst mitkonzipiert und mitfinanziert.

All das wusste auch Putin. Genau aus den Erfahrungen von 1996 heraus, als jegliche Vorstellung vom Volkswillen mit (goldenen!) Füßen getreten worden war, stammte seine Forderung an die Oligarchen, die

Journalisten und Medien in Ruhe zu lassen und Politik nicht mit großem Geld aufzumischen. Weil Oligarchie mit Demokratie grundsätzlich nicht vereinbar ist. Er hatte dabei vermutlich von Anfang an auch
noch einen anderen, einen geheimen Plan: die Abschaffung der russischen Oligarchie.

Nicht des Reichtums. Nicht der Marktwirtschaft. Nicht des Unter-
nehmertums. Nur der Oligarchie.

Und dieser Plan ging in Erfüllung. Heute gibt es in Russland keine
Oligarchen mehr, die gleichzeitig über unermessliche finanzielle,
mediale und politische Macht verfügen, die ihre wirtschaftlichen
Ziele mittels politischen Einflusses und ihre politischen Ziele durch
Geld und Medien erreichen. Auch die gibt es nicht, die die Tür zum
Präsidenten des Landes mit dem Fuß aufstoßen, ihn wie eine Puppe
tanzen lassen.

Es gibt reiche Menschen, die sicher politischen Einfluss besitzen. Es
gibt Menschen, die dem Präsidenten bzw. Ministerpräsidenten nahe
stehen und gewisse Präferenzen bekommen. Die Kontrolle über das
Land liegt jedoch nicht bei ihnen, wie früher bei Beresowskij, Gussinskij, Chodorkowskij und Co., sondern bei demokratisch (und nicht
allein durch schnöden Mammon) legitimierten Personen. Das ist ein
himmelweiter Unterschied.

2003 wurde unter die Herrschaft der Oligarchen in Russland ein fetter
Schlussstrich gezogen. Mit dem Prozess gegen Chodorkowskij »entzog sich der Kreml der Kontrolle von Oligarchen und konnte von nun
an eine unabhängige makroökonomische Politik realisieren«[66],
schrieb 2005 der Wirtschaftswissenschaftler des britischen *Centre for
Global Studies* Pavel Erochkine.

Wegen des Kampfes gegen die Oligarchie wurde Putin auch zur
Hauptzielscheibe von Chodorkowskij und seinen Unterstützern, von
all denen, die mit der Machtübernahme Putins viel an Einfluss und
Geld verloren haben. Wenn Medwedew erst zum »Gegenspieler«
mutierte und noch ab und an von Kontrahenten mit Lob bedacht
wurde (vielleicht schwenkte er noch auf die alte Positionen ein?), so
hatte Putin alle Oligarchen ein für allemal herzlos enttäuscht: 1999
dachte man, man hätte einen Hampelmann aufgetrieben, bekam aber
einen unabhängigen Staatsmann.

Machtambitionen. Wozu?

Als ich 2003, nach der Verhaftung Chodorkowskijs, in deutschen Medien las, Putin wolle Chodorkowskij ins Gefängnis stecken, weil er eine politische Bedrohung für ihn darstelle, dachte ich, das sei ein schlechter Witz und solidarisierte mich innerlich mit dem Politologen Sergej Markow, der bei dem regierungskritischen Radiosender *Echo Moskwy* etwas schärfer formulierte: »Jetzt sagen die Liberalen, dass er als Präsidentschaftskandidat angesehen wird, deshalb haben sie (der Kreml – V. T.) Angst vor ihm. Das ist lächerlich. Lächerlich wie bizarr, und eine Dummheit.«[67]

Ja, es gab im Vorfeld die Gerüchte, Chodorkowskij wolle aus der Wirtschaft aussteigen und sich anderweitig betätigen, Politik nicht ausgeschlossen. Dann schrieben russische Zeitungen, Chodorkowskij hätte Präsidentschaftsambitionen, aber das habe ich als Intrigen seiner Feinde abgetan – allzu oft waren schon solche Nachreden in die Medien lanciert worden, um den in dieser Frage sehr dünnhäutigen Putin zu erzürnen und seinen Grimm gegen Chodorkowskij zu lenken, dachte ich. Chodorkowskij hatte auch unter mächtigen Oligarchen nicht nur Freunde.

Aber »Chodorkowskij for President«? – das überzeugte mich wirklich nicht. Sein politischer Mentor, der ihn mehrmals auf den »richtigen Weg« lenkte, Boris Beresowskij, hat auch eher eine schlechte Meinung über Chodorkowskijs politische Fähigkeiten (»besonders für Russland«) und bescheinigt ihm mangelnde politische Intuition.[68]

Doch das Gerücht hält sich, wird ständig wiederholt, es gilt als stichhaltige Erklärung, warum Putin den Rivalen Chodorkowskij verfolgt. Ist irgendetwas Wahres dran an den Präsidentschaftsambitionen? Und wenn ja, warum wollte Chodorkowskij an die Macht?

Generell konstatierte Boris Beresowskij im Jahr 2003: »Ich bin mir sicher, dass fast jeder russische Oligarch Präsident werden will. Sie sind alle sehr motivierte und ehrgeizige Menschen. Deshalb finde ich lustig, wenn sie gefragt werden: ›Warum brauchen Sie so viel Geld?‹ – Nicht ahnend, dass das Geld für sie nicht der Weg ist, um Wohlstand zu erwerben. Geld ist Macht.«[69]

Doch galt das auch für Chodorkowskij? Er ist bekanntlich ein erklärter Fan Jelzins. Ich sage Fan und nicht Anhänger, weil Chodorkowskij die positiven Eigenschaften nicht analysierend aufzeigt. Er sagt einfach: Boris Jelzin ist toll. Ein Fan eben. Vielleicht gibt dafür die renommierte *Frankfurter Allgemeine* eine gewisse Erklärung: »In den 1990er-Jahren mussten Chodorkowskij und andere seines Schlages den Präsidenten, der damals Boris Jelzin hieß, nicht fürchten – sie stellten dem Kreml die Bedingungen.«[70]

Dann kam Putin, der Jelzins Linie weiterführen sollte. Hat er aber nicht gemacht. Einige Gesetze musste *Jukos* mit viel Geld gegen den Willen des Präsidenten in der Duma durchdrücken oder umgekehrt stoppen. Manchmal klappte das auch mit viel Geld nicht. Die politische Maschinerie in Russland ist höchst komplex, auf einen mit Interessen kommen zwei mit Gegeninteressen.

Der Kreml erklärte unterdessen öffentlich, Russlands Spitzenunternehmer hätten ihre Immunität verloren, die sie früher dank enger Beziehungen zu Jelzin zu besitzen schienen.

Das gefiel Chodorkowskij sicher nicht. Vom stets berechenbaren, weil beeinflussbaren Jelzin, dessen Entscheidungen das Gefolge traf, bewegte sich Russland zu Putin (dem Boris Beresowskij, wie er sagt, eigentlich nur deshalb zum Präsidentenposten verholfen hatte, weil ihm der ehemalige KGB-Oberstleutnant »unerfahren, ungeschickt und gehorsam« vorgekommen war[71]), gegen den man große (finanzielle) Anstrengungen unternehmen musste, um das zu bekommen, was man wollte. Das war wie ein Tanz auf dem Pulverfass. Was gestern gelang, gelingt heute nicht mehr, die Parteien und die Abgeordneten verlangten immer mehr für ihr »Einschwenken«. Der logisch und strukturiert denkende Chodorkowskij musste nach Lösungen suchen – nach nachhaltigen, dauerhaften, zuverlässigen Lösungen. Man kann doch nicht immer nur Feuerwehr spielen.

Außer tagespolitischen und tageswirtschaftlichen Gewinnen versprach Chodorkowskij sich – nach der Machtübernahme – auch die

Lösung der wichtigsten Frage russischer Oligarchen schlechthin: die Legitimierung des kriminell erbeuteten Eigentums. Diese Frage, die in den so beneidenswerten USA im Laufe der Jahrhunderte gelöst wurde, hing und hängt in Russland über den Köpfen der Reichen wie ein Damoklesschwert, das sie nicht nur eines ruhigen Schlafes beraubt, sondern droht, lebensgefährlich zu werden.

Schon der Doyen des Oligarchen-Korps, Boris Beresowskij, strebte die sogenannte »Nullvariante« an – die Werte, die zum wesentlichen Teil, nach den Worten eines amerikanischen Autors, durch »Bestechung, Erpressung, Betrug, Diebstahl und Mord« an sie gegangen waren, rechtlich für Verbrecher festzuschreiben. »Dieses Konzept wurde lang und eindringlich in den privatisierten Medien befürwortet.«[72] Wenn das nicht passiere, wenn sich irgendjemand doch an das Angehäufte wagen sollte, dann drohe Russland ein Bürgerkrieg, so der Tenor mehrerer Artikel.

Diese von den reichsten Russen angestrebte Legitimierung hat aber (und das ist der Gesellschaft durchaus bewusst) nicht nur eine wirtschaftliche Dimension (gemeinsam angehäufte Werte gingen an einzelne Personen, der Rest musste Einbußen abschreiben), sondern wäre für die Mehrheit ein moralischer Schock: Kriminelle würden zur Elite der russischen Gesellschaft, zu Helden unserer Zeit, zu einem Nachahmungsmuster.

Aus der Warte der Oligarchen, mit immer sinkendem Einfluss, ließ sich das nicht durchdrücken. Nur von oben, von ganz oben, ließe sich das Problem zuverlässig regeln, so der Gedanke. Die derart zuverlässige Lösung heißt in Russland Präsidialamt. Also doch »Chodorkowskij for President!«?

Wir schreiben die Jahre 2002, 2003. Putin hatte Umfragewerte von 70%. Chodorkowskij war nicht nur ein verhasster Oligarch, politisch war er in Russland nichts, eine Null. Es war vermutlich noch schlimmer: Er war der ehemalige Inhaber von *MENATEP*, da musste man seine Umfragewerte wahrscheinlich mit Minuszeichen versehen: Die Russen hatten noch nicht vergessen, dass er derjenige gewesen war, der ihr Angespartes in der Dubna hatte versinken lassen.

In einem *Spiegel*-Interview aus dem Jahr 2010 nannte Michail Chodorkowskij selbst noch eine Hürde:

»*Spiegel*: Ergab sich Ihr Problem mit dem Kreml auch daraus, dass Sie Ambitionen auf das Präsidentenamt zeigten?

Chodorkowskij: In Russland wird niemand einen Menschen jüdischer Abstammung als ernsthaften Konkurrenten in dieser Frage ansehen – das ist eine Binsenweisheit. Ich habe auch niemals solch einen Wunsch geäußert, ich bin doch kein Narr.«[73]

Das ist auch wieder nur die halbe Wahrheit: Nur Chodorkowskijs Vater ist Jude, die Mutter dagegen eine Russin. Deshalb ist er nach traditionellem jüdischen Recht, der Halacha, eigentlich kein Jude. Aber das Thema wird oft kolportiert, nicht zuletzt in Cyril Tuschis Film. Deshalb bleibe auch ich eine Weile dran.

Der gewissermaßen eingewurzelte Antisemitismus des russischen Volkes und die wahrhaftige »Chancenlosigkeit« der Juden in Russland ist eine ausgetrampelte Verlegenheitsbrücke. Viele kluge Köpfe haben über das unendlich umfangreiche und sensible Thema Tausende von Seiten geschrieben, darunter solche wie Nobelpreisträger Alexander Solschenizyn.[74] Stellvertretend für alle Russen schrieb Nikolaj Leskow, »der russischste aller russischen Schriftsteller«[75], in seinem Essay über die Juden im Zaren-Russland (1883): »Nur eine solche Lösung der Judenfrage wird korrekt und in Übereinstimmung mit den wahren Vorteilen eines großen Staates sein, die die russischen Bürger jüdischer Konfession mit allen Untertanen des russischen Staates gleichstellen wird, unabhängig von ihrer Herkunft und ihrem Glauben.«[76]

Ich möchte hier nur einige Fakten einflechten, wie exemplarisch ein Mensch namens Michail Chodorkowskij sein Leben lang in dem Juden und Halbjuden gegenüber unfreundlichen, gar antisemitischen Land litt. Es konnte doch anders nicht gewesen sein, weil man mit dem »staatsverordneten Antisemitismus« bis heute den Exodus der Juden aus der Sowjetunion begründet: »Wie spricht ein kluger Jude mit einem dummen? Erstens per Telefon, zweitens aus New York«.

Wir gewähren uns wenige Einblicke in Höhen und Tiefen von Chodorkowskijs Leben, besonders an markanten Wendepunkten seines Geschicks oder Missgeschicks und lassen uns nicht von allen anderen (jüdischen) Namen der Milliardäre, Politiker und Minister irritieren, vergleichen auch nicht die Anteile der Milliardäre, Politiker und Minister unter Russen und Juden mit den Bevölkerungsanteilen, nein, auf keinen Fall.

Das *Jude-Sein* bedrängte Chodorkowskij mental seit Langem, eher nicht von außen, sondern von innen heraus. Ein Kapitel seines ersten Buches *Der Mann mit dem Rubel*[77], das er zusammen mit Leonid Newslin verfasst hat, ist mit einem Zitat aus einer bissigen Parodie auf russische Antisemiten überschrieben:»Überall sind nur Juden«. Das wurmte Chodorkowskij, das machte ihn mürbe, er versuchte eine Verarbeitung in dem Buch. So richtig klappt das nicht. Die so reich in den anderen Kapiteln gestreuten Fakten fehlen hier. Auf mehreren Seiten ist beschrieben, wie verdienstvoll Juden unter den Zaren waren, wie sie ihre Finanzimperien aufbauten, wie es einige zum »Kaufmann erster Gilde« geschafft haben, wie ein besonders verdienstvoller einen Orden vom Zaren bekam, wie sie den Ausländern die Flachsproduktion aus der Hand genommen haben, um ein gut funktionierendes russisches Monopol aufzubauen. Geradezu gerührt beschreiben die Autoren, wie der Staatsrat unter Zar Alexander II. einige *reiche* Juden mit Russen rechtlich gleichsetzte. Er»erlaubte den Juden – den Kaufleuten erster Gilde – das Leben und Handeln außerhalb des Ansiedlungsrayons« Russland. Dass alle anderen (nicht so reichen) aus Abrahams Geschlecht drin bleiben, stört die Verfasser nicht – der Zar damals in den goldenen Zeiten hat den Juden einen Knochen hingeworfen, aber einen Markknochen! In einem etwas zu giftig, aber allgemein angenehm offen geschriebenen Buch wirkt das nicht nur unterwürfig, sondern geradezu lakaienhaft.

Dass all das wenig mit dem Thema des Buches (Marktwirtschaft) zu tun hat, spürt Chodorkowskij und versucht deshalb einen Frontalangriff:»Und jetzt hört man bisweilen Stimmen, dass die Unternehmer durchweg Juden sind. (…) Unter den Unternehmern sind viele Juden«, geben die Autoren zu,»aber sie waren offenkundig nicht deshalb erfolgreich, weil sie Juden sind. Zum gemeinsamen Start kamen viele, in der Anführergruppe blieben nur die geschäftstüchtigsten.« Eigentlich sagt keiner, dass die Juden nicht unternehmerisch patent sind. Aber es geht in der Schilderung umgekehrt gerade um die besonders hohen Hindernisse für Juden, um in Russland zu leben und Geschäfte zu machen.

Chodorkowskij nennt auf 300 Seiten nur *eine* ihm bekannte Hürde: »An der Hochschule für Internationale Beziehungen wurden gar keine Juden eingeschrieben, da existierte so eine heimliche Instruktion.« Für den Nachweis der Diskriminierung eines ganzen Volkes ist das recht dürftig, und wenn Chodorkowskij von einer geheimen Unterweisung spricht, ist anzunehmen, dass er diese Direktive nur vom Hörensagen kennt.

Ohne einen latenten Antisemitismus im Lande verneinen zu wollen, fragt man sich, was hat diese vermeintliche antijüdische Maßregelung unmittelbar mit Chodorkowskij und seiner Familie zu tun? Sein jüdischer Vater Boris, der als obdachloses Straßenkind aufwuchs, wurde so intensiv diskriminiert, dass er eine Hochschule absolvierte, in einem Moskauer Werk mit Tausenden Mitarbeitern als stellvertretender Haupttechnologe landete und somit nicht zur Arbeiterklasse, sondern zur Leitungsspitze gehörte. Seine russische Mutter, die mit einem Juden verheiratet ist, studierte ebenfalls an einer Hochschule und arbeitete in demselben Werk als Ingenieurin. Nicht als Köchin, nicht als Straßenkehrerin, obwohl diese sozial wichtigen Stellen auch irgendjemand besetzen musste.

Chodorkowskij selbst erinnert sich an einen alten Witz, den kürzesten Witz zum Thema »Stark verminderte Berufschancen von Juden in der Sowjetunion«: *Jude-Kolchosbauer.* Warum ist das so witzig? Warum lachten alle über diese zwei Worte?

Das Kind Mischa wollte wie seine Eltern Chemiker werden. Sein Ziel noch als Student, das erläuterte er mehrmals, war Betriebsdirektor. Das heißt, er hielt es für realistisch und steuerte darauf hin. Er studierte an einer der berühmtesten sowjetischen Hochschulen, im Bereich Chemie die unbestrittene Nummer eins: die Mendelejew-Hochschule für chemische Technologie in Moskau (MChTI). Der junge Mischa wollte nicht irgendeinen Betrieb leiten, sondern einen großen Rüstungsbetrieb. Deshalb studierte er an einer »geschlossenen« – sprich, nur für Auserwählte – Fakultät, er machte Praktika in den Rüstungsbetrieben, wo er, wie er sagt, »Hexogen schaufelt«. Hexogen ist kein Synonym für Kartoffel, sondern einer der explosivsten Sprengstoffe.

Also, die beste Hochschule und die geheimste Fakultät – höher auf der Wunschliste hätte nur das berühmte MIT, Massachussets Institut of Technologies in den USA, stehen können, aber das ging im Jahre 1980 nicht.

Das ist noch nicht alles. Der jüdische Junge wurde in der Hochschule zum Komsomolsekretär, einem Anführer der kommunistischen Jugend. Es gab viele Komsomol-Sekretäre. Es gab Sekretäre in den Studien-Gruppen von 20 Mann, aktive Kleinlichter, die auf der Komsomolversammlung nicht aufgepasst hatten und zu dieser Arbeit vom Kollektiv verdonnert worden waren. Es gab dann etwas höher gestellte Sekretäre eines Studienjahres. Chodorkowskij aber war für die ganze Fakultät, später gar die ganze Hochschule verantwortlich. Das machten Jungs und Mädchen nicht mehr als Freizeitbeschäftigung, das machte man schon hauptberuflich, für gutes Geld. Das war kein einfaches Gremium von Kommunismus-Enthusiasten, das war ein sogenanntes »Komsomolkomitee mit den Rechten eines Bezirkskomitees«.

Chodorkowskij schuftete dort zwei Jahre lang als zweiter Mann, Stellvertreter für Organisationsfragen – für einen jungen Mann Anfang zwanzig in der Sowjetunion eine sehr steile Vorlage für einen rasanten Karrieresprung. Um jemanden auf so eine Ebene zu hieven, bedurfte es im Lande, so scheint es, einer besonderen Diskriminierungsintensität.

Und es ist noch nicht genug. Eine Komsomolmitgliedschaft war für beinahe alle Abiturienten in der Sowjetunion Pflicht. Aber Chodorkowskij wurde mehr, er wurde ein »befreiter Komsomolfunktionär«. Damit zählte man in der Sowjetunion schon zur sogenannten »Nomenklatura« der Partei und dafür brauchte man unbedingt die Mitgliedschaft in der KPdSU. Ohne Parteimitgliedschaft keinen Posten. Also war Chodorkowskij in seinen jungen Jahren nicht nur Jung-, sondern ein echter Kommunist mit Parteibuch, und zwar so ein »waschechter«, dass er für seine kommunistischen Überzeugungen auch Geld bekam.

Aus dieser Zeit stammen sicher seine guten Kenntnisse über das »Spezialnetz«, die Spezialeinrichtungen für die Parteinomenklatura – spezielle Kantine, spezielle Poliklinik, spezielles Krankenhaus, spezielle chemische Reinigung, spezieller Kleidersalon, spezielles Erholungsheim, spezieller Lebensmittelladen … »Speziell« heißt in diesem

Fall – sehr gut und sehr billig. In seinem Buch schreibt Chodorkowskij zornig:»Die Entartung betraf auch Komsomolfunktionäre. Erste ›Universitäten‹ haben sie absolviert, indem sie für ein Kuchenstück die Menschenmenge mit den Ellenbogen auseinanderstießen und sich hastig den Weg zur Spezialkantine in der Granowskij-Straße und zu anderen Spezobjekten bahnten. Bei vielen war der Greifreflex stärker ausgeprägt als ein schöpferischer.«

Wir wissen nicht, welche Reflexe der junge Mischa dort entwickelte, wir stellen nur fest: Er war dabei.

Das Rätsel liegt für mich woanders. Wann und wie wurde Chodorkowskij Parteimitglied? Information über dieses große Lebensereignis wegweisenden Charakters sucht man vergeblich. Auf alle Fälle passierte das nicht zu Gorbatschow-Zeiten, als einige Naive der Kommunistischen Partei in der Hoffnung beitraten, die Gesellschaft ließe sich aus der Partei heraus leichter verändern, sondern zu finstersten Zeiten von Breshnew, Andropow und Tschernenko. Was wollte Chodorkowskij dort, wenn nicht Karriere machen?

Es ist auch interessant zu wissen, wie ihm der Beitritt technisch gelang, weil man in der Hochschule nur schwer Parteimitglied werden konnte. Die Aufnahme von Studenten in eine Arbeiter- und Bauernpartei war strikt quotiert. Die Parteimitglieder an den Universitäten kamen entweder aus der Armee (dort war es leicht, das Parteibuch zu bekommen) oder »aus der Produktion«, wo es mit gewisser Anstrengung auch möglich war, in die Partei eintreten zu dürfen. Aber nicht als Student! Während meines Studiums zum Beispiel, nicht an einer »technischen«, sondern »ideologischen« Fakultät für Journalistik, an der uns ständig eingetrichtert wurde, wir wären künftige Kämpfer der Partei an vorderster Front, wurden innerhalb von fünf Jahren nur vier Komsomolzen von 100 in die Partei aufgenommen, dem Rest, mit ukrainischen und russischen Vätern und Müttern und restlos »sauberen Westen« wurde diese Ehre nicht gegönnt. Der von allen Seiten wegen seines (halben) Judentums angeblich »gehetzte« Mischa Chodorkowskij schaffte das. So eine »totale Diskriminierung« sucht man ein zweites Mal vergebens.

Bevor er *MENATEP* gründete, arbeitete Chodorkowskij dann im Bezirkskomsomolkomitee – als gut bezahlter und gut in die Moskauer

Elite integrierter Handlanger der Partei. Ich habe nichts gegen seine Komsomol- und Parteikarriere. An sich ist diese Karriere kein gutes und kein schlechtes Zeichen bei der Wertung eines Menschen. Einzig und allein wollte ich hier diagnostizieren: In seinem Lebenslauf sieht es nicht nach Benachteiligung aus. Behindern, ausbremsen, verfolgen, steiniger Weg, Dornenkranz ... Das ist – exemplarisch bei Chodorkowskij – eine Legende, bestimmt fürs Ausland, aber vielleicht auch für jüngere (Wähler-)Generationen in Russland.

Die von mir an sich geschätzte deutsche *Wikipedia* zeigt sich – der Druck der Medien ist, wie wir wissen, enorm! – in der Sache Chodorkowskij nicht ganz schlau: »Ursprünglich wollte Chodorkowskij in die Rüstungsindustrie eintreten, konnte aber wegen seiner jüdischen Herkunft, sein Vater ist Jude, sich diesen Wunsch nicht erfüllen, da Juden in der Sowjetunion als politisch unzuverlässig eingestuft wurden. Er wurde stattdessen Funktionär in der kommunistischen Jugendorganisation Komsomol.«[78]

Erstens stimmen hier die Fakten nicht: Hochschulabsolventen in der Sowjetunion wurde ihr Arbeitsplatz zugewiesen, und Chodorkowskij sollte eigentlich bei *Gosgortechnadsor*, einer Behörde für Bergbauaufsicht, anfangen. Dorthin wollte er nicht, deshalb bekam er eine Befreiung und wechselte – nicht in den Rüstungsbetrieb, sondern zum Komsomol.[79]

Zweitens: für die Produktion – zu jüdisch; aber für ein »Spezialnetz« der Privilegien – herzlich willkommen? Wie kann man auf eine solche Idee kommen?

Warum konnte Chodorkowskij nicht Präsident des Landes werden?

Also, am *Jude-Sein* lag es nicht. Chodorkowskij hat eine steile Karriere stetig – mit immer denselben Eltern – gemeistert. Worin bestanden dann die tatsächlichen Hürden? Anfang des Jahrtausends war Chodorkowskij beim Volk nicht gerade beliebt. Deshalb wäre es gewagt, mit so einem schlechten Ruf Präsidentschaftswahlen gewinnen zu wollen. Aber wie wir wissen, hat Chodorkowskij 1996 gut auf sein Geld aufgepasst. Er wusste ganz genau, wo die Werte von Jelzin und Sjuganow vor dem Präsidentschaftskampf gelegen hatten. Und trotzdem war es Jelzin – mit ein paar »Greenbacks« in der Hand – gelungen, das Volk »umzustimmen«. An der Urne ist das Geld und nicht die unverfälschte Stimme des Volkes entscheidend. Und die Urne bestimmt. Warum hätte Chodorkowskij also in seine Wahlkampagne nicht auch ein wenig Geld stecken sollen?

Die Russen sind in der Masse gut gebildet, deshalb spielen sie gern mit literarischen Zitaten – oder Zahlen. Ein Witzbold[80] hat vor einigen Jahren nachgerechnet, was »Russland« kostet. Nicht ein Hotel dieses Namens, nicht ein T-Shirt mit »Russland«-Aufschrift, sondern das Land als Ganzes, sein politisches System. Um es in Privatbesitz zu halten und ihm seinen Willen aufzwingen zu können. Er addierte die nötigen Kosten: »Die Wahl eines Abgeordneten in die Duma – 1 Mio. US-Dollar. Folglich kostet eine Fraktion einige Dutzend Millionen. Also die Mehrheit in der Duma rund 300 Mio. US-Dollar. Ein Platz im Föderationsrat (obere Parlamentskammer Russlands – V. T.) – eine Million. Einige Dutzend Millionen gehen für Kontakte mit führenden Gouverneuren drauf. (…) Jetzt die Medien. Allrussischer Fernsehkanal: Für einen ernsthaften Einfluss reichen einige Dutzend Millionen. Führende Zeitungen brauchen um eine Null weniger, nicht Dutzende, sondern einige Millionen Dollar. Für das Geld werden nicht nur positive Artikel veröffentlicht, sondern auch negative abgeblockt. Nun die Pflege der Beziehungen in der Regierung – das sind nur Kopeken für oligarchische Verhältnisse. Wenn man alles addiert, ist damit so eine kraftvolle Front entstanden, dass ihr kein Kreml widerstehen kann. Und alles in allem – eine Milliarde, höchstens anderthalb.«

Am Ende hat der Investor eine dauerhafte,»demokratisch legitimierte« Macht.

Als der Mann, der etwa 15 Mrd. US-Dollar wert ist und der sicherlich auch bei anderen *Jukos*-Milliardären (es gab dort etliche), aber auch einfach bei vermögenden Freunden etwas zu pumpen vermag, könnte Chodorkowskij sicherlich ein paar Milliarden für seine Wahl ausgeben? Das wäre doch eine gute und auf lange Sicht absolut profitable Geldanlage.

Nein, das ginge so nicht. Die Situation in Russland 1996 unterschied sich von der im Jahre 2004 grundlegend. 1996 hatten die Oligarchen dem schwer angeschlagenen und deshalb von ihnen sehr erwünschten Präsidenten Jelzin nicht nur das Geld, sondern auch ihre Medien zur Verfügung gestellt – alle Fernsehkanäle waren für Jelzin, alle Massenzeitungen, alle Analytiker prophezeiten nur ihm den Sieg. Sjuganow wurde in ein Informations-Vakuum gesteckt bzw. alles, was er sagte und machte, wurde von»Journalisten mit Spezialauftrag« in den Dreck gezogen.

2004 indes konnte Chodorkowskij so viele»journalistische Bajonette« auch mit großem Geld nicht engagieren. Die Fernsehkanäle waren nicht mehr Beresowskij- und nicht mehr Gussinskij-hörig. Die ihnen früher gehörenden Dutzende von Zeitungen waren stark aufgemischt worden und die Neuverteilung fiel eher zu Gunsten des Staates (über *Gasprom*) und nicht der Oligarchie aus.

1996 fiel – zusätzlich zu Geld und Medien – auch eine dritte, sehr bedeutsame Komponente ins Gewicht: die Macht des Präsidenten, die Machtvertikale, die sogenannte»administrative Ressource«, die salopp erklärt bedeutete, dass von Jelzin ernannte Beamte und wiederum von diesen ernannte andere Beamte vor allem in den Regionen sehr wohl wussten, was sie bei den Wahlen zu tun hätten, wenn sie weiterhin auf ihren Posten und Pöstchen verbleiben wollten. Dazu brauchte es keine direkten Anweisungen aus dem Zentrum. Die Parole,»Wenn der Kommunist Sjuganow kommt, seid ihr alle weg vom Fenster«, konnte Wunder bewirken. 2004 hätte Putin und nicht sein Herausforderer daraus einen Vorteil gezogen.

Es war auch eine Frage des Geldes: Der amtierende Präsident verfügt über nicht geringe Möglichkeiten (Jelzin hatte seinerzeit davon profitiert, warum nicht auch Putin?), benötigte Summen für seinen Wahlkampf von Gefährten zu bekommen. 1996 waren alle Oligarchen gegen einen fast mittellosen Kommunisten. 2004 wäre die finanzielle Situation durchwachsen gewesen.

So kam es denn auch: Der parteilose Putin bekam bereits im ersten Wahlgang 71% der Stimmen, der nächstfolgende Kommunist Nikolaj Charitonow 13%, die Kandidatin der sogenannten»Liberalen«, Irina Chakamada, unter 4%. Angesichts der absolut vorhersehbaren Ergebnisse kandidierten die Zugpferde einiger Parteien – Kommunistenchef Gennadij Sjuganow und Rechtspopulist Wladimir Shirinowskij – nicht selbst, sondern schickten ihre Parteisoldaten in die Blamage.

Nach acht Jahren war also die Gewichtung anders: Wenn 1996 ein amtierender Präsident an der Macht gehalten werden sollte, hätte 2004, wenn Chodorkowskij es gewagt hätte, ein (nehmen wir schlicht an, aus unerklärlichen Gründen) beliebter Präsident aus seinem Amt gestürzt werden müssen – von Anspruch, Aufwand und Perspektiven her zwei völlig verschiedenartige Aufgaben.

Deshalb konnte ich über die Meldungen der Medien – Chodorkowskij wäre eine Bedrohung für Präsident Putin gewesen – nur schmunzeln.

Nicht viel aufschlussreicher waren auch die Überlegungen, Chodorkowskij wolle nicht 2004, sondern erst 2008 antreten. Dann wären zwei Putin-Präsidentschaftslegislaturperioden verstrichen – und mehr erlaubt die Verfassung nicht. Sprich, Chodorkowskij wäre nicht gegen Putin angetreten, sondern gegen jemanden, der dem Volk genauso unbekannt wie Chodorkowskij gewesen wäre, und damit hätten seine Chancen etwas höher gestanden, gewählt zu werden.

Das stimmt und stimmt auch wieder nicht. Es war von vornherein klar, dass Putin seinen Nachfolger selbst wählen und dem Volk mundgerecht servieren und Putins Beliebtheitsgrad auch auf seinen

Nachfolger abfärben würde. So wie auch Jelzin im Jahr 1999 mit dem Finger auf Putin zeigte und sagte, das ist mein Nachfolger.

Um einen Punkt hinter das Thema zu setzen: Bei den Präsidentschaftswahlen 2008 bekam Putins Protegé Dmitrij Medwedew über 70% der Stimmen, die nun wieder kandidierenden Sjuganow und Shirinowskij entsprechend 17% und 9%. Für einen Kandidaten namens Chodorkowskij wäre von dem Wählerkuchen nicht viel übriggeblieben. Was muss man aber tun, wenn die Macht ruft? Der *Jukos*-Chef ist weder Narr, noch Träumer, noch einfältig. Er ist, und das werde ich nicht müde zu wiederholen, ein sehr gut gebildeter, gewitzter, ja gerissener, aber ein System-, ein Algorithmusmensch. All das, was ich oben kurz skizzierte, und daran hege ich keinen Funken Zweifel, wusste Chodorkowskij viel besser als ich, und seine Analysen waren tiefer und umfangreicher.

Aber genauso bin ich überzeugt, dass er zu gleichen Ergebnissen kam: Die Präsidentschaftswahlen – ob 2004 oder 2008 – waren für ihn nicht zu gewinnen. Aber wollte er unbedingt Präsident werden? War das sein Ziel?

Natürlich nicht. Er formulierte sein Ziel viel exquisiter: Macht in Russland, die der Macht des Präsidenten gleich wäre. Aber sie muss nicht unbedingt Präsidentenmacht heißen.

Oh, hier eröffnen sich uns großartigere und vor allem reellere Perspektiven!

Damespiel auf dem Fußballfeld

Ein grundlegender Gedanke ist, dass nicht überall auf der Welt die Präsidenten (und Könige) das letzte Wort haben. Siehe Republiken wie Deutschland, Israel, Ungarn, Türkei oder siehe Monarchien wie Großbritannien, die Niederlande, Norwegen, Spanien. Es gibt Russland, die USA und Frankreich, Staaten in denen die Präsidenten das Sagen haben, aber es gibt auch die anderen, die mit allen Entscheidungsbefugnissen ausgestatteten Ministerpräsidenten oder Kanzler(innen). Was nach primitivem Politikunterricht riecht, hat handfeste utilitäre Bedeutung: Auf diese Weise könnte man in Russland alles umkrempeln.

Die Logik: Wenn man im Fußball nicht gewinnt, spielen wir eben Dame – auf dem Fußballfeld. Wenn eine direkte Wahl des Präsidenten durch das Volk nicht zu gewinnen ist, muss man die Spielregeln ändern. Und wenn die russische Republik nicht mehr präsidial-parlamentarische, sondern parlamentarisch-präsidiale hieße, dann könnte der Präsident als Hochzeitsgeneral auftreten und der vom Parlament gewählte Ministerpräsident selbst ein Kabinett bilden und *regieren*. Noch besser ist das deutsche Modell, wenn auch der Präsident für Repräsentationsaufgaben nicht direkt vom Volk, sondern vom – durch erlesene Vertreter des Volkes verdünnte – Parlament gewählt wird. Das Volk, das unberechenbare Vorlieben haben kann, bleibt außen vor. Aber das ist schon zu viel des Guten.

Eine Parlamentsmehrheit zu bekommen und Regierungsverantwortung zu übernehmen, schien Chodorkowskij eine lösbare Aufgabe. Das Ganze hätte in zwei Schritten erfolgen können: Erst einmal muss das Parlament eine Änderung der Verfassung vornehmen – diese Umstellung der Worte (präsidial-parlamentarische in parlamentarisch-präsidiale) erfordert dummerweise eine Zwei-Drittel-Mehrheit im Parlament. Die Verfassungsrechtler sind aber überall so gewieft, dass sie eventuell auch eine Möglichkeit fänden, wenn der politisch-finanzielle Wille da ist, das über die Annahme eines Gesetzespakets mit einfacher Mehrheit zu ermöglichen.

Im konkreten Fall wären das die Parlamentswahlen 2003 gewesen, in der die Mehrheit hätte gebildet werden können. Und nach den darauffolgenden Wahlen 2007 wäre dann der Ministerpräsident (und nicht der Präsident) Chef des Landes geworden. Und der hätte durchaus Michail Borissowitsch Chodorkowskij heißen können. So weit, so gut. Die Theorie ist beendet. Wie sieht es mit der Praxis aus?

Diese Erkenntnis kam der Öffentlichkeit erst, nachdem Chodorkowskij bereits in Untersuchungshaft saß. Viele russische Zeitungen, merkten die Analytiker später auf, begannen 2003 große theoretische Artikel zu drucken, die, wie es damals schien, aus heiterem Himmel, das russische politische System auseinandernahmen. Und viele, wenn nicht alle Autoren, kamen zu dem Schluss, dass die parlamentarische Demokratie irgendwie besser sei als die präsidiale. Wie gesagt, das hat so gut wie keiner so wahrgenommen, weil diese Artikel in Russland nur kluge Köpfe lesen, und – »Grau, teurer Freund, ist alle Theorie und grün des Lebens goldner Baum«. Hinterher, als man einen etwas anderen Blickwinkel hatte, wurde die Häufung offensichtlich.

Ausländische Beobachter registrierten dies ebenfalls. So schrieb die *Financial Times* im November 2003: »Jeder Beliebige des politischen und wirtschaftlichen Establishment Moskaus konnte sich an wenigstens ein Gespräch mit irgendeinem hochrangigen Vertreter von *Jukos* erinnern, der angeblich über die Absicht Chodorkowskijs erzählte, Premierminister zu werden. Die radikalste Option bietet einer der beiden aus Russland vertriebenen Oligarchen (Gussinskij oder Beresowskij – V. T.). Er bezieht sich auf Chodorkowskijs eigene Schilderung über sein Treffen mit Putin, das in diesem Frühjahr stattgefunden habe. Bei dem Treffen habe Chodorkowskij dem Präsidenten vorgeschlagen, die russische Verfassung zu ändern. Russland, habe er Putin gesagt, müsse eine parlamentarische Demokratie werden, in der Chodorkowskij den Posten des Ministerpräsidenten übernähme und Putin die begehrte, aber weitgehend zeremonielle Rolle des Sprechers spielen würde. Als ich Chodorkowskij bat, zu dieser Geschichte Stellung zu nehmen, weigerte er sich jedoch, etwas über seine Ansprüche auf den Posten des Ministerpräsidenten zu sagen, bestätigte aber offen, dass er Veränderungen in der Machtstruktur (gesetzeskonforme Änderungen, betonte er) unterstütze: Den Übergang von der russischen Präsidentschaft, die der Zarenherrschaft ähnlich ist, zum System mit einem einflussreicheren und stabilen Premierminister.«[81] Vergleichbare Beobachtungen stellte auch *The Washington Post* an: »Wahrscheinlich hat Putin die geheimen Pläne der Umgestaltung Russlands in eine parlamentarische Republik als äußerst gefährlich empfunden, in denen Chodorkowskij für sich selbst den Posten des Ministerpräsidenten plante (…). Viele Moskauer Insider konnten sich nicht vorstellen, dass Herr Chodorkowskij es wagen würde, dies durchzusetzen. Doch seine Leute sagten überall: ›Wir können alles, was wir wollen.‹«[82]

War da etwas Wahres dran? Sind das nicht nur wieder Intrigen der Rivalen?

Im Mai 2003, einige Monate vor der Verhaftung Chodorkowskijs, wurde eine merkwürdige analytische Arbeit veröffentlicht, die später als Zünder für Chodorkowskijs Verfolgung gedeutet wurde. Die Arbeit stammte von einer privaten Gesellschaft, einem gewissen *Rat für nationale Strategie,* und widmete sich der innerrussischen Situation.

»Das Frühjahr 2003 markierte den Beginn eines qualitativ neuen Prozesses für das moderne Russland«, hieß es in dem Dokument. »Die herrschende Oligarchie leitete die Vorbereitung der Umwandlung des Staatswesens des Landes ein mit dem Ziel, eine Personalunion des Hyperkapitals und der Exekutive zu gewährleisten. In der Tat befindet sich das Land am Rande eines schleichenden oligarchischen Staatsstreichs.« »Personalunion« bedeutet, so der Bericht, »direkte Beförderung der Oligarchen zu Schlüsselposten im Staat«.[83]

Die Autoren nennen dort auch die vermeintlichen Putschisten: die Milliardäre Roman Abramowitsch, Oleg Deripaska, Michail Fridman. Der Hauptideologe der Reformen sei Michail Chodorkowskij.

Der mit Chodorkowskij befreundete Schriftsteller und Herausgeber der schillernden Zeitung *Sawtra,* Alexandr Prochanow, reagierte empört, geißelte die Autoren des »berüchtigten Berichts« und giftete gegen die »Verschwörungstheoretiker«: »Jetzt, nachträglich, versuchen angeblich die Oligarchen einen Fehler zu korrigieren, den ineffektiven Manager (Putin – V. T.) abzuberufen, um die Körperschaft namens ›Russland‹ selbst zu führen.«[84]

Uns interessiert eher eine schlichte Frage: War da irgendetwas im Busche oder ist der Bericht nur ein Teil der Kampagne gegen Chodorkowskij, um ihn in den Augen des Kremls zu diffamieren?

Im September 2005 (Chodorkowskij ist bereits verurteilt) tauchte eine wissenschaftliche Arbeit auf, *Die Untersuchung der verfassungsrechtlichen und rechtlichen Probleme des Gemeinwesens, Verbesserung des Verfassungsrechts der Russischen Föderation* der Landesforschungsanstalt für Systemanalyse der Rechnungskammer Russlands. Ihr Inhalt: Die Monat für Monat geplante Transformation der Präsidialrepublik in die parlamentarische – mit wörtlichen Änderungen der Gesetze, mit verfassungsrechtlicher Analyse der Abstimmungsmöglichkeiten, mit Varianten der Verlaufsentwicklungen. Also – nicht die »graue Theorie«, sondern bereits »angewandte Wissenschaften« in Form eines Plans.

Der Vertrag für diese Arbeit ist auf den 4. April 2003 datiert. Kostenpunkt: 300 000 Rubel, etwa 10 000 US-Dollar. Auftraggeber: Der *Fonds für Entwicklung des Parlamentarismus*, eine Tochtergesellschaft des Fonds *Offenes Russland*. Das ist ein Chodorkowskij-Fonds.

Der System-Mann Chodorkowskij!

Die theoretischen Grundlagen waren somit geschaffen. Also an die Arbeit, Genossen!

Diese kraftstrotzenden Absichten konnten nicht geheim gehalten werden. Im April 2003 schrieb darüber auch der *Spiegel*: »Gut möglich, dass der reichste Mann Russlands irgendwann auch nach der Macht im Staat greift. In einem seiner Büros hängt ein Porträt von Katharina der Großen über dem Schreibtisch, und dem *Spiegel* sagte er vor knapp einem Jahr: ›Mit 45 will ich nicht mehr Wirtschaftsführer sein. Vielleicht gehe ich dann in die Politik.‹«[85]

Solche Artikel werden nicht nur dem Präsidenten des Landes vorgelegt, sie stehen binnen weniger Tage auch auf Russisch im Internet.

Oligarchenträume.
Die Sicht eines Amerikaners

So ein Mensch wie Michail Chodorkowskij ist keiner, der zum Angriff übergeht, bevor er nicht feste Ziele gesetzt und das Pulver dazu geprüft hat. Also, kein neues Russland ohne Plan. Ein Papier mit der Überschrift *Plan der Umgestaltung Russlands* werden wir allerdings vergeblich suchen. Dafür gibt es seine Äußerungen zu den verschiedenen Problemgebieten und seine Taten in verschiedenen Situationen. Die belegen oft sogar mehr als öffentlich erklärte Ziele.

Bis zum vorläufigen Höhepunkt seiner Karriere 2003 hat Chodorkowskij viel kritisiert, aber nur eins an dem politischen System in Russland grundsätzlich beanstandet, nur einen Verbesserungsvorschlag gemacht, und zwar in dem von uns bereits zitierten Buch *Der Mann mit dem Rubel* von 1992. Seine Idee könnte uns bekannt erscheinen: »›Wer die Musik bezahlt, bestimmt, was gespielt wird‹. Das Prinzip, das Bürgerrechte in der sogenannten zivilisierten Welt bekam.« Die 300 Seiten des Buches lassen sich auf diese Formel reduzieren. Später ist keine anders lautende Idee geäußert worden.

Was in der Kneipe unwidersprochen bleibt, birgt in der größeren Gesellschaft gewisse Probleme. Die sogenannte »zivilisierte Welt« versucht (das klappt nicht immer) eigentlich, etwas anders zu funktionieren: Das System dort heißt Demokratie, die Macht des Volkes. Das, was Chodorkowskij vorschlug, riecht mehr nach Plutokratie, der Herrschaft des Geldes. Weil das ganze Volk nicht in der Lage ist, nur zu bezahlen. Es gibt in der Gesellschaft nicht nur Zahlende, es gibt auch Menschen, die erhalten. Wenn jemand sagt, wer zahlt, soll auch herrschen, der meint nur den zahlenden Teil des Volkes. Die Reichen. Ist doch logisch?

Die Plutokratie wird in den politischen Wissenschaften einerseits als eine der Formen der Oligarchie angesehen, andererseits ist sie mit der

Kleptokratie stark verwandt, benannt nach einer These des Franzosen Patrick Meney (La kleptocratie: La délinquance en URSS), einer spezifisch russischen Herrschaftsform, die unter anderem auch unter Jelzin an der Tagesordnung war – mit offenem Raub des Staatseigentums, sozialer Ungerechtigkeit, finanzieller Macht des Einzelnen. Also, zurück in die Zukunft? Es ist doch eigentlich egal, ob ein Präsident ein von der Oligarchie aufgestellter Oligarch ist (siehe »direkte Beförderung der Oligarchen zu Schlüsselposten im Staat«) oder eine Marionette, die alles macht, was ihr die Oligarchen antragen. Die Rolle der Plutokratie in Russland beschrieb m. E. passend ein gewisser Lee Scott Wolosky in der Zeitschrift Foreign Affairs[86] – nur ein paar Monate, nachdem Jelzin abgedankt hatte und Putin zum ersten Mal russischer Präsident geworden war. Foreign Affairs erscheint seit 1922 in New York im Auftrag einer amerikanischen Denkfabrik. Die Zeitschrift gilt, so Wikipedia, als »die Strategiezeitschrift der US-amerikanischen Außenpolitik« schlechthin. Die Washington Post bezeichnete Foreign Affairs einmal als die »Bibel des außenpolitischen Denkens«. Unter den Autoren sind Ex-Präsidenten, Staatssekretäre sowie Finanz- und Außenminister der USA. Und eben Lee S. Wolosky.

Der Autor selbst ist auch kein unbeschriebenes Blatt. Als Harvard-Absolvent der Rechtswissenschaften koordinierte er unter Bill Clinton und George W. Bush die Tätigkeit der Regierung auf dem Gebiet des Terrorismus und der internationalen Kriminalität (einschließlich Finanzkriminalität), war Professor an der Columbia University und sammelte jahrelang Erfahrung als Berater in Fragen der Wirtschaftskriminalität in Russland. Deshalb sollte man ernst nehmen, was er schreibt.

»Wenn Putin Reformen voranbringen will, soll er sich vor allem in einem gefährlichen Kampf die Gruppe der Plutokraten unterordnen, die sich das Land unterworfen haben. Das ist das, was seine Vorgänger nicht erreichen konnten oder wollten. Im Gegensatz dazu besetzten diese Oligarchen unter Jelzin – Boris Beresowskij, Michail Chodorkowskij, Roman Abramovitsch, Michail Fridman und andere – weitgehend die Regierungsämter mit eigenen Leuten und zwangen diejenigen, den Mund zu halten, die nicht mit ihrer Linie einverstanden waren. Als Ergebnis bedrohen diese Menschen heute Russlands Übergang zur Demokratie und zum freien Markt.«

Zum Investitionsklima heißt es bei Wolosky: »Die Oligarchen dominieren im russischen öffentlichen Leben als Folge des groß angelegten Betruges und der rechtswidrigen Aneignung des Eigentums, insbesondere in der Ölindustrie. (…) Anstelle in diese Unternehmen zu investieren und die Produktion zu rekonstruieren, begannen Oligarchen ihre Plünderung, die zum Betrug an zahlreichen anderen Beteiligten führte, einschließlich Arbeitnehmer, Rentner, Lieferanten, Minderheitsaktionäre, Kreditgeber, strategische Partner, lokale Landesund Bundesbehörden, deren Haushalt von den bezahlten Steuern abhängt. Was ist der Mechanismus des Raubs? Einer der zuverlässigsten Methoden im Arsenal der Oligarchen sind die Verrechnungspreise«. So beschrieb bereits 2000 der clevere Amerikaner Wolosky genau das, was fünf Jahre später die Richter in ihrem Chodorkowskij-Urteil niederschreiben würden.

Die Oligarchen, schreibt Wolosky weiter, verfügten über eine enorme politische Macht, die auf ihrem Geld basiere, verstärkt durch die Kontrolle über Medien sowie die direkte und indirekte Beteiligung an der Entscheidungsfindung auf vielen Ebenen der Macht.

Ein Thema der Analyse ist auch die wuchernde Korruption, die für Oligarchen einen Nährboden für die Durchsetzung ihre Ziele bilde: »Ohne selbst hohe Staatsposten zu bekleiden, wahren die Öl-Oligarchen ihre Interessen durch hochrangige Vertrauenspersonen. Die Loyalität der Beamten niedrigerer Chargen wird oft durch Schmiergeld, Beschenkung und Spenden gekauft. In Moskau reichen 50000 US-Dollar aus, um ein Ermittlungsverfahren einzuleiten. Wenn ein Fall in Bezug auf die Oligarchen vor den Kadi kommt, ist die Bestechung von Richtern (…) alltäglich. Wenn ein Vertreter der Justitia einen gefährlichen Hang zum Unparteiischen hat, wird er durch seine Vorgesetzten, die auch ihren Batzen erhalten, ohne Angabe von Gründen versetzt.«

Zur Veranschaulichung ein Beispiel: Es waren die guten Zeiten unter Präsident Boris Jelzin, als *MENATEP* noch um Lebensraum kämpfte, Zeit des Mordes an Walentina Kornejewa aus dem Laden *Tschaj*. Außer *Tschaj* gab es noch ein Haus unter der Adresse Kolpatschnyjgasse 4 (15 Minuten zu Fuß bis zum Roten Platz), das *MENATEP* unbedingt haben wollte. Aus diesem Haus waren bereits fast alle umgesiedelt worden, bis auf zwei – Alexandr Kontschatow und Swetlana Wragowa –, sie wollten partout nicht weg. Sie forderten mit Recht von *MENATEP*, dass sie aus dem Moskauer Stadtzentrum, wenn überhaupt, nicht irgendwohin übergesiedelt würden, nicht in eine beliebige Bruchbude am Rande der Stadt, sondern in eine anständige Wohnung ihrer Wahl.

»Ihrer Wahl« war *MENATEP* wahrscheinlich zu teuer. Auf alle Fälle entschied sich *MENATEP* für die billigere Lösungsvariante. Swetlana Wragowa erzählte:»Ich komme nach Hause. Vor meinem Haus stehen Menschen mit Maschinengewehren. Ich schaue nach oben zu meiner Wohnung – die Fensterrahmen sind nicht meine. Der Kühlschrank ist weg und die Tür steht offen. Ich gehe nach oben. Einen solchen Schock bekommt man wahrscheinlich in Tschetschenien, wenn eine Bombe ins Haus einschlägt. Einige Wände sind von Stahlträgern durchbrochen. Das ganze Mobiliar wurde rausgetragen. Die gesamte Bibliothek ist draußen. Ich habe noch nie einen Zustand der Schwerelosigkeit erlebt. Dieses erste Gefühl damals war ein Zustand absoluter Schwerelosigkeit, wenn man nicht versteht, bist du auf dem Boden oder bist du im Himmel. Das Gefühl für Realität geht völlig verloren. Ich sagte:›Nehmen wir die Kamera und filmen.‹ Wir brachten die Kamera – diese Knechte ließen uns mit der Kamera nicht in unsere Wohnung. Sie sagten: Wir wissen von nichts.«[87]

Aber einige Bildsequenzen haben sie doch gedreht – eine beklemmende Dokumentation.

Als der Mann Wragowas nach Hause kam, standen nicht mehr die Maschinengewehrleute vor der Tür, sondern irgendwelche anderen Glatzköpfe, die Herrn Wragow mit den Worten begrüßten:»Wenn du noch einmal hierher kommst, bringen wir dich um.«

Plötzlich stand dank *MENATEP* eine Familie am helllichten Tage mitten in Moskau ohne Wohnung, ohne Möbel, ohne nichts da. Wragowa ging zur Polizei, Wragowa ging zu den Rechtsanwälten, sie ging zum Gericht. Sie lachten ihr ins Gesicht. Sie sagten: Gegen *MENATEP* werden wir nichts tun. Das ist ein unantastbares Unternehmen.

Alles abgeblockt. Wragowa spricht von »einem Vakuum in allem, was *MENATEP* anbelangte«.

Aber Wragowa ist nicht irgendjemand. Swetlana Wragowa ist eine bekannte russische Regisseurin, Intendantin des Moskauer Theaters *Modern*. Sie ging zur Presse und wurde in der Sendung *Privatleben* aufgenommen. Am Tag der Sendung wurde ihre Geschichte aus der fertigen Sendung herausgeschnitten.

Und sie machte das, was man im korrupten Russland nur machen kann: sich mit Beziehungen selbst helfen. Wragowa erzählte ihr Elend dem stellvertretenden Kulturminister Russlands, er vermittelte sie weiter an irgendeinen mysteriösen Mann. Der sagte per Telefon: »Die Freunde meiner Freunde sind meine Freunde«. Und legte auf. Am gleichen Tag rief *MENATEP* Wragowa an und bat sie, sich eine neue Wohnung zu wählen. Was sie auch tat.

Aber die Geschichte hatte eine Fortsetzung: Vor dem Abgang Jelzins gab es einen Kreml-Empfang. Dort saßen die geladenen Gäste Swetlana Wragowa und Michail Chodorkowskij nebeneinander. Und Wragowa schrie Chododorkowskij ihren Frust ins Gesicht, worauf er mit höflicher Miene antwortete: »Entschuldigen Sie bitte den Vorfall. Wir haben nicht gewusst, dass Sie das sind.« Als Wragowa ihm mit freudigem Rachegefühl entgegenschleuderte: »Und was machen Sie jetzt? Ihre Bank ist doch pleite gegangen!«, erwiderte Chodorkowskij mit leiser Stimme: »Ich bin jetzt verantwortlich für eine kleine Ölquelle.«

Und was ist mit dem zweiten Mann? Dem zweiten Einwohner des vom *MENATEP* so begehrten Hauses, Alexandr Kontschatow? Er wurde erschossen. Mörder wurden nicht gefunden. Es gab keinen Prozess.[88]

Deshalb erlaube ich mir eine kleine Zwischenbemerkung zum Gedankenfluss des engagierten Amerikaners Lee S. Wolosky: Wenn heute die Verteidiger Chodorkowskijs die Gerichte und Richter wegen ihrer Abhängigkeit an den Pranger stellen, sollten sie vielleicht bedenken, woher diese Abhängigkeit kommt und ob nicht die *MENATEP-Jukos* es waren, die die Justiz – im Interesse von Chodorkowskij – verdarben. Man kann nicht aus einem Brunnen sauberes Wasser trinken, wenn man selbst jahrelang hineingespuckt hat.

Besonders perfide sei die Rolle der Oligarchen in Bezug auf die Entwicklung der Zivilgesellschaft in Russland, meint der amerikanische Experte weiter:»In Russland ist der politische Einfluss der Oligarchen im Wesentlichen das Ergebnis von kriminellen Aktivitäten. Seine Verstärkung befördern mehrere Faktoren. (…) Einen davon hat der Russland-Experte Michael McFaul (seit Januar 2011 Botschafter in Russland – V. T.) ausgemacht – das ist die Schwäche des politischen Systems. In Russland gibt es keine politischen Parteien im vollen Sinne des Wortes. Statt politischer Parteien existieren hier amorphe, lose organisierte Koalitionen um eine oder zwei starke Persönlichkeiten. (…) Die Zivilgesellschaft als Teil des politischen Systems ist gar nicht entwickelt. Institutionen und Gruppen, vereint durch gemeinsame Interessen, die dem Einfluss der Oligarchen widerstehen könnten, sind schwach (…). Es ist auch wichtig, dass Russland keine freie Presse hat: nicht wegen der Zensur, sondern weil Oligarchen die Kontrolle über alle relevanten Medien besitzen. (…) All dies verhindert die Diversifizierung der sozialen, politischen und wirtschaftlichen Macht in Russland und widerspricht den vitalen Interessen der Vereinigten Staaten auf Demokratisierung dieses Landes.«

Die Frage der Steuerzahlungen werde oft durch Verhandlungen zwischen den Plutokraten und lokalen Führern gelöst, betont Wolosky, von denen viele nicht genug Macht hätten, um oligarchische Strukturen zur Steuerdisziplin zu zwingen. Er ist der Meinung, dass diese Art von Geschäften ein Zeichen der Bedrohung nicht nur für die Entwicklung der russischen Demokratie sei, sondern sie die Integrität der Russischen Föderation untergrüben.

»Last, but not least«, prangert der Fachmann in der Bekämpfung der Organisierten Kriminalität auch russische oligarchische Geschäftsgebaren an und zeigt die Folgen für die Weltgemeinschaft auf:»Die führenden russischen Öl-Unternehmen sind heute nichts anderes als parakriminelle Gruppierungen, die internationale Standards für legales Verhalten ignorieren.«

Was kann, was soll der Westen tun angesichts der Tatsache, dass in Russland alles gekauft und verkauft wird? Hier sind die Vorschläge von Lee S. Wolosky: Russische Öl-Tycoons sollten wie Parias behandelt werden. Man sollte den Zugang der von ihnen kontrollierten

Unternehmen zu den internationalen Kapitalmärkten blockieren. Sie dürften keine Unterstützung von Bundesbehörden erfahren. Washington, Wall Street und London müssten den Oligarchen einen respektvollen Empfang und die Bereitstellung von renommierten Sälen für ihre Auftritte verweigern, die sie dringend brauchten, um ihr Image aufzupolieren. Darüber hinaus sollte man einigen der Oligarchen keine Visa für Reisen in den Westen ausstellen, unabhängig von den Zielen der Reise.

»Die Position gegenüber den russischen Oligarchen als Ausgestoßene muss so lange aufrechterhalten werden, solange sie ihr Verhalten nicht ändern – oder bis Putin die Ölkonzerne des Landes, die am Betrug beteiligt sind, re-nationalisiert. Aufgrund außergewöhnlicher Umstände und des Ausmaßes der Gefahr, sollten die Vereinigten Staaten und multilateralen Organisationen aktiver die Prozesse der Re-Nationalisierung und Re-Privatisierung – auf der Grundlage einer gründlichen Analyse jedes konkreten Falls – fördern und unterstützen. In ihrem Kampf gegen die Oligarchen müssen Moskau und der Westen jede verfügbare Waffe nutzen.«

So weit der amerikanische Präsidentenberater. Alles in allem sieht es danach aus, dass das politische System, das Chodorkowskij (evtl. im Gespann mit anderen Oligarchen) anstrebte, ein strammer Kapitalismus ohne Auswüchse einer (lästigen) Zivilgesellschaft war, mit »Demokratie« für Auserwählte, in dem der Staat vor allem dazu da ist, oligarchische Reichtümer zu schützen – egal, ob diese Menschen Steuern zahlen oder nicht.

Auf die Publikation gab es auch eine Reaktion – die von Michail Chodorkowskij. Obwohl nicht nur Transferpreise und andere betrügerische Schemen, sondern auch der Mord an Petuchow und die Anschläge auf Rybin in Woloskys Text vorkommen, hat Chodorkowskij keine Klage eingereicht gegen die Anschuldigungen, die in dem einflussreichen amerikanischen Magazin *Foreign Affairs* abgedruckt worden waren. In einem Brief an den Herausgeber ging er auf keinen einzigen Vorwurf ein. Stattdessen erklärte er die Analyse schlicht für »simpel« und »falsch«.

Gelenkte Wahrheit

Über Chodorkowskij sind weltweit bereits mehrere Hundert, wenn nicht Tausende Artikel geschrieben worden, es gibt auch einige Bücher. Das von Walerij Panjuschkin wurde ins Deutsche übersetzt.[89] Darin beschützt Panjuschkin seinen Buchhelden – unterhaltsam, geschickt, vielseitig und vor allem, was für mich ausschlaggebend ist, ehrlich. Nachdem ich das Buch gelesen hatte, formulierte ich für meinen inneren Gebrauch eine Zusammenfassung: »Ein ehrliches Buch mit Beimischung dreister Lügen eines naiven Menschen.« Und da das ein ehrliches Buch ist, tut es mir leid, dass Panjuschkin über sich selbst Folgendes sagt: »Sie glauben mir nicht, dass Michail Chodorkowskij dieses Buch nicht bei mir bestellt hat. Ich kann es schwören, er hat es nicht bestellt bei mir. Und auch kein Politiker, kein Oligarch hat bei mir dieses Buch bestellt.«[90]

Wie gesagt, ich glaube dem Journalisten Walerij Panjuschkin auf Anhieb und verstehe, warum sich ein ehrlicher Autor für sein Buch schon gleich im Buch rechtfertigen muss. Und zwar nicht, weil er seicht recherchierte oder ein Zitat nicht kenntlich machte, sondern – so eine Bagatelle! –, dass er nicht käuflich sei. Ist das nicht selbstverständlich?

Nein, das ist es nicht, schon gar nicht in Russland. Selbstverständlich ist dort ein Zeitungsartikel gegen cash. Für den Schreibenden und extra für die Zeitung oder Zeitschrift – für die »Platzierung«. Positive Artikel sind billiger (»Was für ein toller Man ist der K!«), negative, wenn jemand auf Anweisung mit Dreck beworfen wird, viel teurer. Ein Buch schreiben – nur gegen gutes Bares, unabhängig von der verkauften Auflage. Das Gleiche gilt auch für Funk und Fernsehen. Die Preise staffeln sich nach Zuschauer- und Zuhörerquote. Dabei geht es nicht um gekennzeichnete Werbung, sondern um einen »journalistischen« Beitrag mit einem ihm immanenten Hauch unabhängiger Meinung.

Diese Art journalistische Augiasställe sind in der Gesellschaft so verbreitet, dass die Sprache für diese schleichende Werbung oder Gegenwerbung, für heimlich bezahlte Publikationen mehrere Wörter entwickelt hat, z. B. »Sakasucha« (vom russ. *sakasyvat'* – bestellen) oder »Jinsa« (komischerweise von Jeans) und sie bereits in russische Wörterbücher aufgenommen hat.

Das Zentrum für internationale Medienunterstützung interviewte Journalisten aus Entwicklungsländern (Russland inklusive) und stellte fest, dass in vielen Redaktionen das Bezahlen für die Veröffentlichung einer Publikation oder deren Ablehnung Alltag darstellt. Den Terminus »Sakasucha« erklären die Autoren folgendermaßen: »Ein Artikel wird genau so bestellt wie ein Gericht im Restaurant.« Außer Bestechung der einzelnen Journalisten kaufen Politiker und Geschäftsleute die Medien als Ganzes, so der Bericht der Journalistenorganisation. In Russland bekommen Redaktionen Geld »für eine bestimmte Anzahl Artikel, in denen die Firma erwähnt wird«. Das beeinflusst auch die Redaktionspolitik insgesamt: Unter dem Druck des Auftraggebers »weist der Redakteur den Journalisten darauf hin, was er zu schreiben bzw. nicht zu schreiben hat«. Nach den Angaben der Verfasser des Berichtes erhalten die führenden russischen Medien auf diese Weise nicht weniger als 3 Mio. US-Dollar pro Jahr.[91]

Die Aufgabe der heutigen Zeitungsleute in Russland ist folglich nicht unbedingt, nach Wahrheit zu suchen, sondern den gekauften Artikel so zu platzieren, dass keiner merkt, dass da Bares floss. Man stellte die Verbindung zwischen politisiertem Business (Oligachokratie unter Jelzin) und Medien auf eine Geschäftsbasis. Wenigstens ein Fall wurde öffentlich, als ein sehr bekannter und sehr einflussreicher Fernsehmoderator von einem Magnaten nicht nach Anzahl der Sendungen oder der Sendeminuten, sondern nach Senkung der Ratingpunkte der attackierten Partei bezahlt wurde. Da weiß man, was man für sein Geld hat!

Otto von Bismarck hatte für die Bestechung von Journalisten auch seinen »Reptilienfonds«, aber von dem russischen Ausmaß war der Reichskanzler weit entfernt.

Wir möchten natürlich nicht alle, also Tausende russische Medien mit einem einzigen wuchtigen Streich pechschwarz schmieren. Aber wie

Leonid Welechow, ein bekannter russischer Enthüllungsjournalist, schrieb, »unabhängige Medien auf der föderalen Ebene kann man an den Fingern einer Hand abzählen«[92]. D.h. Bestechung ist die Regel und Unbestechlichkeit eine rare Ausnahme.

2001 führte eine russische Agentur namens *Promaco* einen Test durch: Sie bot zwei Dutzend Zeitungen und Zeitschriften einen fingierten Artikel zur Publikation an. Gegen Bares. 13 Medien gingen auf den Deal ein. Die Preise für die positive journalistische Veröffentlichung lagen zwischen 130 und 2000 US-Dollar.[93]

All das weiß Panjuschkin, der sein Buch ursprünglich nicht für deutsches, sondern für russisches Publikum schrieb; deshalb beteuerte er seine Aufrichtigkeit so vehement.

Diese breiteren Ausführungen wären für uns ohne Belang, wenn an so einem Zustand der Gesellschaft, an dieser Käuflichkeit der Journalisten und Medien nicht auch *Jukos* und Konsorten gewichtigen Anteil hätten. Gekaufte Artikel haben in Russland eine Geschichte von zwei Dutzend Jahren – seitdem bei einigen Subjekten im Land überhaupt Geld im Überfluss auftauchte.

Immer hungrige Redakteure machten schleichende Werbung erst für Schneeballsysteme, die später platzten und Millionen Menschen in Mitleidenschaft zogen, dann für die Bank *MENATEP* und ihre Aktien, bis sie Konkurs anmeldeten und der LKW mit den Unterlagen in den Fluss versenkt wurde.

Die Geschichte Chodorkowskijs ist nicht nur eng mit dem Aufbau von nützlichen Verbindungen zu Behörden und der nötigen »Landschaftspflege« der Staatsdiener verbunden, sondern auch mit der grauen PR in den Medien. Wie die Journalisten Ajay Goyal und John Helmer meinen, hatte »Chodorkowskij (…) die vollkommenste PR-Maschine, die ihm sein Geld zu kaufen vermag«[94].

Sie erinnern sich, einen Teil der PR habe ich schon erwähnt: teure Empfänge für Politiker, Finanzierungen der Journalisten-Feierlichkeiten, ein Film für den KGB, das an die große Glocke der PR-Maschine gehängte Sponsoring für Theater. Aber es gab auch latente »Arbeit mit Journalisten«, für die *MENATEP* und *Jukos* in Moskau und Provinzen bekannt waren. Der Journalist Mark Deutsch erzählte z. B., dass nach einem Rendezvous zwischen Chodorkowskij und dem

Chefredakteur der Zeitung *Moskowskij komsomolez* dort für positive Artikel über *Jukos* dreifaches Honorar bezahlt und negative und nachdenkliche Berichte gar nicht gedruckt würden.[95] Auch heute zahlt sich die Pflege der Presselandschaft aus. Publizist Jurij Krupnow war 2011 der Meinung, dass die russischen Medien, die zum großen Teil Gegnern des Tandems Putin-Medwedew gehören,»mehrmals die Aussagen der extrem dünnen Schicht der Eliten verstärkten, die das Recht privatisierten, im Namen der Gesellschaft und für die Gesellschaft zu sprechen. Als Ergebnis schüren Medien Hysterie, um dann selbst zu schreiben, dass sich herausstellt, schauen Sie mal an, ›der Fall Chodorkowskij findet große Resonanz‹.«[96] Ab und an zeigen sich die Journalisten allerdings nicht so einsichtig. Einmal veröffentlichte die Wochenzeitung *Argumenty i fakty* (die übrigens 1990 ins Guinnessbuch der Rekorde als die Zeitung mit der weltweit höchsten Auflage – 33,5 Mio. Exemplare – einging) einen Artikel über ein Moskauer Unternehmen: Es war von einer anderen Firma feindlich übernommen worden, die Produktion wurde eingestellt, die Arbeiter entlassen. Weiter erinnert der Chefredakteur Nikolaj Sjat'kow:»Das Telefon klingelt. *Jukos* gab es damals noch nicht, es gab *MENATEP*. ›Was habt ihr da gedruckt? Also Folgendes: Damit ist jetzt Schluss, keine Publikationen mehr über das Werk.‹ Na, wir haben geantwortet, das sei eine Zeitung, sie hätten sich sicherlich verwählt. Und der Anrufer: ›Wir haben uns nicht verwählt, wir wissen Bescheid.‹ Dann kamen andere Anrufe: ›Was kostet Ihre Zeitung? Vielleicht kaufen wir sie ganz.‹«[97] Die Fernsehreihe *Moment istiny* (Stunde der Wahrheit) des investigativen Journalisten Andrej Karaulow war *Jukos* schon lange ein Dorn im Auge. Viele Sendungen waren den Ereignissen um Chodorkowskij gewidmet. Und deshalb ist es nicht verwunderlich, dass auch Karaulow und seine Sendung zum Thema bei *Jukos* wurden, und zwar bei dem uns bekannten Co-Autor, Freund und Partner Chodorkowskijs – Leonid Newslin. Und wie das Leben nun mal spielt, landete der Mitschnitt eines Telefonats darüber in der Sendung *Moment istiny*. Es war im Jahr 2008. *Jukos* war bereits zerschlagen, Chodorkowskij saß in Tschita nach dem ersten Urteil. Gegen Newslin lief (in dessen Abwesenheit) in Moskau ein Verfahren, in dem ihm mehrere Morde und Anschläge zur Last gelegt wurden. In dieser Situation fand das Telefonat zwischen Leonid Newslin (in Israel) und dem ehemaligen KGB-General (Spezialgebiet: Bekämpfung von Dissidenten) und ehemaligem *Jukos*-Mitarbeiter sowie ehemaligem Parlamentsabgeordneten (Fraktion der russischen Kommunisten) in einer Person, Alexej Kondaurow (in Russland), statt. Es wurden Pläne geschmiedet, was zu machen sei, wenn gegen Newslin ein hartes Urteil gesprochen würde.

Auch die »Arbeit mit Journalisten« dürfe man nicht außer Acht lassen: »Auf der Ebene der Journalisten arbeiten wir weiter«, gab Newslin Anweisungen. »Karaulow, zum Beispiel, soll außen vor bleiben. Er ist ein Sch…kerl. Das ist eine Nisse. Ich verstehe, dass die Situation gefährlich ist, man muss sie im Auge behalten. Wir müssen einen Wink geben, damit man ihm Probleme schafft. Ich bin der Meinung, dass wir jetzt Geld in die Hand nehmen und eine ›Assoziation des ehrlichen investigativen Journalismus‹ in Anführungszeichen gründen sollen (…). Ethische Prinzipien erklären und alles, was nötig ist. Über diese Assoziation müssen wir ›Sowsek‹ (›Совершенно секретно‹), ›Wsluch‹ (›Вслух.py‹), ›Stringer‹ (›Stringer.ru‹) (alles populäre gesellschafts-politische Medien – V. T.), vielleicht sogar ›Kompromat‹ (›Компромат.py‹) für uns arbeiten lassen. Die Prinzipien erarbeiten, aber in der Tat Geld reinstecken. In Julia Latynina mit einem Programm. Erstens tendieren sie dazu, und zweitens, das Geld wollen sie auf jeden Fall.«[98]

Dass Journalisten als geldgierig gelten, ist nichts Neues. Aber was für ein überzeugendes Konzept: »Eine Assoziation des ehrlichen Journalismus«, die genau das machen soll, was befohlen wird, ethische Prinzipien … Natürlich ist das effizient: Auf ein Wort gegen *Jukos* bekommt man zwei (bezahlte) zurück. Natürlich kommt das bei Menschen, bei Rezipienten, verschieden an – die Infos von Newslin oder die gleichen von »ehrlichen Journalisten«, keine Frage …

Oder Julia Latynina, eine Journalistin, die seinerzeit eine der besten Analysen des Chodorkowskij-Imperiums veröffentlichte (mit all den Betrugs-Mechanismen, die später auch vor Gericht ihre Bestätigung fanden), die nun seit geraumer Zeit Chodorkowskij unermüdlich in den Himmel lobt.

Und vor allem: das Allheilmittel gegen alle Schwierigkeiten – Geld, viel Geld. Einer der best informierten Miteigentümer bei *MENATEP-Jukos*, Alexej Golubowitsch, sprach in einem Interview im Jahr 2006 von Dutzenden von Millionen US-Dollar allein für die Presse.[99] Nach Angaben der Zeitschrift *Profil* werden die Ausgaben des Chodorkowskij-Konzerns für Lobbytätigkeit, politische PR und ähnliche Ziele Anfang des Jahrtausends von Analytikern auf 270 bis 350 Mio. US-Dollar pro Jahr geschätzt.[100] Wir nageln die Analytiker nicht an der Genauigkeit dieser Zahlen fest, wir bewundern still die Größenordnung von einer Drittelmilliarde.

Die können schon etwas bewirken: *Jukos-MENATEP* hat diese Erfahrung mehrmals gemacht.

Es gibt noch eine andere Geschichte, die die Einstellung der *Jukos*-Leute zur freien Presse anschaulich belegt. Das ist die Geschichte mit der Zeitschrift *Kompromat*, die sich 2003 ereignete, fünf Jahre vor dem oben zitierten Telefonat.

Kompromat (Abkürzung von »Kompromittierende Materialien«) ist eine bekannte Zeitschrift. Wie der Titel verrät, sammelt sie alles, was weltweit über alle Persönlichkeiten des russischen öffentlichen Lebens publiziert wird und tut noch ihr eigenes Scherflein dazu. Das Medium wird gefürchtet, gehasst, aber auch gern gelesen. In ihrer Geschichte veröffentlichte sie Dossiers über Politiker – auch Putin und Medwedew, Oligarchen, Banditen, es gibt kaum einen Namen, der nicht in *Kompromat* stand und nicht für Aufregung sorgte.

Im Mai 2003 wollte die Redaktion auch über *Jukos* einiges erzählen, wie man schrieb, »über zehn Jahre Schattentätigkeit«. Obwohl Journalisten dieser Zeitschrift auf die Geheimhaltung der nächsten Publikationen besonders Wert legten, rief unser bekannter KGB-General Alexej Kondaurow (als Leiter des Apparats des *Jukos*-Präsidenten) den Chefredakteur Sergej Sokolow an und bat um ein Treffen. Im Restaurant *Carpaccio* äußerte er einen exquisiten Wunsch und zwar, die gesamte Auflage mit besagtem Artikel für 35 000 US-Dollar zu kaufen.

Da er nicht sicher war, ob der Journalist auf so ein Geschäft eingehen würde, reichte er zusätzlich beim Chamowniki-Gericht in Moskau Klage ein, in der er sich beschwerte, dass Artikel in der noch in der

Druckerei befindlichen Zeitschrift»darauf ausgerichtet sind, den Leser von der angeblichen Beziehung zwischen mir und der KPRF (Kommunistische Partei der Russischen Föderation – V. T.) zu überzeugen, obgleich meine politischen Ansichten und Überzeugungen nichts mit der Tätigkeit und den Theorien der KPRF zu tun haben.«[101]

Abgesehen davon, dass Kondaurow kurze Zeit später doch in die Parteiliste der Kommunisten aufgenommen wurde und mit ihnen zusammen einen Platz in der Duma bekam (d. h. in der Klageschrift log), interessiert uns eigentlich nur der juristische Ablauf der Klage. Am 19. Mai wurde Klage eingereicht. Obwohl solche Klagen in der Regel in einem russischen Gericht erst einmal ein Vierteljahr liegen bleiben, entschied die Richterin am *selben* Tag über die Beschlagnahmung der Auflage. Und bereits drei Tage später stand ein Gerichtsvollzieher (die sich sonst auch immer Zeit nehmen) vor der Redaktionstür – ein einmaliger Vorgang in der Geschichte Russlands! Die Zeitschrift wurde *vor* der Veröffentlichung der mutmaßlich strafwürdigen Inhalte und *vor* dem Gerichtsurteil beschlagnahmt. Laut Mediengesetz, das die Russen auch haben, müsste erst einmal die Publikation erscheinen, dann kommen Gerichte zum Zug – Bezirksgericht, Stadtgericht, wenn nötig Oberster Gerichtshof, schließlich das Urteil: Strafe zum Beispiel oder die Verbrennung der Auflage meinetwegen. Oder eine Abweisung der Klage – ist auch möglich. Aber eine Bestrafung vor der Tat!?

Die Journalisten sollten später feststellen, dass die Sache um die Zeitschrift vor Gericht nicht einmal ein Aktenzeichen bekommen hatte – entschieden wurde trotzdem.

Die Beschlagnahmung der Auflage ist ein großer, manche meinen, sehr großer Fehltritt der Richterin. Aber wie der Chefredakteur Sergej Sokolow bemerkte:»Diese jungen Milliardäre sind es gewohnt, alle Probleme zu lösen – sehr geschickt, schnell und mit Geld.«[102]

Das Merkwürdigste registrierte die Redakteurin von *Radio Liberty* Jelena Rykowzewa: Auf dieses einmalige Vorkommnis – zum ersten Mal in der russischen Geschichte wurde die gesamte Auflage einer Moskauer Zeitschrift beschlagnahmt – reagierte die geballte sensationsgierige Presse überhaupt nicht, bis auf eine einzige, *Nowaja gaseta*[103] (und eben das freiheitlich gesinnte amerikanische *Radio Liberty*). Der Rest schwieg eisern. Das war die Sensation Nummer zwei (oder Alltag im korrupten Russland). Vielleicht wurden die Medien zu dieser seltsamen Schweigsamkeit animiert –»sehr geschickt, schnell und mit Geld« – mutmaßten die Szenekenner.

Es bestünde theoretisch die Annahme, der KGBler Kondaurow wäre auf eigene Faust tätig geworden und Chodorkowskij wäre über dessen »Aktionen« nicht informiert gewesen? Das glauben Sie doch selbst nicht. Natürlich reichte Chodorkowskij ein paar Tage später seine Klage gegen *Kompromat* nach, um die Zeitung zu erdrosseln. So ein aufgeklärtes, liberales, aber auch demokratisches Verhältnis hatten die *Jukos*-Oberen zur Presse: Erst versuchten sie, sie zu kaufen, und wenn das nicht gelang, dann wurden »Störenfriede« mit anderen Mitteln ruhiggestellt. Danach durfte Chodorkowskij mit Recht schreiben: »Ich kann mich als einen Voltairianer definieren, d. h. Anhänger des freien Denkens, der Freiheit des Wortes.«[104]

So sah Russland nach dem offensichtlichen Wunsch der »neuen politischen Reformer« aus. Eine Plutokratie eben: »Wer die Musik bezahlt, bestimmt, was gespielt wird«, und wenn jemand das nicht kapiert, ist er selbst schuld. Chodorkowskij selbst brachte das auf eine Formel: »Es war die gängige Praxis: PR-Kampagne, Lobbying, Geld.«[105]

Auf dem Weg zur Macht

Der Weg zur Macht wurde generalstabsmäßig vorbereitet. Eine der wichtigsten Aufgaben war der Kampf um die Köpfe der Bürger, also um die Medien. Die Macht der Medien hat Chodorkowskij spätestens 1996 erkannt, als eine politische Leiche ins Präsidentenamt des Landes gehievt wurde. Einige Jahre später, schon aus dem Gefängnis heraus, schrieb Chodorkowskij den interessanten Artikel »Linksruck«, in dem er an die Macht der Medien zur Jelzin-Zeit erinnerte. Als Strategie wurden damals »etliche Millionen-Dollar-Investitionen und die Maschinerie von endlosen Manipulationen der öffentlichen Meinung im Namen des Jelzin-Sieges« gewählt. »Zweifellos war das ein autoritäres Szenario. Die Werte der späten 1990er gehen auf diese Zeit zurück, und der wichtigste von ihnen: Der Zweck heiligt die Mittel. Wenn wir den Sieg wollen, dann lassen wir die Kommunisten nicht ins Fernsehen, und dann – mal sehen. (…) Damals begannen die Journalisten, sich von Architekten der öffentlichen Meinung zu Dienern der Bosse und die unabhängigen öffentlichen Institutionen zu Sprachrohren der Sponsoren zu wandeln.«

Chodorkowskij schloss die Passage ab mit einer sprachlich raffinierten (und sehr lebensnahen) Wendung »Bablo pobeshdajet slo«, die an das russische Idiom »Dobro pobeshdajet slo (Das Gute siegt über das Böse)« angelehnt ist: »Seit Juli 1996 wissen wir, ›die Kohle siegt über das Böse‹ – und sonst nichts.«[106]

Deshalb war für ihn eine der wichtigsten Aufgaben auf dem Weg zur Macht nicht die Bezahlung von »sakasucha«, sondern die Konzentration der Medien in den eigenen Händen. Deshalb begann Chodorkowskij, über die vorhandenen Zeitungen zu verhandeln. Von Ende 2002 bis Mitte 2003, kurz vor der Verhaftung Lebedews und Chodorkowskijs, liefen intensive Gespräche über die Übernahme von *Moskowskije nowosti*, des Verlagshauses *Kommersant*, der *Nowaja gaseta* (die allein über die beschlagnahmte Zeitschrift *Kompromat* protestiert hatte) – alles auflagenstarke Meinungsführer in Russland. Das verstanden durchaus nicht alle. Wirtschaftlich machte dieser Kauf keinen Sinn. Manche Beobachter[107] sprachen von einem »irrationalen Schritt«, den sie damit erklärten, dass »am Vortag der Wahlen sogar sehr seriöse Menschen anfangen, nicht adäquate Handlungen zu tätigen.« Und ob Chodorkowskij adäquat handelte!

Am 17. Juli 2003 erschien der Artikel »*Jukos* träumt von einem Media-Imperium«. Zu diesem Zeitpunkt träumten viele Oligarchen nicht mehr von einem Media-Imperium, sie besaßen es bereits. Aber etwas anderes lässt uns heute aufhorchen, das Ziel des Ganzen. Wollte Chodorkowskij mithilfe des Media-Imperiums sein Erdöl-Imperium schützen? Die Vermutung liegt nahe: Lebedew war bereits verhaftet worden.

Das besonders gut über das geschäftspolitische Leben in Russland informierte Internetportal *RBC daily* hob jedoch etwas anderes hervor:

»Die Marktteilnehmer sind sich in ihrer Meinung einig, dass die Expansion von *Jukos* auf dem Informationsmarkt mit dem Wahlzyklus verbunden ist, aber nicht 2003–2004, sondern frühestens 2008. ›Die Tatsache, dass die Medien die Aufmerksamkeit des großen Geschäfts auf sich ziehen, ist nicht verwunderlich‹, erzählte der Vize-Präsident der Gilde der Herausgeber Jewgenij Abow dem *RBC daily*. ›Es gibt einen anderen Anlass zur Sorge: Diese Transaktionen zeigen die Absicht auf, die unterwürfige Presse als ein Instrument der politischen Technologien zu nutzen.‹«[108]

Politische Technologien heißen auf Russisch – Jelzin anno 1996. Die Wahl, welche Zeitungen gekauft wurden, war auch überaus gut durchdacht: Wenn *Nowaja gaseta* und *Moskowskije nowosti* vorwiegend von der Intelligenzija gelesen wurden, konnte man *Kommersant* nutzen, um die Köpfe der Business-Community zu erreichen.

Es gingen Gerüchte um: Für *Kommersant* wurden 50 Mio. US-Dollar anvisiert, eine schier unvorstellbare Summe für eine Zeitung. Aber Chodorkowskij plante nicht, Herausgeber zu werden und damit Geld zu verdienen. Der Wetteinsatz war viel höher. Das ahnte Alexej Makarkin aus dem Zentrum für politische Technologien: Ihm zufolge

»plant die Führung von *Jukos* wahrscheinlich eine Medien-Plattform, um ihre eigenen Ideen durchzusetzen. Und dies geschieht nicht nur, um die rechten Parteien *Jabloko* und *Union der Rechten Kräfte* in die Staatsduma zu führen. Es läuft die Gestaltung der Informationsgrundlagen für die Beförderung der politischen Ideen für mehrere Wahlperioden im Voraus. ›Solche Käufe werden strategisch vorbereitet, und *Jukos* ist eines jener Unternehmen, die strategisch denken‹, sagt Alexei Makarkin«[109], berichtete 2003 *RBC daily*.

Alexej Makarkin hatte nicht nur Ahnung, sondern vermutlich auch Informationen. Er war zu dieser Zeit Vize-Präsident jenes PR-Zentrums, das seit 2001 auch *Jukos* betreute.

Was kostet ein Image?

Ich erwähnte bereits, dass Ende des 20. Jahrhunderts Chodorkowskij und *Jukos* sowohl in Russland als auch – noch schlimmer – im Westen einen sehr zweifelhaften Ruf hatten. Es war von einem Räuberbaron die Rede. Von Leichen im Keller. Von Beziehungen zur organisierten Kriminalität. Von Geldwäsche, darunter auch für die KPdSU. Die amerikanischen Behörden interessierten sich hartnäckig für den Verbleib von fast 5 Mrd. US-Dollar aus dem IWF-Kredit für eine Rubel-Stabilisierung und hatten einige Fragen an *Inkombank*, *SBS-Agro* – und an *MENATEP*. Danach, wie wir wissen, passierte die LKW-Geschichte ... Damit war die russische Seite des Deals mit den Wassern des russischen Flusses Dubna bereinigt. Es blieb noch die amerikanische.

Und dort bekam ein gewisser Milliardär Edmond Safra, der Besitzer von *Republic National Bank*, kalte Füße. Ausgerechnet in seiner Bank hatten *Inkombank*, *SBS-Agro* und *MENATEP* ihre Konten. Der schlaue Safra sah, dass »die Russen« durch seine Bank einen Milliarden-Deal aufzogen und vertraute seine nicht unbegründeten Vermutungen dem FBI an in der Hoffnung, bei der Suche nach dem Milliarden-Kredit des IWFs behilflich sein zu können – und vermutlich, um selbst beim FBI Schutz zu finden.

Daraufhin bekam er jedoch nur Unannehmlichkeiten und zwar so massiv, dass er seine zwei Banken hastig verkaufen und nach Monaco ziehen musste, wo er eine große Wachmannschaft und sogar einen Atombunker besaß. Das half ihm alles nichts. Im Dezember 1999 kam er in seinem Penthouse bei einem suspekten Brand ums Leben. Die Ursache des Feuers war Brandstiftung. Einer seiner Krankenpfleger, zufälligerweise ein *Green Beret*, also ein ehemaliger Kämpfer der Spezialeinheit der US-Army, Ted Maher, wurde 2002 von einem Gericht in Monaco wegen dieser Tat verurteilt. Obwohl Maher ein

US-Amerikaner ist, führten Untersuchungen zu Auftraggebern auch nach Russland, ins Banken-Milieu ...

Diese und andere Fälle blieben »im Westen« nicht unbemerkt. Eine britische Zeitung schrieb, Chodorkowskij zöge »eine Spur von betrogenen ausländischen Investoren und manchmal verdächtigen Todesfällen hinter sich her.«[110] Selbst die Chodorkowskij und *Jukos* durchaus wohlgesonnene Journalistin Anne Applebaum bescheinigte beiden »murderous reputation«[111], eine »mörderische Reputation«.

Aber die US-amerikanischen Untersuchungsrichter hatten nichts gerichtlich Verwertbares gegen die Russen gefunden. Auch aus der Affäre um Betrug und Geldwäsche beim Verkauf von Titan, in die Chodorkowskij und seine Off-Shore-Firma *Velmet* verwickelt sein sollten und die die Amerikaner ebenfalls untersuchten, ging *MENATEP* unbescholten hervor. Die langen Untersuchungen hinterließen trotzdem tiefe Spuren bei Chodorkowskij. All das kostete Nerven, Zeit, Geld ...

Es liefen darüber hinaus noch Kämpfe mit dem amerikanischen Milliardär Kenneth Dart, der im *Wall Street Journal*, in der *New York Times* und der *Washington Post* Doppelseiten mit Anzeigen gegen *Jukos* schaltete. Verprellte Investoren baten die amerikanische Regierung, die Weltbank und andere internationale Institutionen um Schutz vor Chodorkowskij. Alle beschuldigten *MENATEP* und *Jukos*.

In diesem Zustand, mit diesem Ruf lebte Chodorkowskij mit *MENATEP* und *Jukos* schon seit Jahren – und wurde immer reicher. Gilt der Spruch wohl weiterhin: »Ist der Ruf erst ruiniert, lebt es sich ganz ungeniert«? Oder gilt, wie ein Held bei Schiller sagte: »Ich brauchte keine gute Eigenschaft mehr, weil man keine mehr bei mir vermutete.«[112]?

In unserem Fall gilt das nicht. Erstens wollte Chodorkowskij mit *Jukos* an die amerikanische Börse, und mit *dem* Ruf war das unmöglich. Zweitens erklärte ihm ein Banker eine Binsenweisheit der Börse: Die Wertsteigerung des Unternehmens, die Marktkapitalisierung hängt nicht nur von Produktivität und Gewinn des Unternehmens ab, sondern viel mehr von seinem guten Renommee.

Imagegewinn war für Chodorkowskij also gleich Geldgewinn. Für zwei solch hehre Ziele lohnte sich der Kampf. Wie bereits beschrieben, zahlte Chodorkoswkij im Dezember 1999 den Unternehmer Dart aus. Seitdem schweigen er und seine Mitarbeiter eisern zum Thema *Jukos*, und die Experten rätseln, welche überzeugenden Worte Chodorkowskij für ihn gefunden hat.

Aber nur ein schweigender Dart war für den Imagewechsel zu wenig. Die Presse, vor allem die westliche, musste aufhören, über die Firma und Chodorkowskij Indiskretionen zu melden. Wie wird man bei der Presse beliebt? Chodorkowskij erinnerte sich an schöne Journalisten-Partys mit Austern und Kaviar, die ihm und der Firma viel Zuneigung in Russland eingebracht hatten. Warum es nicht noch einmal versuchen – aber schicker?

2001 lud kein geringerer als *His Royal Highness*, Seine Königliche Hoheit, Prince Michael of Kent im Namen eines unbekannten russischen Milliardärs renommierte angelsächsische Journalisten zu einer Russland-Tour ein, in einem Privatjet von Sankt-Petersburg nach Sibirien. Einigen wurde bange und sie sagten dem Prinzen ab,[113] andere flogen gern mit, kostenlos und mit viel Champagner. Der geheimnisvolle Tycoon entpuppte sich als Michail Chodorkowskij.

Der Ertrag der Investition war ansehnlich: Es erschienen »zahlreiche lobende Artikel«[114] in den westlichen Medien. Schade nur, dass russische Journalisten – sicher aus Eifersucht – diese Veranstaltung »Ein Flug der Schande« nannten.

Der Plan war also nicht so ganz aufgegangen. Man musste die Taktik zwingend ändern. Und Chodorkowskij setzte – wie 1996 Jelzins Wahlstab – auf amerikanische und englische Konsultanten, PR-Agenturen, die sich in den politischen Technologien auskannten. Außerdem beauftragte *Jukos* 2002 eine der weltweit renommiertesten Prüfgesellschaften der Welt – *PricewaterhouseCoopers* (*PWC*) – und veröffentlichte Unternehmens-Bilanzen nach Vorgaben des strengen amerikanischen Standards GAAP, *Allgemein anerkannte Rechnungslegungsgrundsätze der USA*. Der Westen staunte, Russlands Wirtschaftselite wunderte sich, saß einfach da mit offenem Mund, wie ein Fünfjähriger im Zirkus – so eine Offenheit hatte hier keiner vorher gesehen.

Wahrheitsgemäß müssen wir sagen, dass auch hier mehr Schein als Sein herrschte. Nachdem die russische Staatsanwaltschaft die Berichte des *PWC* unter die Lupe genommen hatte, stellte sich heraus, dass dieses erlauchte Haus (ganz nach bewährter russischer Art) immer *zwei* Prüfberichte erstellt hatte – einmal einen gefälschten fürs Publikum, dem mit dem offenen Mund, für ausländische Investoren und Analytiker, und einmal den »echten«, für den internen Gebrauch der *Jukos*-Führung.[115]

Nachdem russische Behörden die weltweit bekannte Prüfgesellschaft aus diesem Grund verklagt hatte – »Beihilfe zur Steuerhinterziehung« – zog das Unternehmen seine Prüfberichte, die für Staunen gesorgt hatten und bis jetzt noch den Mythos um den transparenten *Jukos* nähren, für die Jahre 1996–2004 zurück.[116]

Leider ist das in Deutschland anscheinend fast niemandem bekannt; wenn doch, so könnte niemand mehr Chodorkowksijs Offenlegung der Unternehmenspraktiken rühmen. Bis heute streiten sich *Jukos* und *PWC*: Waren es die falschen Ausgangsdaten von *Jukos*, die zur Rücknahme der Berichte führten (so *PWC*) oder ist *PWC* selbst mit den Zahlen falsch umgegangen. Fest steht, und das sollten sich diejenigen, die bis heute über das »vorbildlich transparente Unternehmen Russlands« eifern, merken: Innerhalb von acht Jahren, während der gesamten Geschichte von *Jukos* in den Händen von Chodorkowskij, gibt es keine einzige von unabhängigen Prüfern bestätigte Zahl von *Jukos*. Ist diese »Transparenz« gemeint?

Damals wusste die Öffentlichkeit nicht von den doppelten Prüfberichten. Damals dachten alle: Wow! Der Aktienkurs explodierte. Das Image erhellte sich rapide. Aber bis zum »Vorbild und Lehrmeister« war noch ein langer Weg.

Deshalb engagierte *Jukos* Dutzende von ausländischen Managern, damit sie den Konzern gut repräsentierten. Sie hießen würdevoll Direktoren, hatten aber keine Ahnung vom Chodorkowskij-Geschäft. Wenn schon *PWC* keine echten Zahlen bekam, warum sollte der ehemalige britische Außenminister Lord David Owen, Mitarbeiter von *Jukos* in London und Mitglied des *MENATEP*-Direktorenrates, sie bekommen? Seine Aufgabe war nicht, den Konzern zu leiten, sich mit Debet und Kredit oder Bohrlochflüssigkeit abzuplagen, sondern Beziehungen spielen zu lassen, Kontakte zu knüpfen, eine Lanze für Chodorkowskij zu brechen und für sein Image zu sorgen. Dafür brauchte man keine Buchhalter und Verfahrensingenieure. Dafür war ein ehemaliger Außenminister gerade richtig.

Einen fetten Punkt aufs »i« bei der Eroberung Großbritanniens setzte Chodorkowskij mit der Präsentation von Gemälden aus der Sankt-Petersburger *Eremitage* im Londoner *Somerset House*. Sie kamen bei den Engländern besser an als Kaviarbrötchen. Später benannte der britische Prinz Charles ein Zimmer in *Somerset House* nach dem russischen Milliardär.

Die Arbeit in den USA lief parallel. Anfang 2001 suchte Chodorkowskij ein Treffen mit Condoleezza Rice, der Sicherheitsberaterin des amerikanischen Präsidenten George W. Bush. Die Amerikaner prüften die Angelegenheit und lehnten ab. Chodorkowskij verstand richtig: Für die Pflege der politischen amerikanischen Landschaft benötigte man noch mehr Geld. Er sponserte die Bibliothek des amerikanischen Kongresses mit 1 Mio. US-Dollar, gab eine halbe Million US-Dollar an *Carnegie Endowment for International Peace* – eine amerikanische Denkfabrik, die sich intensiv mit Russland beschäftigt (später wird Anders Aslund, ein Mitarbeiter des Fonds, die russische Regierung in Bezug auf Chodorkowskij heftig kritisieren) und 100 000 US-Dollar fand er für das »National Book Festival« – ein Lieblingsprojekt der Gattin des US-Präsidenten Laura Bush.

Für seinen Fonds *Offenes Russland* ließ er Arthur Hartman, ehemaliger US-Botschafter in der UdSSR, Henry Kissinger, Friedensnobelpreisträger und US-Außenminister unter Richard Nixon und Gerald Ford, und Lord Jacob Rothschild (ja, aus der Rothschild-Familie, an die Sie jetzt gedacht haben) arbeiten. Bei der Präsentation des Fonds in den USA im September 2002 bat er den Direktor der Bibliothek des Kongresses, Dr. James Hadley Billington, einen ausgewiesenen Sowjetologen mit langjährigen engen Kontakten zur CIA,[117] deren Vorsitz zu übernehmen. Die große Spende im Kopf, machte Billington daraus einen Riesenempfang und bat James Wolfensohn, den Präsidenten der Weltbank, eine Laudatio zu halten. Dort wurde Chodorkowskij der Washingtoner High Society vorgestellt.

Später traf sich Chodorkowskij mit dem US-Energieminister Spencer Abraham, und als der ehemalige US-Präsident Bush-Senior (George H. W. Bush) nach Moskau kam, saß Chodorkowskij beim Mittagessen mit in der Runde. Im Internat Korallowo bei Moskau habe ich ein Bild gesehen: Chodorkowskij mit Präsidentenpaar Laura und George. Nicht zufällig abgelichtet, sondern posierend. Das Bild ist doppelt signiert:»To Mikhail Khodorkovsky with best wishes. George Bush, Laura Bush«. Langsam fanden die Menschen Chodorkowskij charmanter.»The force of his charm is helped by his money«, schrieb dazu der englische Journalist Harry Mount[118], dem Charme wurde mit seinem Geld nachgeholfen.

»Herr Chodorkowskij hat eine Menge ausgegeben, um den inneren Kreis des Capitol-Hügels zu beschwatzen«, fügte *The New York Times* 2003 hinzu.[119] Die *International Herald Tribune* schien auch die Menge des Geldes zu kennen und schrieb von 50 Mio. US-Dollar jährlich zwischen 2001 und 2003.[120]

»*Jukos* ist es gelungen«, resümierte demgemäß 2010 in einem Artikel mit dem allgemein verständlichen Titel»Khodorkovsky – the making of a myth« der Amerikaner Ben Aris,»die Lobby-Unterstützung von Dutzenden, in der ganzen Welt engagierten unabhängigen Direktoren zu gewinnen. In Großbritannien hat *Jukos* einen Berater, den Lord Paddy Gilford, und seine PR-Firma *Gardant* beschäftigt sich fast mit allen PR-Operationen von *Jukos* in Europa.«

Den Worten Ben Aris nach sei Lord Gilford sehr gut vernetzt und sei aktiv an der PR-Kampagne des derzeitigen Premierministers David Cameron beteiligt gewesen. In der Öffentlichkeitsarbeit habe in Großbritannien auch Dudley Fishburn, ehemaliger Chefredakteur von *The Economist* und ehemaliges Mitglied des britischen Parlaments, geholfen. Mit Deutschland habe sich der ehemalige Vorsitzende der Freien Demokratischen Partei in Deutschland Dr. Otto Graf Lambsdorff, von 1977 bis 1984 deutscher Wirtschaftsminister, engagiert.

Was die USA anbelangt, habe hier der ehemalige stellvertretende Finanzminister und EU-Botschafter Stuart Eizenstat die Rolle des Chef-Lobbyisten gespielt. Zusätzlich habe *Jukos*, so der amerikanische Autor, Dienste genutzt von Anwalts- und Lobby-Verbänden wie *BKSH & Associates*, der hervorragend vernetzten Anwaltskanzlei *Greenberg Traurig*, von der Kanzlei *Covington & Burling*, die außerdem noch für die amerikanische Erdöl-Firma *Halliburton* des ehemaligen US-Vizepräsidenten Dick Cheney gearbeitet habe, indem sie die Interessen der zwielichtigen Tochter *KBR Government Operations* im Irak vertreten habe.

»Natürlich ist Chodorkowskij kein Märtyrer«, schlussfolgerte Ben Aris, »wie die internationale Presse und führende Journalisten der internationalen Presse uns klar zu machen versuchen. Seine Unternehmer-Karriere begann er mit dem fürchterlichsten Missbrauch – fürchterlich sogar nach den Maßstäben von Russland Mitte der 1990er-Jahre. In der darauffolgenden Periode jedoch schuf sich Chodorkowskij sorgsam ein anderes Image, gab Millionen US-Dollar für die Dienstleistungen der besten Kanzleien aus, das beste Lobbying und die beste PR, die in der Natur existiert, sodass alle ›den früheren Chodorkowskij‹ vergaßen.«

Aris fügte hinzu, dass die Millionen, die Chodorkowskij vor seiner Verurteilung für die Image-Kampagne ausgegeben habe, noch lange nicht versiegt seien – noch heute habe »die Firma« »leistungsfähige Werkzeuge für die Lobby- und Öffentlichkeitsarbeit«, noch heute flössen weitere Millionen für die »Aufrechterhaltung des Interesses an dem Fall Chodorkowskij«, für die internationale Unterstützung des Häftlings, für PR-Auftritte und Internet-Foren, in denen sich das Volk »die ungeschminkte Wahrheit« von der Seele schreie.[121]

Für manche sicherlich ein ganz unangenehmer Artikel. Deshalb monierte nicht mehr Chodorkowskij persönlich (2010 saß er im Gefängnis), sondern ein gewisses *Chodorkowskij & Lebedew Kommunikationszentrum* (vermutlich mit Chodorkowskijs Vollmacht und Chodorkowskijs Geld – eine nette beiläufige Bestätigung der aktuellen Ausgaben) diese Ausführungen des Journalisten.

Hat Chodorkowskij also all diese Politiker nicht für seine Zwecke instrumentalisiert? Hat er doch keine Firmen engagiert, die seine Gestalt aufpolieren sollten? Hat er nicht mit Millionen geschmiert, um im Westen Akzeptanz zu finden?

Um diese Punkte ging es gar nicht. Zwei andere Dinge gefielen den PR-Routiniers vom *Kommunikationszentrum* nicht. Zum Ersten waren die bezahlten Kommentatoren um die Wahrheit besorgt, »*Gardant* führt PR in Europa nicht für Chodorkowskij«, sondern nur und ausschließlich für *Jukos*!

Wer hätte das gedacht? Und ist *Jukos* nicht gleich Chodorkowskij und Chodorkowskij ist nicht gleich »*Mr. Jukos*«?

Die zweite Sache ist den Deutschen näher. Dr. Otto Graf Lambsdorff »does not and did not ›handle [Khodorkovsky's PR in] Germany‹«, also war und ist kein Generalvertreter von Chodorkowskijs PR-Abteilung in Deutschland.[122] Vielleicht sehen diese »Kommunikatoren« nicht so weit – bis nach Deutschland? Nach der Verhaftung Chodorkowskijs gehörte der prominente FDP-Politiker Lambsdorff zu den radikalsten Chodorkowskij-Unterstützern im Lande. Er nahm kein Blatt vor den Mund, wenn es um Härte gegen Russland ging. Interview folgte auf Interview, Schlagzeile auf Schlagzeile. Ich bringe nur eine kleine Auswahl: »*Jukos*-Affäre! Lambsdorff: Deutsche Interessen in Gefahr! Die Bundesregierung und die Europäische Union müssen ihre Zurückhaltung gegenüber der russischen Führung in der *Jukos*-Affäre aufgeben und auch im Interesse ihrer eigenen Investoren bei Präsident Putin gegen die Verletzung rechtsstaatlicher Grundsätze protestieren. Das hat der FDP-Ehrenvorsitzende Graf Lambsdorff im F.A.Z.-Gespräch gefordert. (…) Was hat ein solches Land am Tisch des Weltwirtschaftsgipfels zu suchen?«, so der Politiker.[123]

»Ein himmelschreiender Skandal! Lambsdorff hält *Jukos*-Urteil für politisch motiviert. Der FDP-Politiker Otto Graf Lambsdorff hat den Schuldspruch im *Jukos*-Prozess kritisiert. Es gebe keine Belege für die Taten, die Michail Chodorkowskij vorgeworfen würden. Die Art des Verfahrens erinnere ihn an die Schauprozesse der 1930er-Jahre. ›Ich habe diesen Prozess erlebt als ein Beispiel selektiver Justiz, (…) als eine Verletzung internationalen und russischen Rechts‹«[124], berichtete der *Deutschlandfunk* im Mai 2005.

»Der FDP-Politiker Otto Graf Lambsdorff hat gegenüber dem *Handelsblatt* die Russland-Politik der Bundesregierung im Zusammenhang mit dem Fall *Jukos* scharf kritisiert«, schrieb die Zeitung im Juni 2005. »»Das Verfahren war ein Schauprozess unter Verletzung aller rechtsstaatlicher Grundsätze, russischer wie internationaler. Der Kreml hat das Urteil diktiert.‹«[125]

Und wenn die Lage so schlimm zu sein scheint (oder wenn es irgendwo nicht ganz nach deutschem Gusto geht), baut Deutschland unbedingt eine Drohkulisse auf. Auch in diesem Fall, im Interview für *Zeit-Online*:

»*Frage*: Womit, außer mit Worten, könnte denn die Bundesregierung Druck ausüben?

Lambsdorff: Wir wollen keinen Druck ausüben. (…) Wir können immer nur sagen, wenn ihr gute Beziehungen zum Westen haben wollt, dann seid in Russland bitte friedliebend, demokratisch, dem Rechtsstaat verpflichtet.«[126]

Ihr Russen sollt »dem Rechtstaat verpflichtet sein«, sagte der in Deutschland für Steuerhinterziehung verurteilte Delinquent Otto Graf Lambsdorff, der nichts Besseres fand, als den Russen in Fragen von Recht und Rechtsverletzung Lektionen zu erteilen. Auf dem Gebiet hat er bestimmt einschlägige Erfahrung gesammelt – als einer der Drahtzieher der bekannten Flick-Affäre, der illegalen Parteifinanzierung (in der Flick-Manager und sein Komplize Eberhard von Brauchitsch für das Schmieren den schönen Euphemismus *Pflege der politischen Landschaft* kreierte). Das kostete Graf Lambsdorff das Amt als Wirtschaftsminister. (Was den Staat nicht hinderte, ihm einige Jahre später das Großkreuz des Verdienstordens der Bundesrepublik Deutschland zu verleihen).

Der so aufrichtige Herr Lambsdorf wurde damals obendrein der Bestechung und Bestechlichkeit angeklagt. Nach Aussage des Richters fielen aber »nahezu alle Zeugen (…) durch ihr schlechtes Erinnerungsvermögen auf« – wen wundert's? Deshalb wurde der integre Graf von diesen Vorwürfen freigesprochen – aus Mangel an Beweisen.

Freiheitliche und rechtsstaatliche Gesinnung des FDP-Ehrenvorsitzenden hin oder her, sind die Wortmeldungen vielleicht zu oft, zu heftig und zu unüberlegt betont für einen betagten Politiker? Woher kommt das durchaus überdurchschnittliche Engagement für Chodorkowskij?

Ach ja: Herr Dr. Otto Graf Lambsdorff war zu der Zeit – meinen einige – der Berater der *MENATEP*-Gruppe. Andere wissen es genauer: Er saß (zusammen mit Stuart Eizenstat, Dudley Fishburn und Margery Kraus) im Beirat von *MENATEP*. Das sind die uns bekannten kleinen Nebenverdienste der Politiker, die auch abgearbeitet werden müssen.

Warum kann diese überragende mediale Präsenz des Altmeisters nicht »handle[s] Khodorkovsky's PR in Germany« heißen? Wie dem auch sei, Chodorkowskijs PR-Strategie ging auf: Vor seiner Verhaftung war Michail Chodorkowskij ein international angesehener russischer Oligarch. »Der Mann, den vor ein paar Jahren alle mieden wie die Pest, wurde plötzlich zum Liebling der amerikanischen politischen Elite – man lud ihn ein zu Konferenzen, an denen Kongressabgeordnete teilnahmen, und zu Treffen, die amerikanische Milliardäre im Sommer in Wintersportgebieten arrangieren«[127], schrieb die englische *Sunday Telegraph*.

Die *Jukos*-Aktien wuchsen von 0,14 US-Dollar pro Aktie (August 1999) über 3,15 US-Dollar (Mai 2001) bis 11,40 US-Dollar im Juli 2003.[128] Das war eine Steigerung um mehr als das 80-fache innerhalb von weniger als vier Jahren. Keine Optimierung der Produktion, keine heldenhafte Leistung des Managements konnte zu so einem kräftigen Schub führen.

Die Investitionen in das Image zahlten sich aus. Der Motor dieser PR-Maschine tuckert unermüdlich auch heute – vielleicht sogar intensiver als damals. Die auf den kräftigen Schultern der gut bezahlten PR-Berater basierende und mit US-Dollar unterfütterte Hochachtung, gar Pietät (bis zu »Sacharow«, »Mandela« und »Gandhi«) wächst beständig.

(K)ein politischer Häftling

Anerkannter »politischer Häftling« zu sein, bringt nicht viel auf die juristische Waage, baut aber um den Häftling eine günstige ideologische Kulisse auf.

Die russischen Menschenrechtler – mit der Schützenhilfe von Chodorkowskijs Rechtsanwälten – wendeten sich bereits wenige Wochen nach der Verhaftung von *Jukos*-Chef – im November 2003 – an die Menschenrechtsorganisation *amnesty international (ai)* mit der Bitte, den Geschäftsmann als politischen Häftling anzuerkennen. Das ist ein bemerkenswerter, schier unerklärlicher Vorgang: bei Beresowskij, bei Gussinskij, bei Dutzenden von in der Sache *Jukos* verurteilten Kleinlichtern, die von Chodorkowskij missbraucht und hergegeben wurden, sprachen die Menschenrechtler nicht von »politischer Verfolgung«. Chodorkowskij scheint für die Gerechtigkeitsverfechter aus irgendeinem Grund etwas ganz Besonderes, Exquisites zu sein.

Der erste Versuch, auf der europäischen Bühne das Wort »politisch« in Bezug auf das Chodorkowskij-Verfahren zu verwenden, stammt meines Wissens vom November 2004 von Sabine Leutheusser-Schnarrenberger. Die Berichterstatterin der Parlamentarischen Versammlung des Europarates (PVER) sagte, in der liberalen Tradition Herrn Otto Graf Lambsdorffs und auf der sehr wackligen Prämisse (es gibt Hunderte Gegenbeispiele), dass Wirtschaftskriminelle in Russland in der Regel nicht in Untersuchungshaft kommen: »Die Ausnahme für Michail Chodorkowskij und seinen Partner, Herr Lebedew, ist aus ihrer Sicht ein Beweis für die ›politische‹ Motivation der Verhaftung.«[129]

Aus wessen Sicht? Aus der Sicht der Rechtsanwälte der Herren Chodorkowskij und Lebedew, sagt wahrheitsgemäß die jetzige deutsche Justizministerin.

Die russische Delegation bei der PVER kritisierte an dem Bericht vor allem, dass Frau Leutheusser-Schnarrenberger in Moskau die Möglichkeit hatte, beide Seiten anzuhören und auch entsprechende Dokumente von beiden Seiten bekam. In dem Bericht wurde nur eine Seite – die der Rechtsanwälte und Menschenrechtler – dargelegt. Deshalb nannte die Delegation die Berichterstattung diplomatisch »unausgewogen«.

Den nächsten Anlauf, Michail Chodorkowskij einen politischen Status zu verleihen, unternahm Tim Osborne, der Chef der Group MENATEP Limited. Im Februar 2005 bat er das US State Department, seinen ehemaligen Chef als politischen Häftling anzuerkennen.[130] In der Zeit danach wurde Michail Chodorkowskij zum »politischen Häftling«. 2007 erklärte dies die Moskauer Helsinki-Gruppe (MHG) – die älteste heute existierende Menschenrechtsorganisation Russlands, eine ehrenvolle Einrichtung der Kämpfer für ein würdiges Leben. Ihre Mitglieder – Jurij Orlow, Jelena Bonner, Alexandr Ginsburg, Pjotr Grigorenko, Ljudmila Alexejewa, Anatolij Martschenko, um nur einige zu nennen – standen ein für die Einhaltung der humanitären Paragraphen des Abkommens von Helsinki (1975) und prangerten Verletzungen dieses Dokuments in den Bereichen Ausreisefreiheit, Gewissensfreiheit, Rechte der politischen Häftlinge, Recht auf freien Wohnsitz an. Dieser zivile Ungehorsam der Andersdenkenden hat in der Sowjetunion zu Repressalien geführt. In Moskau wurden Jurij Orlow, Alexandr Ginsburg, Anatolij Stscharankij und Malwa Linda verhaftet. Vitalij Rubin, Ljudmila Alexejewa und Pjotr Grigorenko mussten emigrieren.

Und genau diese Gruppe, inzwischen unter dem Vorsitz der in die Heimat zurückgekehrten Ljudmila Alexejewa, erklärte: Chodorkowskij ist ein politischer Häftling.

Was mich an der Gruppe vor Jahrzehnten besonders fasziniert hatte, war, dass sie nie etwas grundlos behauptete. Zu Sowjetzeiten sammelte sie Zeugenaussagen, Expertenanalysen, medizinische Gutachten, Gesetze, Urteile, um ihre Petitionen an die höchsten Staatsorgane zu untermauern.

Deshalb wollte ich wissen, mit welcher Begründung Chodorkowskij ein »politischer Häftling« geworden ist. Ich wollte zwei Dinge erfahren: Erstens, warum er kein Krimineller ist, d. h. man musste mit Fakten plausibel nachweisen, dass die Straftaten, die ihm zur Last gelegt wurden, nicht belegbar sind. Und zweitens, dass Chodorkowskijs politische Tätigkeit ausschlaggebend für seine Verurteilung war. Ich hatte mich auf das Studium der Dokumente gut vorbereitet und flog nach Moskau. Als ich Ljudmila Alexejewa anrief, antwortete sie mir, nachdem sie erfahren hatte, worum es ging: »Ich kann Ihnen keine Details zum Verfahren liefern, die kenne ich nicht.« Das lag bestimmt nicht an einem Übertragungsfehler der russischen Telefongesellschaft. In einem Interview hatte Ljudmila Alexejewa schon 2004 in der *Nowaja gaseta* gesagt: »Was den ›Fall Chodorkowskij‹ angeht, halten wir es für notwendig, unsere grundsätzliche Haltung zu bekunden, denn für unser Land ist das eine bedeutsame Sache. Allerdings denke ich nicht darüber nach, ob er dem Staat alle Steuern zahlte und ob alles sauber zuging in seinen wirtschaftlichen Winkelzügen.«[131]

Einige Jahre später, im Sommer 2008, teilte sie dem Nachrichtenportal *Russkij den'* das Gleiche mit: »Ich bin kein Jurist und kein Ökonom und kann in all die Finessen dieses sehr großen neuen spezifischen Falls nicht eindringen. Und ich erlaube mir kein Urteil darüber, ob er alle Steuern zahlte. Aber eins kann ich sagen, dass ich keinen Zweifel habe, dass das ein politischer Auftrag ist.«[132]

Merken Sie, wie schnell man einen Stuhl, auf dem man sicher zu sitzen glaubte, weggerissen bekommt! Ich war vorher der festen Überzeugung, dass diese unbezahlten Steuern gerade sehr wichtig sind, um rechts von links zu unterscheiden. Nicht bezahlte Steuern sind Steuerhinterziehung und Strafsache – politische Ambitionen hin oder her. Alles ordentlich bezahlt, trotzdem im Bau gelandet, dann suchen wir zusammen nach politischen Gründen.

Nein. Alles ist anscheinend falsch. Wichtige Personen, die über einen gesellschaftlichen Status des Häftlings entscheiden dürfen, »denken nicht darüber nach, ob alles sauber zuging in seinen wirtschaftlichen Winkelzügen«.

Na gut, wenn nicht Alexejewa, dann muss doch irgendjemand eine dicke Mappe mit Argumenten für Chodorkowskij – nicht von seinen Rechtsanwälten, sondern von den unparteiischen Menschen-

rechtlern – haben, in denen ergründet ist, warum Chodorkowskij ein
»Politischer« ist?

Nein, so eine Mappe gibt es nicht.

Was Chodorkowskij anbelangt, so wurde im März 2007 in der Chro-
nik der MHG eine Erklärung der Rechtsanwälte von Chodorkowskij
und Lebedew (Jurij Schmidt, Karinna Moskalenko, Robert Amsterdam) veröffentlicht, die mit den Worten endete:»Wir rufen erneut
die Öffentlichkeit auf, die Aufmerksamkeit dem offensichtlich politischen Charakter der Verfolgung unserer Mandanten zu widmen. Wir
behaupten, dass Chodorkowskij und Lebedew unschuldig sind.«[133] Es
wäre naiv zu denken, die Rechtsanwälte würden wenigstens einen
dünnen Hauch des Zweifels an der Unschuld ihrer Auftraggeber
zulassen. Sonst hätten sie höchstwahrscheinlich kein Mandat mehr.
Der Versuch, eine Strafsache als politische zu verkaufen, ist m. E.
durchaus legitim – die Beschuldigten dürfen alle ihnen zur Verfügung
stehenden Mittel für ihre Verteidigung nutzen. Und das tun sie. Also,
ein ganz normaler Vorgang.

Die MHG als Plattform für die Veröffentlichung wurde vielleicht deshalb gewählt (abgesehen von der gewichtigen moralischen Autorität
der Gruppe), weil Karinna Moskalenko, die den Aufruf unterzeichnete, Mitglied der MHG ist (und z. B. der Richter im zweiten Chodorkowskij-Prozess, Viktor Danilkin, nicht).

Interessanter ist der darauffolgende Aufruf der Menschenrechtler an
die Rechtsanwälte von Chodorkowskij »und anderen politischen
Häftlinge«: »Sehr verehrte Damen und Herren, wir möchten Ihnen
unsere Unterstützung bekunden. Heute befinden Sie sich an der
vordersten Front des Rechtsschutzes, der Verteidigung der Ehre und
des guten Namens Russlands.«[134] Darauf folgte ein Vergleich der Verurteilung Chodorkowskijs mit Schauprozessen von 1936–1938 und
wurde ein Ausblick in die»Repressionen« unternommen, die das russische Volk demnächst erwarteten (und die bis jetzt nicht eingetreten
sind).

Der Aufruf der Menschenrechtler ist sicher ehrenvoll und für die
Rechtsanwälte schmeichelnd, aber als seriöse Argumentation ist er
eher untauglich.

Das Problem liegt darin, dass die Bezeichnung »politischer Häftling«, die die MHG verleiht, grundsätzlich nicht auf Tatsachen basiert, nicht auf Beweisen. Russische Menschenrechtler bedienen sich nicht der strengen Definitionen von politischen und unpolitischen Verfahren, die gibt es bei ihnen einfach nicht, sondern sie »folgen nur der Stimme ihres Gewissens«[135]. Ich war schon immer für eine größere Rolle der »Stimme des Gewissens« in der Gesellschaft, aber, Sie verstehen, dass man gegen die »Stimme des Gewissens« nicht erfolgreich argumentieren kann. Besonders nicht, wenn das die Stimme derjenigen ist, die als offizielle Menschenrechtler gewichtige Positionen bekleiden. Wenn die innere Stimme bei den anderen Vertretern des Volkes etwas anderes sagt (»Verbrecher«, »zu milde bestraft« oder Ähnliches), dann ist das für den Status des Häftlings (z. B. »ordnungsgemäß verurteilter Dieb und Schieber«) irrelevant.

Natürlich habe ich die von mir so begehrte Definition doch gefunden – in der westlichen Hemisphäre. Bei *amnesty international*. *Amnesty* hat weltweit, unter anderem auch in Russland, einen edlen moralischen Ruf, es ist eine hohe Instanz, was die Rechte der Häftlinge anbelangt.

Seit Ende der 1930er-Jahre wurden in der Sowjetunion mehrere griechisch-katholische Priester verurteilt. In den 1960er-Jahren landeten evangelische Priester-Baptisten, die auf der wahren Trennung zwischen Staat und Religion bestanden und die Einmischung des Staates in die Kultfragen nicht duldeten, vor Gerichten und im GULAG. Jahrzehntelang wurden auch Zeugen Jehovas, Adventisten-Reformer und viele andere Gläubige strafrechtlich verfolgt.

Seit 1961 kümmert sich *ai* um diese Verfolgten. Dank *Amnesty*, dank *Radio Liberty*, *BBC*, *Voice of Amerika* erfuhren wir wenigstens die Namen dieser Menschen, warum sie verfolgt wurden und welche Strafen sie zu erleiden hatten. Und begannen nachzudenken. Seitdem zolle ich als ehemaliger heimlicher Hörer der sogenannten »Feindsender« *ai* hohen menschlichen Respekt.

Diese verfolgten Menschen nannte *ai* »Gewissenshäftlinge«, also Häftlinge, die ihren Glauben an Gott nicht aufgeben wollten, die ihr Gewissen nicht dem Druck des Staates beugen wollten und lieber ins Gefängnis gingen. Jahre später wurde das Spektrum der Menschen, die diesen hohen Status bekamen, breiter – es kamen »politische«

dazu, die nicht nur Recht auf Gewissensfreiheit, sondern auch andere Menschenrechte vom Staat forderten. Daraus entstand eine bis heute gültige Auslegung des Begriffes: Gewissenshäftling ist derjenige, dessen Freiheit wegen seiner politischen, religiösen oder sonstigen Überzeugungen sowie wegen seiner ethnischen Herkunft, seines Geschlechts, seiner Rasse, Sprache, nationalen oder sozialen Herkunft, seines Vermögens, seiner familiären Beziehungen oder sexuellen Orientierung durch Gefängnis oder andere Mittel beschränkt ist. Die Freiheitsstrafe wurde also aus explizit politischen Gründen ohne Verbindung zu irgendeiner Straftat verhängt.

Am 24. Mai 2011 hat *ai* Chodorkowskij und Lebedew als Gewissenshäftlinge anerkannt. Deshalb wollte ich auch mit *ai* in Russland reden, ich wollte, dass sie mir erklärten, warum, auf welcher Grundlage. Die *ai* in Moskau hat keine Adresse, nur eine Telefonnummer. Dort wurde mir gesagt, dass sich um diese von »A« bis »Z« russische Angelegenheit, wie der Fall Chodorkowskij nun mal eine ist, die Russland-Expertin Friederike Behr aus Deutschland kümmerte, die glücklicherweise gerade in Moskau weilte. Dann unterhielt ich mich mit Frau Behr, erst Russisch, dann Deutsch – beides mehr schlecht als recht im dröhnenden Moskau per Handy. Ich fand, dass in so einer komplexen Sache eine Telefonauskunft wohl kaum von Nutzen sei, bat um einen Termin, den mir Frau Behr erst am nächsten Tag geben wollte. Am nächsten Tag war sie den ganzen Tag nicht da, ich sprach mehrmals mit freundlichen russischen Kollegen. Übermorgen, wurde mir mitgeteilt, sei sie in Deutschland, im Urlaub.

In Deutschland angekommen, rief ich *ai* Deutschland in Berlin an. Nein, nicht Frau Behr sei für Russland zuständig, sondern ein Herr Peter Franck. Ich schrieb eine E-Mail und telefonierte mit Herrn Franck. Nette Stimme, sehr höflich – warum auch nicht.

Gibt es irgendwelche Expertenanalysen der Sache, anhand derer Chodorkowskij und Lebedew als Gewissenshäftlinge anerkannt wurden? Verwunderung. Vermutlich hatte noch keiner so eine plumpe Frage gestellt.

Ja, es gibt eine Pressemitteilung zum Thema – auf Englisch und Russisch. Eine »amtliche« Übersetzung ins Deutsche gibt es nicht.

Herr Franck schickte mir den englischen Text. Eine Pressemitteilung,

wie sie nun mal überall auf der Welt verfasst werden: Informations-
anlass, recht flacher Hintergrund, O-Ton der Chefin in London.
Liebenswürdig, fand ich, aber die Reihenfolge ist gewöhnlich folgende: Erst kommt als Mappe Nr. 1 die Analyse der Sache durch
unabhängige und möglichst wenig verrannte Fachleute, alle »Pro«
und »Contra«, eine lange Liste der Entlastungstatsachen gegen den
Gerichtsbeschluss, dann eine ausführlichere Liste der unbestreitba-
ren Verfehlungen der Justiz und eine noch umfassendere Liste der
politischen Aktivitäten des Delinquenten vor der Verhaftung. Zeugenaussagen, Drohgebärden der Staatsmacht, seine politischen Plä-
doyers als Xerokopie.
Darauf folgt (als Nr. 2) das Allerwichtigste – die Entscheidung des
Gremiums: ja, anerkannt. Und erst an dritter Stelle kommt eine Pressemitteilung: kurz, knapp, kurzweilig. Wenn ein Journalist einen
etwas tieferen Blick wagen will, bekommt er die Mappe Nummer 1
zugeschickt.
Es gab aber bei *ai* keine Mappe Nr. 1. Nur die Pressemitteilung. Was
schrieb *ai* für Kollegen? Na ja, eine Erleuchtung habe ich davon nicht
bekommen. Ich schrieb einen Brief an Herrn Franck; er hatte mir vorgeschlagen, mich an ihn zu wenden, falls ich Fragen haben sollte. Und
ich habe sie, die Fragen. Alle Zitate nahm ich aus seiner englischen
Fassung, hier im Text sind sie von mir übersetzt.
»11. 09. 2011.
Sehr geehrter Herr Franck,
ich versuche zu verstehen, was *ai* in ihrer Presse-Erklärung gemeint
hat. Vielleicht können Sie mir dabei helfen. Ich bitte Sie, wenn möglich, auf Deutsch zu antworten.
1. ›Das Moskauer Stadtgericht (…) ignorierte alle schweren Verfahrensfehler, die diese Strafsache seit Anfang der Untersuchungen
begleiteten.‹
Welche Verfahrensfehler konkret sind gemeint?«
Diese »Verfahrensfehler«, von denen Rechtsanwälte oft reden und
schreiben, sind zum Teil eindeutig keine Fehler, zum anderen Teil
sehr strittig – und das Berufungsgericht war auf sie alle in dem
Beschluss ausgiebig eingegangen, daher interessierte es mich, von *ai*
eine Stellungnahme dazu zu bekommen.

»2. Was ist dort konkret ›zutiefst fehlerhaft‹ bzw. was sind das für ›grundlegende Fehler in dem zweiten Prozess‹ und an welchen Tatsachen hat *ai* festgestellt, dass der Prozess ›politisch motiviert‹ ist? 3. Es wird gesagt: Das Gericht ›sucht Antworten auf politische und nicht juristische Erwägungen‹. Auf welcher Seite kann ich in dem Urteil nachlesen, um ›Politik‹ zu finden? 4. *ai* schreibt bereits am 24. Mai 2011 von der ›Unfähigkeit des Berufungsgerichtes, grundlegende Fehler im zweiten Prozess zu untersuchen‹, wobei der Text der Entscheidung des Berufungsgerichtes erst zwei Wochen später bekannt wurde. Auf welchen Fakten basiert diese Behauptung?«

Dieser Umstand hatte mich wirklich sprachlos gemacht: Das Moskauer Stadtgericht hatte seinen Beschluss auf immerhin 70 Seiten am 24. Mai 2011 verkündet. Und nur einige Stunden später hatte es die Entscheidung von *ai* (und die besagte Pressemitteilung) gegeben, in der schwarz auf weiß steht: Das Gericht sei unfähig, etwas zu analysieren.

Meine Frage im Klartext an Herrn Franck war: Woher hatten Sie in London eine englische Übersetzung der Gerichtsentscheidung, wenn sie sogar die Rechtsanwälte erst zwei Wochen später bekommen hatten und das Gericht sie eindeutig nicht vorher an *ai* geschickt hatte? Wann hatten Sie Zeit, den Text zu lesen und zu verstehen? Und war vielleicht die Entscheidung über die Anerkennung Chodorkowskijs und Lebedews als Gewissenshäftlinge schon vorher fertig? Dann ist der Bezug auf das Berufungsgericht etwas faul.

»5. *ai* schreibt: ›Die Tatsache, dass Michail Chodorkowskij und Platon Lebedew bereits acht Jahre im Gefängnis für nur leicht abweichende Anschuldigungen verbracht haben, lässt den Schluss zu, dass das zweite Urteil nur aus politischen Gründen gefällt wurde.‹ Allein die Länge der Freiheitsstrafe kann nicht als Beleg für die politische Verfolgung dienen.

Es ist Ihnen sicherlich bekannt, dass im ersten Prozess solche Themen wie *NIUIF*, *Apatit*, *Most*, private Steuer, fiktive Verrechnung der Schulden prävalierten und nur zum Teil *Jukos* behandelt wurde. Die inhaltlichen Unterschiede im Fall *Jukos* zwischen dem ersten und dem zweiten Prozess sind in der Entscheidung des Berufungsgerichtes (2011) dargelegt.

Was hat *ai* gemeint?

6. Sergei Nikitin (*ai* in Moskau) meinte am 24. Mai 2011 (http://www.mhg.ru/news/10C47905), dass *ai* zum Entschluss kam, Chodorkowskij und Lebedew seien Gewissenshäftlinge, weil das Berufungsgericht die Strafe nicht (oder nur leicht) änderte. Heißt das, dass die Begründung (die noch nicht bekannt war) Sie gar nicht interessierte? Vielleicht stand dort etwas über die Gründe für eine solche Entscheidung? Also, wie Sie sehen, ich habe eine Menge für mich zu klären. Deshalb fragte ich, ob vielleicht irgendein anderes (außer der Pressemitteilung) Papier existiert, das auf die (auch von mir gestellten) Fragen eingeht. Dabei möchte ich meinen ungeteilten Respekt vor der Tätigkeit der *ai* ausdrücklich betonen. Nur meine Verpflichtung zur tiefen Recherche, Suche nach Fakten und nicht nur nach Meinungen und ein grundsätzliches professional-bedingtes Misstrauen zwingen mich, diese Fragen an Sie zu stellen.

Mit freundlichen Grüßen …«

Auf die Antwort – trotz mehrerer Erinnerungen – warte ich bis heute.

Zum Glück hat die auf diesen »Grundlagen« durchgeführte »Anerkennung« Chodorkowskijs als »besonderer Häftling« nur moralische und keine juristische Bedeutung.

Zum Glück hat das Menschenrechtsgericht in Straßburg die Klage Chodorkowskijs auf die Anerkennung als politischer Häftling im Mai 2011 abgewiesen. Und zwar mit Begründung: »Ein bloßer Verdacht, dass die Behörden ihre Befugnisse zu einem anderen Zweck als die in der Konvention (Konvention zum Schutze der Menschenrechte und Grundfreiheiten – V. T.) definierten, verwendet haben, reicht nicht aus, um eine Verletzung von Artikel 18 zu beweisen, sondern es bedarf sehr strenger Anforderungen an die Beweisführung. Die Klage des Beschwerdeführers erfüllte diese Anforderung nicht. In diesem Zusammenhang stellte das Gericht fest, dass es jedem freigestellt ist, auch dem Kläger, der als reicher, einflussreicher und potenziell seriöser politischer Gegner auftritt, Behauptungen über ›unlautere Motive‹ zu machen. Allerdings sollte die Tatsache, dass fragliche politische Gegner oder geschäftliche Konkurrenten direkt oder indirekt aus seiner Haft profitieren könnten, die Behörden nicht an dessen Verfolgung hindern, wenn schwere Vorwürfe gegen ihn vorliegen. Mit anderen Worten, ein hoher politischer Status gewährt keine Immunität.«

In der Klage an das Menschenrechtsgericht hat Chodorkowskij auch – als Beweis für die politische Verfolgung – mehrere Prozesse in anderen europäischen Ländern um *Jukos* angesprochen.

Darauf antwortete das Gericht in Straßburg: »Die Tatsache, dass Zweifel über die wahren Absichten der Behörden einige europäische nationale Gerichte dazu gebracht hat, gegen russische Behörden in Verfahren um *Jukos* zu befinden, war nicht ausreichend für den Europäischen Gerichtshof, um zu dem Schluss zu kommen, dass die ganze juristische Maschinerie des beklagten Staates *ab initio* (von Anfang an – V. T.) missbraucht worden ist und dass von Anfang bis Ende die Behörden wider Treu und Glauben und unter eklatanter Missachtung der Konvention gehandelt hatten. Das war eine sehr seriöse Anschuldigung, die unwiderlegbare und direkte Beweise erforderte, die in der Sache des Beschwerdeführers fehlten.«[136]

Also verkürzt: Trotz des Sammelfleißes der Rechtsanwälte fehlten die Fakten, und die Stimmungsmache fruchtete nicht. So wird man kein »politischer Häftling«.

Damit die Sache rund wird, führe ich auch die Worte Michail Chodorkowskijs dazu an. Im Interview der Zeitung *Sawtra* nahm er Stellung zur politischen Komponente bei seiner Verhaftung und Verurteilung, und zwar: »Ich bin sicher, ich wurde nicht wegen der Politik ins Gefängnis gesteckt. (…) Die Politik war nur ein Vorwand.«

Von wegen »politischer Häftling«?

Aber diese Sätze sind vielschichtiger, und ich gebe zu, ich habe sie oben nicht ganz exakt zitiert. Dort, wo drei Punkte stehen, war noch etwas: »Ich bin sicher, ich wurde nicht wegen der Politik ins Gefängnis gesteckt, *sondern um mir Jukos wegzunehmen. Die Politik war nur ein Vorwand.«[137]* Also, es gab irgendwo Bösewichte, Politik war ihnen egal. Sie haben es auf fremdes Eigentum abgesehen, und wie die Freibeuter überfallen sie Chodorkowskij und nehmen ihm seinen Geldbeutel, den Konzern *Jukos*, weg. Das könnte, nach Karl Marx, »Expropriation der Expropriateure« heißen, aber keine Politik. Politik war nur ein Vorwand, sagte Herr Chodorkowskij persönlich, und wir haben keinen Grund, ihm diesmal nicht zu glauben.

Aber die manipulative meinungsbildende Maschine nimmt beides: Chodorkowskij wird einerseits als politischer Häftling verhökert, und andererseits wurde ihm auch sein Eigentum von Piraten entwendet – und in dem Sinne ist das keine Politik, sondern ein Raub. Die Rechtsanwälte reichten vor dem Straßburger Menschenrechtsgericht entsprechende Klagen ein. Die Vorwürfe heißen: *Jukos* ist einer der vielen Steuerhinterzieher, und die Machthaber im Kreml haben *Jukos* herausgepickt und nur Chodorkowskij bestraft – um selbst an seine Reichtümer zu kommen. Der zweite Tadel lautete: Eben diese ungenannten Kreml-Herrscher haben mithilfe des (hörigen) Gerichts *Jukos* zerschlagen – um selbst an seine Reichtümer zu kommen. Um nicht lange um den heißen Brei zu reden, liefern wir Fakten: Das Gericht in Straßburg hat beide Vorwürfe abgewiesen. In dem Urteil vom 20. September 2011 steht:»no violation«,»keine Verletzung« der Diskriminierungs-Paragraphen über die»selektive Behandlung«von *Jukos* im Unterschied zu anderen Firmen, und»no violation« des Paragraphen in Bezug auf den angeblichen Missbrauch des Gerichtsverfahrens durch russische Behörden,»um Jukos zu zerstören und sein Vermögen zu nutzen.«[138]

Beide Entscheidungen fielen, was nicht immer der Fall ist, einstimmig aus. Wenn es in Russland tatsächlich Räuber gibt, dann sind es gewiss nicht diejenigen, die Chodorkowskij bestraft haben.

Welche Parteien finanzierte Chodorkowskij?

Die Legende um den »politischen Häftling« Chodorkowskij fußt auch auf der in den deutschen Medien vorherrschenden Gewissheit: Er finanzierte oppositionelle Parteien, deshalb kam er ins Gefängnis. In Russland existieren 2003 drei – abgesehen von der rechtspopulistischen *LDPR* von Herrn Shirinowskij – relevante oppositionelle Parteien: *Jabloko* mit den Herren Grigorij Jawlinskij und Jurij Boldyrew an der Spitze (eine Partei, in der das »Ja« im Namen der Partei von den Anfangsbuchstaben »Jawlinskij« und »B« von »Boldyrew« stammt), die *Union der Rechten Kräfte – SPS* (Boris Nemzow) auf dem rechten politischen Flügel und die Kommunisten unter Gennadij Sjuganow, die, wie überall, links waren und sind. *Jabloko* und *SPS* gelten als »demokratisch« und »liberal«, die russischen Kommunisten, die Nachfolger der *KPdSU*, gelten als solche, die anders als die Ex-Kommunisten Osteuropas »den Prozess der ›Sozialdemokratisierung‹ nicht einmal begonnen«[139] haben. Alle drei Parteien waren in der Opposition.

Und welche oppositionellen Parteien finanzierte Chodorkowskij? Antworten finden Sie heute in den deutschen Medien spärlich – nur »oppositionelle«, diejenigen, die gegen Putin sind. So als wollten uns die Medien sagen: Es versteht sich von selbst, dass Chodorkowskij kein Geld an Kommunisten gab, diese Feinde des Privateigentums, diese Ewiggestrigen, diese Revoluzzer, diese Gleichmacher. Es kann doch nicht sein, dass ein Oligarch seine künftigen Expropriatoren finanziert. Also, *Jabloko* und *SPS*. Und diese beiden Parteien hat er in der Tat finanziert.

Jabloko wurde erst von den Oligarchen Alexander Smolenskij und Wladimir Gussinskij finanziell unterstützt, dann ging sie zu Chodorkowskij über. 2003, nachdem Smolenskij pleite war und Gussinskij Russland verlassen musste, blieb *Jabloko* allein auf Chodorkowskij angewiesen. »Erdöl-Lobbyisten kauften im Grunde genommen *Jabloko*«, schrieb das ehemalige Mitglied des Zentralrates der Partei, Iwan Gratschow, »aber das bedeutet nicht, dass sie auch die Ideologie dieser Partei teilen. Das Ziel ist, über *Jabloko* Plätze in der Duma zu bekommen und eigene Leute dorthin zu schleusen, die die Interessen der Großindustrie vertreten werden.«[140] *Jukos* war der größte Finanzier von *Jabloko*. Als Chodorkowskij verhaftet wurde, musste Jawlinskij zugeben: »Die materielle Unterstützung der Partei kam zum Erliegen.«[141] *The Washington Post* präzisierte: Dem Leuchtturm der Demokratie fehlten zwischen 50% bis 100% der Einnahmen.[142] Die gesamten Zuwendungen taxierten Sachkundige zwischen 4 und 20 Mio. US-Dollar.[143]

Die derzeitige deutsche Justizministerin Sabine Leutheusser-Schnarrenberger sprach vor der Parlamentarischen Versammlung des Europarates von ca. 15 Mio. (privaten?) Chodorkowskij-Dollar für *Jabloko* und »einer kleineren Summe« für die *SPS*[144] – der Betrag liegt weit über der vom Gesetz zugelassenen Finanzierungsgrenze. Ein Bruchteil des Geldes ging über offizielle Konten, en gros cash in die Hände der gei(z)(st)igen Anführer. Die Aushängeschild-Partei der russischen »Demokraten«, diejenige Partei, die deklarierte, sich seit der Gründung dem Kampf gegen Korruption verschrieben zu haben und die im Westen als *die* Antikorruptionspartei galt, bediente sich der Korruptionsschemen, die sie selbst anprangerte.

Die Journalistin Jelena Tokarewa stellte einmal die naive Frage: Woher haben russische Parteien überhaupt Geld? Nicht die legal angemeldeten Peanuts, sondern die Millionen Dollar, die sie alle bei den Wahlen ausgeben?[145] Von anderen Parteien wissen wir es nicht, im Fall von *Jabloko* ist gewiss: Das Geld kam von Chodorkowskij.

Was *Jabloko* für das von Chodorkowskij erhaltene Geld für *Jukos* zu leisten hatte, ist am Beispiel des Kampfes um das *SRP-Gesetz* sichtbar. *Jukos* wollte an die staatliche Erdöl-Lagerstätte heran und drückte gewaltig auf *Jabloko*. *Jabloko* selbst lobbyierte die Interessen von *Jukos* so dreist im Parlament, dass der erschrockene Mitbegründer der Partei Jurij Boldyrew (der mit dem »B« in JaBloko) aus der Partei austreten musste. Anschließend schrieb er in seinem Buch *Kidnapping Eurasiens* eine bittere Abrechnung mit den Parteikorruptionären: Der

Konflikt über das *SRP-Gesetz* »fiel zeitlich mit einer anderen Diskussion in *Jabloko* zusammen: über den Mechanismus der Finanzierung der Wahlkampagnen der Bewegung. Dort waren Positionen von mir und Jawlinskij auch kontrovers, vor allem in der Hauptfrage: Unter welchen Bedingungen darf man Geld nehmen und wer durfte die Bedingungen (sprich, Gegenleistungen der Partei dem Geldgeber gegenüber – V. T.) kennen? Seine (Jawlinskijs – V. T.) Position war: Wenn ich das Geld auf meine Verantwortung genommen habe, dann muss ich niemanden über die Bedingungen informieren.«[146] Also, keine Hamletsche Frage, ob »nehmen« von Schmiergeld oder »nicht nehmen«, sondern nur »wie«.

Der Name des Gläubigers ist bekannt: Michail Chodorkowskij. Als dieser 2003 im Gefängnis *Matrosenruhe* landete, war es deshalb »ausgerechnet« Jawlinskij, der seine finanzielle Quelle blindwütig gegen die Willkür der »Banditen mit Schulterstücken« verteidigte. Zusammen mit dem moderaten Boris Nemzow von der *SPS*, die auch einiges von *Jukos* und seinen Inhabern bekommen hatte.

Alles im Namen des demokratischen Russlands.

Der Vollständigkeit halber und weil es um einen weiteren Mythos zu Chodorkowskij geht, muss ich an dieser Stelle sagen, dass das Geld von *Jukos* nicht nur an *Jabloko* und *SPS* floss, sondern auch, wie mehrere Experten (und sogar der Chodorkowskij-Freund Leonid Newslin) berichteten,[147] an die regierende pro-putin'sche Partei *Einiges Russland*. Für sie saß in der Duma z. B. der mehrmals hier erwähnte Mitinhaber von *MENATEP* Wladimir Dubow. In den Parteilisten von *Einiges Russland* vor den Parlamentswahlen 2003 standen mindestens fünf *Jukos*-ergebene »Einflussagenten«[148] – bis sie Tage nach Chodorkowskijs Verhaftung gestrichen wurden.

Also, kein politischer Purist, Chodorkowskij finanzierte Parteien durch die Bank – sowohl oppositionelle als auch staatstragende.

In der Sache der Parteienfinanzierung gehen wir noch einen Schritt weiter und lüften fürs breite Publikum ein Rätsel, das in Russland längst ein offenes Geheimnis ist: Die Information, wer wen in Russland finanziert (legal und illegal), ist keine noch zu knackende Rätselnuss. Die Parteienspitzen und der Kreml wissen bestens Bescheid über Geldquellen und Größenordnung der Zuschüsse. Eine noch tiefere Überraschung besteht vielleicht darin, dass die Finanzierung der Parteien im Kreml mit Unternehmern und Spitzen der jeweiligen Partei besprochen wird.[149] Weder die Spitzen der Parteien noch die Unternehmen machen einen Hehl daraus, denn es geht bei den Finanzierungen nicht um 100 000 US-Dollar, sondern um gewichtigere Summen. Der Kreml hat seine Informationsquellen, die Parteispitzen und Unternehmen kennen diese und möchten nicht bei einer Lüge ertappt werden. Der Chef der *SPS* (die immer in der Opposition war) Boris Nemzow betonte, dass Putin niemals verlangt habe, dass die Parteifinanzierung mit dem Kreml abgestimmt werden solle, aber: »Wir kamen nie auf die Idee zu verheimlichen, wer uns unterstützt. Wenn Putin mich danach fragte, habe ich immer ehrlich geantwortet.«[150]

Deshalb ist es verwunderlich, dass um die Unterstützung von *Jabloko* und *SPS* (plus Regierungspartei!) durch Chodorkowskij so viel Trubel entstanden ist. Und auf alle Fälle ist das kein Grund, jemanden für Jahre ins Gefängnis zu beordern.

Was in Putins Kopf vorging, ist zwar unbekannt, aber leicht vorstellbar: *Jabloko* und *SPS* waren keine politischen Größen. Sie konnten viel im Westen parlieren, sie konnten aus dem Westen gesetzeswidrig Geld schröpfen (Geld aus dem Ausland für die Parteien ist verboten; 2008 gab *Jabloko* ausländische Parteifinanzierung zu[151]), aber bei den Parlamentswahlen 2003 waren sie als kleine Parteien eher unbedeutend (so kam es auch – beide Parteien waren im Parlament nur geringfügig vertreten). Deshalb galt die Finanzierung dieser zwei Parteien im Kreml wohl als »Unterstützung der Entfaltung der recht eintönigen russischen Parteienlandschaft« und keiner – auch nicht Putin – ist vermutlich auf die Idee gekommen, ihre Finanzierung zu verbieten.

Aber es gibt in dem geheimnisvollen Russland einiges, das auch kundige Journalisten staunen lässt. So schrieb *Spiegel* nach der Verhaftung Chodorkowskijs verwundert, dass »Russlands KP-Chef Gennadij Sjuganow sich als Chodorkowskij-Unterstützer outet – und damit für das Großkapital«[152].

Was für eine Überraschung! Natürlich gehörten KP und Sjuganow zu den Oligarchen-Anwälten, weil viel, sehr viel Chodorkowskij-Geld auch für Kommunisten ausgegeben wurde. Der Anfang der engen Zusammenarbeit wird auf Mitte 2002 datiert, als Kommunisten und *Jukos* eine Abmachung über die Wahlkampfhilfe unterzeichneten. Im Rahmen der Zusammenarbeit wurde vereinbart, dass die Lenin- und Stalin-Nachfolger den *Jukos*-Kandidaten in den Wahlkreisen helfen sollten, auf die vorderen Plätze der Parteiliste der Kommunisten zu kommen. Insgesamt standen 2003 in den kommunistischen Duma-Wahllisten sieben *Jukos*-Anteilsinhaber oder Manager,[153] darunter Sergej Murawlenko und Alexej Kondaurow.

Jukos-Kader Ilja Ponomarjow wurde der Leiter des neu gegründeten Informations-Technologischen Zentrums des ZK der KP der Russischen Föderation. Dieses Zentrum wurde aber nicht durch die Partei, sondern direkt von *Jukos* finanziert.[154] Höhepunkte seiner Tätigkeit waren Meldungen über die angebliche Nominierung Chodorkowskijs als Präsidentschaftskandidat bei den Wahlen 2004 und die »Gründung« einer fingierten soziologischen Struktur, die falsche Meinungsumfragen veröffentlichen sollte. Die Zahlen der »Umfragen« schrieb Ponomarjow kurzerhand persönlich.[155] Nachdem Chodorkowskij Ende Oktober 2003 verhaftet worden war und von *Jukos* kein Geld mehr floss, schlossen die Kommunisten im Januar 2004 ihr Zentrum.[156]

Vor den Wahlen 2003 brauchten die Neu-Bolschewisten (oder, wie man sie damals sachkenntnisreich nannte, »Kommunisten-*Jukos*'isten«) viel Geld. Und sie gingen nicht nur bei den einheimischen Unternehmern betteln, sondern fuhren direkt zu dem steckbrieflich gesuchten Oligarchen Boris Beresowskij nach London, der den russischen Kommunisten auch Geld gab, weil sie gegen seinen Intimfeind Putin waren.

Die Kommunisten galten als gleichstark mit Putins Partei *Einiges Russland*, und wenn sie Unmengen Geld bekämen, dann wären sie in dem nicht leichten Wahlkampf ein Schwergewicht geworden. Wenn sie sich außerdem Geld ausgerechnet von Beresowskij beschafften, würde er die Kommunisten und ihre Parlamentsabgeordneten für seine Zwecke instrumentalisieren. Also waren die Kommunisten und nicht die »Liberalen« die große Sorge des Kremls im Jahre 2003.

Beresowskij war für Putin kein Gesprächspartner, ein Präsident redet nicht – auch nicht mittelbar – mit einem zur Fahndung Ausgeschriebenen. Man konnte ihn auch nicht zwingen, das »Sponsoring« ohne jegliche Rücksicht auf die Gesetze einzustellen. Aber bei Chodorkowskij war es möglich und nötig: Von über 10 (bzw. von bis zu 70 bzw. 100[157] innerhalb von 5 Jahren) Millionen Chodorkowskij-Dollar für die KP war damals die Rede – auf alle Fälle mehr als für (die vermutlich auch aus der Sicht des Analytikers Chodorkowskij hoffnungslosen) *Jabloko* und *SPS* zusammen.

Die Finanzierung der Kommunisten durch *Jukos* ist in Russland allgemein bekannt. Das bestätigten – vor einem Jahrzehnt! – vereinzelt auch seriöse deutsche Quellen, etwa die *FAZ*, der *Tagesspiegel* und die *Deutsche Gesellschaft für Osteuropakunde*. Jetzt ist in Deutschland davon nur alle Jubeljahre die Rede.[158]

Aber das sind Denkkonstrukte. Das Geld für die Kommunisten hat Putin geärgert? Oder das Geld für die »liberalen« und »demokratischen« Parteien *Jabloko* und *SPS*? Putin sagt uns nichts. Chodorkowskij schweigt auch darüber. Zeugen? Gibt es Zeugen?

Ja, die gibt es. Da ist der ehemalige Ministerpräsident des Landes Michail Kasjanow. Im Jahre 2009 war er nicht mehr »Mischa 2%«, sondern ein gestandener »Demokrat« und Kämpfer für die »Werte«, darunter auch für Chodorkowskij. Erst gab er der *Financial Times*[159] ein Interview und später reichte er eine schriftliche Zeugenaussage im Fall *Jukos* am Europäischen Gerichtshof für Menschenrechte ein.[160] In beiden Fällen sagte er das Gleiche: Die Finanzierung von *Jabloko* und *SPS* durch Chodorkowskij machte Putin nicht heiß. Die Finanzierung der Kommunisten schon.

Also entpuppt sich im realen Leben der ehemalige KGB-Oberstleutnant Putin als offenkundiger Anti-Kommunist und der selbst-deklarierte Anti-Kommunist und Oligarch Chodorkowskij als Finanzier der Partei des Proletariats, »den Totengräber der Bourgeoisie«. Und der bürgerliche Westen himmelt Chodorkowskij an und attackiert Putin. Verrückt!

Was sagt denn Chodorkowskij zur Frage der Parteienfinanzierung? Über sein diesbezügliches Engagement sprach er zum ersten Mal offen Anfang April 2003: »Meine eigene politische Zuneigung gilt *SPS* und *Jabloko* und ich bin bereit, *private* Mittel für ihre Finanzierung zu verwenden.«[161]

Anscheinend glaubte der Präsident des Landes diesen Worten nicht. Oder er hatte Informationen.

Ein *Iswestija*-Journalist, Wladimir Perekrest, erzählte von einem tête-à-tête zwischen Putin und Chodorkowskij, ebenfalls im April 2003, währenddessen der Präsident den Unternehmer angeblich aufgefordert habe, die Finanzierung der »oppositionellen Parteien« (sprich, Kommunisten!) – durch seine Firmen – einzustellen. »Aber *Jukos* finanziert sie nicht«, machte Chodorkowskij Putin gegenüber große Augen. »*Jabloko* wird von mir mit meinem *persönlichen* Geld finanziert, und einige Aktionäre der *Jukos* finanzieren *SPS* und die Kommunisten, auch aus ihren eigenen Taschen.«[162] Den Fakt des Treffens, Putins Forderung und Chodorkowskijs Einspruch bestätigte auch Boris Nemzow, Anführer von *SPS*.[163]

Wichtig ist zu verstehen: Es geht bei dieser (angeblichen) Aufforderung um das Geld von Chodorkowskij-Firmen und nicht von Chodorkowskij persönlich. Und es geht um eine große Menge Geld und nicht um Bagatellen.

Bei diesem Treffen (und später mit gleichen Äußerungen vor Journalisten)[164] schwindelte Chodorkowskij mehrmals. Schon 2003 bestätigte das Justizministerium, dass auf Konten von *Jabloko* drei Firmen – *Jupiter XXIV*, *Saturn XXV* und *Venus XXI* – jeweils ca. 10 Mio. Rubel eingezahlt hatten.[165] Damals waren diese Namen noch ruhmlos. Nach dem ersten Urteil von 2005 wissen wir, dass das Chodorkowskij-Firmen sind. Also log Chodorkowskij, als er sagte, er finanziere *Jabloko* ausschließlich aus eigener Tasche.

Auch die Worte des Oligarchen, dass nur Privatgelder in die Finanzierung der Kommunisten flössen, dürften für den Juristen Putin wie eine Beleidigung seiner Denkfähigkeit geklungen haben. Laut Parteiengesetz[166] darf eine natürliche Person, auch ein Oligarch, jährlich nicht mehr als 10 000 Mindestlöhne für ihre Lieblingspartei spenden. Als Mindestlohn für das Jahr 2003 im Sinne des Parteiengesetzes galten 300 Rubel.[167] Demnach belief sich eine maximale legale Jahreszuwendung auf 3 Mio. Rubel. Der Kurs lag 2003 bei ca. 32 Rubel für 1 US-Dollar, aber wir sind nicht kleinlich: Sagen wir, etwa 100 000

US-Dollar durfte Chodorkowskij pro Jahr an *Jabloko* geben. Ein *Jukos*-Milliardär Murawlenko und ein *Jukos*-Multimillionär Kondaurow durften zusammen 200 000 US-Dollar im Jahr an die Kommunisten überweisen.

Und jetzt die Frage: Wird der Präsident des Landes, der über die massive Beeinflussung der politischen Landschaft mit Geld besorgt ist, für einen Sponsor seine Zeit verschwenden, um mit ihm über kümmerliche 300 000 US-Dollar zu reden?

Fazit Nummer eins: Die westlichen »Demokraten« kämpfen für Chodorkowskij, weil er die »oppositionellen« Kommunisten finanzierte. Und kämpfen gegen Putin, der ihm das auszureden versuchte.

Fazit Nummer zwei: Die Finanzierung aller Parteien von rechts nach links, die Befriedigung des ganzen politischen Spektrums hat nichts mehr mit Überzeugungen und politischen Vorlieben zu tun. Das ist entweder eine politische Skrupellosigkeit oder ein (skrupelloser) Plan.

Wohltätigkeit à la Chodorkowskij

Wir haben gesehen: Der einzelne Kauf der Abgeordneten ist bewährt, aber mühsam. Viel effizienter: Man kauft gleich eine Partei – samt Programm und Parteivorstand. Aber die gekauften »fremden« Parteien blieben für Chodorkowskij schwer berechenbar. Ein Beispiel der Unberechenbarkeit lieferten *Jabloko* und *SPS*: 2003 kamen beide Parteien auf die Idee, sich zusammenzuschließen und gemeinsam in die Parlamentswahlen zu gehen. Der lang gehegte Plan scheiterte – unter anderem auch am Widerstand bei *Jukos* selbst. Die rechte Hand Chodorkowskijs, Leonid Newslin, »war in dem Sinne dagegen«, gab Walerij Panjuschkin die Worte des *SPS*-Chefs Boris Nemzow wieder, »dass [die Partei] *Jabloko*, die sie voll finanzieren, ja auch voll kontrollieren. Und eine vereinigte Partei werden sie nur teilweise finanzieren und deshalb verlieren sie die Kontrolle über sie.«[168]

Wenn es nicht miteinander ging, dann eben gegeneinander: *Jabloko* und *SPS* fingen an, zwei groß angelegte Schmutz-Kampagnen zu führen. Bei *Radio Liberty* sagte Boris Nemzow, dass *Jukos* die Partei *Jabloko* zu 100% finanziere: »Wir sind strikt gegen die Privatisierung der politischen Parteien durch Geschäftsstrukturen.« Daraufhin schrieb die politische Führung von *Jabloko* an Nemzow: »Borja, du bist einfach ein Stück Scheiße!« Es unterschrieben: S. Iwanenko, G. Jawlinskij, A. Arbatow, S. Mitrochin …

Dieser Brief ging an Nemzow, landete aber im Internet. Daraufhin druckte *SPS* Tausende Flyer mit dem Slogan: »Grischa, du irrst dich.« Grischa ist Grigorij Jawlinskij. Damit kein Zweifel aufkam, stand auf dem Flyer das Wort »Jablo« – ohne »ko«, um ein juristisches Nachspiel zu vermeiden. Das Wichtigste auf dem Flyer: Statt eines Apfels war dort deutlich ein nackter Hintern mit einem Pfeil dargestellt, der auf die zu küssende Stelle zeigt.

Gedruckt wurde diese propagandistische Kunst mit dem Geld aus Chodorkowskijs Tasche. Das ärgerte Chodorkowskij, er vermutete ein Desaster, das auch eintrat: 2003 schafften es beide Parteien nicht über die 5%-Hürde.

Es gab auch mit den Kommunisten Ärger. Die Parteispitze wollte nicht die volle Wahl-Liste mit *Jukos*-Handlangern besetzen, es sollten auch einige vordere Plätze für Parteifunktionäre reserviert sein – irgendjemand musste doch im Parlament auch für ideologische Kämpfe sorgen.

Zusammengefasst, die vereinzelten Lösungen mit der Finanzierung der Parteien und mit dem Kauf der Abgeordneten widersprachen den Vorstellungen von Michail Chodorkowskij, einem System-Mann.

Mindestens zwei Schlussfolgerungen zog Chodorkowskij aus seinem langjährigen Engagement. Erstens, fremde Parteien sind unzuverlässig, und auch mit Geld, selbst mit viel Geld kann man sie nicht im Zaum halten. Und zweitens: Wenn die Imagekampagne im Westen solche hervorragenden Ergebnisse zeigte, warum sollte man nicht das Gleiche in Russland anwenden. Schade für Chodorkowskij, aber Fakt: Die Wahlen, ob ins russische Parlament oder ins russische Präsidentenamt, finden weiterhin nicht in den USA oder Deutschland, sondern im weiten Russland statt.

Um diese beiden Ziele zu erreichen, wurde eine Stiftung gegründet, die als Michail-Chodorkowskij-Stiftung *Offenes Russland* firmiert. Wie jede Stiftung ist sie »der Freiheit und Demokratie verpflichtet« und ihre Tätigkeit ist auf »den Aufbau der Zivilgesellschaft in Russland gerichtet«, was denn sonst. Bei der Gründung einer Stiftung kann man doch nicht schreiben, sie sei dazu da, durch Einsatz großen Geldes Demokratie außer Kraft zu setzen und ein lädiertes Image aufzupolieren.

Chodorkowskij setzte auf Wohltätigkeit. Aber nicht auf diese gemeine Barmherzigkeit, bei der man den Menschen Geld gibt, um ihr Leid zu lindern und ihre Sorgen zu zerstreuen, nein. Wohltätigkeit à la Chodorkowskij hatte dem Spender selbst den größten Nutzen zu bringen. Und das geschah auch so. Dieser Fonds war für Chodorkowskij das, was für andere eine gute Reputation, eine saubere Weste, ein unbefleckter Ruf, ein wertvolles Renommee und ein edles Ansehen zusammen sind. Ein Persilschein.

Wenn jemand über nicht so ganz makellose Geschäfte zu reden wagte, der bekam heftig die Fakten zu hören, wie sich Chodorkowskij um die Demokratiewerte kümmerte und wie viel Geld er in die Bildung von Kindern investierte. Nach dem Motto: »Er ist Geschäftemacher und Lobbyist, der sich Abgeordnete in der Staatsduma hält. Aber er ist auch Wohltäter.«[169]

Das Pathos des Angrifffeuers war und ist: Wer Millionen für edle, wohltätige Zwecke ausgibt, hat es nicht nötig, den Staat um Peanuts zu betrügen.

Um das Buchhalterische schnell hinter uns zu bringen, halte ich hier nur fest, dass die Chodorkowskij-Stiftung *Offenes Russland* erstens nicht aus der Tasche des Namensgebers, sondern, wie immer, von einer der Firmen »gesponsert« wurde. Zweitens waren die Gaben nicht kleinlich: Allein von *Palmus Trust Company*, die nicht nur Chodorkowskij gehörte, bekam die Stiftung 20 Mio. US-Dollar. Wir möchten hier die »Einkünfte« aus den betrügerischen Machenschaften und die Ausgaben für die »aufklärerische, menschenrechts- und sozialorientierte Tätigkeit« nicht vergleichen. Auf jeden Fall ging die kühn kalkulierte Rechnung mit der Stiftung auf.

Welche wohltätigen Zwecke hat die Stiftung konkret gefördert? Erst einmal waren das die Ziele für die breite Öffentlichkeit: »Die Unterstützung sozial aktiver Bürger in den russischen Regionen, die Schaffung günstiger Bedingungen für die praktische Einbeziehung der Menschen in Bürgerinitiativen und die Steigerung ihrer politischen Informiertheit und des Selbstbewusstseins, die Entwicklung der Fähigkeiten für die Teilnahme an politischen Aktivitäten sowie die Fähigkeit zuzuhören, zu analysieren und zu überzeugen.«

Zweitens geht es in allen für die Öffentlichkeit bestimmten offiziellen Dokumenten von *Offenes Russland* nicht um parteipolitische Präferenzen, sondern um alle politisch aktiven Menschen – von ganz links bis ganz rechts: Es ist »nicht so wichtig, aus welchen politischen Positionen heraus Sie diese (zivilgesellschaftlichen! – V. T.) Werte umsetzen – von linken, von rechten oder von zentristischen«, heißt es in einem von der Stiftung erstellten Papier. Es geht um das »Freiheitsprinzip«, um eine »Diskussionsplattform«, um politisch »offenen Wettbewerb miteinander«[170], also um allgemeinpolitische Bildung, an der keiner etwas auszusetzen haben kann.

Uns nutzt das wenig, weil wir nicht genau wissen, was diese hehren Worte praktisch bedeuten. Es existiert bei dem Verein allerdings auch die Präzisierung des oben Gesagten – exemplarisch in einem Protokoll[171] aus dem Jahre 2002, in dem die wahren Ziele und echten Strategien des Unternehmens, die mit Beteiligung Michail Chodorkowskijs persönlich gefasst worden waren, festgehalten wurden. Als Erstes sind dort Zielgruppen der zukünftigen Arbeit festgelegt:

»1. Der Teil der Bevölkerung, der ständig für demokratische Parteien stimmt;

2. Der Teil der Bevölkerung, der zwischen demokratischen und zentristischen Parteien schwankt;

3. Der Teil der Bevölkerung, der bei den Wahlen keine klaren Prioritäten setzt, aber potenziell bereit ist, für die demokratischen Parteien zu stimmen;

4. Schüler und Jugendliche von 12 bis 18 Jahren, deren Weltanschauung noch im Entstehen begriffen ist.«

Als »demokratisch« gelten laut Protokoll von 2002 nur *Jabloko* und *SPS*. Dementsprechend ist von breitem politischem Spektrum an Bildung keine Spur. Kommunisten, so anscheinend die Überlegung, kann man finanzieren, Abgeordnetenmandate bei Kommunisten kann man kaufen – ihnen vertrauen und in die Planung der Zukunft einbeziehen kann man nicht. Deshalb ähnelt das mehr den Maßnahmen für eine Wahlkampagne in einer politisch abgeschotteten Basis-Parteigruppe als politischer Bildung.

Weiter geht es um solche greifbaren Dinge wie »Sicherstellung der maximalen Anzahl der Stimmen für demokratische Parteien«. Klingt eher nach Armeebefehl, denn nach mildtätiger Organisation. Und warum eigentlich interessiert sich *Offenes Russland* für die Ergebnisse der bevorstehenden Wahlen und nicht, wie in der Satzung steht, für »die Bildung der Zivilgesellschaft«?

Es gibt auch andere beachtliche Aufgaben der Stiftung: »Das Schaffen eines positiven Informationsumfeldes um *Offenes Russland* und ihre Führer; das Heranziehen einer maximalen Anzahl von Anhängern unserer Ideen aus den Zielgruppen.«

Seine politischen Ideen hat *Offenes Russland* nicht formuliert, aber sie sind auch nicht unbedingt bedeutsam. Wichtig ist das »positive Informationsumfeld« um Stiftungs-Leiter Chodorkowskij. Für die Erfüllung der anspruchsvollen demokratischen Aufgaben von *Offenes Russland* sind auch Behelfsmittel festgelegt. Es sind drei an der Zahl. Das erste heißt »Sturm und Drang« – wie beim deutschen Dichter F. M. Klinger abgeschaut. Konkretes Ziel: »Direktes und aufrichtiges Bekenntnis, dass das große Business daran interessiert ist (...), die Gefahr der Nationalisierung zu minimieren.« Langsam wird auch deutlich, wer im Zentrum der Aktivitäten der Stiftung steht – natürlich nicht die »aktiven Bürger aus den Regionen«: »Subjekt der PR-Strategie ist MBCh, geistiger Anführer der russischen Jugend.« Die Stelle »geistiger Anführer« habe ich zweimal gelesen – das steht dort schwarz auf weiß.

Zur Strategie der PR-Propaganda des »russischen *Máximo Líder*« Chodorkowskij gehört auch Taktik: Aktive und häufige Auftritte von MBCh mit direkten Aussagen über die Notwendigkeit der Änderung der Einstellung zu den Reichen (das Volk liebt die Oligarchen weiterhin nicht besonders) und »die Anpassung der Bevölkerung an das neue wirtschaftliche Umfeld« (also, auf keinen Fall die Ergebnisse der verbrecherischen Privatisierung antasten! – das eben ist »das neue wirtschaftliche Umfeld«).

Die Durchführung von zahlreichen PR-Kampagnen soll die Aufmerksamkeit auf den Standpunkt des großen Business lenken, aktive Arbeit mit der Jugend, direkte Förderung demokratischer Ideen durch eine Werbekampagne und PR, PR-Unterstützung der Wohltätigkeitsprojekte von *Offenes Russland* (in den Bereichen Kultur, Bildung, Kommunikation). All das müsse »mit informationsaggressiven Methoden« durchgeführt werden.

Zwei Bemerkungen dazu: PR-Unterstützung von Wohltätigkeitsprojekten ist genau das, was wir im Fall Chodorkowskij erleben (die Legende: Chodorkowskij ist der größte russische Mäzen) – für jeden Rubel, der für (sehr gewöhnungsbedürftige) »karitative« Zwecke ausgegeben wird, stehen immense finanzielle Anstrengungen für die PR.

Offenes Russland gibt das – in der internen Kommunikation – selbst zu: Auf dem Feld der Wohltätigkeit waren die Unternehmen *Interros* von Wladimir Potanin und *Alfa* von Michail Fridman viel aktiver und erfolgreicher. (Potanin gründete seine Stiftung zwei Jahre *vor* Chodorkowskij und gab jährlich aus *privaten* Mitteln 10 Mio. US-Dollar aus,[172] *Alfa* und andere Fridman-nahe Unternehmen gaben für ihre Aktivitäten – direkte humanitäre Hilfe, Unterstützung von Bildung, Kultur und Sport, Ökologie, Medizin Dutzende Millionen US-Dollar jährlich aus[173] – warum wissen deutsche Leser nichts davon? Vermutlich investieren diese zwei zu wenig in die PR ...)

Zur Bemerkung »aktive Arbeit mit der Jugend« – das sind diejenigen, »deren Weltanschauung noch im Entstehen begriffen ist«, also leichte Beute für Seelenfänger. Ein Kenner der Materie, Boris Beresowskij, gab seinen Kommentar zu den echten Zielen der »Jugendarbeit anno 2003« ab: »Chodorkowskij gibt große Summen für wohltätige Zwecke aus, für Bildungsprogramme. Er gewinnt doch so die jüngere Generation: Es ist klar, dass die Menschen, die ihr Studium mithilfe seiner Stipendien finanziert haben, ihn 2008 (bei den nächsten Präsidentenwahlen – V. T.) unterstützen werden.«[174]

Als ehrliche Unterhändler sahen die Autoren des Dokuments auch die schwachen Seiten von »Sturm und Drang«: teuer, sehr teuer, alle diese PR-Artikel und PR-Sendungen mussten in den in- und ausländischen Medien für teures Geld (es geht um Millionen US-Dollar[175]) »platziert« werden. Aber vor allem störten »hohe Reputationsrisiken für *Jukos* (z.Zt. fußt der gute Ruf des Unternehmens vor allem auf dem Fehlen anderer Ambitionen bei seinen Anführern, außer der in Bezug auf die Schaffung eines effektiven Unternehmens)«.

Daher musste man neue – anspruchsvolle politische – Ambitionen öffentlich artikulieren! Ist das erwünscht? – fragten zwischen den Zeilen die Autoren. Wenn nicht, gab es Strategie Nr. 2.: »Nebelwand«.

»Die Strategie besteht darin, eine überzeugende ›Nebelwand‹ zu schaffen und so die wahren politischen Ambitionen von *Offenes Russland* und ihrer Führer zu verschleiern. Die wichtigsten Kernaussagen des Programms: Russische Unternehmer haben ihre soziale Verantwortung gegenüber den Menschen erkannt und möchten den Mit-

bürgern helfen, eine Ausbildung zu bekommen, gute Arbeit zu finden, viel in Russland und für Russland zu verdienen.«
Die Schwachstellen, die die Autoren sahen: »Die Wahrscheinlichkeit der Anschuldigungen, dass die Gründer von *Offenes Russland* politische Zwecke verfolgen« (Was für eine boshafte Unterstellung. Wie wir sehen, verfolgten sie absolut keine!) und »Die Wahrscheinlichkeit der Anschuldigungen, *Offenes Russland* versuche, die Funktionen des Staates an sich zu reißen.« (Was sie selbstverständlich auch nicht tat.)
Manches war also den Autoren bereits beim Verfassen des Textes selbst unangenehm sichtbar. Bei dieser zweiten »Strategie« fällt auf, dass *Offenes Russland* versuchen sollte, mit Nebelgranaten zu werfen, um Tatsachen zu verschleiern. Ist das die Methode, mit der junge politische Anführer Demokratie lernen sollen?
Die Strategie Nr. 3 heißt in dem Dokument »Russischer Soros«: Chodorkowskij hat mit dem bekannten amerikanischen Multimilliardär und Mäzen ohnehin viel Gemeinsames. Sie beide haben viel Geld, Chodorkowskijs Stiftung heißt *Offenes Russland* – eine offensichtliche Anlehnung an *Offene Gesellschaft* von Soros. Aber die PR-Strategen von *Jukos* wollten diese zwei Figuren einander noch näher bringen. Und das war nur mit gewissen intellektuellen und finanziellen Anstrengungen möglich. Folgende Passagen sagen so viel über die wahren Ziele der »hochkaritativen und wohltätigen« Organisation *Offenes Russland* aus und sind gleichzeitig so entlarvend, dass ich dem Verlangen nicht widerstehen kann, sie ausführlich, nur mit kleinen Kürzungen, zu zitieren:
»Diese Strategie ist fast ausschließlich um die Persönlichkeit Chodorkowskijs gebaut, den Gründer der Stiftung, die der Soros-Stiftung ähnelt, aber mit dem Geld eines russischen Geschäftsmannes gegründet worden ist. In diesem Fall werden das Image einer gemeinnützigen Organisation und ihrer Mission von dem Image des ersten Mannes der Organisation abgeleitet. Im Zuge der Erstellung des MBCh-Images eines russischen Soros, werden folgende Aufgaben gelöst:
– Legitimation des Reichtums und sozialen Status' von MBCh;
– Anpassen des Images von MBCh (war ›Oligarch‹ und wurde Mäzen);

– Gewöhnen an die Tatsache, dass Chodorkowskij nicht nur und nicht so ein harter Geschäftsmann ist, sondern ein wahrer Bürger seines Landes, der eine aktive soziale und karitative Tätigkeit ausführt;

– Sicherstellung des Wachstums von Vertrauen und der Sympathie der Bevölkerung für die Ideen und Vorschläge von MBCh (…).

Diese Strategie hat zwei Phasen. Zunächst wird in der Auffassung der russischen Bevölkerung das Bild MBChs als ›Wohltäter‹ gefestigt, aber nicht als Politiker. Damit wird nicht nur die Schöpfung eines positiven Images erreicht, sondern auch die Schaffung eines dauerhaft guten Rufes. In der zweiten Phase, nach dem Erreichen seiner sicheren Erkennung (man verkauft Chodorkowskij als Marke. Der hier beschriebene Weg ist ein erprobter Weg für die Vermarktung von Produkten, erste Etappe, das Branding – V. T.), eines guten Verhältnisses zu ihm und im Laufe der Zeit auch des Vertrauens der Bevölkerung zu MBCh, beginnt er, demokratische Ideen zu verbreiten. Wenn diese Ideen nicht von den ›Oligarchen‹ kommen werden, sondern von dem ›Russischen Soros‹ (das ist nur eine Fortsetzung der Reihe mit Sacharow, Mandela und Jesus … – V. T.), so werden sie für die Bevölkerung legitimer aussehen, deshalb wird die Mehrheit der Bevölkerung für sie empfänglicher.

Indem in der ersten Phase des Programms sein Ruf als Mäzen geschaffen wurde, werden die Ideen, die von MBCh stammen, in der Öffentlichkeit mit einem höheren Maß an Vertrauen und Sympathie aufgenommen werden.

Das Subjekt der PR-Strategie: MBCh – ›ein Geschäftsmann und ein Patriot‹.

Die Taktik:

– Reden MBChs mit Thesen über die Notwendigkeit breiter karitativer Aktivität der russischen Wirtschaftsbosse;

– Positionierung der gesamten gesellschaftlichen Tätigkeit von MBCh und *Offenes Russland* als gemeinnützig;

– Umfangreiche Informationen zu allen gemeinnützigen Projekten der Organisation durch PR- und Werbemittel;

– Erklärungen über den Mangel an politischem Ehrgeiz (bei Chodorkowskij – V. T.).«

In diesem Papier wird alles ins Gegenteil verkehrt: »Oligarch« und »harter Geschäftsmann« wird zum »Bürger und Mäzen«, Wahlkampfmaßnahmen werden zur Wohltätigkeit, politische Ambitionen zum »Mangel an politischem Ehrgeiz« … Und Nebel, Nebel, Nebel …

»Vorteile der Strategie: Die Erklärung über die fehlenden politischen Ambitionen *in der ersten Phase des Programms* erlaubt es, die politischen Risiken zu senken. Nachteile: Das Vorhandensein starker Wettbewerber im Bereich der Wohltätigkeit (*Interros, Alfa*)«, aber das hatten wir schon …

Wir ziehen aus dem oben Gesagten kleine Schlussfolgerungen. Erstens: Die Stiftung *Offenes Russland* verfolgte in der Tat nicht die Ziele, die sie öffentlich erklärte. Diese Ziele waren nicht die deklarierte »offene Plattform für die Debatte, die Möglichkeit, die öffentliche Politik zu lernen und sich an Bürgerinitiativen zu beteiligen«, sondern die absolut stupide, sture Vorbereitung auf Wahlen mit nur einem Kandidaten der Partei – Michail Chodorkowskij. Vorbereitung auf Wahlen übrigens auf Kosten der Steuerzahler: Ausgaben für diese »gemeinnützige« – Chodorkowskij persönlich nützliche – Stiftung sind auch in Russland steuerlich absetzbar. Aus der Aussage, dass sogar Kinder mit 12 Jahren in die Laufbahn von *Offenes Russland* einbezogen werden sollten, wird klar, dass das Projekt nicht nur die bevorstehenden Parlamentswahlen 2003 und nicht nur die Präsidentschaftswahlen 2004 im Auge hatte.

Dazu kommt der Umstand, dass *Offenes Russland* plante, ausgerechnet in 50 Regionen ihre Vertretungen aufzubauen. Warum ausgerechnet 50? Genau so viele braucht man, um eine föderale Partei anzumelden, die an den allrussischen Wahlen teilnehmen darf. Zufall?

Ich kann mir die Bemerkung nicht verkneifen, dass auch in Russland gemeinnützige Stiftungen nicht an politischen Kämpfen teilnehmen dürfen und »die Gründer der Stiftung nicht berechtigt sind, das Stiftungsvermögen im eigenen Interesse zu nutzen«[176].

Eigentlich war es ein gewisser Alexandr Ossowzow, Programmdirektor und Vorstandsmitglied von *Offenes Russland*, der in einem Interview, ich nehme an, aus Versehen, ein stark gehütetes Geheimnis ausplauderte – *Offenes Russland* sei nicht irgendein gemeinnütziges Projekt, sondern eine durch und durch politisierte Institution, unter anderem ein Parteienfinanzierer im großen Stil. Er ist kein Neuling in der Politik, dieser Ossowzow, sondern Dr. phil., Professor an einer Moskauer Hochschule, hat als Dumaabgeordneter, als Funktionär bei *Jabloko*, *Union der rechten Kräfte* sowie unter Wladimir Gussinskij in der *Most-Gruppe* und als geschäftsführender Vize-Präsident des *Russischen Jüdischen Kongresses* seine Erfahrungen gesammelt. Also kein Grünschnabel. Desto ernstzunehmender wirkt das, was er über die Gründung einer *Schule für öffentliche Politik*, deren Grundsätze wir oben beschrieben haben, in Nizhnij Nowgorod sagte.

Die Journalistin Walentina Busmakowa brachte die offensichtlich identischen Ziele der Finanzierung der Parteien und der neuen politischen Schulen zusammen:

»*Walentina Busmakowa*: Früher haben Sie Parteien Geld gegeben, jetzt investieren Sie das Geld in die Organisation der Schule …

Alexandr Ossowzsow: Wir haben schon immer auch in solche Projekte investiert.

W.B.: Aber früher waren es Parteien, jedoch was nützt das Korn, wenn's die Mäuse fressen?

A.O.: Warum? Vielleicht haben wir sie nicht effektiv genug genutzt. Nun, wir haben sowohl der Kommunistischen Partei als auch *Einiges Russland* (Regierende Partei – V. T.) geholfen.

W.B.: Reiche Leute helfen immer allen, weil niemand weiß, wer an die Macht kommt.

A.O.: Nicht ganz. Wir haben weder der Liberal-Demokratischen Partei (des Rechtspopulisten Wladimir Shirinowskij – V. T.), noch der ›Heimat‹, noch den Nationalisten geholfen.«[177]

Und wie sieht es mit der Behauptung aus dem Manifest aus, *Offenes Russland* beteilige sich nicht an der Unterstützung der politischen Parteien?[178]

Natürlich tat die Stiftung das nicht, hier ist die Bestätigung, die Chodorkowskij höchstpersönlich aus dem Gefängnis heraus abgab: »Aus den Medien, die mir in der Untersuchungshaft zur Verfügung stehen, habe ich vom Interview Alexandr Ossowzows, das er in Nizhnij Nowgorod am 14. März gegeben hat, erfahren. In Reaktion auf dieses

Interview halte ich es für notwendig zu erklären, dass die Aussagen von Herrn Ossowzow über die Unterstützung politischer Parteien, die die von mir geleitete Organisation *Offenes Russland* angeblich leistete, nicht der Realität entsprechen. *Offenes Russland* wurde geschaffen, um humanitäre und karitative Projekte im Bereich der Jugendbildung, Kultur und Bildung zu unterstützen.«[179]

Wer hätte das im März 2005 bezweifelt? Das oben zitierte Sitzungsprotokoll der Stiftung *Offenes Russland* wurde erst sechs Monate später, im September 2005, publik. Darauf folgten keine Dementis mehr.

All dem, was ich oben beschrieben habe, stellen Chodorkowskijs Anwälte ein plausibles Argument entgegen: In einer Demokratie darf ein mündiger Bürger auch mal die eine oder andere Partei mit seinem Geld finanziell unterstützen oder sogar eine eigene Partei gründen.

Das will niemand leugnen, das ist so, doch nur unter einer Prämisse: Es ist wirklich eine Demokratie. Ist das auch eine Demokratie, wenn Chodorkowskij mit seinen Milliarden alle Gewalten im Staate privatisierte: die Legislative, die Exekutive und Judikative – samt der sie kontrollierenden Presse? Ist eine Gewaltentrennung vorhanden, wenn alle Staatsgewalten sich aus einem Trog ernähren? Ist das im Sinne der Sicherung von Freiheit und Gleichheit? Ist eine »gelenkte Demokratie« schlechter als eine »gekaufte«? Der Nobel-Preisträger für Ökonomie Joseph E. Stiglitz spricht 2003 nicht ohne Grund von der »zunehmend vergiftenden Rolle, die das Geld in der russischen Politik spielt«[180].

Das Projekt um *Offenes Russland* ist für Chodorkowskij offenbar so wichtig, dass sogar nach der Verhaftung Chodorkowskijs 2003 massig Geld »in die Wohltätigkeit« floss – allein 2004 waren es ca. 92 Mio. US-Dollar, die *Group MENATEP Limited* für karitative Zwecke einbrachte.

Wie, 92 Mio.? Woher denn? Lebedew war im Gefängnis, Chodorkowskij auch. Der Strafprozess lief. *Jukos* wurde wegen Steuerschulden zerschlagen und verstaatlicht. Hatte *GML* nicht andere Sorgen? Anscheinend nicht.

Zum Vergleich: Der Milliardär Fridman samt Industriegruppe gab jährlich mickrige Dutzende Millionen US-Dollar aus – aber doch nicht fast 100! Das teuerste Potanin-Projekt – die Ausstellung russischer Maler im Guggenheim-Museum in New York – kostete lediglich 2 Mio.! Wohin gehen die 92 Mio.?

MENATEP ist eben großzügiger, hat ein milderes Herz …

Die Zeitung *Wedomosti* nahm die 92 Mio. US-Dollar unter die Lupe und stellte fest: Dutzende Millionen unter der Rubrik »Wohltätigkeit« gingen an die Rechtsanwälte, die in der Sache Chodorkowskij-*Jukos* tätig sind. Die Hälfte der Summe wurde an die Mitarbeiter und Familien der ehemaligen Mitarbeiter von *MENATEP-Jukos*, die das Weite (von der russischen Justiz) gesucht hatten, ausgezahlt, so *GML*-Chef Tim Osborne, der diesen Posten nach dem nicht ganz natürlichen Tod von Steven Curtis übertragen bekam. Ein Teil wurde für Public Relations genutzt.

Welche Public Relation? Na, für die Unterstützung von Chodorkowskij und Lebedew, die das sogenannte Chodorkowskij-Pressezentrum organisierte. Wenn irgendwo eine Kundgebung lief, dann bekamen die Teilnehmer T-Shirts mit dem Konterfei von Chodorkowskij, Abzeichen, Kalender »Freiheit für MBCh«, Anstecker …

Das stimme nicht, sagte auf Anfrage die Direktorin des Pressezentrums Maria Ordshonikidse. »Wir bekommen kein Geld von *GML*. Wir werden direkt durch Rechtsanwälte finanziert.«[181] Die ihr Geld – siehe oben – wiederum von *GML* erhielten. Der stolze Rest ging für Mildtätigkeit weg. Für die oben ausführlich beschriebenen Ziele von *Offenes Russland*.

Erdölfelder werden verkauft

Parallel zum Eintakten der organisatorisch-theoretischen und PR-Aktivitäten, die als Ziel die Änderung des politischen Systems und die faktische Machtübernahme in Russland hatten, begann Chodorkowskij, langsam aus dem Geschäft auszusteigen. In verschiedenen Interviews gab er an, er wolle kein Unternehmer bleiben.

»Was denn dann?«, fragten neugierige Journalisten.

»Ach, mal sehen«, antwortete nicht ganz deutlich Chodorkowskij und fing an, *Jukos* zu verkaufen. Erste Versuche waren schon in den Jahren 1997–1998 unternommen worden. Damals war es die Krise von 1998 gewesen, die die Pläne zerstört hatte.

Den zweiten Anlauf unternahm Chodorkowskij Anfang des neuen Jahrtausends. Die Käufer suchte er unter Amerikanern. Sie hatten genug Geld, sie zeigten auch Interesse. Und Chodorkowskij selbst hatte ein Faible für die USA.

Als beispielsweise im Irak die Zeichen auf Krieg standen und die russische (bzw. französische, deutsche und andere …) Politik die amerikanischen militärischen Pläne sehr kritisch betrachtete,[182] lieferte Chodorkowskij genau zu diesem Zeitpunkt den in der Geschichte ersten Tanker mit russischem Erdöl in die USA.

Einfach war das nicht: Die Entfernung fraß den gesamten Preisunterschied zwischen Europa und den USA auf. Drei kleine Tanker liefen mit dem Öl aus Russland aus. In Griechenland wurde es, um Kosten zu sparen, in einen großen umgefüllt, trotzdem gab es zu vernachlässigende Gewinne. Aber darum ging es gar nicht. Chodorkowskij wollte ein Zeichen setzen: Er unterstützte das amerikanische Vorgehen im Irak. Das sagte er auch öffentlich.

Den Amerikanern war das nur recht. Sie hatten bereits Alternativen zum irakischen Öl gesucht und festgestellt, das die russische Sorte

Urals etwa der irakischen Sorte *Kirkuk* entspricht und die darauf eingestellten Raffinerien bestens damit versorgt werden könnten. Deshalb suchte Chodorkowskij potentielle Käufer für sein Imperium in den USA. Da die Gespräche streng geheim liefen und nicht zu einem Ergebnis gelangten, wurden zwei Firmen (*ExxonMobil* und *ChevronTexaco*) als Interessenten genannt, aber sehr wahrscheinlich ging es um den Verkauf von ca. 40% der *Jukos*-Aktien an die amerikanische Corporation *ExxonMobil* für geschätzte 25 Mrd. US-Dollar. Die russische Regierung war in die Verhandlungen nicht involviert. Der Präsident des Landes Putin sagte einmal amerikanischen Journalisten, es wäre nett von Chodorkowskij, solche Verkäufe auch mit der Regierung abzusprechen.[183] Das tat dieser aber nicht.

Grundsätzliche Frage: Soll Chodorkowskij als faktischer Inhaber noch jemanden konsultieren oder nicht? Mischt sich hier vielleicht der Staat in Dinge ein, die ihn nichts angehen? Wie sieht es in der internationalen Praxis aus? Und warum – außer aus Neigung zu den Amerikanern – wollte Chodorkowskij sein Geschäft veräußern?

Fangen wir von hinten an. Es könnte sein, dass Chodorkowskij die Geschäftemacherei satt hatte und plante, in die Politik zu wechseln. In diesem Fall wäre ihm das Anhängsel *Jukos* hinderlich gewesen. Zweitens wusste er, dass ihm ein harter Kampf um die Macht bevorstehen würde, und brauchte einfach flüssiges Geld – seine bei *Forbes* gelisteten Milliarden waren Aktien- bzw. Buchmilliarden, die man nicht in ein Kuvert stecken und nicht unauffällig im Koffer von A nach B transportieren kann. Drittens, und das ist vielleicht der wichtigste Grund: Die Frage der kriminellen Bereicherung ist in Russland nicht geklärt, sprich, die Deprivatisierung (oder Re-Nationalisierung) blieb weiterhin eine Option. Und man kann die Förderkapazitäten von *Juganskneftegas* und Verarbeitungskapazitäten von *Kujbyscheworgsintes* nicht wirklich sicher besitzen und nicht außer Landes schaffen. Das Geld schon. Man wollte mit einer leichten Bewegung das Schwert des oben erwähnten Damokles etwas vom eigenen Hals wegschieben. Verständlich.

Jetzt zur Frage der Regierungskonsultation. Auch im demokratischen und durch und durch marktwirtschaftlichen Westen ist es, wenn zwei wirtschaftliche Platzhirsche sich zusammentun, Pflicht, die Kartellbehörde des Landes um Erlaubnis zu bitten. Auch wenn einer der Hirsche nicht den Hauptkonkurrenten, sondern einfach eine dritte ziemlich kleine Firma übernimmt, prüft das Kartellamt, ob das nicht zur Verzerrung des Wertbewerbs führen würde.

Bei größeren (legalen staatlichen) Waffenverkäufen gibt es staatliche Gremien, die entscheiden, ob diese Lieferung stattfindet oder nicht. Es geht bei dem Geschäft – ob Waffen oder nicht Waffen – um Interessen der Firma, sagen die einen. Es geht dabei auch um legitime Interessen der Gesellschaft, der Allgemeinheit, die ebenfalls gewahrt werden sollen, erwidern andere. Und in einer demokratischen und marktwirtschaftlichen Gesellschaft wiegen gesellschaftliche Interessen mehr als die Interessen einer, wenn auch einer großen und renommierten Firma – gewiss, wenn korrupte Beamte und Politiker nicht wohlwollend dazwischenfunken.

Aber auch wenn ausländische Investoren an einem mehr oder minder strategisch wichtigen Unternehmen Interesse bekunden, gilt es, die Regierung zu konsultieren.

Einmal wollte das russische Unternehmen *Sistema* in Deutschland sich an dem Chip-Hersteller *Infineon* beteiligen. Die deutsche Seite sagte »Nein«. Ist *Sistema* ein undurchsichtiges mafioses Unternehmen? Im Gegenteil: *Sistema* zählt, laut Rating-Agentur *Standard and Poor's*, zu den transparentesten Unternehmen Russlands. Warum dann das »Nein«? Antwort: Die deutsche *Regierung* hätte kein Interesse daran. Später sickerte durch: Deutsche Militärs und Sicherheitsdienste hatten Bedenken, den Russen Technologien zur Verfügung zu stellen, die für Deutschland eine strategische Bedeutung besäßen.

Diese Kontrollen der Auslandsinvestitionen sind im Westen sogar strenger als im »autokratisch regierten« Russland. So bat einmal Wladimir Putin Angela Merkel, die Aktien vom (verbrieft!) transparenten *Sistema* gegen Aktien der *Deutschen Telekom* zu tauschen. Das Fernziel lautete, eine Sperrminorität bei der *Telekom* zu erreichen. Zu *Sistema* gehört auch die Mobilfunkfirma *MTS*. Vor einigen Jahren besaß die *Deutsche Telekom* 40% an *MTS*. Warum konnte nicht im Gegenzug *Sistema* ein wenig *Telekom* erwerben? In den Nachrichten war dann von einer ablehnenden Haltung der deutschen Regierung die Rede. Doppelmoral?

Bestimmt, wenn man dazu noch bedenkt, dass es die deutsche Regierung ist, die mit Steuergeld für die Investitionen im Land wirbt. Aber durchaus legitim: Jeder Staat wägt selbst ab zwischen wirtschaftlichen und staatlichen Interessen.

Um diese Legitimation zu erhärten, änderte der Bundestag 2009 sogar das Außenwirtschaftsgesetz und führte in Deutschland eine allgemeine Kontrolle ausländischer Direktinvestitionen ein. Investitionen von außerhalb der EU können jetzt untersagt werden, »wenn infolge des Erwerbs die öffentliche Ordnung oder Sicherheit der Bundesrepublik Deutschland gefährdet ist«, wobei unklar bleibt, was »öffentliche Ordnung oder Sicherheit« konkret bedeuten.[184] Ist eine Gefährdung gegeben, kann das Bundesministerium für Wirtschaft Übernahmen bis zu drei Monate nach Abschluss des Kaufvertrages rückwirkend verbieten.

Deutschland befürchtete, hieß es, dass sich ausländische Unternehmen nicht nur aus Renditegesichtspunkten in strategisch und wirtschaftlich wichtige einheimische Unternehmen einkauften, sondern es vor allem zu einer unerwünschten Einflussnahme in politisch sensiblen Bereichen wie dem Telekommunikations- und Energiesektor käme.

Sie können dazu beliebige Wörter passend einreihen: Staatsinteressen, Wirtschaftsspionage, Know-how-Diebstahl, Wirtschaftssicherheit, Aufstoßen des »Kalten Krieges«, Blockdenken – es ist in der Welt so, dass der Staat in solch sensiblen Fragen die Oberhand behält.

Und wenn eine russische Firma vorhat, zwei Drittel der Erdölvorräte des Landes an eine amerikanische Firma zu verkaufen – ist das nicht ein interessanter Fall auch für die Regierung?

Chodorkowskij sprach darüber mit dem amerikanischen Vize-Präsidenten Dick Cheney, informierte die russische Regierung aber nicht. Russische Behörden erfuhren über den Stand der Verhandlungen aus der Presse bzw. aus ihren eigenen Quellen.

Wie gesagt, der Vorschlag Chodorkowskijs, *Jukos* an *ExxonMobil* zu verkaufen, kam der Bush-Cheney-Regierung, die sich in der Ölproblematik bestens auskannte, sehr gelegen. Schon seit Langem liebäugelte sie mit einer Strategie, die auf der Grundlage der Sicherung der Kontrolle der Energiereserven basierte. Das war auch bei

Cheneys »Projekt für das neue amerikanische Jahrhundert« (*Project for the New American Century*), einer amerikanischen Denkfabrik, nachzulesen.[185] Manche Experten meinen, dass auch die Kriege im Irak mit seinen weltweit zweitgrößten Erdölvorkommen und in Afghanistan als Transitland für kaspisches Erdöl ein Teil dieser Strategie waren und sind. Folglich bestand Interesse am russischen Erdöl. Die Irak-Afghanistan-Methode konnte aus bestimmten nachvollziehbaren Gründen in diesem Fall nicht angewendet werden.

Die Kontrolle über die russischen Erdölreserven kam im Juli 2003 auf eigenen zwei Füßen zu Cheney. »Chodorkowskij war der Mann, der Amerika Zutritt zum Rohstoffparadies Russland versprach«, schrieb damals der *Spiegel*.[186] Die Verhandlungen mit den Amerikanern waren so weit fortgeschritten, dass man erwartete, dass sie bereits im Herbst 2003 zum Abschluss kommen könnten.

Im September 2003 fuhr Putin in die USA, traf dort seinen Freund George W. Bush und Henry Kissinger. Danach gab der russische Präsident in seiner Residenz in Ogarjowo der *The New York Times* ein Interview, in dem er die Frage beantwortete, wie er zum Verkauf von *Jukos* stand. »Dies ist vor allem Sache des Unternehmens, aber ich denke, es wäre richtig, wenn sie vorab Konsultationen mit der russischen Regierung durchführten.«[187] Das ist keine Floskel, wenige Monate zuvor hat Michail Fridman die Hälfte seines Erdölunternehmens *TNK* an *British Petroleum* verkauft. Am 26. Juni in London wurde das Geschäft – in Anwesenheit von Putin und Tony Blair – besiegelt.

Jukos dagegen machte keine Anstalten, sich von jemandem beraten zu lassen. Chodorkowskij spielte nicht mit Feuer, sondern mit Brandsätzen. Er musste doch wissen, dass er schon lange – bereits seit den 1990er-Jahren – ein Ziel der Staatsanwaltschaft war. Dicke Mappen reihten sich dort gewiss ein Jahrzehnt lang auf. Aber dass die Handschellen an Chodorkowskijs Händen ausgerechnet im Oktober 2003 schnappten, hat, denke ich, nicht nur etwas mit der Infiltrierung der Duma und mit den Plänen zur Änderung des politischen Systems im Land, sondern mehr mit aktuellen Verhandlungen über den Verkauf von russischen Ölfeldern an die Amerikaner zu tun. Nach Vertragsabschluss wäre es zu spät, über die für Russland unwiederbringlich verlorenen Schätze zu lamentieren. Durch die massive Beteiligung der amerikanischen Ölriesen (und damit auch Washingtons) an *Jukos* hätte Russland nicht nur Steuereinnahmen eingebüßt, sondern de facto auch keinen Zugriff auf russische Ölreserven mehr gehabt. Für den deutsch-amerikanischen Experten F. William Engdahl war dieser verhinderte *Jukos*-Deal »im wahrsten Sinne des Wortes ein energiepolitischer Staatsstreich.«[188]

Nicht Putin, sondern ganz Russland stand mit dem Rücken zur Wand und suchte ein Mittel, um das Schlimmste zu verhindern. Das waren die Handschellen.

Es ist denkbar, dass die spürbare Abkühlung der amerikanisch-russischen Beziehungen nach 2003 nicht auf die »Verletzung der Menschenrechte« in Bezug auf die Verurteilung Chodorkowskijs zurückzuführen ist, sondern vielmehr auf den Ärger der Amerikaner über die geostrategische Niederlage im Öl-Gefecht um *Jukos*.

Russland wird verkauft

Eine weitere fragwürdige Information machte in Moskau Anfang 2004 die Runde – über die angeblichen Abrüstungsgespräche, die Chodorkowskij in Washington geführt hatte. Das waren keine Breaknews, sondern einige Zeilen in einem langen politischen Kommentar des uns bereits bekannten Politologen Stanislaw Belkowskij. Der Kommentar hieß »Die Tragödie von Wladimir Putin« und war den Aussichten des Präsidenten, für die zweite Legislaturperiode im Präsidentensessel zu bleiben, gewidmet. Nicht im Vorspann, nicht am Anfang, sondern tief in der Mitte des Artikels ging es um Gespräche, die Chodorkowskij angeblich im Frühjahr 2003 in der US-Hauptstadt geführt hatte, die Belkowskij als »der Akt des Lossagens der Elite der neunziger Jahre von Russland« anführte.

Das war kein Angriff auf Chodorkowskij – der saß bereits in Untersuchungshaft, es war für den Wissenschaftler nur ein passendes und einprägsames Beispiel zum Wandel der russischen Eliten. Was stand genau in dem Artikel?

»In einem Gespräch mit einem hochrangigen Mitglied der US-Administration erklärte der Bannerträger der russischen Elite, Geschäftsmann Michail Chodorkowskij, direkt, dass er (sein Clan), nachdem er die formelle politische Macht übernommen habe, *eine vollständige nukleare Abrüstung Russlands durchführen* werde. Da die Doktrin der atomaren Abschreckung sich erschöpft habe, weiche sie einer Ideologie *der monetären Zügelung.* (…) Eine vollständige Abrüstung wäre (…) die Quelle eines sogar für russische oligarchische Verhältnisse Riesengeschäfts. Ein Recycling-Programm für unser Atomwaffenarsenal (einschließlich der Verarbeitung des waffenfähigen Plutoniums), wie von Herrn Chodorkowskij und Co. angedacht, würde 50 bis 60 Mrd. US-Dollar ausmachen. Außerdem hofften

Jukos-Aktionäre auf mindestens 100 Mrd. US-Dollar (in bar oder in Sachleistungen) für die organisatorischen Unannehmlichkeiten, eine landesweite Propaganda-Kampagne und schließlich für den wichtigsten symbolischen Akt – eine Bestätigung des unvermeidlichen Endes der Geschichte auf Washingtoner Art. 160 Mrd. US-Dollar – das Geschäft des Jahrtausends! (Die USA beeilten sich, leider, Chodorkowskij an Putin zu verpetzen: Das Projekt des russischen Ölhändlers Nr. 1 schien ihnen zu abenteuerlich zu sein.)«[189]
Einseitige russische atomare Abrüstung – interessant! Belkowskij ist sicher ein gut informierter Mann, aber woher weiß er das? Die Frage, warum Chodorkowskij und nicht der Außenminister, Verteidigungsminister, Ministerpräsident oder gar der Präsident des Landes diese Gespräche führten, stellte sich gar nicht – das war eine absolut irre Geschichte.

Später kamen einige unwesentliche Details dazu. Ein »hochrangiges Mitglied der US-Administration« soll Condoleezza Rice gewesen sein. Und mit ihr sprach nicht Chodorkowskij persönlich, sondern Newslin – aber bestimmt nicht im Alleingang, sondern abgestimmt mit Chodorkowskij und von ihm beauftragt. Eine Bestätigung dafür kam logischerweise weder von Chodorkowskij noch von Condoleezza Rice.

Was macht man mit so einer Information? Die Recherchen, die ich angestellt habe, führten immer wieder zurück zum Ausgangspunkt, zu Belkowskij.

Rein theoretisch schien das irgendwie möglich zu sein. Die direkte Art Chodorkowskijs zu reden ist uns bereits bekannt: Seine Beteuerungen dem BP-Chef Lord Browne gegenüber über die käuflichen Duma-Abgeordneten und todsicheren Schemas der Steuerhinterziehung in Russland sprechen Bände. Klug ist Herr Chodorkowskij gewiss, aber leider kein Diplomat. Die genauen Pläne für den Wechsel des politischen Systems in Russland, die Chodorkowskij schmiedete, kamen später, erst 2005, zu Tage, aber von heutiger Warte aus gesehen gab es einen Plan der Machtübernahme. Warum nicht anschließend auch die »Kernfrage« lösen, die einseitige Kernwaffenvernichtung? Wenn Chodorkowskij an die Macht käme, wären letzte Unstimmigkeiten zwischen Russland und den USA beseitigt, vielleicht wäre

Russland noch vor der Ukraine ein vollwertiges NATO-Mitglied geworden. Wozu braucht man dann ein Atomarsenal?

Warum die US-Amerikaner Chodorkowskij an Putin ausgeliefert haben, kann auch erklärt werden, und zwar einmal mit Unsicherheiten über das Spiel Chodorkowskijs und zum anderen als Wechselgeld in aus Sicht der US-Amerikaner wichtigeren Verhandlungen mit den Russen – 2003 war gerade die schwierige Zeit der Vorbereitung und Legitimierung des Irak-Krieges. Außerdem gibt es verschiedene Gruppierungen in der Administration selbst; ferner gibt es russische Spione, und es kann sein, dass Belkowskij bewusst auf eine andere Quelle gelenkt wurde. Aber grundsätzlich – warum denn nicht?

Als Lebedew und Chodorkowskij 2003 nacheinander verhaftet wurden, gab es unauffällige Meldungen einiger weniger Agenturen: Beide seien nicht mehr Berater der *Carlyle Group*. Lebedew sei im Sommer ausgeschieden – nach der Verhaftung –, Chodorkowskij im November ebenfalls.

Das dem breiten Publikum eher unbekannte Unternehmen *Carlyle Group* ist einer der einflussreichsten Finanzinvestoren der USA. Dort arbeiten heute mehr als 500 Investment-Fachleute in 35 Zentralen auf sechs Kontinenten. Doch Hauptmerkmal von *Carlyle* ist nicht die Ausbreitung der Tätigkeitsfelder, sondern die Starbesetzung wie in einem teuren Hollywood-Blockbuster.

Zu den Beratern – außer den für uns wichtigen Michail Chodorkowskij und Platon Lebedew – gehörten der ehemalige US-Präsident George H. W. Bush, der britische Premier John Major, US-Außenminister James A. Baker, der Ex-US-Verteidigungsminister und ehemalige CIA-Vizedirektor Frank Carlucci, der enge Beziehungen zu dem ehemaligen US-Verteidigungsminister und seit 2001 US-Vizepräsidenten Dick Cheney pflegte. Und Cheney? Cheney bedeutet Erdölfirma *Halliburton*, aber auch engste Verbindungen zu den ausgewiesenen Hardlinern in Bezug auf Russland Paul Wolfowitz, Richard Perle und Stephen Hadley, der später von Präsident Bush jun. zum Nachfolger von Condoleezza Rice als nationaler Sicherheitsberater ernannt wurde. Cheney bedeutet auch direkten Kontakt zu Neokonservativen wie Jeane Kirkpatrick und William Kristol, den Senatoren

Joe Lieberman und John McCain, zu den Drahtziehern des Irak-Krieges Lewis Libby und Eliot A. Cohen sowie nicht zuletzt zu dem ehemaligen CIA-Direktor James Woolsey. Deshalb ist nicht verwunderlich, dass an erster Stelle der Geschäftsbereiche bei Carlyle »Aerospace & Defense« stand, also Luft- und Raumfahrt und Waffenindustrie, und das Unternehmen – bei besten Kontakten zum Pentagon – 30% ihrer Investitionen im Rüstungsbereich tätigte.[190]

Doch, alberne Frage, was machten eigentlich die zwei russischen schwerbeschäftigten Milliardäre Michail Chodorkowskij und Platon Lebedew bei Carlyle? Ein wenig im Urlaub gejobbt? »Noch ein bisschen dazugeschneidert ...«

Außer bei Carlyle war Chodorkowskij auch Vorstandsmitglied bei der International Crisis Group (ICG), einer amerikanischen Nicht-Regierungsorganisation, in der er mit der Elite der Geostrategen (Zbigniew Brzezinski), des Militärs (Nato-Oberkommandierender General Wesley Clark), der Demokratieförderer weltweit (Georg Soros), Militäranalytiker und Geheimdienstler (was oft dasselbe ist; Namen streng geheim, aber recherchierbar) zusammensaß. ICG interessierte sich definitiv nicht für Russland,[191] Chodorkowskij war weder Militäranalytiker noch Geostratege, noch Krisenmanager, wenn wir an blutige bewaffnete Konflikte (und nur die interessieren ICG) denken. Was machte er also dort?

In so einem Umfeld fällt es nicht schwer, vom Erdöl auch auf Atomsprengköpfe zu sprechen zu kommen, weil diese amerikanischen Gesprächspartner bestens dafür prädestiniert waren, auch weitreichende Positionen auszuloten.

Ein Treffen eben mit diesen Menschen fand am 14. Juli 2003 statt. An diesem Tag wurde Chodorkowskij aus den USA in Moskau zurückerwartet. Er kam erst am 16., weil am 14. eine vertrauliche Zusammenkunft mit dem Vize-Präsidenten der Vereinigten Staaten von Amerika Dick Cheney war. Als der Fakt bekannt wurde, sagte Chodorkowskij, sie hätten über Öllieferungen in die USA gesprochen. Das stimmt mich skeptisch: Das wäre ein zu bedeutungsloses Motiv für den damals zweiten Mann (manche Experten meinen, er wäre sogar der Bedeutung nach der erste) der alleinigen Supermacht USA, um mit einem reichen Mann aus Russland ein Geheimtreffen zu organisieren. Und: Cheney war kein Ölhändler, Cheney war ein Stratege.

Um an die Information über die Abrüstungsverhandlungen Chodorkowskijs zu glauben, fehlte mir einfach die zweite Quelle, eine, die nicht Belkowskij heißt.

... Wir sitzen in einem Cafe am Rande Kyiws, der ukrainischen Hauptstadt. Er trinkt Espresso, ich habe mir Tee bestellt. Mein Diktiergerät läuft. Er hat mir auch erlaubt, Bilder zu machen. Er verheimlicht nichts, und ich darf ruhig seinen Namen nennen – Oleg Antipow, ein ehemaliger ukrainischer Parlamentsabgeordneter von *Batkiwschtschyna*, der Partei von Julia Timoschenko. Er ist einer der Gründer dieser Partei in seiner Region. 2003 war er als Mitglied einer Delegation auf Einladung von IRI, *International Republican Institute*, eine den US-Republikanern nahe stehende Organisation, in Washington. Es liefen in der Ukraine, aber auch in den USA, Vorbereitungen zu den Präsidentschaftswahlen in der Ukraine – und zur »Orangenen Revolution«. Da jede Revolution nur im Fernsehen wie ein spontaner Aufstand aussieht, in der Tat aber ein kompliziertes finanzielles und logistisches Unterfangen ist, durchliefen die Parteifunktionäre und Abgeordneten der westlich orientierten ukrainischen Partei bei IRI theoretische Seminare und praktische Trainings, weil IRI für »Freiheit und Demokratie weltweit durch die Entwicklung von politischen Parteien« auftritt.

Die prowestliche politische Ausrichtung der ukrainischen Politiker und das Freundschaftsverhältnis zu den Gastgebern betone ich explizit – das erklärt einiges von dem, was weiter passierte: Ausgerechnet am 14. Juli hatten die Ukrainer ein Treffen im Weißen Haus mit einem der hochrangigen Beamten. Sie trafen ein, der Termin jedoch wurde immer wieder nach hinten verschoben, denn der für das Treffen bestellte Dolmetscher kam nicht. Als er Stunden später doch erschien, entschuldigte er sich förmlich: Er sei durch die länger als geplant dauernden Unterredungen der US-Oberen mit dem Geschäftsmann aus Russland, Michail Chodorkowskij, verhindert gewesen.

Nach dem Treffen gab es für die Ukrainer ein gemeinsames Essen, mit Schnaps. Der Dolmetscher war auch dabei. Antipow, ein ehemaliger Fliegeroberst, ehemaliger Oberbefehlshaber der Luftwaffe der

8. sowjetischen Panzerarmee und künftiger Sekretär des ukrainischen Parlamentskomitees für nationale Sicherheit und Verteidigung, also ein durchaus für Sicherheitsfragen sensibilisierter Mann, interessierte sich für die Inhalte der Gespräche zwischen Chodorkowskij und den US-Amerikanern. Der Dolmetscher legte keinen großen Wert auf die Schweigepflicht (damals war Chodorkowskij – medial – nicht das, was er heute ist) und erzählte von den Machtabsichten des Multimilliardärs, der möglicherweise den Amerikanern zu überlassenden Kontrolle über seine Firma und dadurch über Erdölvorkommen und Erdölproduktion Russlands – als Gegenleistung für die amerikanische politische Unterstützung. Programmatische Dinge im Rüstungsbereich – nach der Machtübernahme – seien auch angesprochen worden.

»Und?«, machte Antipow interessierte Augen.

»Das Angebot wurde abgelehnt«, so der Dolmetscher.

Als Antipow später die die Delegation betreuenden US-Offiziere ebenfalls nach dem Gespräch fragte, »lachten sie nur offen über das schwache Russland und seine käuflichen Oligarchen«.

Bis heute kann Antipow einige Fragen zu dem Geschehenen nicht beantworten. Warum plauderten Menschen, die Vertraulichkeit gewohnt sind, ihm fremde Interna aus? Warum – Wodka und amerikanisch-ukrainisches Freundschaftsschunkeln hin oder her – wollte jemand, dass diese Information weitergereicht wurde? Heute sagt er:»Ich weiß nicht, warum sie uns dieses ›Informationsleck‹ organisierten.«

Vielleicht aus demselben Grund, warum die US-Amerikaner auch die Russen darüber direkt in Kenntnis gesetzt haben. Oder galten für sie die offenkundig häufigeren Gespräche der Chodorkowskij-Mannschaft mit Cheneys Leuten nicht als absolute Verschlusssache?

Auf alle Fälle wusste die russische Gesellschaft, wusste Putin, Bescheid. Zum substantiellen Ärger über den unmittelbar bevorstehenden Verkauf von *Jukos* (samt der damals um ein Haar übernommenen *Sibneft*) an die US-Amerikaner, was nicht ins strategische Konzept der Russen passte, kam auch der private Ärger für Putin: Ein ihm persönlich vermutlich nicht ganz sympathischer Oligarch bietet den USA, nicht eben der beste Freund Russlands, keineswegs nur den

Inhalt seiner eigenen Tasche an, sondern auch etwas aus der fremden. Es gehört sich nicht, so wahrscheinlich der nachvollziehbare Schluss, dass ein Erdölmagnat in Bezug auf strategische militärische Angelegenheiten des Staates seinen Mund so weit auftut.

Das war wohl das private Ärgernis Putins, des russischen Staatspräsidenten. Mit Recht. Wie Antipow in Kyiw bemerkte: »Weder davor noch danach versuchte einer der russischen Oligarchen, Russland als Ware zu handeln«. Das sei die »Spezialität«, das »Alleinstellungsmerkmal« Chodorkowskijs gewesen.

Steht die Frage immer noch, warum ausgerechnet an ihm ein Exempel statuiert wurde?

Warum kehrte er nach Russland zurück?

Ja, warum kehrte Chodorkowskij am 16. Juli 2003 nach Russland zurück? Er war in die USA geflogen, weil er dort die Absegnung seiner Pläne erwartete. Der Segen war ausgefallen. In dieser Zeit wurde sein Partner und Freund Platon Lebedew in Moskau festgenommen. Es liefen Durchsuchungen. Die Sterne standen ungünstig. Journalisten schlossen Wetten ab, ob Chodorkowskij zurückkehren würde. Als seine Ankunft verschoben wurde (Cheney!), war die Mehrheit der Berichterstatter fast sicher, dass er dort bliebe. Doch er landete auf dem Moskauer Flughafen *Wnukowo*, um drei Monate später verhaftet zu werden.

Bevor Chodorkowskij nach Russland aufbrach, traf er sich in den USA mit seinem Sohn Pawel, der dort schon seit einiger Zeit studierte. Pawel sagte mir Jahre später: Vater sah so aus, als ob er wusste, dass wir uns für lange Zeit verabschieden.

Warum kam Chodorkowskij im Juli 2003 aus den sicheren USA nach Russland? Die Frage wurde ihm oft gestellt. Er antwortete immer das Gleiche: aus Solidarität mit Lebedew, aus »Pflichtgefühl«, dabei hätten solche »Kategorien wie Anstand und Verrat« eine Rolle gespielt.

Diese Antwort ist mir zu emotional. Es zeugt von sehr edlen, beinahe zu edlen Seelenbewegungen, reicht mir aber nicht. In der Freiheit, mit seinem übrig gebliebenen Geld (es lag noch sehr viel Geld auf den Auslandskonten) könnte er für Lebedew, aber auch für andere Mittäter, sicher mehr tun als aus einer Zelle heraus. Das musste doch Chodorkowskij, ein äußerst rational denkender Mensch, wissen. Das hatten ihm Beresowskij und Gussinskij vorgelebt. Beresowskij steckt heute viel Geld in den Kampf gegen Putin von London aus – und redet darüber ganz offen. Gussinskij hat in den USA ein russischsprachiges Internet-Imperium aufgebaut, um die Machthaber in Russland zu schwächen. Warum nicht auch Chodorkowskij?

Meiner Ansicht nach müssten die Rückkehrgründe bei Chodorkows-kij nicht im emotionalen, sondern im rationalen Bereich liegen. Ich bin der Meinung, er glaubte, es sei alles unter Kontrolle,[192] er glaubte nicht, dass der reichste Mann Russlands verhaftet und ihm ein Prozess gemacht werden würde.[193] Er hörte auf Stephen O'Sullivan, Chefanalyst der *United Financial Group*, und meinte,»gegen den größten Unternehmer des Landes könne selbst der russische Präsident nicht mehr viel machen«.[194] Er war der Ansicht, ein Imperium aufgebaut zu haben und ein Imperator zu sein. Er glaubte, der Westen würde ihm Schützenhilfe leisten und die öffentlichkeitsscheue russische Justiz würde die Konfrontation mit dem Westen meiden wollen. Er dachte, irgendjemand wolle ihn einfach aufschrecken, seine Standfestigkeit auf die Probe stellen. Er war der Meinung, dass die Verhaftung Lebedews»eine kleine politische Intrige« einiger weniger Bürokraten, ein Ausrutscher sei. Eine kleine Systemirritation. Und um es zum ordentlichen Laufen zu bringen, müsste man nur auf *reset* drücken.

Einmal, beschrieb eine Journalistin, sei sein Sicherheitsberater, der ehemalige KGB-General Alexej Kondaurow, mit seinen Analysen zum Chef gekommen. Chodorkowskij habe ihn angefahren:»Warum bringst du mir ständig dieses Zeug? Alle, die gebraucht werden, haben wir schon gekauft.«[195] Kaufen – das funktionierte doch immer. Warum nicht auch 2003?

Aber es gibt auch andere rationale Gründe. Sein ganzes Vermögen, gleich, welche Hunderte Millionen von Peanuts beiseitegeschafft worden waren, lag in Russland. Das waren die Erdölfelder und die Erdölförderfirmen. Und dort, wo dein Geld ist, dort ist auch dein Herz. Angst zu bekommen, alles dort zu lassen – vielleicht warteten nur seine Konkurrenten darauf. Nein, er ist der Boss, er kehrt zurück und zeigt allen, wie der Hase läuft.

Aber auch der jahrelang ausgeheckte Plan der Machtübernahme spielte für seine Rückkehr sicherlich eine entscheidende Rolle. Immens war der Einsatz. Alles war gut eingetaktet: Mehrere Parteien unterschiedlicher Couleur waren gegen Bares bereit, ihm willfährige Abgeordnete zu liefern. In den Provinzen lief die sehr (kosten)intensive Arbeit für die Gründung seiner eigenen Partei. Spin-Doktoren hatten einen Imagewandel für ihn erarbeitet (»war Oligarch, wurde Mäzen«), und es wurde bereits generös in die Werbung und PR investiert. Die sehr genauen und sehr konkreten Abläufe der Machtübernahme waren von Staatsrechtlern überprüft und für gut befunden worden. Tausende Menschen arbeiteten Monat für Monat, Tag für Tag für sein Ziel.

Und die US-Amerikaner, die ihn möglicherweise weggewinkt haben? Welche Amerikaner? Die Wahlen wurden hier, in Russland, durchgeführt, und man würde ja sehen, was die Amerikaner sagten, wenn er dorthin nicht als Reicher (aber doch *parvenu, nouveau riche)* reiste, sondern als mächtiger Ministerpräsident des Landes.

Das Ziel war im Juli 2003 zum Greifen nah. Die Parlamentswahlen würden in weniger als in fünf Monaten stattfinden. Man konnte das Ziel – die Krönung seines Lebens – so kurz vorm Erreichen nicht aufgeben. Es wäre zu schade um die verlorene Zeit, um das verlorene Geld, um die Mühe. Deshalb: Bange – ja, aber keine Angst.

Das ist das mulmige Gefühl eines Spielers, eines Zockers. Man setzt nicht auf Schwarz oder Rot, man setzt nicht auf Pair oder Kolonne, bei denen die Chancen ziemlich hoch liegen, aber der Gewinn eher bescheiden ausfällt. Nein, man setzt alles auf eine einzige Nummer und hofft auf einen großen, sehr großen, einfach unglaublich riesigen Gewinn.

Das war Chodorkowskijs gröbster Fehler überhaupt. Fehleinschätzung der allgemeinen politischen Lage. Fehleinschätzung der aktuellen Situation. Fehleinschätzung seiner selbst. Die Kugel rollte …

Teil 3 Jagd auf die Freiheit

Eine andere Perspektive auf das Leben

Hier geht es mir nicht mehr darum, etwas zu beweisen. Es folgen weniger Fakten und Argumente, sondern mehr Überlegungen, Beobachtungen, logische Schlüsse, Erinnerungen an das Gelesene und Gehörte.

Alle betonen, Michail Chodorkowskij habe sich im Gefängnis merklich bis radikal geändert. Das sagt seine Frau Irina, das sagen seine Anwälte. Der britische Politologe Professor Richard Sakwa spricht von »großer intellektueller und politischer Evolution« Chodorkowskijs im Gefängnis. Das sagt auch Chodorkowskij selbst: »Nachdem ich Besitz und äußere Freiheit verlor, erhob ich mich auf ein ganz neues Niveau der inneren Freiheit, wurde unabhängig von allem und jedem, außer von meinem eigenen Gewissen und meinen Überzeugungen.«

Das ist nicht verwunderlich. So ein Lagerdasein ist roh, langwierig, eintönig, lässt jedoch trotz der Härte der Lebensumstände Zeit zum Nach(t)denken. Das Leben erscheint wohl »gestreckter«, weil man sich nicht nur an das Erlebte, sondern auch an das Durchdachte erinnert. So erkläre ich mir, bei fehlender Erfahrung, die durchgreifende Wende.

Als ich Pawel Chodorkowskij traf (er war in Deutschland zur Präsentation des Buches von Michail Chodorkowskij) und eingehend mit ihm über sein und seines Vaters Leben plauderte, sagte er mir auch: »Der Vater ist anders geworden. Einige Stellen in seinem Buch waren für mich unerwartet. Eine Revolution in seinem Denken. Früher hat er nie über so etwas nachgedacht, er war die ganze Zeit mit seinen Geschäften beschäftigt. Jetzt denkt er über die Gesellschaft nach.«

»Was ist an ihm persönlich jetzt anders geworden?«, fragte ich.

»Er ist jetzt weicher, wurde menschlicher, gutherziger.«

So kennen ihn viele: hart, arbeitsam, zielstrebig, stur, nicht zimperlich, »ein Papagei ist verreckt, da kaufen wir eben einen neuen«. Aber weich und gutherzig?

Was Chodorkowskij keiner nachsagt, ist, dass er in Saus und Braus lebte. Bereits Multimillionär, wohnte er in Moskau dauerhaft in einer einfachen Wohnung. Dann baute er ein Haus in Shukowka, einem abartigen Dorf an der Rubljowskoje Chaussee, wo man im Wald (und nicht weit von Dörfern mit krummen Häusern und schiefen Strommasten) alle Läden der Nonplusultra-Preisklasse antrifft, die man in Paris, London oder Beverly Hills hat – nur dichter aufeinander. Aber an dem Haus ist nichts Außergewöhnliches: ja groß, ja, alles drin. Aber es ist keine 50-Mio.-Dollar-Villa wie bei anderen, auch weniger Vermögenden, an der Côte d'Azur.

Chodorkowskij besaß keine Jacht und kaufte auch nie einen Fußballklub. Wie er selbst sagt, habe er »an Trinkgelagen mit Zigeunern und Bären noch nie teilgenommen«. Mir sind nicht einmal lange Urlaubsreisen mit der Familie bekannt. Pawel erzählte, als er in der Schweiz in eine Privatschule ging, prahlten seine Mitschüler mit ihren »Taschentausenden«. Damals hätte Michail Chodorkowskij sicherlich nicht nur die Schweizer Schule samt Personal, sondern auch alle reichen Eltern der prahlenden Schüler aus der Portokasse aufkaufen können. Aber bei Pawel saß das Geld immer knapp, jetzt denkt er, es sei gut so gewesen.

Chodorkowskij verfügte über Milliarden – irgendwo in Aktien und Anteilen, er war süchtig nach Geld, immer mehr und mehr, aber nicht für sich selbst, sondern für sein Werk, seine Schöpfung. Ein Kenner des Reichen-Lebens sagte einmal über russische Oligarchen: »Ihr Symbol ist Courchevel (eines der teuersten Wintersportzentren in den französischen Alpen – V. T.), und das Lebensprinzip lautet: Lieber gebe ich eine Million für Huren aus, als dass ich sie in die russische Wirtschaft investiere.« Chodorkowskij lebte anders: Er bestellte für Promotionen Austern aus Frankreich, war aber zu Hause mit Suppe und Frikadelle zufrieden. Sie haben in Shukowka (dort lebten viele *Jukoser*) ab und an gefeiert – diese russischen Milliardäre haben gewöhnlich im Garten gegrillt. Sein Vermögen vor Augen, lebte Chodorkowskij beinahe spartanisch. In seinem Büro standen keine Antiquitäten, sein Motto: »Nichts Überflüssiges«. Im Interview im *Spiegel* sagte er 2003: »Ich habe keinen zweiten Pass. Ich besitze nicht einmal Immobilien im Ausland. Meine Zukunft liegt in Russland, in meiner russischen Heimat allein.«[1] Also, er hat gearbeitet, hart gearbeitet – und sein Ziel war auf keinen Fall der Konsum.

Er arbeitet jetzt auch im Lager. Bei Tschita nähte er Handschuhe, in Karelien ist er in der Wirtschaftsbrigade – heizen, reparieren, saubermachen. Aber er schreibt auch viel, macht sich in ausführlichen Zeitungsartikeln – ob guten oder schlechten – Gedanken über die politischen Verhältnisse im Lande, die Verantwortung des Business vor der Gesellschaft – und das ist für seine Gesinnung wahrhaftig absolut neu. Er ist Autor einer Kolumne über die Lagerinsassen und deren Schicksale, gibt Interviews, rügt diejenigen (auch frühere politische Vertraute), die neuen Herausforderungen nicht gewachsen sind, die nur Privates sehen und nicht das Gesellschaftliche. Er witzelt: »Der einzige Gegenstand, den ich hier vermisse, ist ein Computer. Dafür ist meine Schrift besser geworden.«[2] Unfreiheit bewirkt anscheinend Wunder.

Er müsste nicht schreiben, müsste sich keine Gedanken über die Zukunft seines Landes machen. Schlimmer noch: Nicht alles ist erlaubt, wenn irgendetwas unzensiert aus dem Lager nach draußen kommt, gibt es Ärger mit der Lagerleitung. Für den Briefwechsel mit Schriftsteller Boris Akunin, der in der Zeitschrift *Esquire* abgedruckt wurde, gab es zwölf Tage »Schiso«, Strafisolator. Chodorkowkij schreibt trotzdem. In letzter Zeit ist es damit anscheinend etwas einfacher geworden – es existieren mehrere Publikationen.

Obwohl das Leben nicht leicht ist: Lager, Zone. Russisches Lager und russische Zone. Chodorkowskij hat vor den Gerichten die Bedingungen in den »Anstalten« angeklagt und viele Prozesse gewonnen. Das Gericht für Menschenrechte verurteilte Russland zur Zahlung von 10 000 Euro, weil exemplarisch die Sanitäreinrichtungen im Lager nicht europäisch sind.

Ich denke nicht, dass die Zustände so sind, weil jemand speziell sie so schlecht macht, um Insassen zu schikanieren. Nein, es sind noch alte sowjetische, stalin'sche Lager, jede neue Leitung versucht bei ihrem Amtsantritt, die Wände zu weißen. Aber das System hat sich nicht geändert, es ist barbarisch geblieben. Und es fehlt sicherlich an Geld, wenn nicht alle Zellen wie in Den Haag aussehen. Natürlich übermannt die Russen Angst bei dem Gedanken daran, ins Gefängnis zu kommen, nicht nur, weil es Freiheitsentzug bedeutet – treibe Sport, lies Bücher! –, sondern, weil man aus der Sicht des freien Bürgers in die unmenschliche, oft kriminelle Realität hineinschlittert.

Irgendjemand bemerkte: Machen Sie Ihre Vollzugsanstalten menschenwürdig, brechen Sie dort die Macht der Banditen und erst dann bekommen Sie das Recht, Menschen mit Hochschulbildung zur Freiheitsstrafe zu verurteilen.

Aber auch für Menschen mit mittlerer Schulbildung ist der Maßregelvollzug in Russland sicherlich schwer zu ertragen. In einem Lager sitzen diejenigen zusammen, die geschickt Steuern hinterzogen haben, und diejenigen, die geschickt jemanden umgebracht haben – mit weitreichenden Konsequenzen. Im April 2006 wurde Chodorkowskij des Nachts mit einem Messer ins Gesicht geschnitten. Bei der anschließenden Durchsuchung fanden die Beamten bei dem Täter Messer und Rasierklingen – alles verbotene Gegenstände in der Zone. Aber auch ohne Zonenalbtraum ist allein der Freiheitsentzug kein Pappenstiel. Pawel erzählte, wie die Kommunikation mit dem Vater stattfindet: Briefe gehen ewig, gute Zeiten waren Prozesszeiten, dann konnte man den Rechtsanwalt anrufen, der teilte dem Angeklagten gleich den Inhalt des Anrufes mit, er antwortete, und der Anwalt rief Pawel in den USA an. Das Bild der Enkelin, Pawels Tochter Diana, sah der Großvater nur durch die Scheibe. Natürlich kennt er auch seine amerikanische Schwiegertochter Alesja nicht.

Chodorkowskij sprach oft davon, dass ihm die Familie fehle – Frau, Eltern, Pawel, die Tochter Anastasija, die kleinen Zwillinge Ilja und Gleb, die er kaum gesehen hat. Früher, weil das Geschäft seine Zeit raubte, jetzt sitzt er, und Treffen im Lager sind rar. »Ich bin Sohn, Ehemann, Vater und Großvater ›per Briefwechsel‹«[3], sagt er.

Auch die Kinder brauchen ihren Vater. Pawel sagte, er würde gern wieder mit ihm in der Küche sitzen und seine geschäftlichen Pläne besprechen. Des Vaters Wort ist ihm sehr wichtig und selbst als erwachsener Mann und Vater braucht er seinen Rat, seine Billigung, seine Anerkennung.

Sind zwei Jahre, vier Jahre, acht Jahre nicht genug, um einen Menschen zu bestrafen – egal, was für eine Sanktion im Strafgesetzbuch vorgesehen ist? Russische Lager heißen »Besserungsarbeitslager«. Also, man soll sich bessern, aber doch nicht ewig. Analysen zeigen auf, nach zehn Jahren Lager haben Insassen Angst vor der Freiheit. Chodorkowskij hat sich merklich gebessert: Aus einem egozentrischen Arbeitstier ist ein Mensch geworden, der für die Mildtätigkeit nicht nur Geld spendet, sondern auch versteht, was damit gemeint ist. Er hat das Leid der Menschen gespürt. Er ist ganz unten gelandet und von dort hat er jetzt anscheinend auch eine andere Perspektive auf das Leben der anderen, aber vor allem auf sein eigenes Leben bekommen.

Acht Jahre hinter Gittern, für gestohlene Milliarden, aber acht volle Jahre – das ist nicht wenig, es ist sogar verdammt viel. Er wird bald 50, es wäre gut, wenn er noch ein wenig vom Leben in Freiheit abbekäme. Vor allem, weil er dem Land noch sehr nützlich sein könnte. Chodorkowskij schreibt und spricht oft über Russland, über sein – man möchte es gerne glauben – neues Verhältnis zu ihm. Er sieht seine Stärken und Schwächen, er will etwas für Russland tun, vielleicht weiß er sogar – wie.

Im Sommer 2011 waren in Moskau oft über 35 °Celsius im Schatten. Aber als ich hinfliegen wollte, packte ich lauter warme Sachen in die Tasche – zwei Pullover, feste Windjacke, dicke Socken –, ich wollte von Moskau weiter nach Segesha, Durchschnittstemperatur im Juli 16,0°, im August 13,1°, ins Besserungslager Nr. 7. Ich wollte zu Chodorkowskij, um ihm viele Fragen zu stellen, aber vor allem die wichtigste: Wie will er Russland umkrempeln?

Ich persönlich kenne keine Antwort. Alle Autoren, deren Bücher ich gelesen habe, kennen sie auch nicht. Chodorkowskij sagt, er hätte eine. Wie, wollte ich ihn fragen, kann er Korruption im Land bekämpfen – um nur ein Thema aufzugreifen –, wenn nicht nur Regierende und Verwaltende korrupt sind, sondern die Gesellschaft an sich? Die Gesellschaft auswechseln? Einst beklagte sich ein Parteifunktionär beim Genossen Stalin über sowjetische Schriftsteller. Sie würden saufen, sich unmoralisch aufführen. Worauf Stalin antwortete: »Andere Schriftsteller habe ich nicht für Sie.«

Es gibt kein anderes Volk für Russland. Es gibt keine anderen russischen Menschen, die aufgeklärter, freier, gebildeter, anständiger, toleranter sind. »Ein anderes Volk gibt es nicht für Sie«, wollte ich Chodorkowskij sagen. Und deshalb wollte ich unbedingt wissen, was er zu machen gedenkt, um aus dem Russland, das wir alle kennen, ein neues, besseres Russland zu kreieren.

Naiv bin ich nicht, ich schrieb meinen ersten Brief an die FSIN, die russische für Vollzugsanstalten zuständige Behörde, im Januar 2011. Dann gab es eine Antwort, die mich nicht befriedigte. Ich schrieb weitere Briefe, die gingen verloren. Dann telefonierte ich mit Moskau, faxte meine Briefe und verlangte Auskunft über die Eingangsnummer. Anschließend fuhr ich nach Moskau – ohne Zusage, aber mit der Hoffnung in der Tasche, zwischen zwei Pullovern. Dort bekam ich endlich eine Antwort: Herr Chodorkowskij wolle sich nicht mit mir treffen, weil er dafür auf einen Besuchstermin seiner Familie verzichten müsste – so seien halt die Verfügungen. Und ihm, zitierte mir eine nette Stimme per Handy aus dem Brief Chodorkowskijs, ist ein Treffen mit der Familie wichtiger als mit einem deutschen Journalisten.

Verfluchter Mist! Natürlich ist ihm das wichtiger, wer hätte da anders gedacht? Aber, Hand aufs Herz, so eine Gemeinheit, so eine Niederträchtigkeit hatte ich von der russischen Behörde dann doch nicht erwartet. Doch das System war erbärmlich und ist erbärmlich geblieben.

Später las ich in der *Iswestija*, dass nicht nur »ein Schriftsteller aus Deutschland«, sondern auch andere Journalisten auf diese Weise abgewiesen wurden. Chodorkowskijs Rechtsanwalt Wadim Kljuwgant meinte zu Recht: »FSIN hat eine jesuitische Methode gefunden, um den Dialog mit der Presse zu verhindern.«[4]

Aber auch dieser Vorfall bestärkte mich in meiner Auffassung: Das Land muss erneuert werden, damit so etwas undenkbar ist. Aber wie? Nachdem ich nicht nur den letzten Satz, sondern das ganze Buch bereits geschrieben habe, und es hoffentlich keinen gibt, der mich der »Unkenntnis von Tatsachen« beschuldigt, schlage ich aufrichtig vor, Chodorkowskij freizulassen.

Durch vorzeitige Entlassung auf Bewährung. Oder Begnadigung.

Oder Amnestie. Oder – was weiß ich. Ich denke nur: Es wäre gut für ihn, es wäre gut für seine Familie, es wäre gut für die von ihm unterstützte Schule mit Waisenkindern in Korallowo, es wäre gut für das Land, ihn freizulassen.

Morgen. Ohne Vorbedingungen und Kuhhandel. Bleibt er in Russland – gut. Bleibt er nicht – auch gut. Will er sich erholen – hervorragend. Will er arbeiten – nur zu!

Wenn ich das Recht dazu hätte, würde ich ihn womöglich sogar zum Betriebsdirektor ernennen, in einem Rüstungsbetrieb – er wollte das. Aber noch besser in einem für Lebensmittel – das ist nötiger. Und einen akkuraten Buchhalter mit Ärmelschonern ihm zur Seite stellen, um eventuelle Verführungen abzumildern. Er soll zeigen, was er kann. Er hat dafür zwei Diplome, Menschenkenntnisse und genug Erfahrung in der Leitung eines Unternehmens.

Gern würde ich ihn auch zum Innenminister machen – und ganz genau schauen, wie er die korrupte Miliz auf einen mustergültigen Weg bringt. Oder als Justizminister: Wie wird er FSIN reformieren und Gerichte unabhängiger machen, ohne unbedingt als Erstes alle seine heutigen »Peiniger« zu entlassen. Er sollte sagen (und noch besser vormachen), nach Annahme welchen Gesetzes Uni-Dozenten, Ärzte, Journalisten und der ganze Verwaltungsschimmel nicht mehr gierig auf Schmiergeld warten werden. Und wenn alle Käuflichen und Unterwürfigen verschwunden sind, ob es danach nicht knapp wird mit den Fachkräften im Land? Es reizte mich auch zu wissen – und damit hat er sicher ebenfalls genug Erfahrung: Wie verklickert man den Reichen, dass sie nicht alle ihre Probleme immer mit einem dicken Portemonnaie zu lösen versuchen? Es gibt kein Nehmen ohne Geben. Was ist davon – philosophisch betrachtet – primär? Er muss das beantworten können, er hat doch ein Systemgehirn.

Es gibt viel zu tun in dem Land. »Die Kunst der Ideologen, der Intellektuellen, der gesamten Elite besteht darin, soziale Prozesse, die Stimmung in eine positive und wahrhaft patriotische Bahn zu lenken. Nicht in Geschwätz darüber, wie wir Russland lieben. Sondern beispielsweise in die infrastrukturelle und kulturelle Einheit der russischen Weiten von Wladiwostok und Sachalin nach Kaliningrad und

Pskow, in den Kampf gegen Alkoholismus, Drogenmissbrauch, gegen Vernachlässigung von Kindern und Jugendlichen, gegen Mobbing in der Armee. Es gibt doch viele wirkliche Probleme, die angegangen werden müssen, damit das Land, das russische Volk einen seiner selbst würdigen Platz einnehmen könnte. Damit andere uns beneideten und hier leben wollen würden und uns nicht heimlich verachten; damit wir uns selbst als ein Volk fühlen könnten und nicht wie zufällige Nachbarn in dem von uns selbst bespuckten Wohnheim.«[5] So Michail Chodorkowskij im Oktober 2010.

An dem Vorschlag der Freilassung ist alles ernst. Ich bin der festen Überzeugung, dass er das, was er in acht Jahren nicht verstanden hat, auch in den nächsten fünf nicht einsehen kann. Aber wenn er bereits alles begriffen hat, dann wäre es schade, auf so eine – und das sage ich wiederum ohne jegliche Ironie – Kapazität zu verzichten. Schade für das Land. Schade, dass er in Segesha noch Jahre den Fußweg kehren muss. Meiner Meinung nach darf man nicht zulassen, dass sich im Lager, nach dem russischen Dichter Michail Lermontow, »der Eifer seiner Seele und die Festigkeit seines Willens erschöpfen«.

Seine Freilassung wäre auch für Russland gut, für dessen Image, das laufend durch massive, gekonnt gesteuerte Attacken auf Putin und Medwedew demontiert wird. Aber wenn man heute dieses Image ruiniert, wird es morgen sehr schwierig, es wiederherzustellen – egal wie der Präsident und der Ministerpräsident des Landes heißen werden. Auch das Geld (Sie erinnern sich an die Frage des *Spiegel*: »Wie lange können Sie noch Ihre Verteidigung finanzieren und jene Kampagne, die weltweit zu Ihrer Unterstützung läuft?« *Chodorkowskij*: »Diese Ausgaben entsprechen den Möglichkeiten meiner Familie und meiner Freunde«) – und das ist nicht wenig –, das für diesen Angriff und für die Gegenwehr ausgegeben wird, sollte für Besseres genutzt werden. Wenn ich von der Freiheit »ohne Kuhhandel« rede, dann meine ich: ohne gewisse heimliche Auflagen des Staates, dies nicht zu tun und jenes zu lassen. Freiheit soll auch für den Bürger Chodorkowskij allumfassend sein; auch sich politisch zu betätigen, einer Partei beizutreten oder eine Partei mit Gleichgesinnten zu gründen, politische Bildung zu betreiben und weitere Schulen für Waisenkinder (die von der Familie Gorin z. B., bei der man vom Vater und von der Mutter nur Blutlache und Hirnspuren gefunden hatte) zu bauen und zu betreuen.

Aber der Bürger Chodorkowskij sollte ehrliche Politik machen, ohne zu versuchen, ein Milliarden-Dollar-Kaninchen aus dem Hut zu zaubern. Wenn politische Aufklärung der Jugendlichen, dann ohne niederen Eigennutz, also Bildung und keine Gehirnwäsche. Wenn Partei, dann finanziert im vorgeschriebenen Rahmen mit Mitgliedsbeiträgen, Staatsunterstützung, wenn sie ihr zusteht, und den breiten Schichten der Gönner. Das Parteiengesetz soll eingerahmt in der Zentrale hängen – wenn gewünscht, anstelle des Porträts des Staatspräsidenten. Also vorbildlich demokratisch. Weil es auf dem Weg zur Demokratie keine Hintertür geben kann. Sogar der ausgekochte Grigorij Jawlinskij streute einmal Asche auf sein (von der Führung der Partei bereits entlastetes) Haupt: »*Jabloko* wird nie mehr nach dem Prinzip arbeiten ›Der Zweck heiligt die Mittel.‹«[6] Geht doch!

»Aber die anderen, die anderen«, werden mir viele zurufen, »die finanzieren doch ihre Parteien weiterhin mit heimlichem Cash!« Sicher werden sie es tun. Sicher werden sie es auch leichter haben. Sicher ist das bitter: als ehrlicher Mann gegen unehrliche zu kämpfen. Aber ist das eine wahre Demokratie, die durch Betrug und Schiebung erlangt ist? Irgendwann fing die Korruption an, irgendwann muss sie auch zu Ende sein – Chodorkowskijs eigene Worte. Warum soll er nicht als Erster beginnen, eine wenn nicht ehrliche, nicht anständige, dann zumindest absolut rechtskonforme Politik zu machen? Je moralisch überlegener so eine Partei sein wird, desto süßer wird ihr Sieg schmecken.

Die Reue

Aber bevor Chodorkowskij mit einer Partei und der Umgestaltung Russlands anfangen kann, muss er erst einmal freikommen. Seinen Anträgen auf vorzeitige Entlassung auf Bewährung haben bisher alle Gerichte nicht entsprochen. Es bleibt nur die Begnadigung durch den Präsidenten des Landes. Dmitrij Medwedew ließ einige Male durchscheinen, dass er diese Möglichkeit nicht rigoros ausschlüge. Im Mai 2011 wurde er gefragt, ob die Freiheit von Chodorkowskij gefährlich für die Gesellschaft sei. Nein, sagte Medwedew, absolut nicht gefährlich. Aber fehlende Furcht vor der Freilassung ist noch kein Grund, jemanden zu begnadigen.

Das Problem: Chodorkowskij muss vorher ein Gnadengesuch stellen – so ist das Verfahren, nicht nur in Russland. Es wäre wünschenswert, wenn der Verurteilte in dem Gesuch erwähnte, dass er seine Untaten bereue. Chodorkowskij will das nicht, er plädiert grundsätzlich, ausnahmslos, in allen Prozessen und bei allen Vorwürfen auf »unschuldig«. Und da finden wir uns bei so einer nichtjuristischen Substanz wie Reue.

Die hegt er nicht. Acht Jahre lang keine Scham für das Getane, kein Reuegefühl, kein Schuldbewusstsein. Es ist soziologisch nachgewiesen, dass viele Verbrecher, auch wenn deren Schandtaten vor den Augen mehrerer Augenzeugen stattfanden, sich schuldlos fühlen und vehement ihre Lauterkeit verteidigen. Aber ich denke nicht, dass Chodorkowskij so ein Verurteilter ist. Ich denke, dass er seine Vergehen bestens kennt und alles zu leugnen, alles zu negieren eher eine ihm angeratene Verteidigungsstrategie ist.

Aber was in seinem Kopf vorgeht, ist ein Geheimnis hinter sieben Siegeln. Es ist auch vorstellbar, dass er wirklich, ehrlich nicht versteht, was ihm zur Last gelegt wird. Ein Irrtum »in good faith«, in Treu und Glauben. Diese Kluft zwischen Gerichtsentscheidung und der anderen Auffassung des Verurteilten ist juristisch nicht zu überbrücken. Aber moralisch durchaus.

Ich denke nicht, dass Chodorkowskij sich für sündenfrei hält. Das wäre dann ein Verstoß gegen seinen Glauben, der in ihm – trotz seiner atheistischen Erziehung – jetzt aufzukeimen scheint. Und mit diesem Glauben sollte doch auch Reue Einzug in sein Leben halten. Als Christ sollte man einen ehrlichen Blick auf sein Leben und seine Seele, seine Handlungen, Gedanken und Wünsche werfen und sie den Geboten gegenüberstellen, die man für richtig und wichtig hält – die Gottes, der Menschen, des eigenen Gewissens. Bekanntlich wird vor Gott nicht derjenige am schwersten verurteilt, der die meisten Sünden begangen hat, sondern der, der die Reue verweigert. Der Schächer Dismas, ein biblischer Räuber, heutiger Schutzpatron der Gefangenen, kam durch seine Reue am Kreuz ins Paradies.

Die Taten zu bereuen und Buße zu tun, impliziert dabei weniger Bedauern über die Vergangenheit als eine neue Sicht des Menschen auf sich selbst, auf die anderen. Reue bedeutet in der Religion nicht Abschied von der Vergangenheit, sondern eher Neuanfang. In einer Abkehr von einer Menge Dinge, die für uns Wert hatten, nur weil sie angenehm und nützlich waren, manifestiert sich Reue vor allem in der Umstellung der Werteskala. Also, Beichte nicht nur vor der Trauung, sondern vor jedem Neuanfang – wäre das nichts für Sie, Herr Chodorkowskij?

Aber die Reue muss aufrichtig, innig sein. Das Gewissen muss dich quälen. Jede Sünde wird vergeben, wenn man sie offenherzig bereut. Das wird sicherlich auch Chodorkowskij nicht schwer fallen – wenn er mit sich selbst genauso aufrichtig ist. Weil Reue nicht unbedingt gezeigt werden muss, Reue muss man verinnerlichen. Der Mensch macht einen Deal nicht mit dem Umfeld, sondern mit sich selbst.

Die Beichte eines Reumütigen ist gewöhnlich kurz – länger muss auch ein Gnadengesuch nicht sein. Der Präsident wird ihm nicht seine Sünden erlassen, so viel Macht hat er nicht, sondern seine Gnade, seine Güte walten lassen.

Aber manche sehen diese überaus schlichte Sache aus einem ganz anderen, recht ungewöhnlichen Blickwinkel. Seine Rechtsanwälte sagen z. B., dass es im Gesetz nicht geregelt ist, wer das Gnadengesuch stellen muss. Auch sie könnten dies für Chodorkowskij tun. Oder die

Familie, seine Frau, seine Mutter, ein Freund aus Kindertagen. Dazu machten sie lange Ausführungen. Zitate aus den Gesetzestexten. Hintergedanke ist: Ihr Mandant Chodorkowskij muss sich nicht zur Anerkennung seiner Schuld erniedrigen. Von Rechtsanwälten und von seiner Frau wird nicht erwartet, dass sie sich zum Schuldgefühl von Chodorkowskij äußern.

Die Sache ist, wie es scheint, tatsächlich nicht geregelt. Aber in der Praxis, im wahren Leben stellt stets der Verurteilte das Gnadengesuch. Und wenn er das nicht tun will, will er vielleicht auch nicht begnadigt werden.

Ein Chodorkowskij sehr verbundener Mann, ehemaliger Hauptjustitiar von *Jukos*, Dmitrij Gololobow, schrieb dagegen: Das Gnadengesuch müsse Chodorkowskij und nicht irgendwelche Menschenrechtler beim Präsidenten des Landes einreichen; die Überlegungen, wer so einen Antrag stellen könnte, sodass einerseits Chodorkowskij begnadigt würde und er andererseits selbst kein Gnadengesuch schreiben müsste, seien nur Hirngespinste.[7] Dieser Meinung etwas entgegenzusetzen ist schwer.

Auch ist eine Begnadigung ein sehr persönlicher, fast intimer Akt, und der Präsident des Landes fühlt sich vielleicht etwas gedemütigt, wenn ein Gnadengesuch nicht von dem stolzen Verurteilten, sondern von seinem gewaltigen Rechtsbeistand kommt. Er muss es nicht unterschreiben. Er kann.

Ist das nicht seitens Chodorkowskij Arroganz, Hochmut, *superbia* – eine Todsünde? Bei Recherchen habe ich viele schreckliche Dinge gelesen, aber nur einmal lief mir ein kalter Schauer über den Rücken. Das war, als ich Pawel Chodorkowskij fragte, ob sein Vater nicht seine Verfehlungen einräumen und bereuen sollte. »Nein«, sagte mir Pawel, »das wird er nie im Leben tun!«

Das wurde mit so einer Härte hingeworfen, dass ich dachte: »Ach, junger Mann, Sie leben in den USA, haben Ihre Frau und Ihr Kind in Ihrer Nähe und Sie können sich sicherlich nicht vorstellen, dass aus dem Straflager heraus manche Wahrheit anders aussieht. Und Gott sei Dank, dass nicht Sie, sondern Ihr Vater all das abwägen soll.«

Aber auch der Vater sagt: Wie jeder normale Mensch möchte ich nicht im Gefängnis sitzen, ich möchte in Freiheit leben, zusammen mit meiner Familie, ich möchte meinem Land helfen. Ich möchte hier nicht sterben, aber, wenn es nötig ist, werde ich es tun, ohne zu zaudern. »Mein Glaube ist mein Leben wert.«[8]

Und die Rechtsanwälte wiederholen: Er wird sich nicht erniedrigen, er wird die Straftaten nicht zugeben, lieber bleibt er sitzen, als so eine Schande auf sich zu nehmen.

Wiederholen sie? Oder geben sie den Ton an?

Der Weg zu sich selbst

Sie haben vielleicht gemerkt, dass Chodorkowskij, der Mann des rationalen Verhaltens, nicht mehr zu erkennen ist: Er verhält sich irrational. Er will, so scheint es, nicht aus dem Gefängnis entlassen werden, was rational wäre. Er bleibt im Straflager, will gar nicht erst den Versuch einer Begnadigung machen. Rationales Verhalten sieht anders aus. Zum Beispiel das von Galileo Galilei: »Die Welt ist eine Scheibe« – und nach Hause zum Abendbrot.

Ich möchte diese Tat des Gelehrten moralisch nicht bewerten, aber sie ist unbestritten rational. Deshalb scheint mir die »edle« Haltung Chodorkowskijs nicht seine eigene zu sein, ich meine, sie wurde ihm übergestülpt – vielleicht ohne Gewalt, aber mit sichtbaren Zügen der moralischen Vergewaltigung. Er wird vom Subjekt des Geschehens zum Objekt. Irgendjemand hat ihm diese erhabene Idee gut »verkauft« – mit Mandela, Gandhi und Jesus –, sie hat ihm gefallen, jetzt gibt es kein Zurück.

Was gab mir den ersten Anstoß, der mir den Kopf so verdrehte, dass ich auf diesen gar absonderlichen Gedanken kam?

Vielleicht die Tatenlosigkeit der Chodorkowskij-Freunde in den ersten Minuten, in den ersten Tagen nach der Verhaftung. Die Lage war sehr ernst, einige Wirtschaftsbosse und Politiker versuchten, bei Putin ein gutes Wort für Chodorkowskij einzulegen, aber die Beteiligung an der Rettung war nicht berauschend hoch, nicht einmal moderat, eher mäßig. »Die Solidarität der russischen Geschäftswelt mit ihrem verhafteten Kollegen hielt sich vorige Woche sehr in Grenzen«[9], wie der *Spiegel* gleich nach der Verhaftung Chodorkowskijs bemerkte. Wir wissen schon, dass die »Wirtschafts-Community« ihm gegenüber nicht eben wohl gesonnen war. Es geht aber nicht um sie, sondern um die engsten Freunde, um all die Abgeordneten, Senatoren, KGB-Generäle, denen Chodorkowskij zum Abgeordneten- und

Senatoren-Status, aber vor allem zu Milliarden US-Dollar verhalf. *Jukos* hatte noch Einflussmöglichkeiten, noch genug Geld und gute Vernetzung weltweit.

Die eingeleiteten – minimalen – Rettungsmaßnahmen haben Chodorkowskij nicht geholfen. Konnten ihn seine Freunde nicht retten? Oder wollten sie es nicht wirklich?

Dann die auffällig schräge Medienkampagne. Man merkt, dass das eine Kampagne war und kein freier Meinungsaustausch in freien Medien. Vielleicht fiel mir das besonders auf, weil ich alles in geballter Ladung in kurzer Zeit las. Dieser Feldzug war damals massiv und schrill, aber sehr einseitig, destruktiv, unsachlich. Es prävalierten scharfe persönliche Beleidigungen, besonders Putins, aber kaum Auseinandersetzung mit den Tatsachen.

Ein Musterbeispiel ist das Internetportal »Chodorkowskij zum Präsidenten!«. Mehrere Monate wurden dort für diese abgedroschene Idee Unterschriften gesammelt, es kamen über 2000 zusammen (Januar 2012), jetzt sind es sicherlich etwas mehr. Nicht besonders viel in einem Land mit 110 Mio. Wählern. Aber politisches Gift ist in der Idee reichlich vorhanden – wenn es ernst gemeint ist und wenn es auch ernsthafte Perspektiven gehabt hätte, bedeutet das schlicht und ergreifend, dass Medwedew seinen schärfsten Rivalen begnadigen soll. Warum eigentlich? Medwedew ist doch kein Selbstmörder. Und warum gleich »zum Präsidenten«? Chodorkowskij wollte das gar nicht. Er wollte »zum Betriebsdirektor« … Ein Portal »Chodorkowskij zum Betriebsdirektor« klänge übrigens viel origineller.

Wenn die Gestalter des Portals ihre analytischen Fähigkeiten nicht ganz verloren haben und das mit der Präsidentschaft nicht ernst meinen, was ist es dann, wenn nicht eine borniere Provokation? Hilft das wirklich, Chodorkowskij schneller aus dem Gefängnis zu bekommen? So eine Kampagne macht man doch nur dann, wenn man nicht verhandeln, keine Kompromisse suchen, sondern die Gegenpartei wütend machen will. Was offensichtlich bestens gelang.

Während des Prozesses wurden die Staatsanwälte und der Richter Viktor Danilkin ebenfalls diffamiert, beleidigt und ernsthaft bedroht – eigentlich keine zielführende Taktik, wenn das Ziel »minimale Strafe« heißt.

Einmal schrieb Chodorkowskij aus dem Straflager an die Schriftstellerin Ljudmila Ulizkaja: Der Patriotismus sei ihm komischerweise geblieben und er erlaube ihm nicht, das Land in den Dreck zu ziehen, »obwohl mir manchmal danach ist«[10]. Die Medienschelte galt allerdings nicht nur Putin, Danilkin und den Staatsanwälten, nicht nur Promis, die Prozess und Strafe für angebracht hielten. Angegriffen wurde das Land selbst – das polarisierte, führte zu Misstönen, zum Streit. Irgendjemand zwang der Gesellschaft statt einer juristischen Diskussion eine politische Prügelei auf.

Wie gesagt, das war nicht vernünftig, nicht zielführend, sondern destruktiv. Die Konsequenz konnte nur eine harte Strafe sein, vielleicht härter als nötig.

Wozu ist das gut, fragte ich mich. Die PR-Leute von *MENATEP* sind hartgesottene Profis, sie sind sehr wohl in der Lage, die Stimmung durch Wortwahl und Moderation der Kommentare zu lenken. Warum lenkten sie in die falsche Richtung?

So grübelte ich, bis ich in einem Interview mit Alexej Golubowitsch einen Schlüsselsatz las: Je schlechter es Chodorkowskij geht, desto leichter ist es für Newslin nachzuweisen, dass er ein Opfer, ein politischer Emigrant ist. »Nelson Mandela Nummer zwei«[11], sagte Golubowitsch.

Hoppla!

Golubowitsch ist ein *MENATEP*-Mann, ein so hoch angesiedelter *MENATEP*-Mann, dass er zu den nicht einmal Dutzend *MENATEP*-Inhabern gehörte, Eigentümer des ganzen Imperiums. Seine Beziehungen zum Unternehmen waren nicht immer rosig, es gibt einige Hinweise darauf, dass irgendjemand aus der Firma seine Frau mit Quecksilber vergiften wollte, dann gab es auch einen nicht ganz perfekt geglückten Sprengstoffanschlag auf ihn selbst … Als er in der Sache *Jukos* festgenommen wurde, hat er entschieden, mit der Justiz zu kooperieren. Deshalb sind seine ehemaligen Kompagnons und er fraglos einander nicht sehr wohlgesonnen. Seine Person an sich interessiert uns eigentlich nicht, aber der Gedanke!

Gegen Leonid Newslin lief nicht nur ein Verfahren wegen Steuerhinterziehung, er wurde der Anstiftung zu mehreren Morden und mehreren Anschlägen bezichtigt (und später dafür in Abwesenheit zu lebenslänglich verurteilt). Er suchte (und fand) einen Unterschlupf in Israel, erhielt die israelische Staatsbürgerschaft, aber er wusste natürlich nicht mit Sicherheit, ob die Israelis einen Mörder womöglich doch an Russland ausliefern würden. Deshalb ist die Denkkette logisch: Chodorkowskij ist ein politischer, zu langer Haft verurteilter Saubermann. Newslin wurden genauso politisch motiviert böse Dinge angehängt. Deshalb ist der Sinnspruch »Je schlechter dem Chodorkowskij, desto besser dem Newslin« gar nicht so abwegig.

Zudem war und ist es Newslin, der für Public Relations, für Medienkampagnen bei *MENATEP* zuständig ist. Die Agitprop-Maschine, die bis heute so intensiv läuft, ist nicht Chodorkowskijs, sondern Newslins Maschine.

Außerdem gibt es Aktiva, das Geld von *Jukos*, von Chodorkowskij, das in der Abwesenheit des Hausherrn von Leonid Newslin verwaltet wird.

Was für Geld? Die Krümel, die nach der Zerschlagung von *Jukos* und der Beschlagnahmung aller Konten noch übrig geblieben sind? Ist das der Rede wert?

Absolut. Während des ersten Prozesses verbreiteten Chodorkowskijs Rechtsanwälte eine Mitteilung mit der Berechnung, was Chodorkowskij noch verblieben ist. Die Meldung wurde überschrieben: »Chodorkowskij ist kein Milliardär mehr, weder realer noch virtueller«. In dem Bericht wurde behauptet, dass er nicht einmal 100 Mio. US-Dollar privat besitze.

Die Rechtsanwälte leben vermutlich in einer »virtuellen« Welt, sonst würden sie sicher wissen, dass eine Summe von 100 000 000 US-Dollar nicht unbedingt ein Zeichen drohender Armut ist. Aber natürlich im Vergleich zu seinen früheren 15 Mrd. sind 100 Mio. nur ein Klacks.

Analytiker bemerkten damals, dass das Kleinreden von verbliebenem Geld im Sinne des Angeklagten Chodorkowskij sei: Warum sollte er Staatsanwälte und Richter vor dem Urteil mit seinem Geld reizen?

Chodorkowskij war der reichste Mann bei der *MENATEP-Group*, er besaß ca. 10% ihrer Anteile. 50% verwaltete er im Auftrag der Inhaber-Gruppe. Es wurde von vornherein vereinbart, dass im Falle des

Todes oder der Verhaftung diese 50% an Leonid Newslin übertragen würden. Was Anfang 2005 auch geschah.

Diese Anteile waren in den Jahren geschrumpft, beliefen sich aber, verschiedenen Schätzungen zufolge, im Jahr 2005 auf nicht weniger als 800 Mio. US-Dollar. Andere sagten, weniger als eine Milliarde. Tim Osborne, der Chef der *Group MENATEP Limited*, sprach von »mehr als 1 Milliarde«. Dann kamen Zahlen »zwischen 1,2 und 1,5 Mrd.«. Die Zeitschrift *Forbes*, die einmal im Jahr in die Taschen aller Milliardäre weltweit schaut, schrieb von 2,2 Mrd. US-Dollar. Alexej Golubowitsch, ehemaliger Strategieplaner von *Jukos* und *MENATEP*-Mitinhaber, spricht von Dutzenden Firmen weltweit und Milliarden US-Dollar – im Plural.

Auch eine einzige Milliarde US-Dollar ist viel Geld. Und der Verwalter, der über das Geld real verfügt, kann durchaus in den Genuss der Verwaltung kommen und etwas tun, damit die Zeit der Verwaltung nicht unnötig verkürzt wird.

Dann gibt es noch die Rechtsanwälte. Dieser Zickzack-Kurs beim Gnadengesuch stieß auf Unverständnis mehrerer ihrer nicht so verrannten Kollegen. Ja, sagten diese, theoretisch ist vorstellbar, dass eine dritte Person ein Gnadengesuch an die Kommission für Begnadigungen stellt. So wie auch eine konträre Meinung erwägbar ist. In diesem Fall wird das Verfassungsgericht angerufen, und dessen Mühlen mahlen langsam. Man kann sich weiter ausmalen, dass das Verfassungsgericht die Meinung der Chodorkowskij-Rechtsanwälte unterstützt. Aber es kann auch in diesem – für ihn günstigen – Fall sein, dass der Präsident gerade deshalb launisch wird und den Vorschlag der Begnadigungskommission ablehnt. Man kann sich genauso vorstellen, dass die Kommission das Gesuch des Freundes nicht berücksichtigt. Durchaus möglich ist, dass Chodorkowskij – bis alles geklärt ist – seine Strafe voll absitzen muss. Wie gewonnen, so zerronnen. Ein Pyrrhussieg.

Wozu baut ein Verteidiger selbst so viele Hürden auf dem Weg des Mandanten in die Freiheit?

Es ist also ein zweischneidiges Schwert. Man spricht davon, dass man keinen Fall kennt, bei dem jemand begnadigt wurde, der nicht selbst um Begnadigung bat. Man spricht über eine »unverständliche Einstellung der Rechtsanwälte«. Eine Zeitung schrieb, die Rechtsanwälte des ehemaligen *Jukos*-Chefs täten ihr Bestes, damit er die ganze ihm durch das Gesetz zugewiesene Zeit im Gefängnis verbringen müsse.[12] Doch warum soll dergleichen Auftreten der Rechtsbeistände unverständlich sein? Sollte Chodorkowskij freikommen, findet man so schnell nicht noch einmal so einen Mandanten.

Wir sprachen vom Geld und seiner Verwaltung durch Newslin. Die Rechtsanwälte verteidigen Chodorkowskij. Bezahlt werden sie aber nicht aus dem Gefängnis heraus, sondern durch den Verwalter des Geldes, der selbst ein augenfälliges Interesse an den langen Strafzeiten hat. Für ihn ist Chodorkowskij lohnender im Lager als in Freiheit. Also, der Mandant ist Chodorkowskij, der Auftraggeber, an den die Rechnungen der Rechtsanwälte gehen, ist Newslin. Und, Sie erinnern sich: »Wer die Musik bezahlt, bestimmt, was gespielt wird.« Warum also ist das Verhalten dieser Rechtsanwälte nicht nachvollziehbar?

Und nicht nur von denjenigen, die von Chodorkowskij mandatiert sind. Von Chodorkowskij, Lebedew, von allen anderen verurteilten *Jukos*-Mitarbeitern, von *Jukos* selbst leben Dutzende, wenn nicht Hunderte Advokaten, Berater, Beistände. Man munkelt in Moskau, dass während der Prozesse beinahe das ganze juristische Moskau für Chodorkowskij arbeitete – Dokumente vorbereitete, nach passenden Stellen in den Gesetzen suchte, Texte korrigierte.

Langsam wuchs sich der Chodorkowskij-Fall zur Industrie aus. Darin sind nicht nur Juristen beschäftigt. Es werden Zeitungs-Artikel bestellt und gedruckt, Filme gedreht, Internet-Portale entworfen, programmiert und gepflegt, es werden T-Shirts mit Chodorkowskijs Konterfei und Mützen mit Sprüchen »Freiheit für MBCh« genäht, Luftballons aufgeblasen, Plakate gedruckt und verteilt, Demonstrationen organisiert.

Für die Verteidigung des politischen Häftlings wurden auch international Kräfte mobilisiert. Nachdem der Europäische Gerichtshof für Menschenrechte angerufen worden war, übernahm die britische PR-Firma *Gardant* (für *Jukos*-Geld) die mediale Begleitung. Ein spezielles Internet-Portal wurde gegründet. Man wollte nicht nur verwertbare juristische Ergebnisse, man wollte ein bisschen »show«. Es sitzen auch in Russland einige Gewehr bei Fuß und warten, bis ihre Hilfe von *Gardant* angefordert wird.

Ihm scheine, schrieb der russische Politologe Sergej Michejew in Bezug auf Chodorkowskij, dass einige einfach keine Fakten kennen würden, andere einen geradezu religiös zu nennenden Glauben an die Unschuld Chodorkowskijs hätten und Fakten für sie kein Beweis seien und dritte schlicht die öffentliche Meinung zu manipulieren versuchten und der Gesellschaft ein für sie vorteilhaftes Musterbild böten.[13]

Wenn die erste und zweite Gruppe eher Objekte von Manipulationen sind und »aus Liebe« für Chodorkowskij auftreten, engagiert sich die dritte beruflich. Sprich, für Geld.

All das heißt »Operation für die Freilassung Chodorkowskijs«, und denkbares Ziel dieser Operation ist, dass sie nie zu Ende geht. Eine Zeitung spottete: »Es ist furchtbar, sich vorzustellen, dass all das auf einmal ein Ende haben könnte.« So eine Entlassungswelle hochqualifizierter Fachleute könnte durchaus weltweit zu sozialen Unruhen führen.

In dieser Zeit sitzt Chodorkowskij im Lager, und ahnt nur, dass er weiterhin ein sehr begehrter Arbeitgeber ist. Und je länger er sitzt, desto dankbarer sind ihm viele Menschen. Subjektiv sind sie für seine Freiheit. Objektiv ist das aber nicht wünschenswert.

Es gibt noch eine mächtige Gruppe, die bestimmt ein existenzielles Interesse hat, dass Chodorkowskij so lange wie möglich wegbleibt. Das sind die Medwedew- und Putin-Gegner, Gegner des »Tandems«. Das sind nicht nur Chodorkowskij-Anhänger, sondern sozial und politisch breiter aufgestellte Organisationen, Bewegungen, Stiftungen und Parteien, die den Kurs von Medwedew und Putin für falsch halten, die das Land in die Autokratie abrutschen sehen, die dem Präsidenten und dem Ministerpräsidenten Korruption und Eigenbereicherung vorwerfen. Mit einem Wort – die Opposition. Da der besagte Kurs, den wir hier nicht weiter beleuchten möchten,[14] auch eine gewichtige außenpolitische und geostrategische Dimension hat, gibt es auch weltweit Organisationen, Bewegungen, Stiftungen und Parteien, die diesen Kurs nicht für gut befunden haben und auf eine Änderung des Kurses hinarbeiten.

Das ist die einzige quasi-theoretische, aber im Grunde ganz praktische und lebensnahe Prämisse.

Und nun zu Chodorkowskij: Bis zum Jahre 2003 war er ein erfolgreicher Komsomolfunktionär, Mann, Geschäftsmann, Betrüger, Vater, Finanzgenie, weiß der Kuckuck, aber kein Politiker. Vielleicht sah er sich selbst als Politiker, er war es aber nicht.

Inzwischen ist er zur politischen Figur geworden. Einen beträchtlichen Anteil an dieser Evolution und vor allem an der Wahrnehmung des Wandels trägt er selbst mit seinen stark politisch und sozial geprägten publizistischen Meldungen aus dem Gefängnis. Aber diese Meldungen werden außerhalb des Lagerzauns kräftig finanziell, politisch und medial flankiert. Und je länger er sitzt, je länger alle oben genannten Kräfte auf seine Darstellung als politische Gestalt hinarbeiten, desto mehr wird er zur Identifikationsfigur für »Tandem«-Gegner. Also – zum Politiker.

Diese Gegenpartei bekommt dabei nicht nur ein Thema, womit sie ihre Rivalen scharf angreifen kann, nicht nur bereits vorgefertigte »Angriffsmunition« in Form leichtfasslicher einprägsamer politischer Floskeln (Grund der »politischen« Verfolgung sei, dass die politische Elite des Landes an Chodorkowskijs Reichtümer wolle; die Staatsanwälte seien einfältig; der Richter sei eine Null und höre auf Vorgesetzte; Chodorkowskij-Gegner hätten kein Gewissen etc.), sondern auch einen Leuchtturm für ihren Kampf. Damit wird der Kampf personifiziert und erlangt sofort mehrere spezifische Facetten. Aus dem Eintreten für solch verschwommene Dinge wie »Demokratie« und »Freiheit«, wird ein Kampf für die Freiheit eines politisch verurteilten Menschen – mit Frau und Kindern, mit betagten Eltern, mit einem Lächeln und weisen Bemerkungen, der sich nicht zu schade dafür ist, sein Leben für alle anderen zu opfern.

Im Zweiten Weltkrieg schrieen die Rotarmisten beim Angriff »Für Genosse Stalin!«, heute rufen einige »Für Chodorkowskij!«. Eine Identifikationsfigur eben. Außerdem stand die geheimnisvolle russische Seele schon immer auf der Seite der Schwachen und Verfolgten. Dazu kommt: Acht Jahre in Unfreiheit benahm sich der Häftling besonnen, mutig und würdevoll. Eine sehr gute Wahl für die Opposition.

Und daraus folgt: Auf der eher bescheidenen politischen Palette der russischen Establishment-Gegner, die uns keine Persönlichkeit mit Charisma bietet, ist Chodorkowskij als Symbol, als moralische Größe, als Bollwerk unverzichtbar.

Chodorkowskij bleibt allerdings nur dann eine Bezugsfigur, eine Ikone, die kleine Gruppen und Grüppchen auf sich eint, wenn er weiterhin im Gefängnis ausharrt. Die besagte geheimnisvolle russische Seele ist für Schwache und Verfolgte, aber immer gegen den kleinkarierten Parteivorsitzenden, der nur die Macht im Lande an sich reißen will, um sich an Antagonisten zu rächen und um sich im Endeffekt zu bereichern.

Ein Häftling ist ein Symbol, ein Parteipolitiker ist eine Niete, ein Bürokrat in spe. Für den geht man nicht auf die Barrikaden und opfert erst recht nicht sein Leben. Und zur Demo nur gegen Bares.

Die Konsequenz: Für diejenigen Puppenführer, die sich den Abgang von Medwedew und Putin erträumen, ist es nicht dienlich, Chodorkowskij vorzeitig zu befreien. Ihnen sind sein Leben im Gefängnis, die Gefühle und das Leben seiner Nächsten ziemlich schnuppe. Er soll weiterhin für Spannung in der Gesellschaft sorgen, die Köpfe erhitzen, den Kessel anheizen (lassen). Bis es knallt.

Trotz anders lautender nicht ganz unabhängiger Analysen ist der heftige Knall in Russland noch nicht zu erwarten. Vielleicht knallt's irgendwann doch (wer dachte, dass es z. B. in Israel und den USA zu Ausschreitungen kommt?), aber bis jetzt sind die Zeichen des Aufruhrs und der Revolution eher gering. So wie es bei Russen üblich ist, sind sie in der Küche sehr kritisch. Aber die Erinnerungen an die – für Millionen Bürger vor allem wirtschaftlich – schrecklichen Zeiten unter Jelzin sind noch wach. Die ukrainische Erkenntnis »Nach der (bunten) Revolution ist wie vor der Revolution, nur schlechter«, steht auch vor der russischen Tür.

Die wirtschaftlichen Zahlen – selbst in diesen turbulenten Zeiten – sind in Russland nicht schlecht. Die Kennziffern aus Griechenland, Portugal, Irland und Italien berühren wir besser gar nicht. Die »Wirtschaftslokomotive« Deutschland kämpfte 2011 um ein 3%iges Wirtschaftswachstum, und 2012 sind, laut Bundeswirtschaftsministerium, nur 0,7% in Sicht. In Russland erreichte der Bruttoinlandsprodukt-

(BIP)-Anstieg 2011 mit 4,2% einen der vorderen Plätze weltweit; 2012 soll das BIP, so prognostiziert der Internationale Währungsfonds, auch über 4% anwachsen. Dabei erwirtschaftete Russland 2011 einen Haushaltsüberschuss (Profizit) von knapp 1%, und auch 2012 ist ein Defizit nicht zu befürchten (das Haushaltsdefizit von »nur« 3% gilt in der Eurozone schon lange als Wunschmärchen). Das Land hat seine Gold- und Devisenreserven um 4%, auf fast 500 Milliarden US-Dollar, aufgestockt, das ist die drittgrößte Reserve in der Welt. Die Inflation lag 2011 zwar bei 6,1%, aber das ist die niedrigste Teuerungsrate seit 1991. Mitten in der europäischen Schuldenkrise sank die Staatsverschuldung (public debt) Russlands 2011 weiter und macht heute 9% des BIP aus. Die Schulden z.B. Deutschlands, das sich »im grünen Bereich« fühlt, liegen bei über 80% des BIP.

Anhand dieser Zahlen ist aber anzunehmen, dass das Warten mancher auf die ersehnten Unruhen in Russland (die – laut Zahlen – voraussichtlich erst nach einer Entladung in der EU stattfinden werden) sehr wahrscheinlich den Zeitrahmen der Chodorkowskij-Haft sprengen wird. Deshalb braucht man für eine erfolgreiche politische Arbeit einen inhaftierten Chodorkowskij, nicht einen auf freiem Fuß.

So ist auf alle Fälle die offensichtliche Logik des Kampfes und seiner Anführer. Und Chodorkowskij ist so gesehen nicht das gestaltende Subjekt, nicht der Spieler, sondern nur eine Figur auf dem Brett, ein Objekt. Er schiebt nicht mehr. Er wird geschoben. Eine subjektiv andere Wahrnehmung der Realität erweist sich als trügerisch. Irgendwann wird Chodorkowskij zu dieser Erkenntnis kommen (müssen), auch wenn sie für ihn sicherlich schmerzlich sein wird, aber man spricht nicht ohne Grund von bitterer Wahrheit und bitterer Medizin, die hilft.

Der Mensch namens Michail Chodorkowskij muss seinen Weg noch suchen und finden: nicht nur in die Freiheit, nicht nur in die Gesellschaft, nicht nur zur Familie, sondern vor allem zu sich selbst.

Anmerkungen

Warum schreibt man über Wohlbekanntes?

1   Deutschlandradio, 27.12.2010.
2   AFP/dpa/rts, 27.12.2010.
3   Johannes Voßwinkel, Die Zeit, Nr. 1, 30.12.2010.
4   Dietrich Alexander, Welt am Sonntag, 02.01.2011.
5   Berliner Morgenpost, 31.12.2010.
6   Wiener Zeitung Online, 31.12.2010.
7   Horst Bacia, Frankfurter Allgemeine Zeitung, 28.12.2010.
8   Welt online, 27.12.2010.
9   Andreas Rüesch: Das Urteil eines Unrechtsstaates, 28.12.2010. http://www.nzz.ch/nachrichten/startseite/das_urteil_eines_unrechtsstaates_1.8913230.html.
10 http://scusi.twoday.net/stories/11524499/.
11 Erich Follath: Michails Manifest, Der Spiegel, Nr. 21, 23.05.2011.
12 Erste Schlussfolgerungen aus der Gerichtsverhandlung im Prozess Chodorkowskij/Lebedew, 02.11.2010. http://www.marieluisebeck.de/fileadmin/files/10.11.02_Schlussfolgerungen_OB.pdf.
13 Daniel Brössler: Die Koalition und der Häftling. In: Süddeutsche Zeitung, 09.06.2009.
14 Tessa Szyszkowitz: Der Kreml entlarvt sich selbst. In: Neue Zürcher Zeitung am Sonntag, 08.03.2009.
15 Christian Esch: Ein freies Land. In: Berliner Zeitung, 04.03.2009.
16 Uwe Klussmann: Eine feine Gesellschaft, In: Der Spiegel, Nr. 39, 26.09.2005.
17 Daniel Brössler und Michael Bauchmüller: Yuganskneftegaz-Käufer in der Nowotorschskaja-Straße 12B unbekannt. In: Süddeutsche Zeitung, 20.12.2004.
18 Ходорковский М. Б., Невзлин Л. Б.: Человек с рублем. М.: Менатеп-Информ, 1992.
19 Wikileaks, Depesche der US-Botschaft in Russland Nr. 243087 vom 30.12.2009. In: Прокуроры испытывали трудности с прочтением своих собственных документов, Новая газета, 24.12.2010.
20 Nachzulesen unter: http://meta.tagesschau.de/id/44266/dieser-prozess-ist-laecherlich.
21 Леонид Радзиховский: Несколько сомнений в деле Юкоса. 09.03.2011, http://echo.msk.ru/blog/radzihovski/755843-echo/.

320

Teil 1 Jagd aufs Geld

1 Владимир Перекрест: За что сидит Михаил Ходорковский, Известия, 2008.

2 Григорий Пунанов: Тамбовский след, Известия, 10.07.2003.

3 Екатерина Заподинская: Убийство мужа нужно было только Ходорковскому, Коммерсант, 27.03.2008.

4 http://www.alexey-pichugin.ru/index.php?id=431.

5 Siehe z. B.: http://www.alexey-pichugin.ru/index.php?id=2.

6 In: »Regardless of what Putin stands for, he is exceedingly competent«, The Times, 05.02.2010.

7 Thomas Catan: Before the crash, The Financial Times, 14. Mai 2004. Zit. nach: http://www.offshorenet.com/2004/05/before-the-crash.php.

8 Pino Arlacchi: Puzzle Russo, L'Unita, 07.01.2010.

9 Валерий Панюшкин: Михаил Ходорковский. Узник тишины, Секрет фирмы, 2006.

10 http://www.alexey-pichugin.ru/index.php?id=2.

11 Hier und weitere Zitate zur »Sache Pitschugin« – wenn nicht anders vermerkt – aus: http://www.alexey-pichugin.ru.

12 Игорь Сутягин: Три школы, http://www.democracy.ru/article.php?id=2649.

13 http://www.politzeky.ru/politzeki/operativnaya-informatsiya/22376.html.

14 Вера Антонова: Кофе от ФСБ, Независимая газета, 25.07.2003.

15 Валерий Ширяев: Суд мести, http://www.valeryshiryaev.ru/long/248/249.html?p=27.

16 http://www.kasparov.ru/material.php?id=4CEE01CC4A90A.

17 Putin will Kritiker im Gefängnis halten. In: sueddeutsche.de, 16.12.2010, http://www.sueddeutsche.de/politik/chodorkowskij-prozess-putin-will-kritiker-im-gefaengnis-halten-1.1037111.

18 http://www.focus.de/politik/ausland/tid-20857/michail-chodorkowski-ein-urteil-gegen-medwedew_aid_585077.html, 27.12.2010.

19 http://khodorkovsky.ru/mbk/bio/

20 Siehe exemplarisch: А.Федотов, Юбилейный смотр, Техника – молодежи, Nr. 4, 1978.

21 Michael Gross: From Russia with Sex, New York Magazin, 10.08.1998.

22 Алла Глебова: Игры в государственную монополию, Коммерсант Власть, Nr. 8, 08.03.1994.

23 Das Telegramm der ZB der RF vom 28.04.1994 № 115-94 – und weitere Telegramme unter: http//www.dn-group/psrcb1994.html.

24 Ходорковский М. Б., Невзлин Л. Б.: Человек с рублем. М.: Менатеп-Информ, 1992.

25 http//www.echo.msk.ru/blog/minkin/737975-echo/.

26 http://community.livejournal.com/existent_physic/288.html?thread=1056.

27 Игорь Маслов: Академушка, Новая газета, 17.06.2004.

28 Ирина Тимофеева: Чай с Ходорковским, Новая газета, 12.12.2003.

29 Clifford J. Levy: Georgi A. Arbatov, a Bridge Between Cold War Superpowers, Is Dead at 87, New York Times, 02.10.2010.

30 Ирина Тимофеева: Чай с Ходорковским, Новая газета, 12.12.2003.

31 Независимая газета, 15.01.1992 г.

32 Независимая газета, 03 03.1992 г.

33 Коммерсант, № 1, 1992.

34 Известия, 13.03.1992 г.

35 Михаил Полторанин: Власть в тротиловом эквиваленте. Хроника царя Бориса, Алгоритм, 2010.

36 Ebenda.

37 О. В. Крыштановская: Бизнес-элита и олигархи: итоги десятилетия, Мир России, Nr. 4, 2002; siehe auch: http://www.hse.ru/journals/wrldross/vol02_4/kryshtanovskaya.pdf.

38 Ebenda.

39 Московская правда, 30.08.1991.

40 24 Heures, 05.09.1994.

41 Коммерсант, 04.12.1997.

42 Независимая газета, 03.06.2002.

43 Alfred Koch, http://www.polit.ru/lectures/2005/07/11/koh.html.

44 http://prigovor.ru/info/37597.html.

45 Максим Кожевников: Каждый сверчок знай свой шесток, 25.07.2003, http://www.compromat.ru/page_13399.htm.

46 Приговор Мещанского районного суда г. Москвы по делу Ходорковского М. Б., Лебедева П. Л., Крайнова А. В. от 16 мая 2005 г., prigovor.ru/images/prigovor160505.doc.

47 Коммерсант, Nr. 247, 23.12.1993.

48 Коммерсант, Nr. 127, 12 07.1994.

49 Коммерсант, Nr. 225, 26.11.1994.

50 Пресс-релиз от 13 сентября 1995 года Главного управления Центрального банка России по Москве, http://arhiv.inpravo.ru/data/base304/text304v992i263.htm.

51 Коммерсант, Nr. 127, 12.07.1994.

52 Олейник О. М.: Основы банковского права. – Юрист, 1999.

53 Пресс-релиз от 13 сентября 1995 года Главного управления Центрального банка России по Москве, http://arhiv.inpravo.ru/data/base304/text304v992i263.htm.

54 Николай Модестов: Москва бандитская. – Центрполиграф, 1996.

55 Арнольд Войлуков: Афганские проблемы, павловский обмен денег и деноминация 90-х, http://bankir.ru/publication/article/8557943.

56 Bill Gertz: Most of Russia's biggest banks linked to mob, CIA report says, 05.12.1994, http://www.worldtribune.com/worldtribune/gertz.asp.

57 http://www.worldtribune.com/worldtribune/gertz.asp.

58 Александр Бирман: Капитал – это оценка успеха, Компания, Nr. 49, 23.12.2002.

59 Quelle: Zentralbank der Russischen Föderation, http://www.cbr.ru/statis-

tics/print.aspx?file=credit_statistics/interest_rates_98.htm&pid=cdps&sid=s
vodProcStav.

60 http://www.advocat24.at/user_files/tabellen/Diskontsatz2002.pdf.

61 Zit. nach: Дефолт 1998 года — хронология по материалам печати,
    http://pif.naproekte.ru/statya32.html.

62 Ebenda.

63 Ирина Граник, Александр Малютин: Зверства ВЧК, Коммерсант-Daily,
    06.06.1998.

64 Jeanne Whalen: 5 Oil Firms Warned on Tax Debts. In: Moscow Times,
    02.07.1998.

65 Andreas Heinrich, Heiko Pleines: Steuerlast und Steuerverhalten russischer
    Wirtschaftsbranchen. Teil II, Besteuerung der russischen Öl- und Gasin-
    dustrie, Forschungsstelle Osteuropa an der Universität Bremen, Nr. 28, Sep-
    tember 2001.

66 Юлия Латынина: Химия и жизнь. Неизвестные страницы биографии
    суперолигарха, Совершенно секретно, 10.08.1999.

67 Владимир Рассказов: В ЦБ тогда процветало взяточничество,
    02.04.2010, http://bankir.ru/publication/article/4862143.

68 Причины и последствия финансового кризиса в России конца 90-х
    годов. По материалам Временной комиссии по расследованию причин,
    обстоятельств и последствий принятия решений от 17 августа 1998
    года. Аналитический вестник Совета Федерации Федерального собра-
    ния Российской Федерации, Nr. 10 (98), Москва, май 1999.

69 Pino Arlacchi: Puzzle Russo. In: L'Unita, 07.01.2010.

70 Причины и последствия финансового кризиса в России конца 90-х
    годов…

71 Московская правда, 28.12.1990.

72 http://www.netstudien.de/Russland/chodorkowski.htm.

73 Zit. nach: Дефолт 1998 года – хронология по материалам печати,
    http://pif.naproekte.ru/statya32.html.

74 Ebenda.

75 Ebenda.

76 Причины и последствия финансового кризиса в России конца 90-х
    годов…

77 Ebenda.

78 Григорий Мкртчян: Пропавшие доллары – Версия, 14.09.1999.

79 Bernard Gwertzman: Goldman: Khodorkovsky Trial Worries Investors,
    Slows Economic Growth, Council Of Foreign Relations, USA, 02.06.2005.

80 http://www.standardandpoors.ru/article.php?pubid=4146&sec=pr.

81 Юлия Латынина: Химия и жизнь. Неизвестные страницы биографии
    суперолигарха, Совершенно секретно, 10. 08. 1999.

82 Александр Третьяченко: Личный дефолт Ходорковского, ВЕК,
    25.11.2008, http://www.wek.ru/author_column/238950/index.shtml.

83 Юлия Латынина: Химия и жизнь. Неизвестные страницы биографии
    суперолигарха, Совершенно секретно, 10.08.1999.

84 z. B.: Олег Греченевский: Истоки нашего демократического режима, http://www.belousenko.com/books/kgb/grechenevsky/grechenevsky_istoki_11.htm.

85 hier: http://www.compromat.ru/page_9957.htm.

86 Кох А. Государство-продавец // Приватизация по-российски. М.: Ваг-риус, 1999.

87 Christian Neef und Matthias Schepp, Ich bin doch kein Narr. In: Der Spiegel, Nr. 32, 09.08.2010.

88 Альфред Кох, Игорь Свинаренко, Ящик водки, т.3 http://www.e-reading.org.ua/book.php?book=50937.

89 Кох А.: Государство-продавец // Приватизация по-российски. – Ваг-риус, 1999.

90 Анализ процессов приватизации государственной собственности в Российской Федерации за период 1993–2003 годы. – Олита, 2004.

91 Коммерсант, Nr. 229, 09.12.1995.

92 Анализ процессов приватизации государственной собственности в Российской Федерации за период 1993–2003 годы. – Олита, 2004.

93 Ebenda.

94 Deutsch: Paul Klebnikow: Der Pate des Kreml. Boris Beresowski und die Macht der Oligarchen. Econ, München 2001.

95 Пол Хлебников: Дело «Юкоса»: Веха на пути к законности, Ведомости, Nr. 211, 18.11.2003.

96 http://de.wikipedia.org/wiki/Chodorkowski, Abrufdatum 12.12.2011.

97 09.04.2009, http://www.tagesschau.de/wirtschaft/meldung185954.html.

98 Der Tagesspiegel, 16.05.2005.

99 Frankfurter Allgemeine Zeitung, Nr. 98, 26.04.2004.

100 Der Spiegel, Nr.38, 2003.

101 http://khodorkovsky.ru/news/2011/06/02/16261.html.

102 http://www.politonline.ru/ventilyator/7211.html.

103 Thomas Catan: Before the crash, The Financial Times, 14.05.2004. Zit. nach: http://www.offshorenet.com/2004/05/before-the-crash.php. Siehe auch: Mark Hollingsworth and Stewart Lansley, Londongrad: From Russia With Cash; The Inside Story of the Oligarchs. – Fourth Estate, 2009.

104 Thomas Catan: Before the crash, The Financial Times, 14.05.2004. Zit. nach: http://www.offshorenet.com/2004/05/before-the-crash.php.

105 Mark Hollingsworth and Stewart Lansley: 'If you find me dead, it won't be an accident', 19.07.2009, http://www.dailymail.co.uk/news/article-1200525/If-dead-wont-accident-How-Russian-oligarchs-favourite-English-lawyer-met-horrifying-death.html.

106 Юлия Латынина: Химия и жизнь. Неизвестные страницы биографии суперолигарха, Совершенно секретно, 10.08.1999.

107 Aussage P. Lebedews vor Gericht am 07.09.2010. Zit. nach: http://khodor-kovsky.ru/lebedew/testimony/2010/09/07/13629.html.

108 Erste Schlussfolgerungen aus der Gerichtsverhandlung im Prozess Cho-

dorkowskij/Lebedew, 02.11.2010, http://www.marieluisebeck.de/fileadmin/files/10.11.02_Schlussfolgerungen_OB.pdf.

109 Дело № 1-23/10.

110 Andreas Heinrich, Heiko Pleines: Steuerlast und Steuerverhalten russischer Wirtschaftsbranchen. Teil II, Besteuerung der russischen Öl- und Gasindustrie, Forschungsstelle Osteuropa an der Universität Bremen, Nr. 28, September 2001.

111 Steuerunterlagen (Бухгалтерская отчетность) WNK 1998–2001 in: http://www.lin.ru/db/emitent/3BFB974AD004C2B3C3256D3C004648E5/discl_acnt.html,
http://www.lin.ru/db/emitent/799D6D6C67C042FEC3256D3C004649B9/discl_acnt.html,
http://www.lin.ru/db/emitent/4EA522454922CDFBC3256D3C004649BD/discl_acnt.html.

112 Семен Кирсанов: Грузовик утонул, осадок остался, Freelance Bureau, 28.11.2008, http://www.flb.ru/info/45309.html.

113 http://www.polit.ru/lectures/2005/07/11/koh.html.

114 http://www.korallovo.ru

115 Дело № 1-23/10, том 132, листы дела 212–213, 222–223.

116 http://khodorkovsky.ru/mbk/appearances/2008/10/23/11974.html.

117 Справка »О схемах уклонения от налогообложения, применяемых ОАО НК »ЮКОС«, ГОУ ФСНП России, 20.02.2004.

118 Arkady Ostrovsky: Yukos Workers Shed Few Tears for Jailed Ex-Boss, The Financial Times, 17. November 2003.

119 Valeria Criscione, Andrew Jack: Yukos chief tries to show he is no wolf in sheep's clothing, Financial Times, 25.10.2001.

120 Валерий Панюшкин: Михаил Ходорковский. Узник тишины, Секрет фирмы, 2006.

121 John Mooney: Oligarch's € 65m frozen, The Sunday Times, 03.04.2011.

122 http://www.sueddeutsche.de/politik/fahndung-nach-steuerhinterziehern-ermittler-entdecken-konto-chodorkowskijs-1.1163873.

123 Дело № 1-23/10, Приговор Хамовнического районного суда города Москвы, 27. 12. 2010.

124 Peter Hänseler: Chodorkowskis Irrtümer, Weltwoche, Nr. 42, 2010.

125 Kai Ehlers: Entschieden ist nichts, Der Freitag, 03.06.2005.

126 http://www.handelsblatt.com/mehr-als-10-jahre-haft-fuer-millionenbetrueger-kiener/4421366.html.

127 Michael Donhauser: Richter gnadenlos, Leipziger Volkszeitung, 18.08.2011.

128 Mike Whitney: Khodorkovsky's trip to the slammer, Justice Has Prevailed, The Market Oracle, 31.12.2010, http://www.marketoracle.co.uk/Article25343.html.

129 Anatol Lieven: Is Khodorkovsky really the victim? The New York Times, 10.06.2005.

130 Erich Follath, Uwe Klussmann, Walter Mayr, Christian Neef: Duell um den Kreml. In: Der Spiegel, Nr.45, 03.11.2003.

131 Joseph E. Stiglitz: Tax the Oligarchs, Project Syndicate, Dezember 2003, aus dem Englischen von Dr. H. Böttiger.

132 http://www.yarovoiy.com/indexes-170909.html.

133 Елена Трегубова: Байки кремлёвского диггера. – Ад Маргинем, 2003 г.

134 Ходорковский М. Б., Невзлин Л. Б.: Человек с рублем. – Менатеп-Информ, 1992.

135 Joseph E. Stiglitz: Tax the Oligarchs, Project Syndicate, Dezember 2003, aus dem Englischen von Dr. H. Böttiger.

Teil 2 Jagd auf Russland

1 Mikhail Khodorkovsky: Russia's democratic future lies with Britain, The Observer, 19.09.2010.

2 The roublemaker. Villain or victim? The Sunday Telegraph, London, 25.07.2004.

3 Chefredakteur der Internetseite Aktuelle Geschichte Dr. Alexej Bajkow, http://www.iarex.ru/news/12739.html, 16.02.2011.

4 Anna Politkowskaja: Das russische Tagebuch. Dumont, Köln, 2007.

5 http://www.polit.ru/lectures/2005/07/11/koh.html.

6 Christian Neef und Matthias Schepp: Wir sind Erben des Imperiums. In: Der Spiegel, Nr. 46, 10.11.2008.

7 André Glucksmann: Sakharov-Khodorkovski, même combat, Le Monde, 26.10.2007.

8 Alexander Rahr im Gespräch mit Dirk Müller im Deutschlandfunk, 27.12.2010, http://www.dradio.de/dlf/sendungen/interview_dlf/1351040.

9 The Trial, part two. How an unpopular oligarch turned into an unlikely liberal hero, The Economist, 22.04.2010.

10 Михаил Соколов: Стать Ходорковским, Левый берег, Киев, 31.01.2011.

11 André Glucksmann: Chodorkowskij ist schuldig, die Wahrheit zu sagen. In: Die Welt, 04.11.2010.

12 Alfred Dreyfus war ein französischer Hauptmann, der 1894 wegen Verrats militärischer Geheimnisse zu lebenslanger Verbannung verurteilt worden war. Als Indizien für ein unrechtmäßiges Verfahren an die Öffentlichkeit drangen, entwickelte sich die Dreyfus-Affäre zur innenpolitischen Krise der französischen Republik. Émile Zola rief in seinem offenen Brief an den französischen Präsidenten zu Dreyfus' Rehabilitierung auf. Nachdem das Dreyfus belastende Anklagematerial als Fälschung entlarvt worden war, wurde Dreyfus 1906 rehabilitiert.

13 Erich Follath: Michails Manifest. In: Der Spiegel, Nr. 21, 23.05.2011.

14 Феликс Шведовский: Махатма Ходорковский, 18.05.2010, http://www.svobodanews.ru/content/blog/2045626.html.

15 Sonja Zekri: Der Prozess, Tagesanzeiger, 14.12.2010.

16 Pino Arlacchi: Puzzle Russo, L'Unita, 07.01.2010.

17 mab72, 31.12.2010, http://meta.tagesschau.de/id/44266/dieser-prozess-ist-laecherlich.

18 http://www.politonline.ru/politika/1801.html.

19 Christian Neef und Matthias Schepp: Ich bin doch kein Narr. In: Der Spiegel, Nr. 32, 09.08.2010.

20 Михаил Ходорковский: Кризис либерализма в России, Ведомости, 29.03.2004.

21 Михаил Ходорковский: Кризис либерализма в России, Ведомости, 29.03.2004. Tragödie von »Nord-Ost«: Terroranschlag in Moskau im Oktober 2002, bei dem eine Gruppe bewaffneter tschetschenischer Rebellen fast 1000 Zuschauer des Musicals »Nord-Ost« als Geiseln nahmen. In Folge der Befreiungsoperation kamen Dutzende Geiseln ums Leben. Dieser Umstand wurde Putin als Präsident des Landes zur Last gelegt.

22 Михаил Ходорковский: Левый поворот, Ведомости, 01.08.2005.

23 Michail Chodorkowski: Briefe aus dem Gefängnis, Knaus, 2011.

24 Shaun Walker: Mikhail Khodorkovsky to Vladimir Putin: you owe me answers, The Independent, 17.03.2010.

25 Thomas Darnstädt, Gisela Friedrichsen und andere: Glaube und Wahrheit. In: Der Spiegel, Nr. 22, 30.05.2011.

26 http://vip.lenta.ru/doc/2003/09/03/gp/.

27 Erich Follath, Uwe Klussmann, Walter Mayr, Christian Neef: Duell um den Kreml. In: Der Spiegel, Nr.45, 03.11.2003.

28 31.05.2011, Cour européenne des droits de l'homme / Note d'information Nr. 141 – Mai 2011, auf englisch: http://cmiskp.echr.coe.int/tkp197/view.asp?action=open&documentId=886849&portal=hbkm&source=externalbydocnumber&table=F69A27FD8FB86142BF01C1166DEA398649.

29 http://www.dw-world.de/dw/article/0,,15120452,00.html.

30 dpa, 31.05.2011.

31 http://www.newsru.com/russia/31may2011/khodor_espch.html#2.

32 http://ria.ru/justice/20111217/518933052.html.

33 Exemplarisch 2005: http://archive.khodorkovsky.ru/society/polls/4409.html.

34 Людмила Телень: Политические технологии: что можно и чего нельзя?, http://www.izbrannoe.ru/duel/6355.html

35 Леонид Велехов: »Борис Березовский: Я борюсь за власть в России«, Совершенно секретно, Nr. 6, 2003.

36 Авченко В.: Теория и практика политических манипуляций в современной России//Пси-фактор. Информационный ресурсный центр по практической психологии.: http://psyfactor.org/polman.htm.

37 Максим Соколов: Русский телеграф, 25.08.1998.

38 False paper trail »top end of misconduct«, Trade Winds, USA, 25.03.11, in: http://www.tradewinds.no/archive/?q=false+paper+trail.

39 http://www.zeit.de/wirtschaft/2011-09/schweiz-steuerabkommen-schaeuble.

40 Андрей Гулютин: Налоговики тоже воспользовались «эффектом ЮКОСа», Новые известия, 08.08.2005.

41 Jürgen Roth: Netzwerke des Terrors, Europa-Verlag, Hamburg, 2001.

42 Олег Вьюгин: Эхо Москвы, 22.07.2004, http://www.gazeta.ru/2004/07/22/oa_127897.shtml.

43 Людмила Улицкая, Михаил Ходорковский: Диалоги. In: Знамя, Nr. 10, 2009.

44 »Дело ЮКОСа« – показательный процесс или плата за ошибки?, Эксперт, 05. 12. 2005.

45 Jewgenij Schwarz: Der Drache, Collection Theater, Kiepenheuer und Witsch, 1962, aus dem Russischen: Dorothea Müller.

46 Diejenigen, die mehr Fakten über die Schattenwirtschaft, Kriminalität und Politik in dieser Zeit wissen wollen, kann ich auf mein Buch »Russland nach Jelzin« verweisen – erschienen bei Rasch und Röhring in Hamburg 1998; das Buch beschreibt natürlich - 1998 - Russland noch unter Jelzin, der Autor wagte aber eine Fernsicht auf das Land danach.

47 Иваньков и другие, Труд, 16.03.1995.

48 Z. B. Friedrich Schneider, Rolf Peffekoven, Christoph A. Schaltegger, Benno Torgler, Gebhard Kirchgässner, Dieter Ondracek.

49 Андрей Седов, Лариса Кафтан: Несколько наивных вопросов про »Дело ЮКОСа«, Комсомольская правда, 31.10.2003.

50 Владимир Перекрест: За что сидит Михаил Ходорковский, Известия, 07.06.2006.

51 Лоббисты в Госдуме, Русский фокус, 15.09.2003.

52 Shaun Walker: Mikhail Khodorkovsky to Vladimir Putin: you owe me answers, The Independent, 17.03.2010.

53 П. Данилин, Н. Крышталь, Д. Поляков: Враги Путина. – Европа, 2007.

54 Дмитрий Миндич, Мария Баринова: Две политики, Профиль, Nr. 36, 03.10.2005.

55 Николай Силаев: Руками не трогать, Профиль, Nr. 23, 21.06.2004.

56 Group of Seven, Financial Times, 01.11.1996.

57 Тамара Замятина: Как выбирали Бориса Ельцина, Московские новости, 06.07.2006, http://kompromat.flb.ru/material1.phtml?id=9175.

58 Олег Кашин: Ельцин – Зюганов. Десять лет спустя, Взгляд, 03.07.2006.

59 Михаил Ходорковский: Кризис либерализма в России, Ведомости, Nr. 52, 29.03.2004.

60 Mark Ames: Russia's Ruling Robbers, 11.03.1999, http://www.consortiumnews.com/1999/c031199a.html.

61 Валерий Хатюшин: Чёрные годы. Москва, 2000.

62 Christian Schmidt-Haeuer: Sieg ohne Gewähr, in: Zeit, 12.07.1996.

63 Эдуард Лимонов: Как мы строили будущее России. – Яуза, Пресском, 2004. Tschitschikow ist einer der Helden des Romans »Die toten Seelen« von Nikolaj Gogol.

64 Джульетто Кьеза: Прощай, Россия. – Гея, 1998.

65 Михаил Назаров: Тайна России. Москва, 1999.

66 Erochkine Pavel: Russia and Its Oil: Friends or Foes // Moll J. (Ed.). Blueprint for Russia. London: Foreign Policy Centre, 2005.

67 Эхо Москвы, 17.05.2005, http://www.echo.msk.ru/programs/beseda/36456/.

68 Леонид Велехов: »Борис Березовский: Я борюсь за власть в России«, Совершенно секретно, Nr. 6, 2003.

69 Ebenda.

70 Michael Ludwig: Die Rädelsführer der ruppigen Räuberjahre. In: FAZ, 26.12.2010.

71 Виталий Рогальский: От выживания к вырождению, Советская Россия, 31.05.2001, http://www.rednews.ru/article.phtml?group=40&y=2001&m=05&d=31&id=182.

72 Ebenda.

73 Christian Neef, Matthias Schepp: »Ich bin doch kein Narr«, Der Spiegel, Nr. 32, 09.08.2010.

74 Alexander Solschenizyn: Zweihundert Jahre zusammen: Die Juden in der Sowjetunion. Herbig, 2003.

75 Д. П. Святополк-Мирский, 1926.

76 Zit. nach: Николай Лесков, Еврей в России, http://ru.wikisource.org/wiki

77 Im Folgenden, wenn nicht anders angegeben, Zitate aus dem Buch: Михаил Ходорковский, Леонид Невзлин: Человек с рублем. – Менатеп-Информ, 1992.

78 http://de.wikipedia.org/wiki/Michail_Borissowitsch_Chodorkowski.

79 Людмила Улицкая, Михаил Ходорковский: Диалоги. In: Знамя, Nr. 10, 2009.

80 Chefredakteur der Zeitschrift »Expert« Walerij Fadejew. Zit. nach: Владимир Перекрест: За что сидит Михаил Ходорковский, Известия, 07.06.2006.

81 Chrystia Freeland, A falling Tsar, The Financial Times, London, 01.11.2003.

82 Susan B. Glasser, Peter Baker: Two Visions for Russia and one Battle of Wills, The Washington Post, 05.11.2003.

83 http://www.utro.ru/articles/2003/05/26/201631.shtml.

84 Александр Проханов: Испачкаться не кровью, а нефтью, Завтра, Nr. 38, 17.09.2003.

85 Carsten Matthäus: Öl-Zar Chodorkowski. In: Der Spiegel, 22.04.2003.

86 Lee S. Wolosky: Putin's Plutocrat Problem, Foreign Affairs, March/April 2000.

87 Der Film von Андрей Караулов: Ходорковский. Труб(п)ы, in: http://tltgorod.ru/news/theme-206/news-11465/.

88 Anhänger Chodorkowskijs kämpfen bis heute gegen diese Fakten. In mehreren Publikationen auf verschiedenen befreundeten Portalen behaupten sie, dass MENATEP die Kolpatschnyjgasse 4 erst 1995 erwarb. Und Kontschatow sei früher, im September 1994, erschossen worden, also lange vor dem Erwerb des Hauses. Deshalb konnte MENATEP nicht der Auftraggeber des Mordes gewesen sein. Aber die Zeit des Erwerbs ist eher irrelevant, die Entscheidung, MENATEP darf in Kolpatschnyj tätig werden, ist auf den 11.

März 1993 datiert (Распоряжение Премьера Правительства Москвы от 11.03.93 N 391-РП »О комплексной реконструкции кварталов N 119, 120 территориального управления ›Басманное‹ – Центральный административный округ«, http://www.gvir.ru/lawhouse/n24/gdi24668.htm). Deshalb stimmt, wenn Wragowa sagt, ein Jahr lang hätten sie sie bearbeitet. Deshalb passt auch das Morddatum von Kontschatow zu MENATEP.

89 Waleri Panjusckin, Michail Chodorkowski, Heyne, 2006.
90 Валерий Панюшкин: Михаил Ходорковский. Узник тишины, Секрет фирмы, 2006.
91 Александр Колесниченко: Чего изволите? Новые Известия, 06.10.2010г.
92 Леонид Велехов, Газета, которая так никому и не поклонилась, Совершенно секретно, http://www.sovsekretno.ru/history/.
93 Сергей Рыбак, Елена Евстигнеева: Донкихоты от PR, Ведомости, Nr. 34, 26.02.2001, http://www.vedomosti.ru/newspaper/article/2001/02/26/25866).
94 Ajay Goyal und John Helmer: Khodorkovsky in Limbo. In: The Russia Journal, 01.04.2004. Zit. nach: http://www.inosmi.ru/inrussia/20040401/208796.html.
95 Андрей Караулов: Ходорковский. Труб(п)ы, in: http://tltgorod.ru/news/theme-206/news-11465/.
96 http://krupnov.livejournal.com/172444.html.
97 Момент истины, ТВЦ, 10.04.2005.
98 http://www.annews.ru/news/detail.php?ID=164478, 31.07.2008.
99 Михаил Леонтьев, Дело »ЮКОСа« глазами его топ-менеджера: »Чем хуже приходится Ходорковскому, тем лучше Невзлину«, Известия, 04.08.2006.
100 Николай Силаев: Руками не трогать, Профиль, Nr. 23, 21.06.2004.
101 http://kompromat.flb.ru/material.phtml?id=5156.
102 http://kompromat.flb.ru/material1.phtml?id=4394.
103 Радио Свобода, 03.07.2003.
104 Людмила Улицкая, Михаил Ходорковский: Диалоги, Знамя, Nr. 10, 2009. Dieser und andere Texte sind auf Deutsch in dem Buch »Michail Chodorkowski. Briefe aus dem Gefängnis« (Knaus, 2011) veröffentlicht. Die Übersetzung entspricht leider nicht durchgehend dem Original. Da ich auf Nuancen nicht verzichten möchte (einmal wird aus der »Maschinerie von endlosen Manipulationen der öffentlichen Meinung im Namen des Jelzin-Sieges« einfach »riesige Propagandamaschinerie für Jelzin« gemacht), stütze ich mich auf russische Quellen.
105 Людмила Улицкая, Михаил Ходорковский: Диалоги, Знамя, Nr. 10, 2009.
106 Михаил Ходорковский: Левый поворот, Ведомости, 01.08.2005.
107 Alexej Pankin, http://www.sreda-mag.ru/news_one.phtml?id=4&news_id=1189.
108 Владислав Серегин: ЮКОС мечтает о медиа-империи, RBC daily, 17.07.2003.
109 http://www.rbcdaily.ru/2003/07/17/industry/43068.

110 The roublemaker. Villain or victim? The Sunday Telegraph, London, 25.07.2004.

111 Anne Applebaum: This man is now the people's billionaire, The Telegraph, 13.06.2004, http://www.telegraph.co.uk/comment/personal-view/3607189/ This-man-is-now-the-peoples-billionaire.html.

112 Friedrich Schiller: Der Verbrecher aus verlorener Ehre. Eine wahre Geschichte. In: Schiller. Werke II. München: Vollmer, o. J.

113 Anne Applebaum, This man is now the people's billionaire, The Telegraph, 13.06.2004, http://www.telegraph.co.uk/comment/personal-view/3607189/ This-man-is-now-the-peoples-billionaire.html.

114 The roublemaker. Villain or victim? The Sunday Telegraph, London, 25.07.2004.

115 Аудитору грозит заключение, Коммерсант, 25.12.2006.

116 PwC отозвала аудиторские заключения по ЮКОСу, Коммерсант, 25.06.2007, auch in: http://www.finam.ru/analysis/newsitem23C3C/ default.asp.

117 siehe exemplarisch: Dave Moore, Library of Shame – The Russian Connection, http://my.firedoglake.com/exlibrarian/tag/open-russia-foundation/ und: John Cavanagh, Dulles Papers Reveal CIA Consulting Network, http://www.cia-on-campus.org/princeton.edu/consult.html.

118 http://www.telegraph.co.uk/news/worldnews/europe/russia/1445496/ Nobody-loves-you-when-youre-rich-says-presidents-jailed-foe.html.

119 Timothy L. O'Brien: How Russian Oil Tycoon Courted Friends in U.S., 05.11.2003, http://www.nytimes.com/2003/11/05/international/europe/ 05YUKO.html

120 Kai Ehlers, Entschieden ist nichts. In: Der Freitag, 03.06.2005.

121 Ben Aris: Khodorkovsky – the making of a myth, BNT – Businessneweurope, 06.09.2010, http://www.bne.eu/story2271.

122 http://www.facebook.com/notes/khodorkovsky-lebedev-communications-center/fast-and-loose-with-the-facts-on-khodorkovskys-past/434372084546.

123 Frankfurter Allgemeine Zeitung, 04.11.2003.

124 Deutschlandfunk, 18.05.2005.

125 Handelsblatt, 01.06.2005.

126 http://www.zeit.de/politik/dlf/interview_041220.

127 The roublemaker. Villain or victim? The Sunday Telegraph, London, 25.07.2004.

128 http://www.newsru.com/finance/26may2001/yukos.html, http://www. pravda.ru/economics/29-07-2003/827051-0/.

129 http://assembly.coe.int/Main.asp?link=/Documents/AdoptedText/ta05/ ERES1418.htm.

130 http://www.lenta.ru/economy/2005/02/17/menatep/.

131 Яна Серова: Людмила Алексеева. Почему я не подала в суд на Президента, Новая газета, 10. 06. 2004, http://novgaz.ru/data/2004/41/27.html.

132 http://www.rusday.com/articles_new/2008-06-20/alekseeva/1460/.

133 http://newcpi.wmtest.ru/hronika-mht.

134 Ebenda.

135 Андрей Кузнецов: Ходорковскому не удалось стать узником совести, 14.04.2005, http://www.lenta.ru/articles/2005/04/14/amnisty/.

136 Hier und weiter zit. nach: http://cmiskp.echr.coe.int/tkp197/portal.asp?sessionId=78705938&skin=hudoc-pr-en&action=request, Chamber judgment Khodorkovskiy v. Russia 31.05.11.pdf.

137 Александр Проханов: Михаил Ходорковский: »Только мобилизационный проект!«, Завтра, Nr. 37, 14.09.2005, http://zavtra.ru/cgi//veil//data/zavtra/05/617/13.html.

138 http://cmiskp.echr.coe.int/tkp197/portal.asp?sessionId=78705938&skin=hudoc-pr-en&action=request, Chamber judgment Khodorkovskiy v. Russia 31.05.11.pdf.

139 Claudia von Salzen: Eine Hand voll Chancen. In: Der Tagesspiegel, 08.12.2003.

140 Александр Сергеев: Скушай »Яблочко« – депутатом станешь, Российская газета, Nr. 141, 16.07.2003.

141 Интерфакс, 05.11.2003.

142 The Washington Post, 14.11.2003. Zit. nach: http://compromat.ru/page_14037.htm.

143 Ирина Гордиенко: $ 1000000000. Самая крупная сделка на политическом рынке — нынешние парламентские выборы, Новая газета, 18.09.2003.

144 http://assembly.coe.int/Mainf.asp?link=/Documents/WorkingDocs/Doc04/EDOC10368.htm.

145 Елена Токарева: Кто подставил Ходорковского. – Яуза, 2006.

146 Юрий Болдырев: Похищение Евразии, – Крымский мост-9Д, Форум, 2003.

147 Siehe exemplarisch: Susan B. Glasser and Peter Baker: Two Visions for Russia And One Battle of Wills, The Washington Post, 05.11.2003. http://www.washingtonpost.com/wp-dyn/articles/A532-2003Nov4.html; Alexander Rahr: Putins Kampf gegen die Oligarchen: Richtungsstreit über künftige Reformpolitik, GUS- Barometer, Nr. 34, August 2003; Коммерсант vom 03.12.2003; Известия vom 03.12.2003; http://www.politkuhnya.ru/index.php?IDobj=2115; http://lenta.ru/russia/2003/04/18/help/; Andrew Wilson: »Political technology«: why is it alive and flourishing in the former USSR?, Open Democracy, 17.06.2011, http://www.opendemocracy.net/andrew-wilson/political-technology-why-is-it-alive-and-flourishing-in-former-ussr; Александр Беккер: Леонид Невзлин: »Ходорковского подвели, подставили и сдали«, Ведомости, 01.12.2003.

148 Светлана Офитова: »Медведи« добивают ЮКОС, Независимая газета, 28.10.2003.

149 Siehe exemplarisch: Catherine Belton: Kasyanov reveals Putin's pursuit of tycoon, Financial Times, 20.07.2009; Наталья Морарь »Черная касса« Кремля, The New Times, 10.12.2007; Katja Gloger: Roman Abramowitsch. Kassenwart des Kreml, Stern, 04.03.2005; Станислав Белковский: Дело »Юкоса«: 8 лет спустя, 08.06.11, http://slon.ru/articles/593523/.

150 Роман Кутузов: Олигархи, Forbes.ru, 20 10. 2010, http://www.forbes.ru/svoi-biznes/58533-oligarhi.

151 Сергей Митрохин: »Яблоко« отказалось от иностранного финансирования, Вести, 26.06.2008.

152 Erich Follath, Uwe Klussmann, Walter Mayr, Christian Neef: Duell um den Kreml. In: Der Spiegel, Nr.45, 03.11.2003.

153 Иван Круглов: Коммерческая партия РФ, Аргументы и факты, 14.11.2007.

154 Exemplarisch: Михаил Тульский, Коммунисты-ЮКОСовцы кричат »Аллах акбар!«, http://tr.rkrp-rpk.ru/get.php?625.

155 http://tr.rkrp-rpk.ru/get.php?625.

156 http://www.1917.com/Politica/CPRF/1075492077.html#.

157 70 Millionen: http://www.newsru.com/russia/20jan2003/ukos.html; 100 Millionen: Александр Андреев: Зюганов@продажа.ком, Версия, 07.06.2004.

158 Hier exemplarisch: Den Politiker Chodorkowskij verhindern, Frankfurter Allgemeine Zeitung, Nr. 98, 26. April 2004; Claudia von Salzen: Eine Hand voll Chancen, Der Tagesspiegel, 08.12.2003; Russlandanalysen, Forschungsstelle Osteuropa an der Universität Bremen und Deutsche Gesellschaft für Osteuropakunde, Nr. 6, 21.11.2003; Chef des Ölriesen Jukos verhaftet, AFP, zit. nach: Berliner Zeitung, 27.10.2003; Alexander Rahr: Putins Kampf gegen die Oligarchen: Richtungsstreit über künftige Reformpolitik, GUS- Barometer, Nr. 34, August 2003; Keith Gessen: Als der Oligarch die Regel brach, Le Monde diplomatique Nr. 9159, 09.04.2010.

159 Catherine Belton: Kasyanov reveals Putin's pursuit of tycoon, Financial Times, 20.07.2009.

160 Мария-Луиза Тирмастэ, Виктор Хамраев, Алиса Штыкина, Максим Иванов: Избирательная кампания ЮКОС, Коммерсант, Nr. 131, 22.07.2009.

161 Ксения Веретенникова: И правым, и левым, Время новостей, Nr. 62, 08.04.2003.

162 Владимир Перекрест: За что сидит Михаил Ходорковский, Известия, 07.06.2006.

163 Грани.Ру, 29.06.2004, http://www.grani.ru/Politics/Russia/yukos/m.73223.html.

164 Ксения Веретенникова: И правым и левым, Время новостей, Nr. 62, 08.04.2003.

165 Явлинский будет искать нового спонсора? Вечерний Новосибирск, 07.08.2003.

166 Статья 30, п. 8 Федерального закона »О политических партиях« от 11.07.2001, Nr. 95-ФЗ.

167 http://base.consultant.ru/cons/cgi/online.cgi?req=doc;base=LAW;n=15189.

168 Валерий Панюшкин: Михаил Ходорковский. Узник тишины, Секрет фирмы, 2006.

169 Matthias Schepp: Ikone Chodorkowski. In: Der Spiegel, Nr. 50, 13.12.2010.

170 http://web.archive.org/web/20060503163232/http://shppshgo.openrussia.info/sh_network/; http://www.stavreg.narod.ru/shpp.html.

171 Hier und im Folgenden, so weit nicht anders angegeben: http://www. stringer-news.ru/Publication.mhtml?PubID=4632&Part=37.

172 http://www.interros.ru/charity/.

173 http://www.alfagroup.ru/194/sponsorship.aspx.

174 Леонид Велехов: »Борис Березовский: Я борюсь за власть в России«, Совершенно секретно, Nr. 6, 2003.

175 Ajay Goyal und John Helmer: Khodorkovsky in Limbo, The Russia Journal, 01.04.2004. Zit. nach: http://www.inosmi.ru/inrussia/20040401/208796. html.

176 Федеральный закон Российской Федерации »Об общественных объе-динениях« от 14 апреля 1995 года.

177 http://www.politkuhnya.ru/index.php?IDobj=2115.

178 http://www.open-russia.info/news.

179 25 марта 2005 г., http://archive.khodorkovsky.ru/openrussia/2067.html.

180 Joseph E. Stiglitz: Tax the Oligarchs, Project Syndicate, Dezember 2003, aus dem Englischen von Dr. H. Böttiger.

181 Мария Рожкова, Ирина Резник, Анастасия Бокова: Отдали последнее. Menatep помогает своим. Ведомости, 01.08.2005.

182 Heute ist bekannt, dass Massenvernichtungswaffen bei Saddam Hussein nur Vorwand waren. Aber bekannt geworden ist auch, dass die meisten Diplo-maten, die die berühmte Rede des amerikanischen Außenministers Collin Powell vor dem Sicherheitsrat der UNO hörten und seine Bilder mit ange-blichen Brutstätten der biologischen Waffen im Irak ansahen, wussten, dass alles gelogen war. Siehe exemplarisch: Pleuger: Der Krieg war längst beschlossene Sache. In: Süddeutsche Zeitung, 19.03.2008.

183 http://2004.kremlin.ru/text/appears/2003/10/53439.shtml.

184 § 7 des Außenwirtschaftsgesetzes; neugefasst durch B. v. 27.05.2009 BGBl. I S. 1150; in: http://www.buzer.de/gesetz/7245/a143150.htm.

185 http://www.newamericancentury.org.

186 Walter Mayr: Triumph der Doppelmoral. In: Der Spiegel, 46, 10.11.2003.

187 http://2004.kremlin.ru/text/appears/2003/10/53439.shtml.

188 F. William Engdahl: Öl, wirtschaftliche Sicherheit und geopolitische Risiken von heute, http://www.goldseiten.de/content/kolumnen/artikel.php?sto-ryid=3540&seite=5.

189 Станислав Белковский: Трагедия Владимира Путина, 19.01.2004, http://www.lenta.ru/articles/2004/01/19/putin/.

190 http://www.eussner.net/artikel_2004-07-14_20-42-22.html.

191 http://www.crisisgroup.org/.

192 Вера Челищева: Пугливый попался, Новая газета, 07.12.2010.

193 Wikileaks, Depesche der US-Botschaft in Russland Nr. 243087 vom 30.12.2009. in: Прокуроры испытывали трудности с прочтением своих собственных документов, Новая газета, 24. 12. 2010.

194 Carsten Matthäus: Öl-Zar Chodorkowski. In: Der Spiegel, 22.04.2003.

195 Елена Токарева: Кто подставил Ходорковского – Яуза, 2006.

1   Erich Follath, Uwe Klußmann: Mich kann man nur fortjagen. Spiegel, Nr. 38, 15.09.2003.

2   GQ, 28.08.2009. http://khodorkovsky.ru/media/GQ 280809.pdf.

3   http://khodorkovsky.ru/mbk/articles_and_interview/2010/04/29/13270.html.

4   Ирина Тумакова, Ходорковского ограничили в подходах к прессе, Известия, 11.09.2011.

5   Полчаса свободного времени, Новая газета, Nr. 122, 01.11.2010.

6   Сергей Митрохин: »Яблоко« отказалось от иностранного финансирования, Вести, 26.06.2008, http://www.vesti.ru/doc.html?id=190400.

7   Дмитрий Гололобов, Дело ЮКОСа: Перед выбором, Ведомости, 16.06.2008.

8   Последнее слово Михаила Ходорковского на втором судебном процессе, 02.11.2010. http://khodorkovsky.ru/mbk/appearances/2010/11/02/13762.html.

9   Erich Follath, Uwe Klußmann, Walter Mayr, Christian Neef: Duell um den Kreml. Spiegel, Nr.45, 03.11.2003.

10 Людмила Улицкая, Михаил Ходорковский: Диалоги. In: Знамя, Nr. 10, 2009.

11 Михаил Леонтьев, Дело »ЮКОСа« глазами его топ-менеджера: »Чем хуже приходится Ходорковскому, тем лучше Невзлину«, Известия, 4. 08. 2006.

12 Адвокаты Ходорковского дошли до абсурда, http://www.pravda.ru/news/accidents/11-06-2008/271722-khodorkovsky-0/.

13 Олег Володин, Политологи: Ходорковский не Махатма Ганди, а уголовник, 04.12.2009, http://www.politonline.ru/politika/1801.html.

14 Einige Ansätze zum von Wladimir Putin eingeschlagenen Kurs gibt es in meinem Buch »Putin und das neue Russland«, Diederichs, München 2003.

Kritisch, klug und objektiv

Gabriele Krone-Schmalz, die als ARD-Korrespondentin die Jahre des Umbruchs in der Sowjetunion miterlebt und die darauffolgende Entwicklung Russlands genau beobachtet hat, weist auf die Diskrepanzen zwischen der russischen Realität und den Stereotypen in der westlichen Wahrnehmung hin. Sie stellt sich der Herausforderung, bewusste und unbewusste Verfälschungen im gängigen Russlandbild aufzuzeigen und scheut dabei vor zentralen Reizthemen wie Pressefreiheit und Tschetschenienkrieg nicht zurück.

»Es ist Zeit für dieses Buch. Der mehr oder weniger gängigen Sichtweise setzt Krone-Schmalz differenzierte Analyse entgegen.« Frankfurter Neue Presse

»… flott und aus der Sorge heraus geschrieben, dass sich im Westen ein neues Feindbild Russland aufbaut. Die Lektüre des Buchs lohnt sich.« WDR

Gabriele Krone-Schmalz
Was passiert in Russland?

256 Seiten, ISBN 978-3-7766-2525-7

auch als Hörbuch, gelesen von Gabriele Krone-Schmalz:
3 CDs, ISBN 978-3-7844-4138-2, Langen*Müller* | **Hörbuch**

HERBiG   www.herbig-verlag.de